공법상 당사자소송 중 확인소송에 관한 연구

유민총서
14

제5회 홍진기법률연구상
수 상 논 문

공법상 당사자소송 중
확인소송에 관한 연구

| 이승훈 지음 |

홍진기법률연구재단

추 천 사

|

金南辰(대한민국학술원 회원/전 고려대 교수)

현재 대법원 재판연구관으로 재직하고 있는 저자 이승훈 판사는, 필자가 고려대 대학원에 출강할 당시 사법시험에 합격한 신분으로 대학원 학생으로서 필자의 강의를 수강하였다. 그 뒤 판사로 임용되어, 독일의 Freiburg대학에 유학하였으며, 귀국 후 "공법상 당사자소송 중 확인소송에 관한 연구"라는 제목의 논문으로 법학박사 학위를 취득하여 출판하기에 이르렀다.

논문을 증정 받아 읽고 감동을 받아, 많은 사람이 읽게 되기를 바라는 뜻에서 추천사를 적는 바이다.

독일과 일본의 행정법 및 행정법학(이하 '행정법(학)'이라 함)을 이어받은 우리나라의 '행정법(학)'은, 오랫동안 주로 공권력 발동으로서의 행정행위(행정처분)로부터 국민을 보호하며, 법원의 사법심사를 통하여 구제받는 것에 주된 관심을 두어왔다. 다행히도 근년에는 행정행위 이외의 행정작용(행정입법·행정계획·행정계약·사실행위 등) 및 국가이외의 공적임무의 담당자(공공단체·사인·공사협력·국제기구 등)의 활동에 대해서도 관심을 두기에 이르렀으며, '행정법(학)'의 대상에 관련된 그와 같은 변화는 행정소송에 대해서도 영향을 미치지 않을 수 없다.

저자(이승훈)는 그동안에 논제에 대한 선행 연구를 쌓아놓은 바 있다. "공법상 확인소송의 활용 가능성에 관한 연구"(사법논집 제59집, 2015), "각국의 의무이행소송(독일)"(외국사법제도연구, 법원행정처, 2018), "충실한 재판의 실현에 관한 연구 - 독일 기본법상 법률상 청문권과 관련된 논의를 중심으로"(고려법학 제91호, 2018) 등이 그에 해당한다.

논문은 크게 5장으로 구성되어 있는바, 제1장 서론, 제2장 현행 행정소송법상 권리구제체계의 한계, 제3장 공법상 확인소송의 발전과정과 행정소송체계 내에서의 위치와 성격, 제4장 공법상 확인소송의 요건, 제5장 예방적 권리구제로서의 공법상 확인소송, 제6장 결론이 그 내용이다.

이상과 같은 내용의 연구를 바탕으로, 논문은 1. 행정소송 대상 확대를 통한 공백 없는 권리구제의 실현, 2. 권리구제 시점의 조기화, 3. 권리구제의 충실화 - 일회적이고 근본적인 분쟁해결 가능성을 거두게 될 것으로 결론짓고 있다.

논문의 내용을 살펴보게 되면, 한국, 일본 및 독일의 학설과 판례를 광범위하게 인용·참조하고 있음을 확인 할 수 있다.

저자(이승훈)가 필자의 강의를 수강할 당시, 강사로서의 필자는, 행정법으로서의 公法을 공부하기 위해서는 일본어와 독일어는 필수임을 강조하며, 강의시간에 일본문헌은 소리 내어 읽게 하고, 독일문헌은 읽고 번역까지 하도록 독려한바 있다. 저자가 논문에서 일본문헌과 독일문헌을 광범하게 참조하고 있음을 보고서, 필자가 저자를 가르친 보람을 느끼는 바이다.

한편, 이 논문의 주제인 "공법상 당사자소송으로서의 확인소송"에 관하여는, 필자 역시 큰 관심을 가지고, 이전에 연구·발표를 행하였던 바, [처분성확대론과 당사자소송소송 활용론], 고시연구, 제32권 제3호, 2005. 3; [예방적 금지소성의 허용성과 요건 등], 고시연구 제32권 제4호, 2005. 4; [행정상 확인소송의 가능성과 활용범위], 고시연구, 제32권 제5호 등이 그에 해당한다. 저자가 논문에서 필자의 위 논문들을 긍정적으로 평가·인용하고 있음을 기쁘게 또한 다행으로 여기는 바이다.

대학원 학생시절 수강생으로서 필자와 인연을 맺은 저자가, 공부하는 판사로서, 수준높은 저서의 저자로서 다시 만나게 된 것을 기쁘게 여기며, 즐거운 마음으로 추천사를 매듭짓는 바이다.

|

김연태(고려대학교 법학전문대학원 교수)

이 책의 저자인 이승훈 박사와는 대학원 석사·박사과정의 지도교수와 지도학생으로 오랜 인연을 맺어온 사이이다. 바쁜 재판 업무 속에서도 항상 학문적 관심과 열의, 그리고 능력을 보여주며 실무와 행정법 이론의 접맥을 위하여 꾸준히 노력해온 훌륭한 제자이다. 이 책은 이승훈 박사의 그러한 학문적 열정의 성과물이라 하겠다.

이승훈 박사는 오래 전부터 공법상 당사자소송에 관한 깊이 있는 연구를 해왔다. 공법상 당사자소송은 행정소송법에 규정되어 있는 정식의 소송유형이었으나 제대로 활용되지 못하는 상황이었다. 이는 공권력작용에 대한 방어수단인 항고소송에 치우친 학계의 연구경향과 실무의 무관심에서 비롯된 것이었다. 이러한 상황에서 공법상 당사자소송, 그 중에서도 확인소송에 관하여 연구한 이승훈 박사의 논문은 실무뿐만 아니라 이론적인 측면에서 기여하는 바가 크리라 생각한다.

총 6장으로 구성되어 있는 이 논문은 우선 제1장과 제2장에서 현행 행정소송법이 가지는 권리구제체계의 한계를 지적한 다음, 그 대안으로 공법상 당사자소송 중 확인소송의 활용을 제안하고 있다.

제3장에서는 연구의 대상인 공법상 당사자소송 중 확인소송의 소송체계 내에서의 지위를 분석하여, 미래지향성과 분쟁의 근본적 해결가능성을 내포하고 있다는 점을 논증하고 있다. 특히 논증 과정에서 우리나라의 행정소송법과 일본의 행정사건소송법, 독일의 행정법원법을 비교분석하는 과정은 그 자체로 비교법적 가치가 있다.

　제4장은 공법상 당사자소송 중 확인소송의 요건에 관한 상세한 연구로서 그동안 별다른 관심을 받지 못했던 소송유형의 활용가능성을 제시하는 의미가 있다. 특히 민사소송에서의 확인소송과 비교검토가 충분히 이루어져 있고, 우리 대법원 판례는 물론 독일과 일본 판례들도 풍부하게 제시되어 있어 학술적인 가치는 물론 실무에서도 크게 활용될 수 있을 것으로 기대된다.

　제5장은 공법상 당사자소송 중 확인소송이 가지는 예방적 기능에 관한 연구로서 그동안 입법적인 도입이 시도되어 왔으나 결국 성사되지 못한 예방적 금지소송을 법률 개정 없이도 현행 행정소송법 하에서 실현할 수 있다는 점을 논증하고 있다.

　제6장에서는 공법상 당사자소송 중 확인소송의 활용을 강조하면서 마무리 짓고 있다.

　이 논문은 저자가 역설하고 있는 바와 같이 공법상 당사자소송의 활용에 상당한 영향을 미칠 것으로 보인다. 그동안 공법상 당사자소송, 그 중에서도 확인소송이 실무에서 외면을 받은 주된 원인은 그 요건 및 활용방법이 제대로 밝혀지지 못하였기 때문인데, 이 논문을 통하여 상당 부분 해명된 만큼 실무에서의 적극적인 활용을 기대해 볼 수 있게 되었다. 특히 행정작용으로 권리나 이익에 대한 침해가 현실적으로 발생하기 전에 분쟁을 근본적으로 해결할 수 있다는 점에서 활용의 폭은 대단히 넓을 것으로 보인다. 이 논문이 이론과 실무에 신선한 자극이 되기를 기대한다.

이 책은 같은 제목의 본인의 고려대학교 대학원 박사학위 논문을 일부 수정·보완한 것으로서 공법상 당사자소송의 유형 중 하나인 확인소송을 연구의 대상으로 한다.

현행 행정소송법은 행정처분 등 공권력작용에 대한 사후적 권리구제체계를 중심으로 구성되어 있다. 이러한 권리구제체계는 행정작용 대부분이 공권력작용으로 이루어져 있던 과거에는 충분히 그 기능을 하였다고 평가할 수 있으나, 공권력작용으로 파악할 수 없는 행정작용이 양적·질적으로 늘어나고 있고, 예방적 권리구제의 필요성이 강조되고 있는 현재 시점에서는 크나큰 한계를 노출하고 있다.

본 연구는 헌법상 재판청구권의 내용인 효과적인 권리구제의 원칙을 도구로 하여 현행 행정소송법상 권리구제체계의 한계를 진단하고 그 대안으로서 공법상 당사자소송의 하나인 확인소송의 활용가능성을 검토하는 것을 목적으로 한다.

공법상 당사자소송 중 확인소송은 다소 생소한 소송유형이지만 그 역사적 발전 과정을 거슬러 올라가다 보면, 일본 행정사건소송법의 당사자소송과 그 모태가 된 독일의 구 행정법원법(Verwaltungsgerichtsgesetz)의 당사자소송(Parteistreitigkeit), 그리고 그것을 이어받은 현행 독일 행정법원법(Verwaltungsgerichtsordnung)의 일반확인소송(allgemeine Feststellungsklage)과 이어지게 된다. 이러한 외국의 제도 및 각국 최고 법원 판례들과의 비교법적 검토를 통하여 공법상 당사자소송 중 확인소송이 우리 행정소송법상 권리구제체계가 가지고 있는 한계를 훌륭하게 보완할 수 있는 제도라는 점을 확인할 수 있다. 특히 행정처분 등 공권력작용에 대한 권리구제와 사후적 권리구제에 집중되어 있는 우리 행정소송법 체계 내에서 공법상 당사자소송 중 확인소송이 행정처분 등 공권력작용 이외의 행정작용에 대한 효과적인 권리구제 수단이 될 수 있다는 점과 적정한 시점에서의 권리구제를 실현할 수 있는 효과적인 수단이라는 점이 분명하게 드러날 것이다.

본 연구가 완성될 수 있는 데에는 많은 분들의 도움이 있었다. 특히 공법상 당사자소송이 가지는 미래지향성과 분쟁의 근본적 해결가능성에 매력을 느끼고 야심차게 연구를 시작하였으나, 그 성과물은 결국 선생님들께서 이미 해놓으신 연구에 점하나 더한 수준 밖에 되지 않는다는 점을 고백할 수밖에 없다.

우선 지도교수이시자 본인에게 항상 귀감이 되어주시고 학문의 길을 인도하여 주시는 고려대학교 법학전문대학원의 김연태 교수님과 무지에서 헤맬 때 항상 등대처럼 학문의 빛을 밝혀주신 대한민국 학술원 회원 김남진 교수님께 무한한 존경과 감사를 드린다. 그리고 논문 심사 과정에서 어디에서도 얻을 수 없는 소중한 가르침을 주신 경찰대학교 법학과의 서정범 교수님, 고려대학교 법학전문대학원의 하명호, 박종수, 이희정 교수님께도 다시 한번 머리 숙여 감사의 말씀을 드리고자 한다. 또한 법관연수 중 지도교수로서 한국 행정소송체계에 큰 관심을 가지고 많은 가르침을 주신 Freiburg 대학의 Jens-peter Schneider 교수님과 독일 연방일반대법원(Bundesgerichtshof)의 Bettina Brückner 대법관님 내외께도 지면으로나마 감사의 말씀을 드린다. 그리고 실무와 학업을 병행하느라 늘 정신 없이 살고 있는 본인을 이해하고 격려해주시는 가족 분들께도 감사드린다. 마지막으로 대한민국 법학의 발전에 크나큰 기여를 하여주시고, 본인의 원고가 책으로 발간될 수 있도록 해주신 홍진기법률연구재단 측에도 진심으로 감사드린다.

목 차

제1장
서론

제1절 연구의 목적

현행 행정소송법의 권리구제체계는 행정처분 등 공권력작용에 대한 사후적 권리구제 중심으로 구성되어 있다. 이러한 권리구제체계는 행정작용 대부분이 공권력작용으로 이루어져 있던 과거에는 충분히 그 기능을 하였다고 평가할 수 있으나, 공권력작용으로 파악할 수 없는 행정작용이 양적·질적으로 늘어나고 있고, 예방적 권리구제의 필요성이 강조되고 있는 현재 시점에서는 크나큰 한계를 노출하고 있다. 이러한 한계를 극복하기 위하여 그동안 여러 차례에 걸쳐 행정소송법을 개정하여 행정처분의 개념을 인위적으로 넓히거나 공법상 당사자소송을 활성화하는 등의 방법으로 행정소송의 대상을 확대하고, 예방적 권리구제로서 예방적 금지소송을 도입하여 권리구제의 시점을 조기화하려는 시도가 있었으나 모두 성공하지 못하였고, 가까운 장래에 실현될 전망도 없어 보인다. 이 연구는 행정소송법 개정이 요원한 현 상황에서 현행 행정소송법에 규정되어 있는 소송유형인 공법상 당사자소송을 이용하여 국민의 권리구제의 확대를 도모하는 것을 목적으로 한다. 특히 종래 학계와 소송실무에서 크게 주목받지 못하였던 공법상 당사자소송의 유형 중 하나인 확인소송을 대상으로 하여 현행 행정소송법상 권리구제체계의 한계를 극복하고 권리구제의 범위를 확대할 수 있는 방안을 모색하고자 한다. 이는 주로 공법상 당사자소송 중 확인소송이 행정처분 등 공권력작용 이외의 행정작용에 대한 충분한 권리구제를 제공할 수 있는가, 그리고 예방적 권리구제 방법으로 활용되어 적정한 시점에서의 권리구제를 제공할 수 있는가의 관점에서 주로 논의될 것이다. 이 과정에서 종래 우리나라 민사소송에서의 확인소송과 관련된 논의와 독일·일본을 중심으로 한 외국의 논의를 참조함으로써 공법상 당사자소송으로서의 확인소송이 가지는 미래지향성과 분쟁의 근본적 해결가능성이라는 특성을 분명히 확인할 수 있고, 이를 통하여 특별한 입법적 시도 없이도 현행 행정소송법의 권리구제체계 내에서 공백 없는 권리구제를 실현하고 권리구제의 시점을 조기화할 수 있다는 점이 분명하게 드러날 것이다.

제2절 연구의 방법

Ⅰ. 연구의 순서

위와 같은 문제의식에 기초하여 공법상 당사자소송 중 확인소송을 통한 권리구제의 확대 가능성을 검토하기 위하여 다음과 같은 방법에 따라 연구를 진행하고자 한다.

먼저 제2장에서는 헌법상 재판청구권의 내용인 효과적인 권리구제 원칙을 도구로 하여 현행 행정소송법상 권리구제체계의 한계를 진단한다. 이 과정에서 지금의 권리구제체계는 효과적인 권리구제 원칙의 내용인 공백 없는 권리구제와 적정한 시점에서의 권리구제를 실현하는 데 한계가 있다는 점을 확인할 수 있다. 그리고 이러한 한계를 극복하기 위한 방법으로 공법상 당사자소송 중 확인소송을 연구하여야 할 필요성이 드러난다.

이어서 제3장에서는 연구의 기초로서 공법상 당사자소송 중 확인소송의 발전과정과 권리구제체계 내에서의 위치와 성격을 연혁적·체계적으로 검토한다. 우선 연혁적 검토와 관련해서는 행정소송법상 공법상 당사자소송에 많은 영향을 미친 일본 행정사건소송법에서의 당사자소송의 기원을 확인소송의 관점에서 살펴본다. 그리고 여기서 더 나아가 일본 행정사건소송법상 당사자소송의 모태가 된 독일의 구 행정법원법[Verwaltungsgerichtsgesetz, 이하 '구 행정법원법(VGG)'이라 특정한다]의 당사자소송(Parteistreitigkeit)과 그것을 이어받은 현행 행정법원법[Verwaltungsgerichtsordnung, 이하 '행정법원법(VwGO)'이라 특정한다]의 일반확인소송(allgemeine Feststellungsklage)의 역사적 정착 과정을 살펴보기로 한다. 이를 통하여 이 연구의 대상인 확인판

6 공법상 당사자소송 중 확인소송에 관한 연구

결을 구하는 형태의 공법상 당사자소송은 독일의 구 행정법원법(VGG)상의 당사자소송의 유형 중 하나인 확인소송과 그것을 이어받은 행정법원법(VwGO)의 일반확인소송과 같은 성질의 것임을 확인할 수 있을 것이다. 이러한 과정을 통하여 앞으로의 연구에 일본과 독일의 문헌과 판례를 참고하는 것에 대한 정당성을 확보할 수 있다. 한편 체계적 검토와 관련해서는 공법상 당사자소송 중 확인소송이 공법상 당사자소송으로서의 특수성과 동시에 확인소송으로서의 특수성을 가지고 있는 제도라는 점을 집중적으로 검토함으로써 미래지향성과 분쟁의 근본적 해결가능성이라는 성격을 가지고 있음을 파악할 수 있다. 그리고 여기에 기초하여 공법상 당사자소송 중 확인소송의 소송물과 증명책임에 관한 논의와 함께 실무에서 제대로 활용되지 못하고 있는 현실도 함께 살펴본다.

　제4장에서는 공법상 당사자소송 중 확인소송의 요건에 관하여 본격적으로 고찰한다. 우선 확인소송의 대상인 공법상 법률관계에 관하여 상세히 살펴보고, 확인소송에 요구되는 적법요건인 권리구제의 필요, 즉 즉시확정에 관한 정당한 이익과 확인소송의 보충성에 관하여 살펴본다. 이 과정에서 우리나라의 민사소송에서의 확인소송에 관한 논의를 중심으로 일본과 독일의 논의를 함께 살펴볼 것이다. 그리고 이상의 논의에 기초하여 독일에서 확인소송이 활용되는 사례를 바탕으로 향후 우리나라의 행정소송 실무에서 공법상 당사자소송 중 확인소송이 활용될 수 있는 분야를 실증적으로 검토할 것이다. 이를 통하여 공법상 당사자소송 중 확인소송이 행정처분 등 공권력작용 이외의 행정작용에 대한 효과적인 권리구제 수단이 될 수 있음을 확인할 수 있다.

　다음으로 제5장에서는 공법상 당사자소송 중 확인소송의 예방적 기능에 관하여 살펴보기로 한다. 우선 예방적 확인소송이 매우 생소한 분야임을 고려하여 활용될 수 있는 분야를 먼저 제시한 후 여기에 기초하여 현행 행정소송법의 권리구제체계 내에서 예방적 확인소송이 허용되는지를 전체 예방적 권리구제의 관점에서 검토한다. 이 과정에서 예방적 권리구제의 유형 중 하나인 예방적 금지소송과의 차이점 및 두 예방적 권리구제 제도의 관계를 함께 검토함으로써 예방적 금지소송을 활용하는 것이 현실적으로 어려운 상황에서 예방적 확인소송이 행정처분에 대한 예방적 권리구제로 기능할 수 있는지에 관하여도 구체적으로 살펴본다. 그 다음 제4장에서 살펴본 공법상 당사자소송 중 확인소송의 일반 요건에 비추어 예방적 확인소송의 요건을 살펴보고, 예방적 확인소송의 필요성과 한계를 분명히 한다. 이를 통하여 예방적 확인소송이 효과적인 권리구제 원칙의 하나인 적정한 시점에서의 권리구제를 실현할 수 있는 유용한 수단이라는 점을 확인할 수 있다.

마지막으로 제6장에서는 앞의 논의를 정리함과 동시에 공법상 당사자소송 중 확인소송을 적극적으로 활용할 필요성을 강조하면서 논의를 마치고자 한다.

II. 연구의 범위

위와 같은 순서에 따라 논의를 진행함에 있어 논의의 집중과 선명성을 위하여 다음과 같이 연구의 범위를 제한하고자 한다.

우선 이 연구의 대상을 공법상 당사자소송의 유형 중 하나인 확인소송으로 제한하고자 한다. 따라서 행정소송법상 항고소송에 속하는 무효등확인소송과 부작위법확인소송은 원칙적으로 논의의 대상에서 제외한다. 왜냐하면 무효등확인소송과 부작위법확인소송은 확인소송이기는 하지만 모두 공권력행사로서의 행정처분과 관련된 소송으로서 항고소송에 속하기 때문에 행정처분 이외의 행정작용에 대한 권리구제 방법을 모색하는 본 논의와는 관련이 없기 때문이다. 특히 무효등확인소송의 경우 이미 발령된 행정처분 등의 무효확인을 구하는 것이므로 예방적 권리구제와도 관련이 없다. 따라서 이하에서 '공법상 확인소송'이라고 함은 공법상 당사자소송의 유형의 하나로서의 확인소송을 의미한다.

그리고 이하의 논의에서 입법론적인 논의는 원칙적으로 배제하고자 한다. 종래 행정소송의 대상을 확대하고, 권리구제의 시점을 앞당기기 위하여 수차례에 걸쳐 행정소송법을 개정하기 위한 시도가 있었던 것은 주지의 사실이다. 그런데 앞서 연구의 목적에서 살펴본 바와 같이 이 연구는 행정소송법의 개정이 요원한 현재 상황에서 현행 행정소송법상 제도인 공법상 당사자소송으로서의 확인소송을 통한 권리구제의 확대방안을 모색하는 것을 목적으로 한다. 따라서 이하의 논의에서 입법론적인 논의는 이해를 돕기 위하여 제시하는 경우 외에는 원칙적으로 배제할 것이다.

제2장
현행 행정소송법상
권리구제체계의 한계

제1절 개관

　1951. 8. 24. 제정되어 1984. 12. 15. 전부개정된 현행 행정소송법은 그동안 공권력작용에 의한 권익침해로부터 국민의 권리구제 확대에 기여하였다는 점에서 긍정적인 평가를 받을 만하다. 하지만 사회구조가 고도 산업사회로 발전하고, 경제적으로도 발전을 거듭함에 따라 행정수요가 양적·질적으로 팽창하였고, 행정작용의 영역도 폭넓게 확대되면서 행정은 더 이상 과거와 같이 공권력작용만으로는 그 목적을 달성하기 어렵게 되었다. 이러한 사회·경제적인 발전 추이에 따라 행정기관이 공권력작용 이외의 수단을 이용하는 빈도가 점차 늘어나고 있고, 여기에 대응하여 공권력작용이 아닌 행정작용에 대한 충분한 권리구제를 요구하는 목소리가 점점 높아지고 있다. 뿐만 아니라 국민의 권리와 이익을 침해하는 행정작용은 그것이 일단 현실화하면 그로 인하여 초래된 불이익한 상태를 회복하기가 대단히 어렵다는 점에서 권리구제의 시점을 앞당겨 달라는 요구도 강해지고 있다. 하지만 공권력작용에 대한 사후적인 권리구제 중심으로 구성된 현행 행정소송체계는 이러한 요구들을 수용하는 데 한계를 드러낼 수밖에 없다. 이러한 한계를 극복하기 위하여 몇 차례 행정소송법을 개정하려는 시도가 있었으나 여러 가지 이유로 모두 무산되었다. 그럼에도 현행 행정소송법상 권리구제체계의 한계를 극복하고 권리구제의 확대를 희망하는 국민의 요구는 더욱 강해져 가고 있다.

　본 연구는 위와 같은 문제의식에 기초하여 현행 행정소송법상 권리구제체계 내에서 종전의 한계를 극복하고 권리구제를 확대하는 방안을 모색하는 것을 목적으로 한다. 이 논의를 위하여 이 장에서는 헌법상 재판청구권

의 내용인 효과적인 권리구제의 원칙을 도구로 하여 현행 행정소송체계가
가진 문제점을 진단하여 본다.

제2절 문제 진단의 도구로서의 재판청구권

Ⅰ. 권리구제체계에 관한 논의의 전제조건
- 법치국가 원칙

1. 법치국가 원칙

국가의 권리구제체계는 법치국가 원칙과 밀접하게 연관되어 있다. 법치국가 원칙은 국가작용이 의회에서 제정한 법률에 근거하여야 한다는 원칙 외에 국가작용으로 권리를 침해당한 사람에 대하여 구제방법이 마련되어 있어야 한다는 원칙을 포함한다. 또한 국가로 하여금 권리구제 방법을 마련하도록 하는 명령도 법치국가 원칙에 포함된다. 따라서 공법상 권리구제체계를 설명함에 있어 법치국가 원칙에 대한 이해는 반드시 필요하다.

법치국가 원칙은 일반적으로 주관적 상태질서이자 객관적 기능질서로 이해된다. 주관적 상태질서는 자유권적 기본권과 평등원칙으로 구체화되고, 객관적 기능질서는 권력분립 원칙으로 구체화된다. 다만 주관적인 기본권과 객관적인 권력분립 원칙은 엄격하게 구분되는 것이 아니고, 법치국가 원칙의 여러 보장내용들을 형성하면서 서로 관련을 맺게 된다. 즉 법치국가 원칙은 개인의 기본권과 그에 기초한 주관적 권리를 보장함과 동시에 그 권리가 침해된 경우의 권리구제도 보장하는데, 권리구제의 임무를 행정부와 입법부로부터 독립된 사법부에 맡겨 놓고 있는 데에서 기본권과 권력분립 원칙 사이의 연결관계를 확인할 수 있다.[1)]

이처럼 법치국가 원칙이 실현되기 위해서는 행정작용의 근거가 법률에 규정되는 것만으로는 충분하지 않고, 행정작용에 의하여 권리가 침해된 경우에는 그 원상회복을 보장하는 국가기관에 의한 사법이 보장되어 있어야 한다. 국가의 사법은 원상회복을 위한 의심의 여지가 없는 근거가 되고, 이를 통하여 권리구제가 실현된다.[2] 법치국가 원칙에 기초한 국가에 의한 국민의 권리구제 보장은 이른바 국가의 사법보장의무로 표현된다.

2. 국가의 사법보장의무

국가의 사법보장의무(司法保障義務)는 권리가 침해된 개인의 권리구제를 보장할 국가의 의무를 의미한다. 사법보장의무가 헌법상 원칙으로 확고하게 자리 잡은 독일에서는 법원에 의한 구속력 있는 공적인 분쟁해결 절차를 제공하고, 국민이 그러한 절차를 폭넓게 이용하도록 함과 동시에 분쟁해결 절차를 균형 있게 보장하는 것은 이미 오래전부터 국가의 기본적인 임무로 이해되었다.[3] 특히 국가의 사법보장의무는 권력분립 원칙에 근거를 둔 독일 기본법 제20조 제2항[4] 및 제92조[5]에 따라 법원에 의한 권리구제의 보장을 의미하는 것으로 이해된다. 독일 기본법 규정을 통하여 국가의 권력독점(법관을 통한 사법권 독점)이 도출되고, 여기에 기초한 자력구제의 금지와 국민의 법적 평화의무로부터 독립된 기관인 법원을 통하여 사법체

---

1) Schmidt-Aßmann, in: Isensee/Kirchhof, Handbuch des Staatsrechts, Bd. II, §26 Rechtsstaat, Rn. 46.
2) Bähr, Der Rechtsstaat, 1963, S. 192.
3) Schmidt-Aßmann, a.a.O.(Fn. 1), Rn. 70.
4) 독일 기본법 제20조
    ② 모든 국가권력은 국민으로부터 나온다. 국가권력은 국민에 의하여 선거와 투표로, 그리고 입법, 행정 및 사법의 특별기관을 통해 행사된다.
5) 독일 기본법 제92조
    사법권은 법관에 속한다. 사법권은 연방헌법재판소, 기본법이 정하는 연방법원 및 주(州)의 법원을 통해 행사된다.

계의 구조 안에서 국민의 권리를 관철하도록 할 국가의 의무가 도출된다.[6)
결국 법치국가체계 내에서 일반적인 권리구제 보장은 법원을 통한 권리구
제의 보장을 의미하고, 이는 국가의 의무로 파악된다. 한편 사법보장의무는
뒤에서 살펴보는 사법보장청구권의 대응물로서, 국가에 대하여는 의무로,
국민에 대하여는 기본권 또는 기본권과 유사한 권리로 받아들여진다.

한편 국가의 사법보장의무는 일반사법보장의무와 그로부터 도출되는 특
별사법보장의무로 구분된다. 특별사법보장의무는 국가와 국민의 관계에서
국가의 공권력작용으로부터 국민의 권리를 구제하기 위한 국가의 의무이
다. 반면 일반사법보장의무는 공권력작용 이외의 국가작용 및 사인간의 관
계에서의 권리구제의 보장을 위한 국가의 의무이다. 독일에서는 특별사법
보장의무는 기본법 제19조 제4항에 명시되어 있으나, 일반사법보장의무는
개별 기본법 규정에 근거가 있는 것이 아니라 법치국가 원칙 그 자체와 여
러 기본권 규정들, 사법조직에 관한 기본법 규정(제92조, 제95조, 제101조
제1항 제2문, 제103조 제1항)의 복합체에서 근거를 찾고 있다.[7)

우리의 경우에는 독일과 같이 사법보장의무를 명시적으로 선언하고 있
는 헌법이나 법률규정은 찾아보기 어렵다. 다만 뒤에서 살펴보는 바와 같
이 법치국가 원리에 기초한 헌법 제27조의 재판청구권이 국가의 사법보장
의무를 보장하고 있는 것으로 해석된다.

---

6) 연방헌법재판소의 판례이기도 하다(BVerfG, Urteil vom 11. 6. 1980. - 1 PBvU 1/79 =
   BVerfGE 54, 277). Schmidt-Aßmann, in: Maunz/Dürig, Grundgesetz-Kommentar, Art. 19
   Abs. 4. Rn. 16; Papier, in: Isensee/Kirchhof, Handbuch des Staatsrechts, Bd. VIII, §176
   Justizgewähranspruch, Rn. 8; Voßkuhle, Rechtsschutz gegen den Richter, 1996, S. 6.
7) 독일 연방헌법재판소 전원합의부 결정(BVerfG, Beschluß vom 30. 4. 2003. - 1 PBvU
   1/02 = BVerfGE 107, 395)은 "효과적인 권리구제의 보장은 법치국가의 중요한 구성요소
   다. 기본법은 제19조 제4항에 근거한 법원에서의 권리구제뿐만 아니라 이를 넘어 일반사
   법보장의무의 틀 내에서의 권리구제도 보장한다. 이는 기본권, 특히 기본법 제2조 제1항
   과 관련된 법치국가 원칙의 구성요소다."라고 하여 일반사법보장의무와 특별사법보장의
   무를 구분하면서도 양자 모두 법치국가 원칙에서 직접적으로 도출됨을 인정하고 있다.

Ⅱ. 재판청구권

1. 의의

헌법 제27조 제1항은 "모든 국민은 헌법과 법률이 정한 법관에 의하여 법률에 의한 재판을 받을 권리를 가진다."고 규정함으로써 재판청구권을 보장하고 있다. 헌법상 재판청구권은 국민이 어떤 분쟁에 관하여 법원에 소를 제기할 수 있다는 정도의 형식적인 의미가 아니라 국민의 헌법상·법률상 권리가 사법절차를 통하여 실제로 관철될 수 있도록 보장되어야 한다는 것을 의미한다.[8]

헌법의 기본원리의 하나인 법치국가 원리는 국가작용, 그중에서도 행정이 헌법과 법률에 근거하여 작용하고, 행정을 통하여 불이익을 받은 사람에게 구제제도가 정비되어 있어야 함을 요구한다.[9] 헌법 제27조 제1항의 재판청구권은 위와 같은 법치국가 원리를 구체화한 것으로서 국민의 모든 권리, 즉 헌법상 기본권과 법률상의 권리들이 법원의 재판절차에서 실제로 관철되는 것을 보장한다.[10] 재판청구권은 국민의 자유와 권리를 보호하고 전체적 법질서의 유지를 위하여 공정하고 광범위한 사법절차를 보장하고 있다.[11]

---

8) 김상겸, "법치국가의 요소로서 절차적 기본권 : 재판청구권과 관련하여", 아·태공법연구 제7집, 2000, 147면.
9) 김남진·김연태, 행정법 Ⅰ, 2020, 31면. 이와 같이 헌법상 재판청구권은 국가작용에 의한 권리침해에 대하여 재판을 통한 권리구제의 길을 열어두고 있다는 점에서 행정소송의 헌법적 근거로 제시되고 있다(김연태, "행정소송의 기능 : 취소소송을 중심으로", 고려법학 제38호, 2002. 4, 227면).
10) 한수웅, 헌법학, 2015, 904면.
11) 계희열, "한국헌법의 기본원리로서의 법치주의", 법학논집 제30집, 1994, 27면.

2. 성격

1) 국가의 사법보장의무의 근거

헌법상 재판청구권은 법치국가 원리에 기초하고 있다. 법치국가 원리가 국민의 기본권을 최대한 보장할 것을 목표로 한다는 점에서 본다면 재판청구권은 국가가 국민에 대하여 효과적인 권리구제를 제공하여야 한다는 사법보장의무로 구체화될 수 있다.12) 따라서 재판청구권에는 국가의 사법보장의무가 내재되어 있다고 보아야 한다. 이러한 관점에서 재판청구권은 헌법상 국가의 구조원리로서 헌법으로부터 형성되는 최고의 기본결정이고, 효과적인 권리보호를 제공하기 위한 객관적 가치결정이자 헌법적 정신으로서, 입법자를 구속한다.13)

2) 주관적 권리

재판청구권은 개인이 국가에 대하여 적극적인 행위, 즉 효과적인 권리구제를 요구할 수 있는 주관적 권리로서, 실체적 기본권을 보호하는 기능을 하는 절차적 기본권임과 동시에 실체적 권리의 구제를 위하여 권리구제절차의 제공을 요구할 수 있는 청구권적 기본권이다. 재판청구권의 주관적 권리로서의 성격은 국민이 국가에 대하여 효과적인 권리구제절차를 마련하고 그것을 이용할 수 있도록 요구할 수 있는 기본권으로 이해되고, 이는 사법보장의무의 이면으로서 사법보장청구권으로 구체화된다.

3. 보장내용

앞서 살펴본 바와 같이 헌법상 재판청구권은 국가의 사법보장의무, 특히

---

12) 정영철, "재판청구권과 효율적 권리보호의 문제", 공법연구 제40집 제4호, 2012, 96면.
13) 한수웅, 위의 책(주 10), 905면; 정영철, 위의 논문(주 12), 96면.

법원을 통한 사법보장의무를 포함하고 있다. 여기서 헌법상 재판청구권이 보장하고 있는 '재판'은 '효과적인 권리구제를 제공하는 재판'이라고 해석된다. 재판청구권의 당연한 내용으로서의 법률상 청문권에 기초한 충실한 재판을 받을 권리[14]와 헌법 제27조 제3항의 신속한 재판을 받을 권리를 더하여보면, 결국 헌법이 국민에게 보장하는 재판은 '신속하고도 충실한 재판에 의하여 실현되는 효과적인 권리구제가 보장되는 재판'이라고 할 수 있다. 이렇게 해석하지 않고, 재판청구권을 단지 형식적으로 해석하여 어떤 형태, 방법으로든 재판절차만 거칠 수 있게 해주는 정도의 권리로 본다면, 헌법상의 재판청구권은 유명무실하게 될 것이다. 이처럼 재판청구권의 보장내용은 효과적인 권리구제라고 하는 재판제도의 실효성이 내재되어 있는 것으로 실질적으로 이해하여야 한다.[15]

Ⅲ. 효과적인 권리구제 원칙

1. 검토의 필요성

이상에서 서술한 바와 같이 헌법상 재판청구권을 효과적인 권리구제의 명령이 헌법상 구체화된 것으로 보게 되면, 재판청구권은 효과적인 권리구제를 본질로 하는 기본권이자 객관적 질서형성의 원리로 이해된다. 이와 같이 재판청구권이 기본권이자 객관적 질서형성의 원리라면 재판 제도 역

---

14) 충실한 재판을 받을 권리의 헌법상 근거와 내용에 관하여는 이승훈(拙稿), "충실한 재판의 실현에 관한 연구 - 독일 기본법상 법률상 청문권과 관련된 논의를 중심으로", 고려법학 제91호, 2018, 191면 이하 참조.
15) 김선택, "사법적 권리구제의 헌법적 보장", 법실천의 제문제, 1996, 32면; 하명호, "행정소송에서 가처분 규정의 준용", 행정판례연구 제22-2집, 2017, 191면; 김현준, "실효적이고 공백 없는 권리보호의 행정소송", 법조 제739호, 2020. 2, 36면.

시 효과적인 권리구제를 보장하는 방향으로 형성되어야 함이 당연하다. 따라서 재판청구권은 우리에게 올바른 재판 제도란 무엇인가라는 판단기준을 제시하여 주는 것으로 이해할 수 있다. 즉 헌법상 재판청구권의 핵심인 효과적인 권리구제를 판단기준으로 하여 현행 행정소송법상 권리구제 제도는 효과적인지, 만약 그렇지 않다면 그것을 효과적으로 구성하는 방안은 무엇인지가 해명될 수 있는 것이다. 이러한 관점에서 재판청구권의 내용인 효과적인 권리구제 원칙을 검토할 필요가 있다.

이상에서 제시한 문제의식에 따라 효과적인 권리구제 원칙을 검토하기 위해서는 먼저 효과적인 권리구제의 의미와 내용 등에 관한 해명이 이루어져야 한다. 이를 위해서는 일단 우리나라보다 먼저 효과적인 권리구제 원칙에 관한 논의가 이루어진 독일의 논의를 참고할 필요가 있다. 효과적인 권리구제의 개념은 독일 기본법 제19조 제4항과 일반사법보장청구권에 관한 해석론에서 등장하고, 독일 소송법체계를 구성하는 근간이 되는 개념이다. 독일에서 효과적인 권리구제의 원칙은 특별사법보장의무의 근거규정인 기본법 제19조 제4항과 일반사법보장의무에서 도출되는 것으로 이해되고 있으므로, 이들을 살펴봄으로써 효과적인 권리구제 원칙의 전반을 전망할 수 있게 된다.16)

2. 효과적인 권리구제 원칙에 관한 독일에서의 논의

1) 구성체계

독일은 기본법 제19조 제4항17)과 일반사법보장청구권으로 구성된 사법보

---

16) 앞서 살펴본 바와 같이 국가의 사법보장의무는 개인의 사법보장청구권과 대응한다. 따라서 이하에서는 특별히 구분할 필요가 없는 범위에서 양자를 혼용하여 쓰기로 한다.

17) 독일 기본법 제19조
④ 공권력에 의해 자신의 권리가 침해된 모든 사람은 소송을 제기할 수 있다. 다른

장 체계에 기초하여 사법제도가 형성되어 있다. 독일의 권리구제체계는 공권력작용에 대한 권리구제는 기본법 제19조 제4항에, 공권력이 아닌 국가작용 및 사법상의 분쟁에 대해서는 일반사법보장청구권에 기초하고 있다.

독일 기본법 제19조 제4항이 보장하는 공권력에 대한 권리구제는 법원을 통한 권리구제로서 행정법과 행정법원에 의한 권리구제를 의미한다는 점에서 행정소송의 헌법상 근거로 이해된다.[18] 한편 일반사법보장청구권은 기본법 제19조 제4항의 근간을 이루는 것으로서 기본법 제19조 제4항에 포함되지 않는 국가작용뿐만 아니라 민사상의 분쟁에 대한 권리구제까지도 포함하는 넓은 개념이다. 일반사법보장청구권에 의한 권리구제 역시 법원에 의한 권리구제로서 행정법원 뿐만 아니라 모든 국가 법원에 의한 권리구제의 기초가 된다. 이와 같이 기본법 제19조 제4항 및 일반사법보장청구권은 효과적인 권리구제에 관한 포괄적인 헌법상 보장으로 이해된다.[19]

2) 독일 기본법 제19조 제4항 - 공권력작용에 대한 권리구제

(1) 의의와 구성

독일 기본법 제19조 제4항은 공권력작용, 그중에서도 특히 행정부에 의한 공권력행사로부터 국민의 권리구제를 보장한다. 이 규정이 국민의 권리

관할이 인정되지 않는 한, 일반법원에 소송을 제기할 수 있다. 제10조 제2항 제2문에는 영향을 주지 않는다.

18) Schmidt-Aßmann/Schenk, in: Schoch/Schneider/Bier, VwGO, Einleitung, Rn. 2.

19) BVerfG, Urteil vom 11. 6. 1980. - 1 PBvU 1/79 = BVerfGE 54, 277; BVerfG, Beschluß vom 16. 1. 1980. - 1 BvR 127/78, 1 BvR 679/78 = BVerfGE 53, 115; BVerfG, Beschluß vom 12. 12. 1973. - 2 BvR 558/73 = BVerfGE 36, 264; Bettermann, Die Unabhängigkeit der Gerichte und der gesetzliche Richter, in: Bettermann/Neumann/Bachof, Die Grundrechte Bd III/2, 1959, S. 559 ff; Schneider, Effektiver Rechtsschutz Privater gegen EG-Richtlinien nach dem Maastricht-Urteil des Bundesverfassungsgerichts, AöR Vol. 119 No. 2, 1994, S 294 ff.

구제를 보장함으로써 개인은 안정된 지위 속에서 공권력에 맞설 수 있게 되고, 반대로 행정 일반은 법관을 통한 통제를 받게 된다.[20] 뿐만 아니라 기본법 제19조 제4항은 공권력작용에 대한 권리구제의 기준과 방법을 형성한다. 기본법 제19조 제4항은 일반조항으로서 공권력에 의해 권리가 침해된 경우 법원을 통한 권리구제를 폭넓게 보장한다. 기본법 제19조 제4항의 구성요건은 넓게 해석되고 있고, 이를 통해 공권력에 의한 권리침해에 대하여 충분한 구제가 보장되어 있다.

독일 기본법 제19조 제4항은 제1문에서 공권력에 의한 권리침해에 대한 국가의 권리구제를 규정하고 있고, 제2문에서 전문재판권에 의한 권리구제의 관할을 규정하면서 일반재판권에 의한 권리구제의 보충성을 보장하고 있다. 기본법 제19조 제4항은 제1문이 핵심 내용으로서 공권력에 대한 권리구제의 본질적인 내용을 이룬다(독일 판례 및 문헌들 대부분에서 기본법 제19조 제4항이라고 하면 대개 제1문을 의미한다).

(2) 독일 기본법 제19조 제4항의 효과적인 권리구제의 내용

이 규정에 따른 효과적인 권리구제는 기본법 제19조 제4항과 일반사법 보장청구권에 의한 권리구제를 형성하는 가장 중요한 내용으로서, 그 중 특히 기본법 제19조 제4항은 공권력에 의한 주관적인 권리침해에 대하여 사법권에 의한 실제 효과적이고 적절한 시간 내의 권리구제를 보장한다. 기본법 제19조 제4항의 핵심적인 내용은 권리구제의 포괄적인 보장으로서 법원에 의한 권리구제의 보장, 즉 소송절차의 보장을 의미한다. 뿐만 아니라 법원에의 소의 제기 및 소송절차의 결과로서 판결내용의 실현을 포함한

---

20) Schmidt-Aßmann, a.a.O.(Fn. 6), Rn. 1에 의하면 기본권 제19조 제4항은 '집행권의 독재'를 방지함으로써 국가 행정작용으로부터 개인을 보호함과 동시에 개인으로 하여금 정당한 국가작용은 이를 받아들이도록 함으로써 개인과 국가 제도 사이의 중요한 가교 역할을 한다.

권리구제 전반의 효과적인 보장을 포괄한다.[21] 따라서 기본법 제19조 제4
항의 관점에서는 모든 소송절차는 공권력에 의한 국민의 권리침해를 공백
없이 구제할 수 있도록 구성되어야 하고, 동시에 그 권리구제가 효과적으
로 이루어질 수 있어야 한다. 이와 같이 공백 없는 권리구제를 보장하는 것
은 헌법에 직접적으로 근거를 둔 명령이다. 다만 기본법 제19조 제4항은
공권력에 대한 국민의 권리구제의 포괄적 보장을 선언하고 있을 뿐이고,
그 권리구제를 실현하는 수단인 소송절차의 구체적인 모습은 입법자가 법
률로써 형성하도록 하고 있다. 독일 연방헌법재판소 역시 기본법 제19조
제4항은 단지 입법자에게 목적을 설정해주고, 규정의 개요만을 제시할 뿐
이고, 나머지는 입법자에게 형성의 자유가 인정된다고 판시한 바 있다.[22]

독일 기본법 제19조 제4항에 의한 소송절차의 형성과 관련하여 우선 소
송절차의 종류, 요건 및 개별적인 범위가 확정되어야 한다. 효과적인 권리
구제는 사법절차 형성의 기본원리이자 근본이념으로서 일반 및 특별 사법
보장의무의 표현이지만, 여기에서 '효과적'이라는 단어가 의미하는 것은 소
송기술상 사건의 신속한 전개나 처리만을 의미하는 것은 아니고, '적절한
시간 내에 법원의 구속력 있는 재판을 통한 권리침해의 예방 또는 회복'이
라는 실효적인 의미를 담고 있다. 다만 효과적인 권리구제는 이른바 권리
구제의 극단적인 확장을 의미하는 것이 아니고, 다른 법익 또는 다른 사람
의 이익과의 형량을 통한 균형잡힌 권리구제를 명령하고 있는 것으로 이해
되고 있다.[23] 이러한 형량의 문제는 특히 경쟁자 관계와 같은 다극적 법률

---

21) BVerfG, Beschluß vom 31. 5. 2011. - 1 BvR 857/07 = BVerfGE 129, 1; Papier,
   a.a.O.(Fn. 6), Rn. 5.
22) BVerfG, Beschluß vom 19. 12. 2012. - 1 BvL 18/11 = BVerfGE 133, 1.
23) 이와 관련하여 Schmidt-Aßmann은 실제적인 조화의 원칙에 따라 헌법 규범은 당해
    규범뿐만 아니라 모든 관련 규범들이 모두 효과를 발생할 수 있도록 해석되어야 한다
    는 관점에서 "'권리구제의 효율성'은 간편한 개념이지만, 절차적 희망사항을 헌법상
    명령으로 가치를 상승시키는 이른바 마법의 공식인 것처럼 잘못 이해되어서는 안된다."

관계에서 두드러진다. 한정된 면허나 허가의 발급 또는 부족한 재화의 분
배를 둘러싸고 여러 경쟁자가 경합하는 관계에서 어느 일방의 권리의 확대
는 다른 경쟁자들에게는 권리의 제한 또는 침해를 의미하기 때문이다.

3) 일반사법보장청구권

(1) 기초

일반사법보장청구권은 기본법 제19조 제4항에 대하여 보충적인 관계에
서 기본법 제19조 제4항에 포섭되지 않는 사안에 대한 권리구제를 보장한
다. 즉 일반사법보장청구권은 공권력작용이 아닌 국가작용과 민사법상 분
쟁에 대한 권리구제를 보장한다.24) 독일 연방헌법재판소는 "기본법의 법치
국가 원칙으로부터 민사법상 분쟁을 위해서도 실질적인 의미에서의 효과
적인 권리구제의 원칙이 도출된다."고 함으로써25) 일반사법보장청구권이
국가의 헌법상 의무이자 개인의 권리임을 확인하고 있다.

(2) 내용 일반

독일에서는 입법자가 일반사법보장청구권에 기초하여 국가에 의한 국민
의 권리구제를 원칙적으로 법관에게 맡기고, 법률상 및 사실상의 관점에서
포괄적인 심사권한과 임무를 부여하여 그에 상응하는 권리구제 기준을 유
지하도록 한 것으로 이해되고 있다.26) 일반사법보장청구권 역시 개별적으

고 주장하는바, 이는 어느 일방의 권리구제만을 무한정 확대하면서 다른 일방의 권리
구제를 부당하게 제한하는 방식의 소송절차 구성의 부당함을 경고하는 것으로서 참
고할만하다. 이상 Schmidt-Aßmann, a.a.O.(Fn. 6), Rn. 4.
24) 민사소송에서 국가의 사법보장의무에 관한 자세한 내용은 호문혁, "민사소송법상 소
송법률관계에 관한 고찰", 서울대학교 법학 제54권 제2호, 2013, 135면 이하 참조.
25) BVerfG, Beschluß vom 13. 6. 2006. - 1 BvR 1160/03 = BVerfGE 116, 135; BVerfG,
Urteil vom 11. 6. 1980. - 1 PBvU 1/79 = BVerfGE 54, 277.

로 권리구제의 경계를 확정하는 법률상 형성이 필요한데, 독일 기본법은 제19조 제4항과는 달리 일반사법보장청구권에 관하여는 특별한 규정을 두고 있지 않기 때문에 형성의 여지가 더 넓다. 다만 입법자의 보장내용의 구체적인 형성에 있어서는 법치국가 원칙에서 도출되는 여러 절차규정과 조화되어야 하고 권리구제를 요청하는 당사자에게 견딜 수 없는 부담을 주어서는 안되며 개별 소송절차에서 법원의 통제를 완전히 배제하여서는 안된다는 제한이 따른다.27) 구체적으로 입법자는 법원에의 소송의 제기 및 그에 이어진 소송절차, 그리고 결과로서 구속력 있는 법관의 재판을 구성하게 된다. 특히 권리구제를 희망하는 국민이 받아들일 수 있고, 객관적으로 근거 있는 소송요건(소송형식, 제소기간, 소송능력 및 당사자능력, 소송대리인, 권리보호의 필요성, 절차비용 규정 등)을 마련하여야 한다. 또한 이러한 내용들이 누구나에게 같은 방법으로 보장될 수 있도록 절차법상 소송행위의 방법이나 판단 기준 등이 미리 확정되어야 한다. 나아가 기본법 제19조 제4항과 마찬가지로 일반사법보장청구권 역시 개인의 주관적 권리를 보호하는 것을 목적으로 한다. 주관적 권리의 침해가 전제되지 않는 한, 권리구제를 받을 수 없다.

(3) 효과적인 권리구제의 구체적인 내용과 법원의 심사권한

① 심사의 대상과 범위

일반사법보장청구권의 핵심인 효과적인 권리구제에는 분쟁의 대상(소송

---

26) Schmidt-Aßmann, a.a.O.(Fn. 6), Rn. 17 f.

27) BVerfG, Beschluß vom 2. 3. 1993. - 1 BvR 249/92 = BVerfGE 88, 118; BVerfG, Beschluß vom 12. 2. 1992. - 1 BvL 1/89 = BVerfGE 85, 337; BVerfG, Urteil vom 11. 6. 1980. - 1 PBvU 1/79 = BVerfGE 54, 277; Dütz, Rechtsstaatlicher Gerichtsschutz im Privatrecht, 1970, S. 115 ff.; Schmidt-Aßmann, a.a.O.(Fn. 6), Rn. 17 ff.

물)이 법관에 의한 포괄적인 사실상·법률상 심사의 대상이 되고, 이러한 심사가 구속적인 재판과 함께 종결되어야 한다는 요구가 포함된다.[28] 법관의 통제는 첫 번째 심급에서는 모든 사실요소들에 대한 확인과 법률적 관점에서의 심사를 포함하여야 하고, 순수한 법률상 관점에서의 심사에 한정되어서는 아니된다. 다만 상고심에서는 법률적 심사만을 하는 것도 허용된다.

② 법원의 권리구제와 법적 안정성

효과적인 권리구제는 법원의 재판이 무엇이 정당한지에 관한 선언과 동시에 구속력과 존속력이 인정되는 경우에만 실현된다.[29] 따라서 법원의 권리구제 절차는 원칙적으로 구속력과 존속력이 보장된 결론을 찾을 수 있도록 구성되어야 한다. 동시에 일반사법보장청구권에 근거한 권리구제는 법치국가 원칙으로부터 도출되는 헌법상 명령인 법적 안정성을 요구하므로 이미 확정된 법관의 재판을 사후적으로 번복하는 것은 절대적인 예외이다.

③ 적절한 시점에서의 법원의 권리구제

효과적인 권리구제의 중요한 내용 중의 하나는 적절한 시점에서의 권리구제이다. 권리구제를 위해 어느 시점이 적절한가를 일반화하는 것은 가능하지 않고, 개별사건의 어려움, 절차의 종류 및 성격, 긴급성의 필요와 같은 요인들의 많고 적음에 달려 있다. 다만 법원의 권리구제가 너무 빨리 배제되거나 또는 권리구제를 원하는 당사자의 사건 종결이 불합리하게 길게 지연되는 경우 효과적인 권리구제 체계에 흠결이 발생한다.[30] 이와 같이

---

28) Papier, a.a.O.(Fn. 6), Rn. 18; 독일 연방헌법재판소 판례로는 BVerfG, Beschluß vom 12. 2. 1992. - 1 BvL 1/89 = BVerfGE 85, 337 참조.

29) Papier, a.a.O.(Fn. 6), Rn. 20; Dütz, a.a.O.(Fn. 27), S. 120 ff.

30) 이상 BVerfG, Beschluß vom 6. 5. 1997. - 1 BvR 711/96 = NJW 1997, 2811; BVerfG, Beschluß vom 30. 7. 2009. - 1 BvR 2662/06 = NJW-RR 2010, 207. 한편 유럽인권법원은 2007. 1. 11. 판결(EGMR, Urteil vom 11. 1. 2007. - 20027/02 = NVwZ 2008,

적절한 시점에서의 권리구제를 통해 효과적인 권리구제를 실현하고, 돌이
킬 수 없는 불이익이 발생하는 것을 막기 위해 예방적 권리구제를 보장할
필요성이 생긴다. 다만 이러한 예방적 권리구제는 상대방이 특정한 행위를
하기 전 또는 그로 인한 불이익이 현실화하기 전에 이루어지는 것으로서
어디까지나 예외적인 경우에 그칠 수밖에 없다. 따라서 그에 관한 상세한
내용과 그 헌법상 요구사항은 입법자가 정할 수밖에 없다. 하지만 분명한
것은 적절한 시점에서의 권리구제를 위하여 예방적 권리구제는 헌법상 요
구되고 있으며, 이러한 요구는 행정소송에서 더 강하다는 점이다. 왜냐하면
소송절차가 종결될 때까지의 기간이 일반적으로 민사소송보다 행정소송이
더 길고, 다른 한편으로는 행정법원의 권리구제는 일반적으로 이미 침해가
발생한 다음에 이루어지는 권리구제, 즉 사후적 권리구제로서 법원의 판결
이 있기 전에 행정작용이 일방적으로 형성한 법률관계(특히 행정청이 일방
적으로 발령하고 집행하는 행정처분 등에 의하여 형성되는 법률관계)가 현
실적으로 고착화될 가능성이 크기 때문이다. 예컨대 행정청이 일방적으로
발령, 집행하는 행정처분에 의하여 권리침해가 이루어지고, 이후 사후적으
로 해당 행정행위를 취소하더라도 이미 그 행정처분으로 인하여 확정된 사
실상태를 돌이킬 수 없다는 점에서 사후적인 권리구제만으로는 개인의 권
리를 구제하는 데에 한계가 있다. 나아가 사후적 권리구제에 의지하더라도
권리구제를 원하는 당사자의 사건 종결이 지연되는 경우 권리구제를 원하
는 당사자에게 권리구제로서의 의미가 없어지거나 심지어는 받아들일 수
없는 불이익이 될 수도 있다.[31] 결국 행정에 의한 권리침해가 현실화되기

---

289)에서 네 번의 심급에 이를 동안 18년 6개월의 시간이 지났다면, 절차가 지연된
데에 원고의 책임이 상당 부분 작용했더라도 유럽인권선언 제6조 제1항(모든 사람은
민사상 청구와 의무 또는 그에 대하여 제기된 형사소추와 관련하여 독립되고 공정하
며 법률에 근거를 둔 법원에서 공정하고 공개되며 적절한 시간 내에 재판을 받을 권
리가 있다) 위반이라고 판단하였다.
31) BVerfG, Beschluß vom 30. 7. 2009. - 1 BvR 2662/06 = NJW-RR 2010, 207. 위 판결

전에 이를 저지함으로서 국민의 권리를 사전적으로 구제하고자 하는 예방적 권리구제는 효과적인 권리구제의 중요한 내용으로서 헌법적으로 요구되고 있다.

④ 법원의 재판의 관철 가능성

효과적인 권리구제를 보장할 의무는 법관의 재판이 효과적으로 집행될 수 있도록 하는 명령을 포함한다. 특히 이행판결과 관련된 이러한 요구는 집행가능한 법원의 재판이 법원 그 자신을 통해 실현되는 것을 조건으로 하지 않는다. 법원이 아닌 다른 기관이나 조직을 통해 집행작용을 할 수 있으면 충분하고, 단지 집행작용에 대한 법관의 통제를 받을 가능성만 열어두면 된다.

3. 우리나라 헌법상 재판청구권과의 비교

앞서 살펴본 바와 같이 독일의 논의에서 기원한 국가의 사법보장의무는 권리의 침해를 당한 국민에게 국가가 법원에 의한 효과적인 권리구제 방법을 마련하여 제공하도록 하는 것이다. 그리고 구체적인 내용에 있어서도 '소의 제기', '소송절차의 진행', '소송의 결과'의 모든 과정에서 실효적이고 적정한 재판권의 행사가 이루어져야 하고, 국민은 법원에 의한 소송절차를 이용하여 적절한 시점에 권리구제를 받을 수 있는 권리가 있다는 것이다. 사법보장의무는 결국 효과적인 권리구제에 관한 기본권이자 객관적 질서형성의 수단으로서 역시 효과적인 권리구제를 내용으로 하는 우리나라 헌법상 재판청구권과 본질적으로 다르지 않다. 따라서 헌법상 재판청구권의 내용인 효과적인 권리구제 원칙의 내용은 국가의 사법보장의무 및 그

에 의하면, 1심 소송절차가 22년을 끌었는데도 종결되지 않은 경우 효과적인 권리구제를 요구할 수 있는 권리를 침해한다고 판단한 사건이다.

반면으로서의 국민의 사법보장청구권에 기초하여 해석함이 옳다.

이처럼 헌법 제27조의 재판청구권이 효과적인 권리구제를 보장하는 사법보장청구권에 준하는 권리인 점에 비추어 보면, 재판청구권의 보장범위는 일반·포괄적인 권리구제의 근거가 되는 사법보장청구권에서와 같이 넓게 해석된다. 그렇다면 헌법상 재판청구권 역시 효과적인 권리구제 보장이라는 목적을 실현하기 위하여 그 내용으로 ① 공백 없는 권리구제 절차가 마련되어 있어야 하고, ② 권리구제절차를 이용하는데 참기 어려운 장애가 있어서는 아니되며, ③ 권리구제 절차가 적정한 시점에서의 신속한 권리구제를 보장하여야 하며, ④ 법원에 의한 권리구제는 공정하고 실효적이며 적정하여야 하고, 재판의 내용을 실현하는데 특별한 어려움이 있어서는 아니된다는 보장을 포함하고 있는 것으로 해석하여야 한다.32)

이상의 점을 종합하면, 재판청구권의 핵심 내용인 효과적인 권리구제의 원칙은 국가의 사법제도 형성의 기본원칙으로서 어떤 사법제도가 국가의 사법보장의무를 제대로 수행하고 있는가를 판단하는 모범이 된다. 같은 관점에서 이 연구의 논의의 대상인 행정소송법의 권리구제체계가 헌법상 재판청구권의 보장내용을 충분히 실현하고 있는가를 분석하기 위한 도구 역시 효과적인 권리구제의 원칙이 될 수밖에 없다. 아래에서는 효과적인 권리구제의 원칙 중에서도 공백 없는 권리구제와 적정한 시점에서의 권리구제를 중심으로 현행 행정소송법체계의 문제점을 진단하고, 이를 극복하기 위한 논의를 전개하고자 한다.

---

32) 한수웅, 앞의 책(주 10), 905면.

제3절 효과적인 권리구제원칙에 기초한
행정소송체계의 분석

Ⅰ. 현행 행정소송법의 체계

1. 권리구제체계의 구조

현행 행정소송법은 다음과 같은 구조로 이루어져 있다.

우선 행정청의 처분 등이나 부작위에 대하여 제기하는 소송인 항고소송
이 있다(행정소송법 제3조 제1호). 항고소송은 다시 ① 행정청의 위법한 처
분 등을 취소 또는 변경하는 소송인 취소소송(행정소송법 제4조 제1호), ②
행정청의 처분 등의 효력 유무 또는 존재 여부를 확인하는 소송인 무효등
확인소송(제4조 제2호), ③ 행정청의 부작위가 위법하다는 것을 확인하는
소송인 부작위위법확인소송(제4조 제3호)으로 구분된다.

그리고 행정청의 처분 등을 원인으로 하는 법률관계에 관한 소송 그 밖
에 공법상의 법률관계에 관한 소송으로서 그 법률관계의 한쪽 당사자를 피
고로 하는 소송인 공법상 당사자소송이 있다(행정소송법 제3조 제2호).

그 밖에 국가 또는 공공단체의 기관이 법률에 위반되는 행위를 한 때에
직접 자기의 법률상 이익과 관계없이 그 시정을 구하기 위하여 제기하는
소송인 민중소송(행정소송법 제3조 제3호)과 국가 또는 공공단체의 기관
상호간에 있어서의 권한의 존부 또는 그 행사에 관한 다툼이 있을 때에 이
에 대하여 제기하는 소송인 기관소송(행정소송법 제3조 제4호. 다만 헌법
재판소법 제2조의 규정에 의하여 헌법재판소의 관장사항으로 되는 소송은

제외된다)도 규정되어 있다.

행정소송법상 소송유형은 크게 개인의 권리구제와 행정의 적법성보장이라는 두 가지 목적 중 개인의 권리구제에 더 큰 비중을 두는 주관적 소송과 행정의 적법성보장을 직접적인 목적으로 하는 객관적 소송으로 구분되는데, 행정소송법상 소송유형 중 항고소송과 공법상 당사자소송은 주관적 소송으로, 민중소송과 기관소송은 객관적 소송으로 분류하는 것이 일반적이다.33) 그런데 객관적 소송으로 분류되는 민중소송과 기관소송도 행정소송법이 인정하는 소송유형이기는 하나, 행정소송법은 제5장에서 겨우 두 개의 규정을 두고 있을 뿐이고 개별 법률에 따라 인정되는 소송유형도 대단히 한정되어 있어 활용의 폭이 넓지 않다. 결국 행정소송법은 주관적 소송 중 항고소송과 공법상 당사자소송을 양대 소송유형으로 규정하고 있으나, 제2장 취소소송 편에 사실상 거의 모든 절차규정을 두면서 위 장의 하부 규정들을 개별 소송유형에 따라 준용하는 방식을 취하고 있어 취소소송 중심의 규정체계를 보이고 있다.

2. 소송의 대상에 기초한 분류: 항고소송과 당사자소송

행정소송법상 소송유형은 크게 행정소송의 대상을 기준으로 행정청의 처분 등이나 부작위를 직접 대상으로 하는 항고소송과 공법상의 법률관계에 관하여 의문이나 다툼이 있는 경우에 그 법률관계의 당사자가 원고 또는 피고의 입장에서 그 법률관계에 관하여 다투는 공법상 당사자소송으로

---

33) 항고소송과 공법상 당사자소송을 주관적 소송으로 구분하는 견해가 일반적이지만, 항고소송과 당사자소송을 각 프랑스의 월권소송과 완전심판소송에 상응하는 것으로 보아 항고소송은 처분의 위법성을 공격하기 위한 것이고, 당사자소송은 사인간의 권리의무를 확정하기 위한 것이라는 이유로 항고소송을 객관적 소송으로 이해하는 견해도 있다(자세한 논거는 박정훈, "행정소송법 개정의 주요쟁점", 공법연구 제31집 제3호, 2003, 63면 이하 참조).

구분된다.

행정소송법 제19조에 의하면 항고소송의 대표적인 소송유형인 취소소송은 처분등을 대상으로 한다(다만 재결취소소송의 경우에는 재결 자체에 고유한 위법이 있음을 이유로 하는 경우에 한한다). 반면 행정소송법 제3조 제2호에 의하면 공법상 당사자소송은 행정청의 처분등을 원인으로 하는 법률관계 그 밖에 공법상의 법률관계를 대상으로 하면서 그 법률관계의 한쪽 당사자를 피고로 한다. 위와 같은 법률규정에서도 알 수 있듯이 항고소송은 개인이 행정청을 상대로 행정처분으로 대표되는 공권력의 행사를 다투는 데 대하여, 당사자소송은 대립되는 지위에 있는 대등한 권리주체가 그들과 관련된 법률관계에 관하여 다투는 것으로 이해된다. 즉, 항고소송은 행정처분으로 대표되는 공권력행사로서의 작위·부작위를 대상으로 하고, 당사자소송은 행정청의 처분등을 원인으로 하는 법률관계 및 그 밖의 공법상의 법률관계의 존부 내지 권리의 유무를 대상으로 한다.[34]

특히 공법상 당사자소송의 대상인 '행정청의 처분등을 원인으로 하는 법률관계 및 그 밖의 공법상의 법률관계'는 다시 '행정청의 처분등을 원인으로 하는 법률관계'와 '그 밖의 공법상의 법률관계'로 구분되는데, 전자는 처분 등에 의하여 발생·변경·소멸된 법률관계를 의미하고, 후자는 처분 등을 원인으로 하지 않은 공법에 의하여 규율되는 법률관세 일반을 의미한다.[35] 이러한 구분에 따라 당사자소송을 다시 행정청의 처분·재결 등이 원인이 되어 형성된 법률관계에 다툼이 있는 경우 그 원인이 되는 처분·재결 등의 효력을 직접 다투는 것이 아니고, 처분 등의 결과로서 형성된 법률관계에 대하여 그 법률관계의 한쪽 당사자를 피고로 하여 제기하는 소송인 형식적 당사자소송과 공법상의 법률관계에 관한 소송으로서 그 법률관계의 한쪽 당사자를 피고로 하는 소송인 실질적 당사자소송으로 구분하기도 한다.[36]

---

34) 김남진·김연태, 앞의 책(주 9), 966면.
35) 임영호, "공법상 소송유형과 소송형식", 행정법연구 제25호, 2010. 12, 43면.

3. 권리구제 시점에 기초한 분류
   : 예방적 권리구제와 사후적 권리구제

권리구제를 그 활용시점에 따라 사후적 권리구제와 예방적 권리구제로
구분하기도 한다. 침해적 행정작용 및 그로 인한 피해가 현실화된 후에 해
당 행정작용을 제거하고 원상회복을 추구하는 것이 사후적 권리구제이고,
반대로 그러한 침해적 행정작용에 의한 권리침해가 임박한 경우 그 행정작
용의 발동 자체를 저지함으로써 권리침해를 예방하는 것이 예방적 권리구
제이다.37)

현행 행정소송법상 권리구제체계는 앞서 살펴본 바와 같이 항고소송 중
심으로 구성되어 있다. 항고소송은 침해적 행정처분 등이 발령되어 효력을
발생한 이후에 그 취소 내지 무효확인을 구하는 것이므로 원칙적으로 사후
적인 권리구제수단이다.38) 즉 행정소송법이 형성하고 있는 권리구제체계는
사후적인 권리구제가 중심이다. 반면 예방적 권리구제라고 볼만한 제도는
특별히 마련되어 있지 않은 상황이다.

---

36) 실질적 당사자소송과 형식적 당사자소송의 관계 및 유형 등에 관한 자세한 설명은
   안철상, 당사자소송, 행정소송 I, 379면 이하(한국사법행정학회 편, 2008); 정남철, "공
   법상 당사자소송의 발전과 과제", 행정판례연구 제19-1호, 2014, 286면 이하 참조. 반
   면 형식적 당사자소송과 실질적 당사자소송의 구분은 불필요하거나 잘못된 것이라는
   주장으로 한견우, "우리나라 현행 행정소송법상 당사자소송의 문제점과 개선방향
   (상)", 법조 제41권 제1호, 1992, 10면 이하 참조.
37) 예방적 권리구제에 관한 국내의 일반적인 정의이다(대표적인 것으로 정하중, "행정소
   송법 개정에 있어서 예방적 권리구제의 도입", 행정법의 이론과 실제, 2012, 598면).
38) 김성수, "행정소송법상 가구제 및 예방적 권리구제", 현대행정법학이론, 1996, 422면.

II. 행정소송법상 권리구제의 한계

1. 권리구제체계로서의 한계 노출

위에서 서술한 바와 같이 현행 행정소송법상 권리구제체계는 공권력행
사작용에 대한 항고소송 중심의 사후적 권리구제체계로 요약할 수 있다.
이러한 권리구제체계는 1984. 12. 15. 전부개정된 행정소송법에 의하여 확
고하게 자리잡았다. 실무에서도 항고소송으로서 사후적 권리구제 방법에
해당하는 취소소송 또는 무효등확인소송이 거의 대부분을 차지하고 있다.
이러한 권리구제체계는 그동안 행정처분 등 국가에 의한 공권력행사가 행
정작용의 대부분을 차지하였던 상황에서는 국민의 권리구제에 기여하였다
고 평가할 수 있다. 그러나 행정유형의 다양화로 공권력행사로 파악할 수
없는 행정작용이 크게 증가하였고, 적절한 시점에서의 권리구제가 강조되
는 현 상황에서는 다음과 같은 중대한 문제점을 노출하고 있다.

2. 공권력행사가 아닌 행정작용에 대한 권리구제의 공백

1) 공권력작용 중심의 소송체계

앞서 살펴본 바와 같이 행정소송법은 항고소송을 중심으로 규정되어 있
고 실무도 항고소송을 중심으로 운용되고 있다.[39] 항고소송 중 대부분을
차지하는 취소소송과 무효등확인소송은 행정처분을 사후적으로 취소하거
나 무효임의 확인을 구하는 소송이다(항고소송 중 부작위위법확인소송은

---

[39] 전체 행정소송 중 항고소송이 차지하는 비율이 어느 정도인지 산술적으로 조사한 통
계는 없으나, 대법원이 발간한 2019년도 사법연감에 의하면 2018년도에 접수된 전체
행정소송 21,442건 중 당사자소송이 대부분을 차지하는 토지수용사건(손실보상금 청
구사건) 1,641건을 제외한 사건 수가 19,801건으로서 92% 정도임을 고려하여 보면,
행정소송의 대부분이 항고소송이라는 점은 분명하다(2019년 사법연감).

처분의 신청에 대한 행정청의 부작위가 위법하다는 것의 확인을 구하는 소송으로서 다른 항고소송과 성질이 다르나 처분을 대상으로 한다는 점에서 항고소송으로 분류된다). 행정소송법은 항고소송의 대상으로 규정된 '처분등'을 '행정청이 행하는 구체적 사실에 관한 법집행으로서의 공권력의 행사 또는 그 거부와 그 밖에 이에 준하는 행정작용 및 행정심판에 대한 재결'이라고 규정하고 있다(행정소송법 제2조 제1항 제1호). 그리고 대법원은 어떤 행정작용이 행정처분에 해당하는지를 판단하기 위해서는 "행정청의 어떤 행위가 항고소송의 대상이 될 수 있는지의 문제는 추상적·일반적으로 결정할 수 없고, 구체적인 경우 행정처분은 행정청이 공권력의 주체로서 행하는 구체적 사실에 관한 법집행으로서 국민의 권리의무에 직접적으로 영향을 미치는 행위라는 점을 염두에 두고, 관련 법령의 내용과 취지, 그 행위의 주체·내용·형식·절차, 그 행위와 상대방 등 이해관계인이 입는 불이익과의 실질적 견련성, 그리고 법치행정의 원리와 당해 행위에 관련한 행정청 및 이해관계인의 태도 등을 참작하여 개별적으로 결정하여야 한다(대법원 2010. 11. 18. 선고 2008두167 전원합의체 판결 등 참조)."고 판시하고 있다.

이러한 행정처분의 개념과 그에 대한 판단기준을 분석하여 보면, "행정청이 행하는 구체적 사실에 관한 법집행으로서의 공권력의 행사 또는 그 거부"와 "그 밖에 이에 준하는 행정작용"의 두 가지 부분으로 구성되어 있는 것을 알 수 있다.[40] 전자와 관련해서는 '규율성'과 '직접적(대외적) 외부효'가 포함되는지가 문제되고, 후자의 경우에는 '그 밖에 이에 준하는 행정작용'과 강학상의 행정행위 사이에 어떤 개념적 외연의 차이가 존재하는 것인지 여부가 문제된다.

우선 처분의 개념표지에 '규율성'과 '직접적 외부효'가 포함되는지에 관

---

40) 김남진·김연태, 앞의 책(주 9), 863면 참조.

하여 보면, 형성소송인 취소소송의 성질에 비추어 보면, 취소판결은 일정한 행정작용의 법적 효력을 부인하는 성질을 갖는 형성판결로 이해되므로, 그 대상인 처분 역시 국민에 대하여 권리제한 또는 의무부과라는 법적 효과를 갖는 행정작용으로서 직접적 외부효와 규율성이 내재되어 있다고 보는 것이 합리적이다. 결국 '행정청이 행하는 구체적 사실에 관한 법집행으로서의 공권력의 행사 또는 그 거부'의 각 개념표지는 강학상의 행정행위의 각 개념표지에 대응하므로 결국 행정소송법 제2조 제1호 전단의 행정작용은 강학상의 행정행위에 해당한다.[41]

이와 같이 '행정청이 행하는 구체적 사실에 관한 법집행으로서의 공권력의 행사 또는 그 거부'를 행정행위로 보면 '그 밖에 이에 준하는 행정작용'은 결국 '그 밖에 행정행위에 준하는 행정작용'으로 해석할 수 있을 것이므로 이는 행정행위보다는 개념의 외연이 넓다고 할 수 있다. '그 밖에 이에 준하는 행정작용'의 구체적인 의미와 관련하여서는 특히 '법집행으로서의 공권력의 행사'라는 요소가 '그 밖에 이에 준하는 행정작용'에서도 개념적 구성요소로 포함되는 것인지 여부가 문제된다. 이에 관하여는 행정소송은 항고소송과 당사자소송으로 구분되는데, 항고소송 중 취소소송은 권력적 성질을 갖는 행위의 효력을 배제하기 위한 소송으로 이해하고, 비권력적 성질을 갖는 행정작용에 대한 다툼은 당사자소송으로 해결하고자 하는 것이 입법자의 의도라는 관점에서 보면,[42] '그 밖에 이에 준하는 행정작용'에는 '법집행으로서의 공권력의 행사'의 요소가 포함되는 것으로 해석하는

---

41) 김남진·김연태, 앞의 책(주 9), 865면. 다만 항고소송을 처분의 위법성을 공격하기 위한 소송이라고 강조하면서 취소소송을 위법확인적 성격을 가지는 것으로 이해하는 입장도 있다(박정훈, "행정소송법 개정의 기본방향-행정소송의 구조·종류·대상을 중심으로", 현대 공법학의 과제, 2002, 660면 이하).
42) 항고소송과 당사자소송의 이원적 체계와 상호간의 관계에 관한 자세한 논의로는 김남진, "처분성확대론과 당사자소송활용론", 고시연구 제32권 제3호, 2005, 15면 이하, 김대인, "지방계약과 공법소송", 공법연구 제41집 제1호, 2012, 8면 이하 참조.

것이 타당하다. 결국 '그 밖에 이에 준하는 행정작용'으로서는 '법집행으로서의 공권력의 행사'로서의 성질은 갖지만 전형적인 행정행위에는 해당하지 않는 행정작용, 예컨대 권력적 사실행위가 포함된다.[43]

이상과 같이 항고소송의 대상인 처분등에는 어느 것이든 공권력작용이라는 개념요소가 반영되어 있다. 이러한 점에서 볼 때 항고소송은 공권력작용에 의한 권리침해로부터 국민의 권리를 구제하는 것을 목적으로 한다. 국가나 지방자치단체 등 공공단체의 공법상 행위로서 법률상 일방적으로 법률관계를 형성·변동·소멸시킬 수 있는 근거가 마련되어 있는 경우에 이러한 작용은 대개 공권력작용에 해당한다. 이러한 공권력작용은 행정영역에 있어 전형적으로 행정처분의 형식으로 현실화된다. 결국 행정소송법상 권리구제의 중심이 되는 항고소송은 행정처분으로 대표되는 공권력작용을 대상으로 하는 소송으로 이해할 수 있다.

2) 문제점

위에서 살펴본 바와 같이 항고소송의 대상이 되는 '처분등'은 규율성과 직접적(대외적) 외부효를 필수적인 개념표지로 하는 공권력작용을 의미하기 때문에 그 개념에 포섭될 수 있는 행정작용의 범위는 협소할 수밖에 없다. 종래 국가의 행정작용이 공권력작용을 중심으로 이루어졌을 때는 대부분의 행정작용을 어렵지 않게 행정처분으로 포섭할 수 있었기 때문에 항고소송만으로도 권리구제에 충분하였다. 하지만 권위주의 시대에서 탈피함과 동시에 사회구조가 다양화·복잡화·고도화되면서 공법상 계약에 있어 행정의 의사표시나 행정의 채권·채무관계, 행정의 사실적 작용 또는 비공식적 작용, 사법(私法)형식의 행정작용 등과 같이 전형적인 공권력작용으로 파악하기 곤란한 행정작용들이 등장하였고, 그 때문에 '공권력작용에 해당하는

---

43) 김남진·김연태, 앞의 책(주 9), 865면.

가'라는 기준만으로 권리구제가 가능한지 여부를 판단하기 어렵게 되었다. 그럼에도 불구하고 현행 행정소송법에는 공권력작용으로 파악하기 어려운 행정작용들을 다툴 수 있는 수단이 마땅치 않기 때문에 그러한 행정작용으로 권리침해를 받은 국민으로서는 행정소송을 통한 권리구제를 받기가 쉽지 않았다. 이 때문에 권리구제를 위하여 부득이 행정처분 개념의 외연을 확장함으로써 가능한 많은 행정작용을 행정처분으로 포섭하여 항고소송으로 해결하려는 시도가 이어져 왔다.44) 이러한 시도는 권리구제의 확대를 추구한다는 목적의 정당함에도 불구하고, 그로 인하여 행정작용의 유형구분이 무의미해지고, 결국은 법원이 어떤 행정작용을 행정처분으로 포섭하는지에 따라 권리구제의 범위가 달라지는 치명적인 문제가 발생한다.45) 결국 현행 행정소송법에서는 행정처분으로 대표되는 공권력작용에 포섭되지 못하는 유형의 행정작용들에 대해서는 이를 무리하게 행정처분으로 포섭하지 않는 이상, 권리구제가 사실상 불가능한 상황에 이르게 된다(이와 관

---

44) 예컨대 대법원은 다음과 같이 사실행위의 영역에 속하는 행정작용을 점차 처분개념으로 포섭해 나가고 있다(이하의 사례들은 정남철, "행정법학의 구조변화와 행정판례의 과제", 저스티스 통권 제154호, 2016, 174면에 제시된 예시이다).
　○ 부과처분을 위한 과세관청의 질문조사권이 행해지는 세무조사결정(대법원 2011. 3. 10. 선고 2009두23617, 23624 판결)
　○ 국가인권위원회의 성희롱결정과 이에 따른 시정조치의 권고(대법원 2005. 7. 8. 선고 2005두487 판결)
　○ 지적공부 소관청의 지목변경신청 반려행위(대법원 2004. 4. 22. 선고 2003두9015 판결)
　○ 행정규칙에 의한 불문경고조치(대법원 2002. 7. 26. 선고 2001두3532 판결)
　○ 행정청이 건축물에 관한 건축물대장을 직권말소한 행위(대법원 2010. 5. 27. 선고 2008두22655 판결)
　○ 건축법상 건축협의의 취소(대법원 2014. 2. 27. 선고 2012두22980 판결)
45) 정남철, 위의 논문(주 44), 174면에서는 항고소송의 대상에 관한 판단기준을 구체적으로 확정하지 아니하고 필요에 따라 '처분성'을 인정하는 경우에는 모든 행정작용을 항고소송에 포섭하려는 판례의 태도로 인하여 행정법 도그마틱의 근간이 되는 행정작용의 유형구분이 무용지물이 될 수도 있다는 취지로 비판하고 있다.

련하여 처분개념의 범위를 대폭 확장하여 사실행위와 행정입법도 처분개념에 포섭하려는 견해가 있다. 이 견해의 문제점에 대하여는 제4장에서 지적하고자 한다).

여기에서 공권력작용에 대한 권리구제 중심으로 구성되어 있는 행정소송법의 한계를 확인할 수 있다. 공권력행사가 아닌 행정작용에 대한 권리구제가 사실상 불가능한 현행 행정소송법의 권리구제체계는 헌법상 재판청구권의 내용인 공백 없는 권리구제 보장이라는 요구를 제대로 반영하지 못하고 있다.

3. 적정한 시점에서의 권리구제 불가능

1) 사후적 권리구제의 한계

사후적 권리구제는 일단 행정작용이 효력을 발생하여 권리가 침해되었음을 전제로 하여 사후적으로 법원의 심리와 판단을 통한 침해된 권리의 회복을 목적으로 한다. 하지만 법원의 심리·판단은 오랜 기간이 걸릴 수밖에 없기 때문에 이미 특정한 행정작용이 효력을 발생하면 추후에 승소판결을 받더라도 당사자의 구제목적을 달성하기 어려운 경우가 많다. 행정법원의 소송절차는 종결될 때까지의 기간이 실제 민사소송 절차에 비해 긴 경우가 일반적이고[46], 행정처분 등 침해적 행정작용을 발령한 행정청이 직접, 그리고 즉시 그것을 집행할 수 있기 때문에 행정기관이 일방적으로 형성한 법률관계가 법원의 권리구제가 있기 전에 기정사실화가 될 위험이 높다. 이 경우 권리침해가 발생한 다음에 그에 대한 취소나 무효확인 판결을 받더라도 원상회복은 사실상 불가능하다.[47] 이 경우 권리구제를 원하는 당

---

[46] 2018년도에 접수된 민사소송의 평균처리기간은 144.3일임에 비하여 행정소송은 213.6일에 이른다(2019 사법연감 787면, 929면).
[47] Papier, a.a.O.(Fn. 6), Rn. 22. 위 문헌의 설명에 의하면 기정사실화의 위험은 일반적으

사자에게 사후적인 권리구제 방법은 실효적인 의미가 없고, 단지 관념적인 의미에 그친다. 그런데 행정소송법은 취소소송을 중심으로 한 사후적 권리구제를 원칙으로 하면서 잠정적인 권리구제(가구제)로서 집행정지 제도만을 규정하고 있을 뿐, 별다른 예방적 권리구제 제도를 규정하고 있지 않다. 이와 같은 구조 하에서 집행정지 제도가 종래 사후적 권리구제 중심의 행정소송 제도를 보완할 수 있을지 검토할 필요가 있다. 또한 종래 사후적 권리구제의 보완 또는 예방적 권리구제를 대체할 제도로서 역시 잠정적인 권리구제에 해당하는 민사집행법상의 가처분 규정의 준용가능성 또는 독일의 가명령 제도의 도입 가능성 등이 논의되어 왔는바, 이에 관하여도 검토할 필요가 있다.

2) 현행 행정소송법상 잠정적인 권리구제 제도의 한계

(1) 집행정지 제도

① 내용

집행정지는 행정소송법에 규정된 잠정적 권리구제 절차이다. 즉 이미 침해적 행정작용이 효력을 발생하였음을 전제로 하여 법원의 확정판결이 있기 전까지 잠정적·임시적 조치로서 그 집행이나 효력을 정지하는 것을 내용으로 한다.

행정소송법은 "취소소송의 제기는 처분등의 효력이나 그 집행 또는 절차의 속행에 영향을 주지 아니한다."고 규정하여 이른바 집행부정지원칙을 선언한 다음(제23조 제1항), "취소소송이 제기된 경우에 처분 등이나 그 집

로 예방적 권리구제가 제공되는 민사법상 분쟁에 비하여 행정분쟁에서 발생할 가능성이 크다고 한다.

행 또는 절차의 속행으로 인하여 생길 회복하기 어려운 손해를 예방하기 위하여 긴급한 필요가 있다고 인정할 때 법원은 당사자의 신청이나 직권에 의하여 집행정지결정을 할 수 있다."고 규정하고 있다(제23조 제2항). 다만 집행정지는 공공복리에 중대한 영향을 미칠 우려가 있을 때에는 허용되지 아니한다는 제한이 따른다(제23조 제3항). 위 각 규정은 무효등확인소송에 준용된다(제38조).

항고소송에 대한 잠정적 권리구제 제도로서 집행부정지원칙을 취할 것 인지, 집행정지원칙을 취할 것인지는 입법정책의 문제로 볼 수 있으나, 현 행 행정소송법은 행정의 신속성·실효성, 남소의 방지 등을 우선하여 집행 부정지원칙을 채택하였다.[48] 이에 따라 처분등이 형식적으로 효력을 발생 한 경우 이를 다투는 본안소송(취소소송 또는 무효등확인소송)을 제기하고, 그와 동시에 또는 그 이후에 별개의 집행정지 신청을 하여 법원의 집행정 지 결정을 받는 경우에 비로소 그 처분등의 집행이나 효력이 정지된다. 이 와 같이 행정소송법상의 집행정지는 침해적 행정행위가 이미 이루어진 것 을 전제로 그 처분의 효력 등을 잠정적으로 정지시키는 것을 내용으로 하 는 현상유지적 효력금지가처분이라고 할 수 있다.[49] 다만 통상의 민사소송 이 아닌 항고소송, 특히 취소소송을 본안으로 하면서 그러한 본안소송의 계속을 적법요건으로 하고 있다는 점에서 민사집행법상의 일반적인 보전 처분과는 목적을 달리한다.[50] 이처럼 집행정지는 본안사건인 항고소송에 대한 법원의 판결이 있기 전까지 잠정적으로 그 행정작용의 효력이나 집행 을 정지하는 제도로서의 의미가 있다. 따라서 집행정지 제도는 침해적 행 정처분 등이 효력을 발생한 이후에 일단 그 현상을 유지하는 효력이 있는

---

48) 김남진·김연태, 앞의 책(주 9), 896면.
49) 하명호, 앞의 논문(주 15), 175면.
50) 김상수, "민사소송에서 본 행정소송 - 행정소송법개정시안을 중심으로 -", 법조 제56 권 제10호, 2017. 10, 237면.

것에 그쳐 효력발생을 사전에 저지하고자 하는 예방적 권리구제와는 그 성질을 달리한다.[51]

② 문제점

앞서 살펴본 바와 같이 행정소송법은 집행부정지원칙을 취하여 본안소송 제기와 별도로 집행정지 결정을 받도록 하면서, 여기에 더하여 행정소송법 제23조 제3항에서 집행정지는 공공복리에 중대한 영향을 미칠 우려가 있을 때에는 허용되지 아니한다는 제한을 추가로 두고 있다. 이러한 제한은 공익을 근거로 한 제한으로서 이로 인하여 집행정지가 인정되는 범위는 상당히 좁아진다.[52] 더구나 우리 대법원은 행정소송법 제23조 제2항에서 정하고 있는 집행정지 요건인 '회복하기 어려운 손해'를 "특별한 사정이 없는 한 금전으로 보상할 수 없는 손해로서 이는 금전보상이 불능인 경우 내지는 금전보상으로는 사회관념상 행정처분을 받은 당사자가 참고 견딜 수

---

51) 이러한 구분방법에 관한 상세한 내용은 Peine, Vorbeugender Rechtsschutz im Verwaltungsrecht, in: Jura, 1983, 285 f. 국내 문헌으로는 김현준, "독일 행정소송상 가구제", 공법연구 제45집 제4호, 2017. 6, 156면.

52) 집행정지 사건이 절대 다수를 차지하는 행정 신청사건의 2018년도 통계를 살펴보면 다음과 같다.

구분		접수	처리(건)						인용률(%)
			인용	기각	각하	취하	기타	합계	
신청	제1심	11,980	8,595	2,344	267	611	172	11,989	71.6
	항소심	1,365	614	489	52	74	102	1,331	46.1
	상고심	229	53	78	14	62	2	209	25.3
항고	항고	1,041	110	816	11	52	37	1,026	10.7
	재항고	901	6	528	94	27	2	657	0.09

출처: 2019년도 사법연감

한편 2012년도 기준 집행정지신청 인용률은 제1심의 경우 2010년 60%, 2011년 62.9%이고, 고등법원의 경우 2010년 45.8%, 2011년 51.9%이다. 그리고 집행정지 신청의 기각 또는 인용 결정에 대한 즉시항고의 인용률은 2010년 10.3%, 2011년 12.5%이다(출처: 한국행정법학회, 행정소송에 있어 임시구제제도의 개선방에 관한 연구, 2012).

없거나 또는 참고 견디기가 현저히 곤란한 경우의 유형, 무형의 손해를 일컫는다."라고 판시하여(대법원 2010. 5. 14.자 2010무48 결정 등 참조) 대단히 엄격하게 해석하고 있을 뿐만 아니라 본안의 승소가능성(신청인의 본안청구가 이유 없음이 명백하지 않아야 한다는 것)까지 요구함으로써(대법원 1997. 4. 28.자 96두75 결정 등 참조) 집행정지의 인정범위를 더욱 좁히고 있다. 또한 집행정지 결정을 받기 위해서는 본안소송과 별개의 신청을 하여야 하므로 권리구제가 시급한 원고에게 과다한 시간과 비용 낭비를 강요하게 된다.[53] 특히 본안 사건과 별개로 진행되는 집행정지신청 사건의 심리에 시간이 오래 걸리는 경우 처분등이 집행되어버림으로써 막대한 피해를 입는 경우가 많다. 뿐만 아니라 집행정지 제도는 앞서 살펴본 바와 같이 본안소송인 항고소송의 계속을 요건으로 한다는 점에서 사후적 권리구제로서의 성격을 부정할 수 없기 때문에 수익적 행정행위의 신청에 대한 부작위나 거부에 대한 잠정적인 허가 또는 급부 등을 명하는 등 적극적으로 잠정적인 법률관계를 정하거나, 장래에 위법한 처분이 행하여질 것이 임박한 경우 다툼의 대상이 되는 현상을 유지시키거나 그 기초가 되는 법률관계의 확정을 통해 침해를 원천적으로 막을 수도 없다.[54]

이상과 같이 집행정지 제도는 예방적 권리구제와 구분되는 별개의 제도일 뿐만 아니라 그 자체로 상당한 문제점을 지니고 있어 사후적인 권리구제의 보완 또는 대체재로 활용하기 어렵다.

---

53) 현재 법원 실무에서 집행정지를 신청하는 경우 최대한 신속하게 결정을 하려고 시도하나, 신청서의 접수 및 송달, 또는 답변서 제출 과정에서 필연적으로 소요되는 시간이 있을 뿐만 아니라 본안소송의 변론기일과 별개로 심문기일을 여는 경우가 많아 실제로 집행정지 결정을 받는 데는 상당한 시간이 걸리는 것이 현실이다.

54) 김연태, "의무이행소송과 예방적 금지소송의 쟁점 검토 : 법무부 행정소송법 개정시안을 중심으로", 고려법학 제49호, 2007. 10, 312면; 하명호, 앞의 논문(주 15), 175면.

(2) 가처분 규정의 준용가능성

위와 같은 집행정지 제도의 한계로 인하여 그동안 행정소송에 민사집행법상의 가처분 규정, 특히 민사집행법 제300조 제2항의 임시지위를 정하는 가처분에 관한 규정을 준용할 수 있을지가 문제되었다. 이 문제에 관하여 대법원은 항고소송에 대해서는 가처분에 관한 규정은 준용되지 않는 반면, 당사자소송에 대해서는 행정소송법 제23조 제2항의 집행정지에 관한 규정이 준용되지 아니하므로(행정소송법 제44조 제1항 참조), 당사자소송을 본안으로 하는 가처분에 대하여는 행정소송법 제8조 제2항에 따라 민사집행법상의 가처분에 관한 규정이 준용될 수 있다고 하였다(항고소송에 대한 가처분을 허용하지 아니한 사례: 대법원 1980. 12. 22.자 80두5 결정, 당사자소송에 대한 가처분을 허용한 사례: 대법원 2015. 8. 21.자 2015무26 결정). 대법원은 집행정지에 관한 규정 유무를 기준으로 집행정지가 가능한 항고소송에는 민사집행법상의 가처분 규정이 준용되지 않고 집행정지가 가능하지 않은 당사자소송에는 준용된다는 것이다. 대법원 판례에 대해서는 학설상 많은 비판이 제기되었다.[55] 이러한 비판에 기초하여 여러 차례 항고소송에 가처분 제도를 도입하려는 입법적 시도가 있었으나 성공하지 못하였다.[56]

---

55) 대표적으로 하명호, 앞의 논문(주 15), 169면 이하는 일본과 한국의 잠정적 권리구제 제도의 형성과 발전을 기초로 하여 ① 행정소송법이 명문으로 가처분을 배제하는 규정을 두고 있지 않은 점, ② 효과적인 권리보호 원칙의 관점에서 본안절차에서 권리보호가 무의미하게 되지 않도록 민사집행법상의 보전처분과 같은 예방적·사전적 권리보호 제공이 요구되는 점, ③ 공백 없는 신속한 권리구제를 보장하기 위하여 항고소송을 본안으로 하는 잠정적 권리구제 제도인 가처분 제도가 허용될 필요가 있는 점 등을 근거로 항고소송에도 민사집행법상의 가처분 규정을 준용하여야 한다고 주장한다.

56) 대법원이 2006년에 국회에 제출한 행정소송법 개정의견, 법무부가 2007년에 국회에 제출한 행정소송법 개정안, 이후 법무부가 2012년에 새롭게 입안하여 국회에 제출한 행정소송법 전부개정법률안 모두에 가처분 규정 도입이 예정되어 있었으나 입법으로 이어지지는 못하였다.

그런데 대법원이 일관하여 항고소송에 있어 가처분 규정의 준용을 부정하는 이상 일반 국민의 입장에서는 입법적인 해결 없이 현단계에서 가처분을 활용하기가 곤란하다. 또한 가처분 역시 본안사건의 판결이 있을 때까지 임시로 당사자의 지위를 정하는 것에 불과하여 당사자와 행정기관 사이의 분쟁을 종국적, 근본적으로 해결하는 데에는 한계가 있다. 이러한 점에 비추어 보면 가처분 역시 사후적 권리구제를 보완하거나 예방적 권리구제를 대체하는 제도로 활용하기는 어려워 보인다.

(3) 가명령 제도의 도입 가능성

독일 행정법원법 제123조는 취소소송 외에 의무이행소송, 일반이행소송, 확인소송에 대한 잠정적인 권리구제 방법으로 이른바 가명령 제도를 규정하고 있다.[57] 가명령 제도는 현상의 변경을 저지하고 본안 절차에서 인정될 청구권의 관철을 보장하기 위하여 임시로 필요한 법률상태를 창설하는 것을 내용으로 한다.[58] 그러나 가명령 제도는 현행 행정소송법상 명문 규

---

57) 독일 행정법원법 제123조 [가명령(einstweilige Anordnung)]
　① 현상의 변경으로 인하여 신청인이 권리를 실현하지 못하거나 이를 실현함이 현저히 곤란할 염려가 있는 때에, 법원은 신청에 의하여 소송이 제기전이라도 계쟁물에 관한 가명령을 발할 수 있다. 가명령은 그에 대한 규율이 특히 계속적 법률관계에 있어서 중대한 불이익을 피하거나 급박한 폭력을 방지하기 위하여 또는 기타의 이유로 필요하다고 인정한 때에는 쟁의 있는 법률관계에 관한 임시의 지위를 정하기 위하여도 허용된다.
　② 본안의 법원이 가명령을 발하는 권한을 가진다. 본안의 법원은 제1심 법원이 되며, 본안이 항소심절차에 계속 중인 경우에는 항소심법원이 된다. 제80조 제8항은 준용된다.
　③ 가명령을 발함에는 민사소송법 제920조, 제921조, 제923조, 제926조, 제928조 내지 제932조, 제938조, 제939조, 제941조 및 제945조의 규정이 준용된다.
　④ 법원은 결정으로 재판한다.
　⑤ 제1항 내지 제3항의 규정은 제80조 및 제80a조의 경우에 적용되지 아니한다.
58) 독일의 가명령 제도에 관한 자세한 내용은 김성수, 앞의 논문(주 38), 431면 이하; 김현준, 앞의 논문(주 51), 172면 등 참조 가명령 제도에 관한 독일 행정소송 실무 운용

정이 없고, 활용영역의 대부분을 차지할 의무이행소송과 일반이행소송이
인정되지 않는 상황에서 인정할 실익도 크지 않다.

3) 검토

위에서 살펴본 바와 같이 사후적 권리구제 중심으로 구성된 현행 행정소
송법은 비록 잠정적 권리구제로서 집행정지 제도가 마련되어 있기는 하지
만, 이는 침해적 행정작용이 효력을 발생한 이후 그에 대한 본안소송이 계
속되어 있는 것을 전제로 하고 있어 어디까지나 잠정적 구제 방편에 불과
하고, 사후적 권리구제의 단점을 보완하는 데에는 역부족이다. 또한 가처분
이나 가명령 제도의 활용가능성이 논하여지기도 하지만, 이들도 본질적으
로 잠정적 권리구제의 성격을 가지고 있기 때문에 현행 행정소송법 체계에
서 이들을 예방적 권리구제로 활용하기는 어려워 보인다. 뿐만 아니라 이
들 잠정적 권리구제절차는 단지 신청인이 본안재판을 기다려서는 행정작
용 등이 집행됨으로써 중대한 불이익을 입을 것이라는 우려가 있는 경우에
임시적으로 현상태를 유지하거나(집행정지), 새로운 법률관계를 형성하는
것(가처분, 가명령 등)으로서 분쟁의 근본적 해결을 위한 절차도 아니라는
점에서 예방적 권리구제와 근본적으로 구분된다.

이와 같이 예방적 권리구제 제도가 마련되어 있지 아니하여 국민으로 하
여금 온전히 침해적 행정작용이 효력을 발생한 후에야 이를 다투도록 하는
것은 효과적인 권리구제 원칙의 하나인 '적정한 시점에서의 권리구제'가
제대로 실현되지 못하고 있는 상황으로 보인다.

에 관하여는 이승훈(拙稿), "독일의 의무이행소송", 외국사법제도연구(23) - 각국의 의
무이행소송 -, 법원행정처, 2018, 155면 이하 참조.

Ⅲ. 소결론

1. 권리구제의 한계와 대안모색의 필요성

이상과 같이 재판청구권, 그 중에서도 효과적인 권리구제 원칙을 도구로 하여 현행 행정소송법상 권리구제체계를 진단해보았다. 그 결과 알 수 있는 사실은 우리 행정소송 제도는 국민의 권리구제에 효과적이지 못하다는 것이다.

우선 행정처분과 같은 공권력작용에 대한 권리구제 중심으로 이루어진 행정소송법은 공권력작용 이외의 행정작용으로 인한 권리침해에 적절하게 대응할 수 없다. 이는 재판청구권의 내용인 '공백 없는 권리구제'의 관점에서 볼 때 효과적이지 못하다.

다음으로 사후적 권리구제 중심으로 이루어진 현행 행정소송법 내에서는 침해적 행정작용이 현실화되기 전에 그 효력 발생을 사전적으로 저지할 수 있는 방법이 없다. 그에 따라 행정작용의 상대방인 국민은 침해적 행정작용의 발령이 예상되는 경우에도 자신의 권리침해를 감수한 채 그 효력발생을 기다릴 수밖에 없다. 이는 재판청구권의 내용인 '적정한 시점에서의 권리구제'의 관점에서 볼 때 효과적이지 못하다.

이와 같은 효과적이지 못한 행정소송체계 내에서 국민은 행정처분 등 공권력작용이 아닌 행정작용으로 발생한 권리침해에 대하여 적절한 시점에 제대로 대응하지 못하게 된다. 권리를 침해당한 국민은 일단 행정작용이 효력을 발생하기를 기다려 그것을 어떻게든 행정처분으로 포섭하여 항고소송을 제기할 수밖에 없다. 이는 국민의 권리구제에 엄청난 제약이 아닐 수 없다. 하지만 이와 동시에 과연 현행 행정소송법 내에서 국민이 자신의 권리를 구제받을 수 있는 방법이 정말 없을까하는 의문도 제기된다. 즉 공권력작용이 아닌 행정작용에 대하여, 그러한 행정작용이 굳이 효력을 발생하기를 기다릴 필요 없이 권리구제를 요구할 수 있는 방법은 없는 것일까. 그동안 항고소송 중심으로만 운용되어 왔던 행정소송법 안에 공권력작용 이외의 행정작용에 대한 권리구제 뿐만 아니라 예방적 권리구제의 실현도 가능한 방법이 있다면 그것을 활용할 수 있지 않을까? 만약 그러한 제도가 존재하고, 이를 활용할 수 있다면 그동안 효과적인 권리구제의 실현을 위한 여러 차례의 입법적 시도가 모두 실패하였고, 가까운 시일 내의 개정도 요원한 현 상황에서 국민의 권리구제에 큰 기여를 하게 될 것으로 보인다. 이 연구는 결국 위와 같은 의문에 대한 답을 찾는 과정이다.

2. 공법상 확인소송에 관한 연구의 필요성

앞서 살펴본 비와 같이 현행 행정소송법의 권리구제체계 내에서 어떠한 방법으로 권리구제를 확대할 수 있을지가 이 연구의 문제의식이다. 특히 입법적 수단이 아닌 현행법상 인정된 권리구제 절차를 이용할 수 있는지가 주된 검토대상이 될 것이다. 그에 따라 이 연구에서는 그동안 큰 관심을 받지 못하였던 확인판결을 구하는 형태의 공법상 당사자소송을 대안으로 검토하고자 한다. 그 이유는 앞서 살펴본 행정소송법상 권리구제체계에서 주관적 소송으로서 행정처분을 대상으로 한정하지 아니한 공법상 당사자소송이 존재할 뿐만 아니라 아직 국가에 대한 이행청구권이라는 관념이 제대로 자리 잡지 못한 상황에서 공법상 당사자소송 내에서도 이행소송에 비하여 확인소송이 더 유력하게 활용될 수 있을 것으로 보이기 때문이다.

제3장

공법상 확인소송의 발전과정과 행정소송체계 내에서의 위치와 성격

제1절 개관

　제1장에서 헌법상 재판청구권을 도구로 하여 현행 행정소송법상 권리구
제체계의 문제점을 진단하였다. 그리고 행정소송법에 명시된 소송유형인
공법상 당사자소송, 그 중에서도 확인소송을 대안으로 제시한 바 있다. 그
런데 공법상 확인소송은 물론 그 상위 유형인 공법상 당사자소송에 대해서
도 항고소송에 비하여 그 본질이나 요건 등이 제대로 해명된 바 없는 것이
현실이다. 이러한 대안 제시가 타당하려면 우선 공법상 확인소송의 성격과
행정소송체계 내에서의 위치와 성격을 연혁적·체계적으로 검토할 필요가
있다. 우선 연혁적 검토를 통해서는 행정소송법 제정에 영향을 준 일본의
행정소송법제와 일본 행정소송법제의 모범이 된 독일의 구 행정법원법
(VGG)의 당사자소송(Parteistreitigkeit) 및 현행 행정법원법(VwGO)을 확인
소송의 관점에서 차례대로 검토함으로써 공법상 확인소송이 도입된 본래
적인 이유와 성격을 파악한다. 다음으로 체계적 검토를 통해서는 공법상
당사자소송 내에서 확인소송이 가지는 특성을 검토하여 그 성격과 권리구
제체계 내에서의 위치를 분명히 한다. 그리고 이 과정에서 공법상 확인소
송의 소송물 및 증명책임에 관한 논의와 함께 그동안 별다른 주목을 받지
못하였던 현실도 함께 살펴보고자 한다.

제2절 공법상 당사자소송의 도입과 발전

I. 현행 행정소송법의 공법상 당사자소송의 기원

1951. 8. 24. 법률 제213호로 제정되어 1951. 9. 14.부터 시행된 최초의 행정소송법제인 구 행정소송법은 제1조에서 "행정청 또는 그 소속기관의 위법에 대한 그 처분의 취소 또는 변경에 관한 소송 기타 공법상의 권리관계에 관한 소송절차는 본법에 의한다."라고 규정하고 있었는데, 그 중 '기타 공법상 권리관계에 관한 소송'은 공법상 당사자소송을 의미하는 것으로 이해된다. 따라서 제정 행정소송법 당시에도 공법상 당사자소송이 인정되었다고 할 수 있다.[59] 그런데 구 행정소송법은 한국전쟁이 한창이던 시점에 당시 일본의 행정사건소송특례법을 참고해서 급하게 제정된 것으로 추정되는데, 당시 행정사건소송특례법에 규정되어 있던 당사자소송에 관한 규정도 특별한 고민 없이 받아들였을 것으로 보인다.[60] 이후 1984. 12. 15. 법률 제3754호로 전부개정된 행정소송법은 일본 행정사건소송법과 마찬가지로 행정소송의 유형을 항고소송, 당사자소송, 민중소송, 기관소송으로 구분하고, 항고소송을 다시 취소소송, 무효등확인소송, 부작위위법확인소송으

---

59) 최송화, "현행 행정소송법의 입법경위", 공법연구 제31집 제3호, 2003. 3, 2면; 최세영, "당사자소송", 사법논집 제8집, 1977, 499면; 정남철, 앞의 논문(주 36), 280면.

60) 김남진, "행정소송제도의 유형", 행정법의 기본문제, 1996, 524면; 하명호, 한국과 일본에서 행정소송법제의 형성과 발전, 2018, 197면에 의하면 제7대 국회 제69회 제4차 법제사법위원회(1969. 4. 26.)에서 전문위원 한문수는 "현행 행정소송법은 일본의 구법인 행정사건소송특례법을 그대로 번역한데 불과하다."라는 취지로 발언하였다고 한다.

로 나누고 있는데, 이러한 소송유형 구분은 일본 행정사건소송법의 소송유형 구분을 참조한 것이다.[61]

Ⅱ. 일본에서의 당사자소송의 도입과 발전과정

1. 연구의 필요성

앞서 살펴본 바와 같이 현행 행정소송법의 공법상 당사자소송은 일본의 당사자소송으로부터 상당한 영향을 받은 것으로 보인다. 따라서 공법상 당사자소송, 특히 이 연구의 주요 논의대상인 확인소송의 본래적인 모습과 운용상황을 알아보기 위해서는 일본의 당사자소송의 형성 과정과 현재의 운용상황 등을 살펴볼 필요가 있다.

2. 당사자소송의 확립과 발전

1) 일본의 근대적 행정소송체계의 성립과정

일본은 1868년의 메이지유신 이후 서구 국가를 모범으로 헌법을 제정하고자 하는 논의가 시작되었다. 그 과정에서 프로이센의 강력한 중앙집권적 입헌주의 모델과 영국식 의회정부 모델을 지지하는 측의 입장이 대립하던

---

61) 다만 행정소송법 개정 과정에서 법무부의 개정시안에 대한 한국공법학회의 의견수렴 과정에서 행정소송의 종류를 취소소송 및 그 밖의 형성소송, 확인소송, 이행소송으로 구분하자는 주장이 있었고(김남진, "행정소송법시안상의 문제점", 고시연구 제11권 제1호, 1984. 1, 49면 이하 참조), 결과적으로 일본 행정사건소송법과 상이한 여러 규정이 마련되었음에 비추어 보면, 우리나라의 행정소송법은 일본 행정사건소송법을 무비판적으로 번역한 것이 아니라 당시 우리나라의 실정에 맞추어 발전적으로 참조하였던 것임을 알 수 있다. 행정소송법과 행정사건소송법의 유사점과 차이점에 관한 자세한 내용은 하명호, 위의 책(주 60), 278면 이하 참조.

중 일본 정부의 참의이자 최고 실력자였던 이토 히로부미(伊藤博文)가 1882년경 행정소송절차를 포함한 헌법체계 전반을 연구하기 위하여 유럽을 방문한 이후 프로이센 제도를 모델로 하여 헌법 제정 작업에 본격적으로 착수하였다. 이후 프로이센의 모델에 기초하여 1889년 일본의 구 헌법(明治憲法)이 제정되었고, 1890. 11. 29.부터 시행되었다. 일본의 구 헌법 제61조는 행정청의 위법한 처분에 의한 권리침해에 관한 소송으로서 별도로 법률로 정하여 행정재판소의 재판에 속하게 한 것은 사법재판소의 관할에 속하지 아니한다고 규정하였다. 이 규정에 근거하여 행정재판법(1890년 6월 30일 법률 48호), 소원법(1890년 10월 10일 법률 105호), 행정청의 위법 사건에 관한 행정재판의 건(1890년 10월 10일 법률 106호)이 제정되었다. 위 헌법 및 법률에 채택된 행정재판권은 프로이센의 제도를 모범으로 한 것이지만, 구체적인 내용에 있어서는 상당한 차이가 있었다.[62] 우선 일본 행정재판법은 부국강병을 위하여 행정에 대한 사법적 통제보다 행정의 자립성 보장을 우선하였다. 따라서 행정재판은 행정부 소속의 행정재판소가 관할하게 되어 재판으로서의 성격이 약하였다. 또한 행정재판법상 소송의 대상은 행정청의 처분이었으나, 행정소송사항에 관하여 열기주의를 취하여 권리구제의 범위가 대단히 한정되었다.[63] 이는 당시의 여러 독일 란트가 열기주의를 채택하고 있었던 것과 유사한 상황이었는데, 프로이센에서는 소송의 대상이 되는 처분이 상당히 폭넓게 인정되었던 반면, 당시 일본에서는 개별 법률에 의하여 소송의 대상이 되는 처분이 엄격하게 제한되어 있었다고 한다.[64] 또한 행정재판소는 동경 한 곳에만 설치되었고, 단심제

---

62) 자세한 내용은 塩野広, 行政法 II, 有斐閣, 第6版, 2019, 64頁 이하; Mitsuru Noro, Der Einfluss des deutschen Rechts auf das japanische Verwaltungsprozesssystem, in: Rezeption und Reform im japanischen und deutschen Recht, S. 141.
63) 행정재판법의 내용과 그 문제점에 대한 자세한 내용은 하명호, 앞의 책(주 60), 31면 이하 참조.
64) Mitsuru Noro, a.a.O.(Fn. 62), S. 145.

를 취하고 있어 이미 3심제를 취하고 있던 프로이센의 행정법원 구조와는
차이가 있었다.[65] 뿐만 아니라 행정청에 이의를 제기하지 하지 않으면 행
정소송을 제기할 수 없었다. 행정재판법은 소송유형에 관한 특별한 규정은
두고 있지 않았으나 형성판결로서 처분의 취소, 처분의 무효확인 판결 등
이 가능하였다.

2) 전후 행정사건소송특례법의 제정과 이원적 행정소송체계의 확립

제2차 세계대전 이후 일본은 미국의 점령지역으로서 군사정부의 통치를
받으면서 1946. 10. 29. 새로운 헌법이 제정되어 1946. 11. 3. 공포되었고,
1947. 5. 3.부터 시행되어 현재까지 유지되고 있다. 이 헌법은 미국 제도의
강한 영향을 받았다(당시 최고사령부 원수였던 맥아더 장군의 이름을 따
맥아더 헌법이라고 불리기도 한다). 일본의 새로운 헌법은 제76조 제1항에
"모든 사법권은 최고재판소 및 법률이 정하는 바에 따라 설치되는 하급재
판소에 속한다."고 규정함으로써 행정재판제도를 폐지하고 사법재판제도를
채택하였다. 위 헌법은 사법재판소를 중심으로 하는 통일적인 법원 체계를
구성하고 독립된 행정법원의 설치를 금지하였다.[66] 이로 인하여 종전의 행

---

65) 당시 일본 정부의 헌법 제정을 도왔던 독일학자인 Karl Friedrich Hermann Roesler와
Albert Mosse는 일본에서 3심제 행정재판을 채택할 경우 행정의 정체와 통일성 저해
를 야기할 수 있고, 이는 당시 일본의 상황에 맞지 않는다는 이유로 프로이센의 3심제
보다 프랑스 및 오스트리아의 단심제를 채택할 것을 권유했다고 한다. 또한 Albert
Mosse의 스승으로서 일본 제정헌법 제정에 큰 영향을 미친 Rudolf von Gneist 역시
당시 일본 문명은 행정재판제도를 받아들이기에 충분히 발전하지 못하였다는 이유로
3심제 채택을 반대하였다고 한다. 이상 Mitsuru Noro, a.a.O.(Fn. 62), S. 144.

66) 당초 일본 정부가 기초한 헌법안에는 독립된 행정재판권에 관한 내용이 포함되어 있
었으나 미국 최고사령부는 위 헌법안에 민주적인 요소가 부족하다는 이유로 이를 거
부하였고, 미국 최고사령부가 기초한 헌법안이 거의 변경 없이 그대로 새로운 헌법으
로 제정되었다. 일본의 헌법이 독일과 달리 독립된 행정법원 설치를 금지한 이유는
일본의 경우 오로지 미국의 점령을 받아 미국, 영국, 프랑스의 분할 통치를 받는 독일
과 사정이 다르다는 점이 고려되었다. 이상 Mitsuru Noro, a.a.O.(Fn. 62), S. 147.

정소송제도에 대폭 변화가 가하여져 행정재판소가 폐지되었고, 행정사건이
사법재판소의 관할에 속하게 되었으며 법률상 쟁송에 해당하는 한, 모두
사법재판소에 소를 제기할 수 있게 되었다.67) 다만 행정재판소가 폐지되었
더라도 행정청의 처분을 둘러싼 재판은 그 특수성으로 말미암아 특칙을 정
할 필요가 있었고, 그에 따라 민사소송법의 응급적 조치에 관한 법률(1947.
4. 19. 법률 75호)이 제정되었다. 다만 위 법률은 위법한 처분의 취소 또는
변경을 구하는 사건에 요구되는 제소기간에 관한 특례를 규정한 것에 불과
하였다. 이후에도 한동안 행정사건과 민사사건을 구분하지 않는 미국식 소
송절차를 도입하려는 최고사령부의 의도가 반영되어 독립된 행정재판권은
인정되지 못하였는데, 히라노리키조(平野力三)의 공직박탈 조치를 민사적
으로 정지하는 동경지방법원의 가처분 결정이 나오자(이른바 ‘平野力三 사
건’이다) 행정처분에 적용되는 특별한 법령을 마련할 필요가 있다는 점이
인식되었고, 결국 행정사건소송특례법(1948. 6. 25. 법률 제81호)이 제정되
기에 이르렀다. 행정사건소송특례법은 새로운 헌법 제정 전에 일본 정부가
마련하였으나 최고사령부로부터 거부되었던 독일법의 영향을 받은 법률안
을 기초로 한 것이었기 때문에 독일식의 절차규정들이 곳곳에 존재하였
다.68) 행정사건소송특례법 제1조는 “행정청의 위법한 처분의 취소 또는 변
경에 관한 소송, 그 밖에 공법상 권리관계에 관한 소송에 대하여는 이 법률
에 의하는 것 이외에 민사소송법에 따른다.”고 규정되어 있었고, 여기에 근
거하여 행정사건소송특례법이 당사자소송을 명문으로 규정하지는 아니하
였지만, 항고소송과 당사자소송의 이원주의를 채택하고 있는 것으로 평가
되었다.69)

---

67) 일본의 헌법의 제정 과정에서 나타나는 행정국가제의 폐지와 사법국가제의 채택 경위
   와 그 이유에 관한 자세한 내용은 하명호, 위의 책(주 60), 101면 이하 참조.
68) Mitsuru Noro, a.a.O.(Fn. 62), S. 148.
69) 이현수, “공법상 당사자소송의 연원과 발전방향”, 일감법학 제32호, 2015. 10, 322면.

3) 행정사건소송법의 제정

종전의 행정사건소송특례법의 단점을 보완하기 위하여 1962. 5. 16. 법률 제139호로 행정사건소송법이 제정되어 1962. 10. 1.부터 시행되었다. 행정 사건소송법은 1948년의 행정사건소송특례법의 골격은 유지하면서 기술적 인 오류를 수정하고, 권리구제를 위해 부족한 부분을 보충하기 위하여 제 정되었다. 행정사건소송법은 제2조에서 행정사건소송을 항고소송, 당사자 소송, 민중소송, 기관소송의 네 가지로 구분하는 체계를 확립하였고 최초로 당사자소송이라는 소송유형을 명문화하였다. 행정사건소송법 제4조의 당사자 소송은 1960년에 독일 행정법원법(VwGO)이 시행되기 전에 일부 란트에서 시 행되던 구 행정법원법(VGG)에 규정되어 있던 당사자소송(Parteistreitigkeit)을 참고한 것이다. 행정사건소송법 제4조는 당사자소송을 '당사자 사이의 법 률관계를 확인하거나 형성하는 처분 또는 재결에 관한 소송으로서 법령의 규정에 의하여 그 법률관계의 당사자 일방을 피고로 하는 것 및 공법상 법 률관계에 관한 소송'으로 규정하고 있었는데, 이는 뒤에서 살펴볼 구 행정 법원법(VGG) 상의 당사자소송에 관한 정의와 매우 유사하다. 특히 독일은 구 행정법원법(VGG) 시행 당시 항고소송과 당사자소송의 이원주의를 채택 하고 있다가 1960년 행정법원법(VwGO)을 제정하면서 민사소송과 마찬가 지로 형성소송, 이행소송, 확인소송의 분류를 채택하였음에도 불구하고, 1962년 제정된 일본의 행정사건소송법은 구 행정법원법(VGG) 당시 독일 의 이론과 실무에 강하게 연계되어 당사자소송을 소송유형의 하나로 그대 로 수용하였다.[70] 그런데 행정사건소송법상 당사자소송은 독일의 제도를 그대로 받아들인 것이었기 때문에 그 요건 등이 제대로 해명되지 않은 상 태였고, 행정사건소송특례법에 의하여 운용되던 실무나 판례의 태도가 유 형화되지도 않아 굉장히 낯선 소송유형이었고, 결국 별다른 관심을 받지

---

70) Mitsuru Noro, a.a.O.(Fn. 62), S. 149.

못한 채 외면되기에 이르렀다.

4) 일본의 행정소송에서 확인소송의 발전과정

일본에서는 행정사건소송법에 당사자소송이 도입된 이후에도 확인소송이 별로 활용되지는 않았다. 다만 행정청이 공권력을 행사하지 않을 것을 의무로 하는 소송 또는 행정청에게 공권력을 행사하지 않을 의무를 부과하거나 공권력을 행사할 권한을 가지지 않는다는 것의 확인을 구하는 소송이 허용된다고 보는 견해가 있었는데, 이러한 소송을 예방적 성격을 가진 무명항고소송으로 보았다.[71] 한편 장래불이익처분을 받을 우려가 있는 원고가 확인소송을 제기한 사안에서 해당 소송을 당사자소송으로서의 확인소송으로 해석한 하급심판결들이 있었다. 대표적인 것으로 이른바 長野勤評事件의 제1심(長野地方裁判所 昭和 39年 6月 2日 民集 26卷 9号 1766頁) 판결[72]과 橫川川事件의 항소심(高松高等裁判所 昭和 63年 3月 23日 行集 39卷 3＝4号 181頁) 판결[73]이 있다.

---

71) 湊二郎, "予防訴訟としての確認訴訟と差止訴訟", 法律時報 85卷 10号, 29頁(2013. 9.).
72) 이 사건의 사실관계는 다음과 같다. 나가노현 교육위원회 교육장이 현립고등학교 교원인 원고들에게 직무, 근무, 연수 등에 있어서 근무평정서 양식에 자기관찰의 결과를 표시할 것을 명령하였다. 이에 대하여 원고들에게 위와 같은 자기관찰 결과 표시의무를 부여하는 것은 헌법 및 교육기본법에 위반하는 것으로서, 만일 위와 같은 의무의 이행이 강제된다면 헌법에 의해 보장된 사상, 양심, 표현의 자유 등을 침해받게 되고, 그렇다고 해서 그 의무를 이행하지 않는다면 징계 기타 불이익처분을 받을 우려가 있기 때문에 본소에 의해 이러한 법률상의 지위의 불안정을 제거할 필요가 있다고 주장하면서 자기관찰 결과를 표시할 의무가 없다는 것의 확인을 구하는 소를 제기한 사안이다.
73) 이 사건의 사실관계는 다음과 같다. 원고는 고치현을 흐르는 2급 하천의 합류점으로부터 북쪽 지점에 있는 토지의 소유자이다. 위 하천의 유로가 크게 동쪽으로부터 동남쪽 방면으로 굴곡하기 때문에 유수작용으로 외측의 좌안은 하상이 세굴 되었으나, 내측이 되는 우안은 토사가 축적되었다. 대상지점은 위와 같이 토사가 축적된 부분에 있고, 원고는 그 부분을 성토하였다. 하천관리자인 고치현 지사는 대상지점이 하천법상 하천구역에 해당한다는 이유로 성토된 부분을 행정대집행으로 제거하였다. 이 사

특히 橫川川事件의 항소심 판결은 원고의 청구를 행정청의 부작위의무의 확인을 구하는 청구와 행정청의 처분권한의 부존재 확인을 구하는 청구로 나누고 이를 모두 소위 무명항고소송에 해당한다고 한 다음, 일반적으로 행정청의 공권력 행사에 대해서 위와 같은 내용의 무명항고소송이 적법하기 위해서는 행정청의 제1차적 판단권을 실질적으로 침해하지 않고, 여기에 더하여 처분이 이루어지거나 이루어지지 않는 것에 의해 발생하는 손해가 중대하고 사전의 구제를 인정하여야 할 절박한 필요성이 있으며 다른 구제수단이 없는 경우이어야 한다고 한정적으로 해석하였다. 위 판결은 이러한 해석을 기초로 이 사건에서 원고는 본건 하천의 관리주체인 국가를 피고로 대상지점이 하천구역인 경우에 부담하여야 하는 하천법상의 의무를 부담하지 않는다는 공법상 법률관계의 확인을 구하는 당사자소송(실질적 당사자소송)을 제기하는 것이 가능하고, 또한 이 사건에서 당사자 간 다툼의 근본적 원인이 행정청의 공권력 행사 그 자체에 있는 것이 아니고 그 전제가 되는 공법상 법률관계의 존재에 관한 인식의 대립에 있으므로 오히려 공법상 법률관계에 관한 확인의 소 쪽이 분쟁의 실태에 맞는 근본적인 해결에 더 적절하므로 결국 원고는 당사자소송의 방법으로 적절한 구제가 가능하기 때문에 무명항고소송으로서의 확인소송이 허용되는 경우에 해당하지 않는다는 이유로 원고의 위 각 청구를 모두 부적법하다고 하였다.

위 판결들은 일본에서 공법상 법률관계에 관한 확인의 소에 대한 논의가 활발하지 않았던 시기에 당사자소송으로서의 확인소송이 예방소송과 마찬가지의 기능을 발휘할 수 있는 가능성을 제시한 것으로 평가된다.[74]

건은 원고가 고치현 지사를 피고로 하여 대상지점이 하천법상의 하천구역에 속하지 않는다는 것의 확인을 구하는 사안이다. 이 사건에서 원고는 자기소유인 대상지점이 하천구역에 속하지 않는다는 것의 확인을 통해 대상지점이 하천법상의 공용제한을 받지 않고, 하천관리자가 같은 법에 기초하여 공권력을 행사하는 것, 즉 피고가 행정대집행으로 성토된 부분을 제거할 수 없도록 하는 것을 목적으로 하고 있다.

74) 湊二郎, 前揭注(71), 29頁. 위 판결의 자세한 내용과 그에 대한 평가는 이승훈, "공법상

하지만 일본 최고재판소는 위 각 사건의 상고심에서 교원의 근무평정에 관한 자기관찰 결과 표시의무의 부존재확인청구를 "불이행에 의한 징계처분 금지"를 구하는 소로 해석하거나(長野勤評事件의 상고심 最高裁判所 昭和 47年 11月 30日 民集 26卷 9号 1746頁), 행정청의 감독처분의 대상이 되는 하천구역에 포함되지 아니함의 확인청구를 "장래에 이루어질 감독처분의 금지"를 구하는 소로 해석하여(橫川川事件의 상고심 最高裁判所 平成 元年 7月 4日 判例時報 1336号 86頁), 위 각 소송을 실질적인 의미에서 항고소송으로 보고, 예방적 구제로서의 확인소송의 성격을 분명히 하지 않았다.75) 이와 같이 일본 최고재판소가 예방적 구제로서의 확인소송 인정에 소극적인 태도를 보임에 따라 그와 관련된 논의는 더 이상 진전되지 못하였다.

확인소송의 활용 가능성에 관한 연구", 사법논집 제59집, 2015, 418면 이하.
75) 일본 최고재판소는 長野勤評事件의 상고심에서 "구체적·현실적 분쟁의 해결을 목적으로 하는 현행 소송제도는 의무위반의 결과로 장래 어떠한 불이익처분을 받을 우려가 있는 경우 그 처분의 발동을 금지하기 위하여 사전에 의무의 존부 확정을 구하는 것이 당연히 허용되는 것은 아니고, 당해 의무의 이행으로 침해를 받을 권리의 성질 및 그 침해의 정도, 위반에 대한 제재로서의 불이익처분의 확실성 및 그 내용 또는 성질에 비추어 그 처분을 받은 후에 그에 대한 소송에서 사후적으로 의무의 존부를 다투는 것으로는 회복하기 어려운 중대한 손해를 입을 우려가 있는 등 사전의 구제를 인정하지 않는 것을 현저하게 부당하게 하는 특단의 사정이 있는 경우는 별론으로 하고, 그렇지 않은 한 사전에 위와 같은 의무의 존부 확정을 구할 법률상 이익을 인정할 수는 없다고 해석하여야 한다."라고 한 다음, 위 사건에서는 사후적 구제로는 회복하기 어려운 중대한 손해를 입을 우려가 있는 등의 특별한 사정이 없다는 이유로 소를 부적법하다고 하였다.
한편 橫川川事件의 상고심판결도 "토지 소유자에게 하천관리자가 당해 토지에 대해 하천법상의 처분을 하여서는 안된다는 의무가 있다는 것의 확인 내지 같은 법상의 처분권한이 없다는 것의 확인 및 당해 토지가 같은 법에서 말하는 하천구역에 속하지 않는다는 것의 확인을 구하는 소는 어느 것이나 하천법과 관계 법령에 기초한 감독처분 기타 불이익한 처분을 기다려 그 불이익한 처분을 다투는 소송 등에서 사후적으로 다투는 것으로는 회복하기 어려운 중대한 손해를 입을 우려가 있다는 등의 특단의 사정이 없는 때에는 그 이익을 흠결하여 부적법하다."라고 판시하였다.

3. 2004년 행정사건소송법 개정과 현황

일본에서는 행정사건소송법 시행 이후 행정작용의 다양화와 그로 인한 이익관계의 복잡화 등의 문제가 발생하였고, 이내 행정사건소송법 만으로는 그에 대처하기 힘들다는 점이 지적되었다. 그에 따라 종전 행정사건소송법이 가진 문제점을 보완하기 위하여 2004년도에 대대적인 행정사건소송법 개정이 있었다. 당시 개정은 법의 지배의 이념에 기초하여 국민의 권리이익에 따른 실효적인 구제수단의 정비를 꾀하는 관점에서 국민의 권리이익의 구제 확대를 도모하고, 심리의 충실 및 촉진을 꾀하면서 행정소송을 이용하기 쉽게 하기 위한 것이었다.

특히 우리와 마찬가지로 행정처분 등 공권력작용 중심의 사후적 권리구제 체계를 가지고 있던 일본에서는 권리구제의 범위를 확대하기 위한 방법론으로서 항고소송의 대상인 '처분'의 범위를 되도록 넓혀 항고소송 중심의 행정소송을 운용하여야 한다는 이른바 처분성확대론과 행정의 행위형식의 다양성을 전제로 각기 행위형식의 차이에 따른 쟁송제도를 마련하려는 가운데, 특히 공법상 당사자소송을 적극적으로 활용하여야 한다는 당사자소송활용론이 대립하던 중 위 개정을 통하여 당사자소송활용론에 가까운 입장을 제도화하게 되었다.[76]

이에 따라 일본 행정사건소송법의 당사자소송에 관한 규정은 다음과 같이 개정되었다. 우선 행정사건소송법 제4조는 "이 법에서 '당사자소송'이란 당사자간의 법률관계를 확인하거나 형성하는 처분 또는 재결에 관한 소송으로서 법령의 규정에 의하여 그 법률관계의 당사자 일방을 피고로 하는 것, 공법상 법률관계에 관한 확인의 소, 그 밖에 공법상 법률관계에 관한 소송을 말한다."고 규정함으로써 공법상 법률관계에 관한 확인의 소를 당

---

76) 처분성확대론과 당사자소송활용론의 연원 및 자세한 내용은 김남진, 앞의 논문(주 42), 16면 이하 참조.

사자소송의 하나의 유형으로 명시하였다. 일본에서 당사자소송의 유형의 하나로 확인소송을 명시한 이유는 확인소송의 활용을 촉진하려는 입법자의 의도라고 한다. 즉 개정 전 행정사건소송법에서도 확인소송을 제기하는 것이 가능하였으나, 법률 개정을 통하여 확인소송을 공법상 당사자소송의 하나로 명시함으로써 확인소송을 국민의 권리이익의 실효적 구제를 확보하기 위한 수단으로 기능하도록 하겠다는 입법자의 강한 의도가 반영되어 있다는 것이다.[77] 특히 종전 실무상으로도 항고소송의 대상에 포함되지 않았던 행정입법, 행정계획, 행정지도 등의 행정작용과 관련한 분쟁이 있는 경우 확인의 이익이 있는 한, 공법상 당사자소송을 제기할 수 있었으나, 법률에 공법상 확인의 소를 명시함으로써 그러한 분쟁에서 확인소송의 적극적인 활용을 도모하겠다는 것이다.[78] 개정 일본 행정사건소송법의 권리구제체계는 종전의 처분개념은 그대로 유지하는 것을 전제로, 행정입법, 사실행위 등 처분이외의 행정작용은 확인소송을 통하여 다투도록 함으로써 권리구제의 범위를 크게 확대한 것으로 평가할 수 있다.[79]

뿐만 아니라 확인소송을 통한 예방적 구제에 관한 논의가 답보상태에 있던 일본에서는 2004년 행정사건소송법 개정을 통해 확인소송을 당사자소

---

77) 橋本博之, 解說 改正行政事件訴訟法, 84頁(弘文堂, 2004).
78) 개정 행정사건소송법에 관한 일본 내각총리대신의 답변서 내용 참조. 橋本博之, 前揭 注(77), 85頁.
79) 공법상 확인소송 중심의 행정구제체계로의 개정은 행정작용이 복잡·다양화함에 따라 국민과 행정 사이의 다양한 관계에 대응하고, 전형적인 행정작용을 전제로 한 항고소송만으로는 국민의 권리이익을 실효적으로 구제하는 데에 한계가 있는 상황을 극복하기 위하여 취소소송의 대상이 되는 행정작용뿐만 아니라 그 밖의 행정작용에 대해서도 그 기초가 되는 법률관계의 확인을 통해 효과적인 권리구제를 실현하겠다는 의지가 돋보인다는 평가로 하명호, 앞의 책(주 60), 321면 이하 참조. 또한 개정 행정사건소송법은 당사자소송에서 확인소송을 분리함으로써 당사자소송을 순수한 이행소송화하여 여기에 행정처분에 해당하지 않는 사실행위 등을 포섭하고자 하였다는 평가도 있다(정하중, "행정소송법개정안의 문제점", 고시연구 제31권 제12호, 2004. 12, 18면 이하 참조).

송의 유형의 하나로 명시하고, 항고소송의 하나로 금지의 소(差止めの訴)
를 도입함으로써 예방적 구제에 관한 논의에 새로운 전기가 마련되었다.
이와 같이 일본 행정사건소송법은 예방의 대상을 기준으로 항고소송인 금
지의 소(差止めの訴)는 처분을, 공법상 당사자소송인 공법상 확인소송은
처분 이외의 불이익한 행정작용을 대상으로 하도록 하여 예방적 구제 체계
를 이원화하고 있다.

　이상과 같은 행정사건소송법의 개정으로 일본에서는 당사자소송으로서
의 확인소송을 활용할 수 있는 폭이 넓어졌고, 그에 관한 논의도 활발하게
이루어지고 있다. 또한 확인소송과 관련된 판례들이 점차 등장하고 있는
추세라고 한다. 특히 최근 일본 최고재판소는 공직선거법이 외국에 주재하
는 일본인에게 국정선거에 관한 선거권 행사의 일부를 인정하고 있지 않은
점을 헌법위반이라고 판단하였고(最高裁判所 2005年 9月 14日 民集 59卷 7
號 2087頁),[80] 일본인 부(父)와 외국인 모(母) 사이에서 출생한 후에 부(父)

---

80) 위 판결은 공직선거법이 개정되기 전인 1996년, 재외국민이었던 원고가 재외국민에게
　　중의원 및 참의원 선거의 투표권을 인정하지 않는 당시의 공직선거법은 헌법에 위반
　　된다고 주장하면서 국가를 상대로 "원고에게 중의원 의원의 선거 및 참의원 의원의
　　선거에 있어서 선거권의 행사를 인정하지 않는 것은 위법하다는 것을 확인한다."(①
　　청구), "원고에게 중의원 소선거구 선출의원 및 참의원 선거구 선출의원의 선거에서
　　선거권의 행사를 인정하지 않는 점에서 위법하다는 것을 확인한다."(② 청구), 예비적
　　으로 "중의원 소선거구 선출의원의 선거 및 참의원 선거구 선출의원의 선거에 있어서
　　선거권을 행사할 수 있는 권리가 있음을 확인한다."(③ 청구)는 소를 제기한 사안이다.
　　이 사건에서 일본 최고재판소는 ① 청구에 대해서는 "과거 법률관계의 확인을 구하는
　　것으로서 이 확인을 구하는 것이 현재 존재하는 법률상의 분쟁의 직접 또는 근본적인
　　해결을 위해 적절하거나 필요한 경우라고 할 수 없다."는 이유로, ② 청구에 대해서는
　　예비적 청구인 ③ 청구에 관한 소가 분쟁해결에 보다 적절한 소라는 이유로 모두 부
　　적법하다고 하였다. 반면 예비적 청구인 ③ 청구에 대해서는 선거권확인의 청구로서
　　이를 공법상 당사자소송이라고 성격을 부여한 다음, 재외국민인 원고가 공직선거법의
　　개정이 이루어지지 않으면 가까운 장래에 실시되는 중의원 소선거구 선거와 참의원
　　선거구 선거에서 투표할 수 없게 되기 때문에 이를 방지하기 위해 '당해 각 선거에
　　대해 선거권을 행사하는 권리를 가지는 것의 확인을 사전에 구하는 소'로 해석된다고

로부터 인지된 자에 대하여 일본국적을 인정하고 있지 않았던 국적법을 위헌이라고 전제하고, 원고가 일본국적을 보유하고 있다고 확인하기도 하는 등(最高裁判所 2008年 6月 4日 民集 62卷 6号 1367頁) 확인소송에 적극적인 태도를 보이고 있다.

Ⅲ. 독일에서의 당사자소송과 확인소송의 발전과정

1. 당사자소송의 기원 연구의 필요성

위와 같이 일본의 행정소송체계 내에서 당사자소송을 확인소송에 초점을 맞추어 살펴보았다. 하지만 일본에서도 2004년 개정 행정사건소송법을 통하여 당사자소송의 하나인 확인소송의 적극적 활용을 입법적으로 시도한 이후에야 공법상 확인소송이 점차 활성화되고 있을 뿐, 그 적법요건이나 본안요건이 제대로 해명된 바 없고, 실무상 어떻게 운용되는지도 알 수가 없다. 결국, 공법상 확인소송의 내용과 요건을 제대로 파악하기 위해서는 일본의 공법상 당사자소송의 기원을 찾아 왜 이러한 소송유형이 등장하였는지, 실무상 운용은 어떻게 이루어지고 있는지를 분석할 필요가 있다.

위와 같은 관점에서 일본의 공법상 당사자소송의 연원을 거슬러 올라가

하였다. 그리고 "선거권은 이를 행사하는 것이 가능하지 않다면 의미가 없는 것이고, 침해를 받은 후에 다투는 것으로는 권리행사의 실질을 회복할 수 없게 되는 성질의 것이기 때문에, 그 권리의 중요성에 비추어 보면, 구체적인 선거에서 선거권을 행사할 권리의 유무에 대해 다툼이 있는 경우에 이를 가지는 것의 확인을 구하는 소에 대해서는 그것이 유효적절한 수단이라고 인정되는 한, 확인의 이익을 긍정하여야 한다."라고 하여 본건 소는 "공법상 법률관계에 관한 확인의 소로서 위 내용에 비추어 확인의 이익을 긍정하는 것이 가능하다."라고 하였다. 위 판례의 사실관계와 자세한 판단 내용 등에 관하여는 이승훈, "공법상 확인소송의 활용 가능성에 관한 연구", 사법논집 제59집, 2015, 439면 이하 참조.

보면 과거 독일의 일부 란트에서 시행되었던 구 행정법원법(VGG)상 당사자소송(Parteistreitigkeit)이 모태가 되었음을 확인할 수 있다. 현행 행정소송법상 당사자소송은 독일의 당사자소송을 받아들인 일본의 제도를 참고한 것이다. 따라서 우리의 공법상 당사자소송의 연원을 파악하기 위해서는 독일에서 과거 당사자소송이 어떤 모습을 가지고 있었는지, 그리고 그 제도가 현행 행정법원법(VwGO) 체계에서 어떤 모습을 가지고, 어떻게 운용되고 있는지 검토할 필요가 있다.

2. 행정재판권의 발전단계 내에서의 당사자소송

독일 행정재판권의 발전사는 초기 단계와 1863년 시작된 독립된 재판권 관철 단계로 구분된다.[81] 과거 독일에서 국가와 국민을 내등한 소송당사자

81) 독일 행정재판권의 발전단계를 본문과 같이 두 가지로 구분하되, 초기 단계는 1495년 제국사법재판소가 설치된 이후부터 1849년 프랑크푸르트 제국헌법이 공포된 1849년경까지로 보는 것이 일반적이다. 초기 단계는 행정재판권의 태동기로서 국가의 사법보장 의무의 개념이 정립되기 시작하였고, 영주의 포괄적인 고권 확대와 대립한 Landgericht와 이에 대하여 지배계층인 영주들이 Landgericht의 권한을 축소하기 위하여 만든 특별한 정부기관(Kommission, Kammerkollegien) 사이의 갈등에서 관료기관에 의한 정부재판(Kammerjustiz)의 관념이 확립되었다. 이후 19세기 무렵까지 다양한 권리구제의 개념이 개별 란트에서 여러 형태로 발전을 거듭하였고, 여기에 더하여 1807년 나폴레옹과 프로이센 사이의 전쟁에서 패배한 후 특히 프랑스 점령지역(Baden, Württemberg, Bayern, Sachsen)에서 프랑스식 사법체계가 도입되어 행정 내부에 설치된 행정심판소에서 행정에 대한 법적 통제기능을 하는 행정사법(Administrativjustiz)의 관념이 유입되기도 하였다. 이에 따라 행정부 내부기관에 의한 행정통제 모델을 지지하는 측과 일반법원에 의한 행정통제 모델을 지지하는 측의 논쟁이 오랜 기간에 걸쳐 이루어졌고, 결국 일반법원에 의한 행정통제를 지지하는 측의 우세로 마무리되었다. 그 결과 프랑크푸르트 제국헌법이 성립되어 사법국가 모델은 극복되었고, 그와 동시에 행정사법의 모델도 극복되기에 이르렀다. 이러한 과정을 거쳐 독일 고유의 행정재판권이 성립되었다. 자세한 내용은 Schmidt-Aßmann/Schenk, a.a.O.(Fn. 18), Rn. 71. ff.; Sellmann, Der Weg zur neuzeitlichen Verwaltungsgerichtsbarkeit, in: Külz/Naumann, Staatsbürger und Staatsgewalt, Bd. 1, S. 25 ff.; Stolleis, Geschichte des öffentlichen Rechts, Bd.1:

의 지위로 이해하는 소송유형은 전체 행정재판권의 발전단계와 그 역사를
같이 한다고 할 수 있으나, 현대적인 의미에서의 당사자소송이 본격적으로
등장하는 것은 1863년경 독립된 행정재판권이 정착된 이후라고 할 수 있
다. 이러한 점을 고려하여 아래에서는 1863년 이후의 독일 행정재판권 발
전과정과 더불어 당사자소송의 태동 및 정착 과정을 살펴본다.

1) 행정재판권의 초기 발전단계와 당사자소송의 등장

독일에서 현대적인 의미에서 독립된 행정재판권이 창설된 것은 대공국
바덴이었다.[82] 행정 내부의 조직과 관련된 1863. 10. 5.자 법률(RegBl 399면)
에 의하면 공법상 특정한 분쟁에 관한 재판은 제1심급에서는 일반적으로
명예직으로 구성된 공무원들로 구성된 합의체가 관할하되, 최종 심급은 행정
법원에서 관할하도록 규정되어 있었다(제1조 제3항). 행정법원은 독립되고,
행정청과 분리된 법원으로서 공개된 구술심리에 근거해 재판을 진행하고,
이유를 제시해야 했다(제18조). 이와 같이 구성된 행정소송절차는 열기주의
원칙에 따라 부과금사건, 영업허가사건, 건축경찰사건 및 개인의 게마인데에
대한 완전한 시민권과 사용청구와 관련된 사건들을 관할하였다. 이후 행정법
원의 지위와 관할은 1880년과 1884년의 법률을 통해 확대되었다. 그 무렵
프로이센에서는 Rudolf von Gneist의 영향을 받아 독립된 행정재판권이 급격
히 발전해나갔는데, 특히 헌법과 행정법, 그리고 행정분쟁절차와 관련된
1875. 7. 3.자 법률에서 예정한 고등행정법원(Oberverwaltungsgericht)에 의하

Reichspublizistik und Policeywissenschaft 1600-1800, 1988, S. 133 ff.; Stolleis,
Geschichte des öffentlichen Rechts, Bd. 2: Staatsrechtslehre und Verwaltungswissenschaft
1800-1914, 1992, S. 240 ff.; Rüfner, Verwaltungsrechtsschutz in Preussen im 18. und
in der ersten Hälfte des 19. Jahrhunderts, in: FS Menger, S. 3 ff.; Erichsen, Verfassungs-
und verwaltungsrechtsgeschichtliche Grundlagen der Lehre vom fehlerhaften belastenden
Verwaltungsakt und seiner Aufhebung im Prozess, 1971, S. 104 ff.

82) Rapp, 100 Jahre Badischer Verwaltungsgerichtshof, in: Külz/Naumann, Staatsbürger
und Staatsgewalt, Bd. 1, S. 7 ff.

어 심급구조가 확립되었다. 여기서의 고등행정법원은 최초로 오로지 직업
법관으로만 구성된 행정법원이었다.[83] 다만 당시 프로이센의 행정재판권은
열기주의에 따라 한정된 분야에서만 권리구제를 보장하고 있었으나, 열기되
어 있는 분야는 상당히 넓어 종전보다 권리구제의 범위가 상당히 확대되었고,
일부 지역에서는 경찰 행정청의 처분에 대한 상소에는 일반조항이 적용되기
도 하였다. 이러한 특징을 가지고 발전한 프로이센의 행정소송 제도는 앞서
살펴본 바와 같이 일본에 강한 영향을 미쳤다. 이후 독일의 다른 란트에서도
독립된 행정소송법률의 형태를 받아들였고, 그 결과 제1차 세계대전 이전에
는 대부분의 국가들이 확대된 행정상 권리구제 제도를 가지고 있었다.[84] 특히
작센에서는 1835년경부터 행정으로부터 독립된 사법제도가 존재하였고,
1900. 7. 19. 제정된 작센왕국 행정구제법 제21조에는 당사자소송이 규정되기
에 이르렀다.[85] 비슷한 시기에 다른 란트에서도 당사자소송이 도입되었고,
행정구제법령에 그 대상들이 명시되었다는 점에서 유사하지만, 작센의 경우
공무원의 급여청구와 일정한 사회보장급여청구도 당사자소송의 대상으로 인
정되어 그 범위가 넓었다.[86] 한편 브레멘과 함부르크에서는 1920년대에 이미

---

83) 이현수, 앞의 논문(주 69), 330면의 설명에 의하면, 독일에서 최초로 행정법원이 설립
   된 국가는 1863년 Baden이고, 이후 1876 Württemberg, 1878 Bayern에서도 행정법원
   이 설립되었으나 이러한 나라들의 행정법원은 최고심급에서만 행정과 사법이 분리되
   었고, 하급심에서는 여전히 행정 내부의 통제절차가 남아 있는 등 완전히 독립된 법
   원은 아니었다고 한다.

84) Schmidt-Aßmann/Schenk, a.a.O.(Fn. 18), Rn. 78.

85) 이 무렵의 당사자소송의 중요한 기능 중 하나는 행정내부 구제로 그칠 사안과 행정법
   원에 상소할 수 있는 사안을 구별짓는 것이었다. 즉 당사자소송의 대상이 될 수 있는
   사안은 우선 행정 내부의 구제절차를 거치기는 하되 공개재판과 구술심리의 기회가
   부여되는 행정법원에 상소할 수 있었던 반면, 그 밖의 분쟁, 즉 비당사자분쟁적 사안
   은 행정내부의 구제(서면절차이면서 비공개절차인 소원절차)에 그치고 행정법원에 상
   소할 수 없었기 때문이다. 당시의 당사자소송의 구체적인 운용모습에 관한 자세한 논
   의는 이현수, "당사자소송의 발전방향", 국제규범의 현황과 전망, 2014, 69면 이하.

86) Jeserich/Pohl/von Unruh, Deutsche Verwaltungsgeschichte, Bd. III: Das Deutsche
   Reich bis zum Ende der Monarchie, DVA, 1984, S. 909 f.

행정법원법에 일반조항을 두고 있었고 이에 따라 일반적 확인소송에 관한 규정들이 마련되었다. 반면 위와 같이 행정절차에서 권리구제를 강화해 나가는 란트의 경향과 달리 제국 차원에서는 자족적인 권리구제 개념은 존재하지 않았고, 여전히 권리구제는 행정사법(行政司法, Administrativjustiz)의 모델에 따라 황제의 지배하에 있는 제국행정청 등에 의하여 제한된 범위에서 보장되었다고 한다.[87)]

2) 바이마르 공화국 시기와 당사자소송의 제한적 운용

제1차 세계대전 및 그 이후의 계속된 혼란기에 독일의 행정재판권은 별다른 발전 모습을 보이지 못하였으나, 바이마르 공화국이 수립된 이후 전환기를 맞게 된다. 바이마르 헌법은 제7조 제3호에서 형사집행 및 행정청 사이의 직무상 협조를 포함한 법원의 소송절차에 관한 입법권이 제국에 있다고 규정하여 법원의 소송절차에 관한 제국의 입법권을 규정하였고, 그에 따라 제국에 적용되는 일반 행정재판권의 창설뿐만 아니라 란트에 적용되는 행정재판권의 체계적인 규정도 제국입법의 사항이 되었다.

다만 바이마르 헌법 제107조는 제국과 란트에서는 법률이 정한 바에 따라 행정청의 명령과 처분에 대한 개인의 보호를 위해 행정법원이 존재하여야 한다고 규정함으로써 행정재판권의 확대 의무에 관하여 규정하고 있었으나, 이는 입법자에 대한 위임에 그칠 뿐, 개인의 권리구제를 위한 주관적인 권리를 창설하는 것은 아니었고, 독립적인 행정재판권이 요구되는지 또는 일반법원에 의한 재판권으로 충분한지의 문제도 해결되지 않은 채 남아 있었다.[88)] 그리고 열기주의를 취할 것인지, 일반조항을 도입할 것인지에 관한 주제도 끊임없이 논의되었으나 바이마르 헌법은 이에 관하여 직접적으로 규정하고 있지 않았다.[89)]

---

87) Kohl, Reichsverwaltungsgericht, 1991, S. 53.
88) Schmidt-Aßmann/Schenk, a.a.O.(Fn. 18), Rn. 80.

한편 이 시기에는 여러 란트에서 당사자소송이 상당 부분 활용되었다. 하지만 당시의 당사자소송은 별로 활용의 폭이 넓지 않았고, 그나마도 대부분 국가에 소속된 공공단체에 대한 사인의 소송 또는 공공단체 사이의 분쟁에 한정되었다.90)

3) 나치 체제하에서의 당사자소송

나치 지배 아래에서는 행정상 권리구제의 법률상 제한이 빠른 속도로 이루어졌는데, 1939. 11. 6.자 명령(RGBl I 2168면)으로 행정법원 및 프로이센이 아닌 란트에 속한 행정법원들은 모두 폐지되었다. 그리고 이들을 대신해 행정청이 직접 재판하였고, 그 재판은 오로지 상급 행정청에의 이의로만 다투어질 수 있었다. 상급관청은 자신이 직접 재판을 하는 대신에 재량에 따라 개별 사건에서 행정법원의 소송절차를 허가할 수 있었다. 이와 같이 행정재판권이 급격히 위축됨에 따라 행정재판의 수는 계속해서 감소했지만, 행정재판제도가 언제나 국가의 입장을 대변했기 때문에 행정재판권을 완전히 폐지하지는 않았다고 한다.91) 이 시기에는 사실상 모든 행정재판권이 그 의미를 상실하였기 때문에 당사자소송에 관한 의미 있는 실무상 또는 이론상 논의는 찾아보기 어렵다.

4) 제2차 세계대전 이후 행정재판권의 회복과 행정법원법(VGG)의 제정

제2차 세계대전 후에 행정법원은 군사정부 제2호 법률(Gesetzes Nr. 2 der Militärregierung) 제1항과 제4항에 근거해 모든 활동이 중단되었다. 그

---

89) 반면 실무는 점점 더 열기주의로 이전했다고 한다. 이 때문에 바이마르 헌법 하에서의 행정상 권리보호의 발전을 돋보이는 성과 없는 과도기 단계로 평가하기도 한다 (Grawert, Verwaltungsrechtsschutz in der Weimarer Republik, in: FS Menger, S. 54).

90) Fleiner, Institutionen des Deutschen Verwaltungsrechts, 8 Auflage, 1928, S. 265.

91) Stolleis, Die Verwaltungsgerichtsbarkeit im Nationalsozialismus, in: FS Menger, S. 57; Kohl, a.a.O.(Fn. 87), S. 401 ff.

런데 얼마 지나지 않아 군정 체제에서의 행정작용, 특히 독일의 지역행정청이 한 행정작용에 대해 법원의 통제가 필요하다는 인식이 자리 잡았고, 그에 따라 연합국의 개별 점령지역에서 행정재판제도는 다양한 방법으로 회복되었다.[92]

특히 미국과 영국 점령지역 및 베를린에서는 이미 1945년 말경부터 행정법원이 다시 운영되었다. 1946. 10. 10.의 군사정부 관리위원회법률(Kontrollratsgesetz, ABl MilReg Nr. 14, 315면) 제1조는 "행정사건에 대한 재판을 위해 개별 점령지역과 베를린에 행정법원이 다시 설치된다."고 규정하고 있었다. 다만 다시 설치되는 법원의 조직 형태와 관할을 규정하는 것은 개별 점령지역의 최고사령부 사령관에게 맡겨져 있었다. 이에 따라 개별 점령지역별로 행정재판권은 다른 양상으로 발전하게 된다. 미국 점령지역, 특히 Bayern, Württemberg-Baden, Hessen에서는 1946. 8. 6. 구 행정법원법(VGG)이 제정되었다. 위 행정법원법에는 이미 일반조항, 주관적 권리 기준에 따른 소송체계, 전심절차, 이의와 취소소송의 집행정지 효력, 제한된 법원의 재량통제 규정 등을 포함하고 있었고, 뒤에서 보는 바와 같이 당사자소송이 소송유형의 하나로 명시되어 있었다.[93] 영국 점령지역에서는 군정명령(Militärregierungsverordnung, MRVO) 1948. 4. 1.자 제141호(VOBl BZ 1948 111면)와 1948. 9. 15.자 제165호(VOBl BZ 1948 263면)에 의해 미국 점령지역에 비견되는 규정들이 창설되었다.[94] 또한 프랑스 점령지역에서는 1946년에 이미 행정법원이 다시 설치되었다. 이러한 흐름은 1950년대

---

92) 자세한 내용은 Menger, System des verwaltungsgerichtlichen Rechtsschutzes, 1954, S. 3 f; Ule, Die geschichtliche Entwicklung des verwaltungsgerichtlichen Rechtsschutzes in der Nachkriegszeit, in: FS Menger, S. 81.

93) W. Jellinek, Die Verwaltungsgerichtsbarkeit in der amerikanischen Zone, in: DRZ, 1948, 269; Ule, a.a.O.(Fn. 92), S. 82.

94) W. Jellinek, Die Verwaltungsgerichtsbarkeit in der britischen Zone, in: DRZ, 1948, 470; Ule, a.a.O.(Fn. 92), S. 83.

초까지 이어져 당시 영국 점령지역에서는 통일적으로 군정명령(MRVO) 165호가, 미국 점령지역, 특히 남독일 지역에서는 구 행정법원법(VGG)이 폭넓게 적용되었다. 그런데 각 지역에 적용되는 소송절차규정에 상당한 차이가 있었기 때문에 통일된 행정법원법 제정이 필요한 것으로 인식되었고, 이에 따라 독일연방공화국 수립 직후에 연방에 통일적으로 적용되는 행정재판에 관한 절차법을 수립하기 위한 논의가 시작되었다.

이 시기에는 행정재판권의 회복과 더불어 취소소송 등 행정행위에 대한 소송과 달리 대등한 지위에 있는 당사자 사이의 분쟁이라는 점이 조명되면서 실무와 학계에서 당사자소송에 관한 논의가 점차 활발해졌고, 그 결과로 현대적인 의미에서의 당사자소송의 개념이 확립되었다. 특히 구 행정법원법(VGG)에 당사자소송이 도입됨으로써 실정법상 토대도 마련되었다. 이러한 당사자소송은 일본의 학계에 영향을 미쳐 행정사건소송법에 당사자소송이 도입되는 계기가 되었다.[95]

5) 행정법원법(VwGO)의 제정과 행정재판권의 확립

위와 같이 통일된 연방의 행정소송법 제정 시도가 이루어졌고, 그 결과 독일 연방정부는 1953년 4월에 행정법원법 법률안을 기초하여 연방의회에 송부했다.[96] 위 법률안은 권리구제의 내용 및 그 형태를 기본법 제19조 제4항에 맞추어 행정재판권의 완전한 독립(제1조)을 보장하고 있었고, 권리구제에 관한 일반조항(제38조)을 규정하고 있었다. 위 법률안의 권리구제는 소송유형을 구 행정법원법(VGG)과 달리 당초의 취소소송, 의무이행소송, 당사자소송의 형태에서 형성소송, 확인소송, 이행소송으로 구분하였다(제40조). 그 밖에 위 법률안은 법치국가 원칙에 근거하여 가능한 한 국민

---

95) 小早川光郎, 行政法講義 下III, 325頁(弘文堂, 2007).
96) 독일 연방정부가 연방의회에 보낸 행정법원법 법률안에 대한 설명서(Bundestag-Drucksache, BT-Drs) I/4278.

의 권리구제를 폭넓게 보장하기 위하여 취소소송과 행정심판의 거의 예외 없는 집행정지 효력(제81조) 및 가명령(제122조) 등도 규정하였다. '공백 없는 권리구제의 이익'은 통일적인 법안의 핵심적인 준거원칙이었다.[97] 이후 여러 차례 심의를 거쳐 최종적으로 수정된 행정법원법(VwGO) 법률 안[98]이 의회를 통과하여 1960. 4. 1.부터 시행되었다.

3. 독일의 구 행정법원법(VGG)의 당사자소송의 내용

1) 법률규정

독일의 구 행정법원법(VGG)에 규정된 당사자소송의 모습은 위 법률을 채택한 Bayern, Hessen, Württemberg-Baden 세 주에서 큰 차이가 없다. 대표적으로 Württemberg-Baden에서 시행되었던 구 행정법원법(VGG, 위 법률의 정식명칭은 Gesetz über die Neuordnung der Verwaltungsgerichtsbarkeit vom 12. Mai 1958이다)을 기준으로 살펴본다. 먼저 당사자소송과 관련된 주요 규정들은 다음과 같다.

> ○ 제22조(사물관할, 일반규정)
> ① 행정법원은 특별행정법원 또는 민사법원의 관할에 속하지 아니하는 한 행정청의 행정처분 및 그 밖의 행정작용의 취소(Anfechtungssachen, 취소사건) 및 공법상 그 밖의 분쟁들(Parteistreitigkeit, 당사자소송)에 관하여 재판한다.

---

97) BT-Drs. I/4278, S. 34의 제39조의 도입 이유 부분 참조.
98) 행정법원법의 최초 법률안은 독일 연방의회의 첫 번째 입법회기에는 통과되지 못하여 연방정부는 변경되지 않은 법률안 그대로를 제2차 연방의회에 그대로 제출했으나 (BT-Drs. II/462) 다시 그 심의를 입법 회기 내에 마치는 것이 불가능하여 연방정부는 그 법률안을 1957년에 새로 제3차 연방의회에 제출해야 했다(BT-Drs. III/55). 그리고 비로소 위 법률안이 1959. 12. 11. 연방의회 및 1959. 12. 18. 연방상원에서 통과되었고, 1960. 1. 21. 공포를 거쳐 1960. 4. 1.부터 시행되었다(BT-Drs. III/1487).

○ 제24조[확인의 소]

① 법률관계의 존재 또는 부존재의 확인은 원고가 그 법률관계가 법관의 재판을 통해 즉시 확인되는 것에 정당한 이익이 있으면 당사자소송으로 제기할 수 있다.

② 확인에 포함되는 행정행위 또는 그러한 행정행위의 거부에 대하여 취소소송을 제기할 수 있는 경우 확인소송을 제기할 수 없다.

○ 제85조[정의]

① 당사자소송은 대등한 권리주체 사이의 공법상 분쟁이다. 분쟁사건에 있어 양 당사자 중 일방의 청구권에 관한 주장 및 거부가 그 청구권에 관한 구속적인 결정을 포함하고 있지 아니한 경우 두 권리주체는 대등하다.

② 개별 분쟁사건이 취소사건으로 다루어져야 하는지 또는 당사자소송으로 다루어져야 하는지는 법규명령으로 정할 수 있다.

○ 제88조[소의 제기]

① 소는 이행 또는 금지를 요구하거나 법률관계의 존재 또는 부존재의 확인을 구하는 상대방을 상대로 제기하여야 한다.

위와 같은 규정들을 통하여 알 수 있는 바와 같이 구 행정법원법(VGG)의 당사자소송은 취소소송이나 그 밖에 법률상 다른 관할에 속하지 아니한 모든 공법상 분쟁으로서 독립된 권리주체 사이의 분쟁을 대상으로 한다.[99]

---

99) 다만 Parteistreitigkeit를 하나의 독립된 소송유형으로서 '당사자소송'으로 번역할지, 아니면 위 독일어 표현에 충실하게 분쟁의 유형으로서 '당사자분쟁'으로 번역할지 논란이 있을 수 있다. 이는 앞서 살펴본 독일의 구 행정법원법(VGG) 제22조 제1항이 일반적으로 '소'를 의미하는 'Klage'가 아니라 'Anfechtungssachen(취소사건)'과 'Parteistreitigkeit(당사자분쟁)'이라는 용어를 사용하기 때문에 발생하는 문제이다. 그런데 구 행정법원법(VGG) 제85조에 위 소송에 관하여 따로 정의규정을 두고 있고, 제88조에 소의 제기 방법 등 독립된 절차규정을 두고 있는 것으로 보아 하나의 소송

이러한 정의에서 볼 수 있듯이 당사자소송에 해당하는지 여부를 결정하는 가장 중요한 표지는 공법상 분쟁인지 여부와 대등한 권리주체 사이의 분쟁인지 여부이다.

2) 공법상 분쟁

당사자소송의 대상이 되는 법률관계는 공법상 법률관계인 것은 분명하다. 다만 공법상 법률관계에 해당하는지 여부에 관하여는, 입법자가 특정한 법률관계를 공법상의 것인지 사법상의 것인지를 분명하게 지정하지 아니한 한, 해당 법률관계의 내적 특성에 따라 결정한다는 것이 일반적인 견해였다.[100] 하지만 이러한 기준에도 불구하고 실제 어떠한 법률관계가 당사자소송의 대상인지를 판단하는 것은 쉽지 않은 문제였다고 한다. 왜냐하면 취소소송의 대상인 처분 기타 행정행위에는 공법의 전형적인 특성이 비교적 분명히 나타나므로 그 경계를 설정하는데 큰 어려움이 없는 반면, 당사자소송의 경우에는 그러한 특성이 두드러지지 않기 때문이다.[101] 하지만

유형으로 보아도 큰 무리는 없을 것으로 보인다. 참고로 국내 문헌은 Parteistreitigkeit를 '당사자소송'으로 번역하는 것이 일반적으로 보인다[예컨대 정남철, "공법상 당사자소송의 발전과 과제", 행정판례연구 제19-1호, 2014, 281면; 정하중, "행정소송에 있어서 확인소송", 서강법학연구 제12권 제1호, 2010. 6, 176면 이하; 박정훈, "행정소송법 개정의 주요쟁점", 공법연구 제31집 제3호, 2003, 47면; 임영호, "공법상 소송유형과 소송형식", 행정법연구 제25호, 2010. 12, 32면; 우성만, "무명항고소송, 당사자소송", 재판자료 제68집, 1995, 41면; 박성덕, "항고소송의 당사자적격", 재판자료 제67집, 법원도서관, 1995, 238면; 한견우, "우리나라 현행 행정소송법상 당사자소송의 문제점과 개선방향(상)", 법조 제41권 제1호, 1992, 각주 17; 최세영, "당사자소송", 사법논집 제8집, 1977, 499면]. 반면 당사자분쟁으로 번역하는 경우도 있는데, 이현수, "당사자소송의 발전방향", 국제규범의 현황과 전망, 2014, 61면 이하; 박정훈, "항고소송과 당사자소송의 관계", 특별법연구 제9권, 2011. 7, 138면에서 그 예를 찾아볼 수 있다.

100) Eyermann/Fröhler, Verwaltungsgerichtsgesetz für Bayern, Hessen und Württemberg-Baden Kommentar, §22, S. 76.

101) Eyermann/Fröhler, a.a.O.(Fn. 100), §22, S. 76.

이와 같은 구분의 어려움에도 불구하고, 당사자 사이의 어떤 분쟁이 공법
상의 법률관계와 사법상의 법률관계 중 어디에 속하는가는 일반적으로 해
당 법률관계를 규율하는 법률이 주로 공익에 기여하는지, 아니면 사익에
관련되는지 여부에 따라 정해졌다. 이러한 기준에 따라 가스 제조시설, 급
수장, 철도나 지하철 등 국가와 게마인데의 시설 이용관계도 근거 법률에
따른 구체적인 모습에 따라 공법상 법률관계인지 사법상 법률관계인지가
판단되었다.[102]

3) 대등한 권리주체 사이의 분쟁

구 행정법원법(VGG) 제85조 제1항 제2문은 대등한 권리주체에 관한 정
의 규정이다. 위 규정에 의한 '대등한 권리주체'는 당사자 중 누구도 다른
당사자에 대하여 소송의 대상이 되는 법률관계에 관한 구속적인 결정을
일방적으로 할 수 없는 경우를 의미한다. 위 규정에 따른 대등한 권리주체
인지 여부를 판단함에 있어 가장 결정적인 것은 추상적으로 일방 당사자
가 다른 당사자에 대하여 구속적인 결정을 할 권한이 있는지가 아니고 분
쟁을 둘러싼 법률관계에 있어 당사자 사이에 상하질서 혹은 복종관계 등
이 존재하는지 여부였다고 한다.[103] 따라서 대등한 권리주체 사이의 당사
자소송은 양당사자 모두 공법상 법인인 경우, 일방 당사자만 공법상 법인
이고 나머지 당사자는 사인인 경우는 물론 양 당사자 모두 사인인 경우도
가능하였다.

---

102) Eyermann/Fröhler, a.a.O.(Fn. 100), §22, S. 76. 위 문헌의 설명에 의하면 당시 우편과
　　관련된 이용관계는 공법상 법률관계로, 철도와 관련된 이용관계는 사법상의 법률관
　　계로 보는 것이 일반적이었다고 한다.
103) Eyermann/Fröhler, a.a.O.(Fn. 100), §86, S. 263.

4) 구 행정법원법(VGG)에 의한 당사자소송의 예

(1) 공법상 계약

공법상 계약의 당사자는 양쪽 당사자 모두 공법상 법인인 경우(지방자치단체 사이의 편입 내지 병합계약, 구호단체들 사이의 계약 등), 공법상 법인과 사인 사이의 계약(계약에 의한 공무원관계의 형성 등)인 경우는 물론 양쪽 당사자 모두 사인인 경우(공용하천의 공동사용을 위한 농부 사이의 계약)도 가능하였다고 한다.[104) 다만 당시에 가장 문제되었던 것은 행정청이 행정행위를 발령할 수 있었음에도 공법상 계약을 체결할 수 있는지 여부였다고 한다. 그리고 이에 대해서는 행정청이 입법자로부터 재량의 여지를 부여받았다면 일반적으로 긍정되어야 한다거나 현대국가에서 국가와 국민의 관계에서 고권적 수단의 사용은 최후의 수단이 되어야 한다는 점에서 행정청이 고권적 수단이 아닌 행정계약으로 행정목적을 달성하는 것은 가능하다고 보았다고 한다.[105) 이와 같이 대등한 지위를 전제로 체결된 공

---

104) Eyermann/Fröhler, a.a.O.(Fn. 100), §22, S. 77.

105) Eyermann/Fröhler, a.a.O.(Fn. 100), §22, S. 77. 위 문헌의 설명에 의하면 공법상 계약의 체결은 가능하지만, 계약체결은 일반적으로 당사자 상호간의 양해와 양보에 기초하여서만 가능하기 때문에 상호간의 이익균형이 침해될 수 있는 사안에서 공법상 계약을 체결함에 있어서는 상당히 신중할 것이 요구되었다고 한다. 그에 따라 전형적이고 꾸준히 반복되는 다수의 사실관계에 대해서는 공법상 계약체결이 적절하지 않은 것으로 보는 것이 일반적이었고, 규율대상이 되는 사실관계가 일상의 경험에 비추어 보았을 때 다양한 변화 상황에 있고, 따라서 행정청이 개별적인 변화에 대응하기 위하여 규율내용을 맞추어감으로써 계약상 구속력에 배치될 가능성을 보유하여야 하는 경우도 공법상 계약은 적절하지 않은 것으로 보았다고 한다. 반면 기술적으로 복잡한 사실관계를 규율하여야 하거나 행정행위와 같이 일면적인 행정처분에 요구되는 번거로운 절차를 피하고자 하는 경우 공법상 계약체결이 유용한 것으로 평가되기도 하였다고 한다. 그 밖에 법률상 행정행위의 발령이 전적으로 행정청의 재량에 속하지만 신청인에게 구속적인 청구권을 인정하는 것이 공익에 더 부합하는 경우에도 공법상 계약이 적절한 수단으로 인정되었다고 한다.

법상 계약의 해석과 관련된 분쟁은 당사자소송의 대상이 되었다.

(2) 법률에 직접 근거를 둔 법률관계

당사자소송의 주요 대상으로 법률에 직접 근거를 둔 법률관계가 제시되었는데, 여기에 속하는 예로는 공물과 그 사용관계, 특히 공물의 보통사용, 지방자치단체 재산의 특별사용에 관한 분쟁이 있었고, 지방자치단체 내부 또는 지방자치단체 상호간의 분쟁도 취소소송이 아닌 당사자소송의 대상으로 보았다.[106)]

5) 당사자소송의 유형 중 하나로서의 확인소송

구 행정법원법(VGG) 제24조 제1항은 "법률관계의 존재 또는 부존재의 확인은 원고가 그 법률관계가 법관의 재판을 통해 즉시 확인되는 것에 정당한 이익이 있으면 당사자소송으로 제기할 수 있다."고 규정함으로써 확인소송이 당사자소송의 유형 중의 하나임을 분명히 하고 있다.

당사자소송의 하나인 확인소송이 적법하기 위해서는 적극적인 요건으로 존재 또는 부존재의 확인을 구하는 법률관계에 다툼이 있을 것과 확인의 이익이 있을 것이 요구된다. 이는 현행 행정법원법(VwGO)에서도 마찬가지이고, 그 구체적인 내용 역시 뒤에서 살펴보는 내용과 크게 다르지 않다. 특히 법률관계는 구체적인 사실관계로부터 도출되는 법적관계로서 권리주체와 권리주체 사이 또는 권리주체와 물건 사이의 관계라는 점은 당시부터 강조되었다(다만 권리주체와 물건 사이의 관계를 법률관계로 볼 수 있을지에 관하여는 뒤에서 보는 바와 같이 논란이 있다).[107)] 다만 당사자소송으로서의 확인소송에서는 대등한 지위에 있는 권리주체 사이의 법률관계만이

---

106) Eyermann/Fröhler, a.a.O.(Fn. 100), §22, S. 78.
107) Eyermann/Fröhler, a.a.O.(Fn. 100), §24, S. 93.

확인의 대상이 되고, 상하관계에 있는 당사자 사이의 법률관계, 특히 행정
행위가 내재된 법률관계에 대해서는 오로지 취소소송만을 제기할 수 있었
다. 한편 소극적 요건으로 보충성이 요구되는 것도 현재와 같은데, 그 구체
적인 내용은 뒤에서 보는 일반확인소송의 보충성과 크게 다르지 않다.

4. 현행 독일 행정법원법(VwGO)에서의 확인소송

1) 행정법원법(VwGO)의 구성체계

앞서 살펴본 바와 같이 독일에서는 구 행정법원법(VGG) 시행 이후에 연
방에 통일된 소송절차법를 마련하기 위한 시도가 이어졌고, 그 노력이 결
실을 맺어 1960. 4. 1. 연방 차원에서 행정법원법이 시행되었다.

행정법원법(VwGO) 제40조 제1항은 법원에 의한 권리구제를 일반조항의
방법으로 보장하도록 하는 기본법 제19조 제4항의 취지에 따라 "연방법률
이 명시적으로 그 분쟁을 다른 법원의 관할로 한 경우를 제외하고는, 헌법
쟁송을 제외한 모든 공법상의 분쟁에 대하여는 행정소송을 제기할 수 있
다."고 규정하고 있다. 위 규정은 국가작용에 대한 권리구제의 포괄적 보장
을 선언하는 것으로서, 여기에 기초하여 모든 공법상의 분쟁은 헌법쟁송을
제외하고는 행정소송의 대상이 된다.[108) 행정법원법(VwGO)은 위와 같이
일반조항에 의한 포괄적 권리구제의 보장을 명시한 후 제42조 이하에서 소
송유형을 형성소송, 확인소송 및 이행소송으로 구분하는 체계를 확립하고
있다.[109)

---

108) Ehlers/Schneider, in: Schoch/Schneider/Bier, VwGO, §40 Zulässigkeit des Verwaltungsrechtswegs
Rn. 12.
109) 이러한 일반조항을 우선하고, 소송유형을 세가지로 구분하는 체계는 행정법원법
(VwGO) 구상단계부터 확립되어 있었다. 즉 행정법원법 제정을 위한 법률안에 의하
면 일반조항을 두고, 세부적인 소송유형을 형성소송, 확인소송, 이행소송으로 구분하
되, 그 중 취소소송과 확인소송은 개별 규정에서 상세하게 규정하는 방식이 계획되

2) 독일 행정법원법상 확인소송의 도입

행정법원법 제43조는 확인소송에 관하여 다음과 같이 규정하고 있다.

○ **제43조 [확인소송]**

① 원고가 즉시확정에 관한 정당한 이익을 가지는 경우에 법률관계의 존재·부존재 또는 행정행위의 무효의 확인을 구하는 소송을 제기할 수 있다.

② 원고가 형성의 소 또는 이행의 소에 의하여 자기 권리의 구제를 구할 수 있거나 또는 구할 수 있었던 경우에는 확인을 구할 수 없다. 다만, 행정행위의 무효의 확인을 구하는 경우에는 예외로 한다.[110]

행정법원법(VwGO)의 확인소송은 구 행정법원법(VGG)상의 확인소송을 모범으로 하여 규정된 것으로서 행정법원법(VwGO) 제정 당시 구상되었던 확인소송의 모습은 다음과 같다.[111]

우선 행정소송에서의 확인소송은 제정 당시부터 '즉시확정에 관한 정당

었다. 이러한 방식이 계획되었던 이유는 당시 일반적으로 허용되었던 취소소송과 의무이행소송 및 행정행위에 대한 무효확인소송에 관한 규정만을 둘 경우 행정소송으로 오로지 위 세가지 소송유형 만이 허용된다고 해석될 여지가 있었기 때문이라고 한다(BT-Drs. III/55, S. 31). 따라서 행정법원법(VwGO)에 의하면 개별 규정이 있는 취소소송, 의무이행소송, 행정행위에 대한 무효확인소송 외에 일반이행소송이나 행정행위를 대상으로 하지 않는 확인소송 등도 가능하다.

110) 독일 재정법원법(Finanzgerichtsordnung, FGO) 제41조에 행정법원법 규정과 같은 내용이 병렬적으로 규정되어 있고, 사회법원법(Sozialgerichtsgesetz, SGG) 제55조는 위 행정법원법 규정을 구체화 하여 "원고가 즉시확정인 관한 정당한 이익을 가지는 경우에 1. 법률관계의 존재 또는 부존재의 확인, 2. 어떤 사회보장기관이 사회보험에 관할이 있는지의 확인, 3. 건강침해 또는 사망이 근로상의 재해, 업무상 질병, 또는 연방원호법상 장해에 의한 것인지의 확인, 4. 행정행위의 무효확인을 구할 수 있다(제1항).", "제1항 제1호의 확인에는 액수의 산정 및 평가 범위에 관한 확인이 포함된다(제2항)."고 규정하고 있다.

111) BT-Drs. III/55, S. 32 ff.

한 이익'이 강조되는데, 이는 '법률상 이익'을 요구하는 민사소송법
(Zivilprozessordnung, ZPO) 제256조의 확인소송과의 차이점이다. 즉, 즉시
확정에 관한 정당한 이익은 법률상 이익보다 상당히 완화된 개념인데 이와
같이 완화된 개념을 규정한 이유는 쟁점에 관한 확인의 법률상 이익이 있
는지, 아니면 정당한 이익만 있을 뿐인지를 구분하는 것이 매우 어렵기 때
문이다. 따라서 즉시확정에 관한 법률상 이익이 있는 경우는 물론 순수한
경제적 이익이 있는 경우에도 확인의 소가 적법하도록 함으로써 확인소송
의 활용범위를 대폭 확대하였다. 또한 확인소송의 보충성 역시 명문화되었
는데, 이는 형성소송이나 이행소송을 제기할 수 있었음에도 이를 제기하지
아니한 경우 확인소송은 배제되어야 한다는 종전의 지배적인 견해를 반영
한 것이다. 다만 행정법원법(VwGO)의 입법 과정에서 확인소송의 대상인
'법률관계의 존재 또는 부존재'의 개념이 모호하여 그 내용을 구체적으로
규정하여야 한다는 지적이 있었으나 이 문제는 판례와 해석을 통하여 발
전·전개되어야 하는 문제로서 현 단계의 판례와 문헌으로는 명문화가 가능
하지 않으며, 민사법상 확인소송의 그것보다 넓고 유동적으로 해석될 가능
성을 두어야 한다는 이유로 '법률관계의 존재 또는 부존재'라는 개념이 그
대로 채택되었다.112)

3) 독일 행정소송체계 내에서 확인소송의 구분

행정법원법(VwGO) 제43조 제1항의 법문은 위 법률 시행 이후 현재까지
개정되지 않고 그대로 유지되고 있다. 위 규정에 근거한 확인소송은 ① 법률
관계의 존재·부존재의 확인을 구하는 소와 ② 행정행위의 무효확인을 구하는
소로 구분된다.113) 여기서의 ① 법률관계의 존재·부존재의 확인을 구하는

---

112) 독일 연방정부가 연방의회에 보낸 행정법원법 법률안에 대한 Dr. Kuchtner의 서면보
고서(BT-Drs. III/1094, S. 5).
113) 그 밖에 행정소송에서 독일 민사소송법 제256조에 근거하여 문서의 진정 또는 부진

소를 이른바 일반확인소송(allgemeine Feststellungsklage)이라고 하고, ② 행정행위의 무효확인을 구하는 소를 무효확인소송(Nichtigkeitsfeststellungsklage)이라고 표현하는 것이 일반적이다. 그리고 일반확인소송과 관련하여 ① 원고가 법률관계 또는 그와 관련된 권리의 존재를 주장하는 경우를 적극적 확인소송이라 하고, 반대로 ② 법률관계나 피고의 권리(권한)의 부존재를 주장하는 경우를 소극적 확인소송이라고 하여 양자를 구분하고 있다. 원고가 구하는 내용이 적극적 확인인지 소극적 확인인지는 청구취지를 살펴 결정하여야 하지만 독일 실무에서는 확인의 소의 성격을 판단하기 위해서 행정법원법 제88조에 따라 소장에 기재된 청구취지의 문언에 얽매이지 않고, 소장 기재 내용 전반을 통해 확인되는 소의 궁극적인 목적과 원고의 의사를 살피고 있다.

4) 독일의 확인소송의 현황

독일에서도 공법상 확인소송은 민사소송의 확인소송보다는 새로운 소송유형으로 평가되었고, 현재도 그러하다고 한다.[114] 독일에서도 시행 초기에는 일반확인소송은 잘 활용되지 못하였는데, 그 이유로는 새로운 법제도를 운용함에 있어 그 활용범위나 결과가 예측이 되지 않아 잘못 이용되거나 의도하지 않은 결과로 이어질 것을 두려워했기 때문이라고 한다.[115] 또한 일반확인소송은 행정법원법(VwGO)상 소송유형 중 가장 그 범위를 설정하기 곤란하고, 그 때문에 적용영역이나 다른 소송유형들과의 관계를 만족스럽게 특정하기 어려운 것으로 평가된 데에도 이유가 있다. 하지만 점차 실무에서 확인소송을 이용하는 경우가 늘어나 판례가 축적되었고, 그

정의 확인을 구하는 소도 가능하다는 견해도 있으나, 본 논의와는 관련이 없으므로 자세히 다루지 않는다.

114) Naumann, Zur verwaltungsgerichtlichen Feststellungsklage, DVBl, 1966, 140.
115) Selb, Die verwaltungsgerichtliche Feststellungsklage, SÖR, 1998, S. 17.

과정에서 취소소송이나 의무이행소송 등 자주 이용되는 소송유형과 차별화되는 특성이 있고, 그에 따라 권리구제의 측면에서 상당히 유용하다는 인식이 널리 퍼지게 되었다. 그리고 뒤에서 보는 바와 같이 독일 연방행정법원을 비롯한 여러 법원들의 판례가 행정법원법 제43조 제2항 제1문의 보충성의 원칙을 완화함으로써 확인소송의 활용범위가 더욱 넓어지게 되었다. 그에 따라 현재는 행정소송의 소송유형 중 하나로 확고하게 자리 잡은 상태라고 할 수 있다.

Ⅳ. 소결론

이상에서 살펴본 바와 같이 독일의 당사자소송은 1900년경 작센왕국 행정구제법에 처음 규정된 이래 상당한 영역에서 활용되었고, 이후 구 행정법원법(VGG)에 규정된 이래 이를 참고한 일본을 통해 우리에게 계승되었다. 다만 독일에서는 행정법원법(VwGO) 제정 과정에서 소송유형을 형성소송, 확인소송, 이행소송으로 재구성함으로써 당사자소송을 명시하지는 않았으나, 구 행정법원법(VGG)상 당사자소송의 유형 중의 하나인 확인소송을 계승하여 독립된 소송유형으로 명시하였다. 따라서 구 행정법원법(VGG)상 당사자소송 중 하나인 확인소송에 관한 문헌과 판례의 태도는 현재 행정법원법(VwGO)의 확인소송, 특히 일반확인소송에도 거의 그대로 유지되고 있다. 이러한 경위에 비추어 보면 우리나라의 현행 행정소송법상 공법상 확인소송은 독일 구 행정법원법(VGG)의 당사자소송과 현행 행정법원법(VwGO)의 일반확인소송과 같은 성격으로 볼 수 있다. 따라서 공법상 확인소송을 해석·운용함에 있어 독일의 확인소송에 관한 문헌과 실무운용을 참조할 필요가 있다.

제3절 공법상 확인소송의 행정소송체계 내에서의 위치와 성격

Ⅰ. 공법상 당사자소송의 유형 중 하나

소송유형을 성질에 따라 ① 법률관계의 변동을 일으키는 일정한 법률요건의 존재를 주장하여, 그 변동을 선언하는 판결을 구하는 소인 형성소송, ② 피고에 대한 특정한 이행청구권의 존재를 주장하여 그 확정과 이에 기초한 이행을 명하는 판결을 구하는 소인 이행소송, ③ 특정한 권리 또는 법률관계의 존재 또는 부존재를 주장하여 이를 확인하는 판결을 구하는 소인 확인소송으로 분류하는 일반적인 분류방법에 따르면 항고소송 중 취소소송은 형성소송에 해당하고, 무효등확인소송 및 부작위위법확인소송은 확인소송에 해당한다는 점은 쉽게 파악할 수 있으나, 공법상 당사자소송은 그 중 어디에 해당하는지가 분명하지 않다. 공법상 당사자소송은 대등한 지위에 있는 당사자 사이의 공법상 법률관계 일반을 다투기 위한 소송으로 마련되었기 때문에 포괄적인 성질을 가지고 있어 재판작용의 성질에 따른 분류는 적절하지 않다. 오히려 공법상 당사자소송은 공법상 법률관계를 다투는 방법에 따라 이행소송의 형태도 가능하고 확인소송의 형태도 가능하다(경우에 따라 형성소송의 형태도 가능할 것이나, 형성소송은 형성권을 부여하는 법률규정이 필요하기 때문에 인정되는 경우가 많지 않을 것이다). 독일 구 행정법원법(VGG)이 당사자소송의 내용으로 이행소송과 확인소송 모두를 인정하고 있었고, 행정법원법(VwGO) 제정 당시 위 소송유형들을 받아들여 각각 일반이행소송과 일반확인소송이 되었음에 비추어 보면, 독일의 일반이행소송과 일반확인소송이 우리의 당사자소송에 가까운 제도로 남아 있다.[116] 또한 구 행정법원법(VGG)의 당사자소송을 이어받은 일본에서도 확인소송 형태의 당사자소송을 제기하는 것이 가능하다는 점에 이견이 없다. 결국 현행 행정소송법상 당사자소송은 이행소송과 확인소송의 두 가지 형태 모두 가능하다.[117]

II. 확인소송으로서의 특수성

공법상 당사자소송은 행정청의 공권력 행사·불행사로 생긴 법률관계와 그 밖의 공법상 법률관계에 관하여 대등한 당사자 간의 법적 분쟁을 해결하기 위한 소송으로서, 행정청이 공권력행사의 주체로서 우월한 지위가 전제되어 있는 항고소송과 구분된다.[118] 또한 항고소송은 행정처분 등의 효력을 다투는 것임에 반하여 공법상 확인소송은 그 기초에 놓인 공법상 법률관계 자체를 대상으로 한다는 점에서 그 대상 영역은 항고소송에 비하여 포괄적이다.[119] 따라서 공법상 확인소송은 구체적인 권리 또는 법률관계에

---

116) 임영호, 앞의 논문(주 35), 37면.
117) 특히 확인판결을 구하는 형태의 공법상 당사자소송이 가능하다는 점은 일반적으로 인정되고 있다. 한국행정법학회, 행정소송법 개정에 따른 당사자소송제도의 정비방안에 관한 연구, 법원행정처, 2014. 4, 201면; 정하중, "행정소송법의 개정방향", 공법연구 제31집 제3호, 2003. 3, 14면; 우성만, "무명항고소송, 당사자소송", 재판자료 제68집, 1995, 43면 등 참조.
118) 홍준형, 행정구제법, 2012, 673면.
119) 홍준형, 위의 책(주 118), 674면은 당사자소송은 행정소송 중에서 항고소송을 제외한 모든 소송을 포함하는 일종의 잔여개념으로서 공법상 법률관계 일반을 대상으로 한다는 점에서 포괄소송으로서의 특성을 가진다고 한다. 같은 취지로 우성만, 앞의 논문(주 117), 43면.

관한 것이라면 확인의 대상이나 내용이 정해져 있지 않아 이행소송이나 형성소송과 같은 정형화된 소로 해결하기 어려운 분쟁에 대해서 최후의 구제수단으로 기능한다.[120]

한편 독일의 최근의 지배적인 견해는 확인소송을 순수한 절차법상의 제도로 이해하여 실체법상 청구권과 분리하려는 경향을 보이는데 그에 따르면 확인소송은 법원에 대하여 다툼이 있는 법률관계에 대한 확인을 구함으로써 원고의 권리구제를 실현하는 순수한 소송법상 제도라는 것이다.[121] 이러한 관점에서 보면 취소소송은 과거에 일어난 사실이나 사건, 특히 행정처분이라는 공권력행사 작용을 사후적으로 취소한다는 점에서 확인소송과 구분되고, 의무이행소송을 비롯한 이행소송은 원고가 행정에 대하여 가지고 있는 실체법상 청구권을 주장한다는 점에서 확인소송과 구분된다. 나아가 확인소송을 제외한 다른 소송유형에 있어서 법원은 이미 확정된 사실관계에 기초하여 비교적 명확하게 인정되는 실체법상 권리의 존재 여부를 판단하여 실체법상 권리가 존재하는 경우 그 내용에 따른 판단을 하게 되는데, 이러한 판단은 대개 과거의 행정결정에 대한 사후적인 통제의 형태를 가지게 된다. 반면 확인소송에 있어서 원고는 비록 확정된 사실관계에 기초한 법원의 판단을 구하기는 하지만, 그 목적은 미래의 어떤 행위를 지향하면서 더 안정적인 지위를 확보하는 데에 있다.[122] 이 경우 법원은 실체법상 청구권의 존부에 대한 판단을 하는 것이 아니고 구체적인 분쟁의 기회에 사실문제와 법률문제에 대한 해명 및 그에 따른 확인을 선언함으로써 장래의 유사한 사례에 안정성을 제공한다. 이와 같이 확인소송은 다툼이 있는 법률관계의 존부에 대한 법원의 구속적인 확인선언을 통한 장래의

---

120) 中川丈久, "行政訴訟としての確認訴訟の可能性", 民商法雜誌 130卷 6号, 969頁(2004. 9.).
121) Selb, a.a.O.(Fn. 115), S. 19. 이는 민사소송에서의 확인소송도 마찬가지다(Becker-Eberhard, in: Münchener Kommentar zur ZPO, §256 Feststellungsklage, Rn. 1).
122) Pietzcker, in: Schoch/Schneider/Bier, VwGO, §43 Feststellungsklage, Rn. 2.

분쟁해결이라는 점에서 미래지향성을 특징으로 한다. 또한 확인소송에서 이루어지는 개별적인 법적 관련성에 대한 해명은 소송경제의 관점에서 중요한 의미를 가지는데, 특히 확인소송으로 다수의 유사한 사건과 관련되는 다툼 있는 법률문제가 일괄적으로 해명이 가능하여 개별 침해행위에 대한 각각의 대응보다 권리구제에 유리하다. 왜냐하면 확인소송은 침해행위의 근거가 되는 법률관계에 관한 해명을 통해 분쟁의 근본적 해결을 도모하기 때문이다. 이와 같은 미래지향성과 근본적 해결가능성이라는 특성은 확인소송을 다른 소송유형, 특히 취소소송 등과 구분되도록 한다.[123]

나아가 확인소송의 다른 특징은 확정된 확인판결은 그 성질상 집행이 가능하지 않고, 필요하지도 않다는 점에 있다. 확인소송은 본질상 권리 또는 법률관계의 존재·부존재의 확정선언을 구하는 소이고, 피고에 대하여 그 승인을 명할 것을 구하는 소가 아니다.[124] 따라서 확인판결이 집행권원이 될 수는 없다(다만 소송비용과 관련해서는 집행권원이 될 수 있다). 다만 당사자는 법원의 확인에 구속되고, 해당 판결은 다른 법원과 행정청에는 선례로 작용하여 장래 유사한 행위에 일종의 지침이 된다. 피고가 확인판결의 취지를 따르지 않고 그에 반하는 어떠한 행위를 하는 경우 원고는 경우에 따라 형성소송이나 이행소송을 통해 자신의 청구권을 관철할 수 있다.

---

123) 같은 취지의 설명으로 강수미, "채무부존재확인의 소의 확인의 이익에 관한 고찰 : 판례를 중심으로", 민사소송 제18권 제2호, 2015, 116면.

124) 그렇기 때문에 확인판결의 주문은 "…을 확인한다."라는 형식이고, "피고는 …을 확인하라."는 형식이 아니다. 주석 민사소송법 제4권, 제8판, 2018, 4면 이하(한국사법행정학회 편) 참조(이하 '주석 민사소송법'이라고만 표시한다).

Ⅲ. 공법상 확인소송의 소송물과 증명책임

1. 공법상 확인소송의 소송물

소송물은 소송심리의 대상인 동시에 판결의 효력의 객관적 범위를 한정하는 기준이 된다. 소송물은 원고의 소송상의 청구에 따라 특정되는데, 소송상의 청구는 청구취지에 기재된 법률효과를 선언하여 달라는 법적 주장과 연관되어 있다. 그리고 그 일반적인 형태는 법률관계의 존재 또는 부존재의 확인에 관한 법적 주장으로서 이러한 확인적 성격은 모든 소송유형에 내재되어 있다.[125] 다만 원고의 소송상의 청구에 따른 법률상 권리구제의 형태에 따라 개별 소송유형별로 소송물에 차이가 있다.

민사소송에서의 실명에 의하면 확인소송의 소송물은 청구취지에 표시된 권리 또는 법률관계의 존재 또는 부존재이다.[126] 따라서 확인소송에서 확정판결은 권리나 법률관계의 존부 그 자체를 확정하는 효력을 가진다.[127] 여기에 비추어 보면, 공법상 확인소송의 소송물은 청구와 관련된 공법상 법률관계의 존재 또는 부존재이다(무효확인소송의 경우 행정행위의 무효이다).[128] 구체적으로는 공법상 확인소송의 경우 원고가 자신에게 행정에 대한 금지청구권이 있음의 확인을 구하는 경우 그 금지청구권의 존재가 소송물이고, 행정이 특정한 행정작용을 할 권한이 없음의 확인을 구하는 경우

---

125) Barbey, Bemerkungen zum Streitgegenstand im Verwaltungsprozeß, in: FS Menger, S. 188.

126) 정동윤·유병현·김경욱, 민사소송법, 2019, 285면; 정규상, "확인소송의 소송물", 고시계 제43권 제12호, 1998, 30면. 우리나라의 통설이라고 한다.

127) 강수미, 앞의 논문(주 123), 105면; 호문혁, "확인소송의 소송물과 재소 여부", 민사소송법연구, 1998, 529면; 또한 호문혁, "확인판결의 기판력의 범위", 민사소송법연구, 1998, 471면에 의하면 확인소송에서의 소송물의 동일성은 청구취지만으로 결정된다는 데에 견해가 대체로 일치되어 있다고 한다.

128) Clausing, in: Schoch/Schneider/Bier, VwGO, §121 Rechtskraft, Rn. 67.

에는 그러한 권한의 부존재가 소송물이다. 소송물은 직접적으로 소송상의 청구, 특히 청구취지를 통해 특정되는데, 그것만으로는 충분하지 않은 경우 청구의 이유를 함께 고려할 수밖에 없다.

2. 공법상 확인소송의 증명책임

1) 증명책임의 분배

확인소송에 있어 증명책임은 실체법상 권리의무의 관계에 따라 분배된다. 따라서 법률관계의 존재의 확인을 구하는 적극적 확인소송은 물론 법률관계의 부존재의 확인을 구하는 소극적 확인소송에 있어서도 다툼이 있는 법률관계가 존재한다고 주장하는 사람에게 증명책임이 있다. 따라서 적극적 확인소송에서는 법률관계의 존재를 주장하는 원고에게 증명책임이 있고, 소극적 확인소송에서는 법률관계가 존재하지 않는다고 주장하는 원고에 맞서 법률관계의 존재를 주장하는 피고에게 증명책임이 있다.129) 다시 말하면 공법상 확인소송에서 원고가 특정한 법률관계의 존재를 주장하는 경우, 특히 행정에 대한 금지청구권이 있음의 확인을 구하는 경우에 원고 자신이 법률관계 내지 금지청구권의 존재를 증명할 책임이 있고, 반대로 원고가 특정한 법률관계의 부존재 또는 행정이 특정한 행정작용을 할 권한이 없음의 확인을 구하는 경우에는 원고가 그 법률관계 또는 권한의 존재를 증명할 필요는 없고, 오히려 법률관계 또는 권한의 존재를 주장하는 피고가 이를 증명하여야 한다. 대법원 역시 소극적 확인소송에 있어서는, 원고가 먼저 청구를 특정하여 채무발생원인 사실을 부정하는 주장을

---

129) 민사소송에서도 마찬가지이다. 즉 채무부존재확인소송에서 채무자인 원고가 채무발생의 원인사실(계약, 고의·과실 등)을 부정하는 주장을 하면 채권자인 피고가 소송물인 채무가 무엇인가에 따라 채무의 발생원인 및 수액을 주장·입증하여야 한다(조용호, "채무부존재확인소송", 사법논집 제20권, 1989, 444면).

하면 채권자인 피고는 그 권리관계의 요건사실에 관하여 주장·입증책임을 부담한다고 판시한바 있다(대법원 2016. 3. 10. 선고 2013다99409 판결).

2) 증명의 정도

다툼이 있는 법률관계가 존재한다고 주장하는 사람에게 증명책임이 있으나, 이때 법률관계를 어느 정도 증명하여야 하는가가 문제된다. 원고가 법률관계의 존재를 주장·증명하여야 하는 적극적 확인소송에서는 일반원칙에 따라 당사자가 제출한 증거에 의하여 법률관계의 존재가 합리적으로 증명되어야 한다. 반면 소극적 확인소송의 경우 법률관계가 존재하지 아니한다는 원고의 주장이 합리적이고 이유가 있어 원고가 주장하는 사실관계로부터 확인의 대상이 되는 법률관계가 존재하지 아니할 개연성이 도출되면 충분하고, 실제 그러한 법률관계가 존재하는지는 피고가 본안에서 그 존재를 합리적으로 증명할 책임이 있다. 현행 행정소송법은 확인소송에 있어 증명책임의 분배와 그 정도를 명시하고 있는 규정은 없으나 증명책임에 관한 일반원칙을 따르는 이상 증명의 정도에 관하여도 위와 같은 기준을 따르는 것이 적절해 보인다.

Ⅳ. 공법상 확인소송의 현황

현재 공법상 확인소송의 활용 폭은 크지 않은 상황이다. 공법상 확인소송이 주목받지 못한 원인은 무엇보다도 그 모체인 당사자소송이 활성화되지 못한 데에 있다. 공법상 당사자소송은 앞서 살펴본 바와 같이 이미 구 행정소송법 당시부터 도입되었으나, 오랫동안 학계와 실무로부터 주목받지 못하였다. 이후 1984. 12. 15. 법률 제3754호로 전부개정된 행정소송법이 당사자소송을 현재와 같이 정의하였으나(제3조 제2호) 그 이후에도 별로 활용되지 못하였다. 공법관계 소송실무는 항고소송을 중심으로 이루어졌고, 항고소송으로 부족한 부분을 민사소송으로 보완하였을 뿐, 당사자소송은 공법소송의 하나로 제대로 된 취급을 받지 못하였다. 그 이유는 공법과 사법의 경계가 모호한데다가 당사자소송과 민사소송의 구분이 쉽지 않고, 종래 행정소송 제도가 항고소송 중심으로 운영되었던 것에 원인이 있다고 평가된다.130)

이처럼 제대로 활용되지 못하던 공법상 당사자소송은 대법원 1992. 12. 24. 선고 92누3335 판결을 통하여 전환기를 맞이하게 되는데, 위 판결에서 대법원은 "광주민주화운동관련자보상등에관한법률 제15조 본문의 규정에서 말하는 광주민주화운동관련자보상심의위원회의 결정을 거치는 것은 보상금 지급에 관한 소송을 제기하기 위한 전치요건에 불과하다고 할 것이므로 위 보상심의위원회의 결정은 취소소송의 대상이 되는 행정처분이라고 할 수 없고, 같은 법에 의거하여 관련자 및 유족들이 갖게 되는 보상 등에 관한 권리는 헌법 제23조 제3항에 따른 재산권침해에 대한 손실보상청구나 국가배상법에 따른 손해배상청구와는 그 성질을 달리하는 것으로서 법률이 특별히 인정하고 있는 공법상의 권리라고 하여야 할 것이므로 그에 관한 소송은 행정소송법 제3조 제2호 소정의 당사자소송에 의하여야 한다." 는 취지로 판시하여 행정처분이 아닌 행정작용과 관련하여 어떠한 공법상 권리를 가지는 경우 당사자소송으로 권리구제를 받을 수 있다는 내용을 명

---

130) 이 점은 우리보다 공법상 당사자소송을 먼저 운용하였던 일본에서도 마찬가지인데 일본에서는 당사자소송이 활용되지 않는 원인으로, ① 공법과 사법의 상대화 경향, ② 행정소송법에서의 취소소송 중심주의, ③ 당사자소송의 기본적인 구조가 민사소송과 동일한 점 등이 지적되었다[鈴木庸夫, "當事者訴訟", 雄川一郎ほか, 現代行政法大系 5: 行政訴訟II, 77頁(有斐閣, 1985); 橋本博之, "當事者訴訟", 法學敎室 263号, 50頁 以下(2002. 8.)]. 한편 이러한 현상에 대하여 공법상 당사자소송은 안락사하였다고 표현하는 학자도 있었다[阿部泰隆, "公法上の當事者訴訟論爭のあり方", ジュリスト, 925号, 134頁(1988)].

시적으로 선언함으로써 당사자소송 제도가 드디어 빛을 보게 되었다. 위 대법원 판결 이후 하천법 기타 법률에 의한 손실보상청구 사건, 공무원관계 소송 등에서 당사자소송이 활용되고 있고 공법상 계약관계에도 활용되고 있다.

하지만 공법상 당사자소송이 점차 활용범위를 넓혀가고 있는 현실과는 달리 확인판결을 구하는 형태의 공법상 당사자소송은 아직 실무상 크게 활용되지 못하고 있다. 현재 공법상 확인소송이 그나마 활용되는 분야는 공법상 지위확인소송 내지 공법상 계약에 있어 의사표시의 무효확인을 구하는 소송이다.

우선 공법상 지위확인소송은 농지개량조합 직원임의 확인을 구하는 소송(대법원 1984. 1. 31. 선고 83누547 판결), 구 도시재개발법에 의한 재개발조합에 대하여 조합원 자격 확인을 구하는 소송(대법원 1996. 2. 15. 선고 94다31235 전원합의체 판결),[131] 국가의 훈기부상 화랑무공훈장을 수여받

---

131) 위 사건에서 대법원은 "구 도시재개발법(1995. 12. 29. 법률 제5116호로 전부 개정되기 전의 것)에 의한 재개발조합은 조합원에 대한 법률관계에서 적어도 특수한 존립 목적을 부여받은 특수한 행정주체로서 국가의 감독하에 그 존립 목적인 특정한 공공사무를 행하고 있다고 볼 수 있는 범위 내에서는 공법상의 권리의무 관계에 서 있다. 따라서 조합을 상대로 한 쟁송에 있어서 강제가입제를 특색으로 한 조합원의 자격 인정 여부에 관하여 다툼이 있는 경우에는 그 단계에서는 아직 조합의 어떠한 처분 등이 개입될 여지는 없으므로 공법상의 당사자소송에 의하여 그 조합원 자격의 확인을 구할 수 있고, 한편 분양신청 후에 정하여진 관리처분계획의 내용에 관하여 다툼이 있는 경우에는 그 관리처분계획은 토지 등의 소유자에게 구체적이고 결정적인 영향을 미치는 것으로서 조합이 행한 처분에 해당하므로 항고소송에 의하여 관리처분계획 또는 그 내용인 분양거부처분 등의 취소를 구할 수 있으나, 설령 조합원의 자격이 인정된다 하더라도 분양신청을 하지 아니하거나 분양을 희망하지 아니할 때에는 금전으로 청산하게 되므로(같은 법 제44조), 대지 또는 건축시설에 대한 수분양권의 취득을 희망하는 토지 등의 소유자가 한 분양신청에 대하여 조합이 분양대상자가 아니라고 하여 관리처분계획에 의하여 이를 제외시키거나 원하는 내용의 분양대상자로 결정하지 아니한 경우, 토지 등의 소유자에게 원하는 내용의 구체적인 수분양권이 직접 발생한 것이라고는 볼 수 없어서 곧바로 조합을 상대로 하여 민사소송

은 것으로 기재되어 있는 자가 태극무공훈장을 수여받은 자임의 확인을 구
하는 소송(대법원 1990. 10. 23. 선고 90누4440 판결), 당초 임용 당시 공무
원 결격사유가 있었던 자를 그 후의 공무원 경력을 바탕으로 특별임용하였
으나 특별임용 당시에는 공무원 결격사유가 없는 경우, 자신에 대한 특별
임용이 무효가 아님을 전제로 하는 공무원지위확인 소송(대법원 1998. 10.
23. 선고 98두12932 판결)에서 그 예를 찾을 수 있다.[132] 다음으로 공법상
계약에 있어 의사표시의 무효확인을 구하는 소송은 지방전문직공무원 채
용계약 해지의 의사표시의 무효확인(대법원 1993. 9. 14. 선고 92누4611 판
결)[133] 서울특별시립무용단 단원의 해촉의 무효확인(대법원 1995. 12. 22.
선고 95누4636 판결), 공중보건의사 채용계약 해지의 의사표시의 무효확인
(대법원 1996. 5. 31. 선고 95누10617 판결), 계약직공무원에 대한 채용계약
해지의 의사표시의 무효확인(대법원 2002. 11. 26. 선고 2002두5948 판결),
중소기업 정보화지원사업 지원에 관한 협약 해지의 무효확인(대법원 2015.

이나 공법상 당사자소송으로 수분양권의 확인을 구하는 것은 허용될 수 없다."고 판
단하여 재개발사건에 있어 조합원지위 확인소송이 허용되는 범위를 명확하게 제시
하고 있다. 이후 대법원 1997. 11. 28. 선고 95다43594 판결은 위 판시를 이어받아
"재개발조합을 상대로 한 쟁송에 있어서 조합원 자격 인정 여부에 관하여 다툼이
있는 경우에는 공법상의 당사자소송에 의하여 그 조합원 자격의 확인을 구하여야
하고, 분양신청 후에 정하여진 관리처분계획의 내용에 관하여 다툼이 있는 경우에는
항고소송에 의하여 관리처분계획 또는 그 내용인 분양거부처분 등의 취소를 구할
수 있다."고 판단하였다.

132) 이상의 판결은 안철상, 당사자소송, 행정소송 I, 402면 이하(한국사법행정학회 편,
2008)에 소개된 판례들을 정리한 것이다.

133) 위 판례에서 대법원은 "현행 실정법이 지방전문직공무원 채용계약 해지의 의사표시
를 일반공무원에 대한 징계처분과는 달리 항고소송의 대상이 되는 처분 등의 성격을
가진 것으로 인정하지 아니하고, 지방전문직공무원규정 제7조 각호의 1에 해당하는
사유가 있을 때 지방자치단체가 채용계약관계의 한쪽 당사자로서 대등한 지위에서
행하는 의사표시로 취급하고 있는 것으로 이해되므로, 지방전문직공무원 채용계약
해지의 의사표시에 대하여는 대등한 당사자간의 소송형식인 공법상의 당사자소송으
로 그 의사표시의 무효확인을 청구할 수 있다고 보아야 한다."고 판단하였다.

8. 27. 선고 2015두41449 판결) 사건이 선례로 제시된다. 그 밖에 구 도시 및 주거환경정비법(2017. 2. 8. 법률 제14567호로 전부 개정되기 전의 것) 제65조 제2항에 의한 정비기반시설의 소유권 귀속에 관한 소송(정비기반시설을 무상으로 양도할 의무가 있음의 확인을 구하는 소송. 대법원 2018. 7. 26. 선고 2015다221569 판결), 항만공사시행자인 비관리청의 항만시설 무상사용기간의 산정 기준이 되는 총사업비를 관리청이 법적 기준에 미달하게 부당 산정한 경우 무상사용기간의 확인을 구하는 소송(공법상 당사자소송으로 권리범위 확인의 소. 대법원 2001. 9. 4. 선고 99두10148 판결), 납세의무 부존재확인소송(대법원 2000. 9. 8. 선고 99두2765 판결)[134]과 같이 공법상 법률관계에 있어 권리 또는 의무의 존부나 그 범위의 확인을 구하는 내용의 소송도 일부 발견된다. 하지만 그 밖의 영역에서 공법상 확인소송이 활용되는 예는 찾아보기 어려운 형편이다.

  이상과 같이 공법상 당사자소송의 확대 경향과 함께 공법상 확인소송을 활성화하고자 하는 입법적 노력이 있었다. 대표적으로 2012년 법무부 행정소송법 개정위원회의 개정시안 제3조 제2호는 당사자소송을 "행정청의 처분등을 원인으로 하는 법률관계에 관한 소송 그 밖에 공법상의 법률관계에 관한 소송으로서 그 법률관계의 한쪽 당사자를 피고로 하는 소송으로 다음 각목에 규정된 것을 포함한다."고 규정하고 각 목에 '가. 공법상 신분·지위 등 그 법률관계의 존부에 관한 확인소송', '나. 행정상 손해배상청구소송(단, 자동차손해배상보장법의 적용을 받는 것은 제외한다)', '다. 행정상 손실보상·부당이득반환·원상회복등청구소송', '라. 기타 행정상 급부이행청

---

134) 이 판례에서 대법원은 납세의무부존재확인의 소는 공법상의 법률관계 그 자체를 다투는 소송으로서 당사자소송이라 할 것이므로 행정소송법 제3조 제2호, 제39조에 의하여 그 법률관계의 한쪽 당사자인 국가·공공단체 그 밖의 권리주체가 피고적격을 가진다고 판단하였다. 이 판례에 대한 자세한 해설은 김찬돈, 대법원판례해설, 제35호, 2001, 685면 이하 참조.

구소송'을 규정함으로써 확인소송과 급부이행소송의 내용을 구체적으로 세분하여 규정하고 있다. 이러한 개정시안의 내용은 상당히 진일보한 분류방법으로서 당사자소송의 유형의 하나로서 확인소송을 강조하고 있다는 점에서 의미가 컸으나 입법예고 단계에서는 위와 같은 정의가 유지되지 못하였을 뿐만 아니라, 위 개정시안은 법률개정으로 이어지지도 못하였다.

제4절 소결론

이상과 같이 공법상 확인소송은 현행 행정소송법에 규정되어 있는 공법상 당사자소송의 유형 중의 하나이므로 특별한 입법적 개선 없이도 활용이 가능할 뿐만 아니라 다른 소송유형과는 구분되는 미래지향성과 분쟁의 근본적 해결가능성이라는 선명한 특징이 존재한다. 뿐만 아니라 소송물과 증명책임에 관한 일반법리에 따라 특별한 어려움 없이 운용이 가능하다. 그럼에도 공법상 확인소송은 그동안 별다른 관심을 받지 못하고 극히 제한된 분야에서 이용되어 왔다. 공법상 확인소송이 현행 행정소송법의 권리구제 체계 내에서 활용될 수 있는 영역이 분명히 존재하고, 활용가치도 대단히 높을 것임에도 외면 받는 현 상황은 대단히 안타깝다. 생각건대 공법상 확인소송이 이와 같이 주목을 받지 못하고 있는 것은 공법상 확인소송의 요건이 제대로 해명되지 못한 점과 실무상 활용가능성이 제대로 알려지지 못한 점에 중요한 원인이 있다고 본다. 이하에서는 공법상 확인소송의 요건과 실무상 활용가능성에 관하여 심도 있게 살펴본다.

제4장
공법상 확인소송의 요건

제1절 공법상 확인소송의 대상 - 공법상 법률관계

Ⅰ. 개관

공법상 확인소송의 적법요건은 어떠한지, 그리고 실무에서 어떻게 운용되고 있는지에 대해서는 아직 명확하게 밝혀진 바 없다. 대법원 판례는 공법상 확인소송이 문제된 극히 드문 사례에서 민사소송의 확인소송의 법리에 기초하여 확인의 이익 내지 보충성에 관한 짧은 판시를 한 적은 있으나 공법상 확인소송의 요건 등에 관하여 본격적인 판시를 한 바는 없다. 공법상 확인소송의 실무상 활용가능성을 살펴보기 위해서는 이에 관한 상세한 논의가 필요하다. 이를 위하여 우선 공법상 확인소송의 대상이 되는 법률관계의 의미와 내용에 관하여 살펴보기로 한다. 이러한 논의는 확인소송의 원형인 민사소송에서의 논의를 중심으로 하되, 공법상 확인소송에 특수한 부분을 집중적으로 부각하여 검토하는 방법으로 진행한다.

그런데 앞서 살펴본 바와 같이 현행 행정소송법의 공법상 당사자소송은 독일의 구 행정법원법(VGG)의 당사자소송과 이를 계승한 현행 행정법원법(VwGO)상 일반확인소송, 이들을 계승한 일본 행정사건소송법의 많은 영향을 받았다. 따라서 우리나라의 공법상 확인소송을 해석함에 있어서도 독일과 일본의 확인소송을 중요한 참고자료로 삼을 필요가 있다.

따라서 이하에서는 공법상 확인소송의 대상인 법률관계의 의미와 내용 등을 우리나라의 민사소송법 이론을 바탕으로 검토하되, 각각의 부분에 있어 독일과 일본의 문헌 및 판례 등을 참고하고자 한다.

Ⅱ. 공법상 법률관계에 관한 일반적 논의

1. 논의의 현황

1) 확인소송의 대상이 되기 위한 요건

민사소송에서의 확인소송의 대상이 되는 법률관계에 관하여는 그것이 현재의 구체적인 권리·법률관계여야 하고, 단순한 사실관계나 과거 또는 장래의 권리·법률관계는 원칙적으로 그 대상이 아니라고 설명되고 있다.[135] 그에 따르면, 확인소송의 대상이 되기 위한 법률관계는 원칙적으로 현재의 권리 또는 법률관계여야 하고, 여기서의 권리관계는 민법의 개념에 의하는데, 구체적 요건사실에 법률을 적용함으로써 그 요건사실의 법률효과로서 발생하는 특정의 사람 또는 물건에 대한 법률적 관계를 의미한다고 한다.[136] 따라서 구체적인 권리관계이어야 하기 때문에 사실에 관한 주장이나 추상적인 법률문제는 확인의 대상이 될 수 없다.

2) 사실에 관한 확인의 배제

구체적인 권리관계만이 확인소송의 대상인 법률관계가 될 수 있다. 따라서 법률적으로 의미가 없는 자연현상, 역사적 사실, 학설의 당부 등에 관한 주장은 확인의 대상이 될 수 없다.[137] 법원조직법 제2조 제1항에 의하여 사법의 본질로 이해되는 법률상의 쟁송에 대한 심판은 '법령을 적용함으로

---

135) 주석 민사소송법, 118면 이하; 사봉관, "확인의 이익에 대한 소고", 민사재판의 제문제 제22권, 2013, 53면; 박철, "채권의 귀속에 관한 확인의 이익", 국민과 사법: 윤관 대법원장 퇴임기념, 1999, 232면 이하; 김상원, "권리보호요건론", 민사소송법의 제문제: 경허 김홍규박사 화갑기념, 1992, 35면에 의하면 구체적인 권리관계라 하더라도 그 내용이 현행법에 의하여 인정할 수 없는 것, 예를 들면 첩계약의 존재확인이나 현행법상 존재하지 않는 물권관계의 확인 등은 허용되지 않는다고 한다.
136) 주석 민사소송법, 118면.
137) 주석 민사소송법, 118면 이하.

써 분쟁을 해결하는 재판'을 의미하는데, 법률관계의 존부는 법령을 적용하여 판단할 수 있지만 사실관계의 존부는 경험칙의 적용에 의하여 확정되는 것으로서 경험칙의 정당한 적용은 법령적용의 전제가 되는 문제일 뿐 사법본래의 사명과는 직접적으로 관계가 없기 때문이다.138) 이에 따라 현재의 권리관계를 발생하게 하는 법률요건에 해당하는 사실이라고 해도 그 자체는 하나의 법률사실에 지나지 않기 때문에 확인의 대상이 될 수 없고, 법률관계의 선결문제도 마찬가지 이유로 확인의 대상에서 배제된다. 또한 법률적으로 관계되는 사람의 능력이나 물건의 특성 등의 확인도 독립하여 확인의 대상으로 할 수 없다. 왜냐하면 확인소송은 장차 원고가 제기할 이행소송의 선결문제를 해결하여 주는 데에 그 본질이 있는 것이 아니기 때문이다.

대법원 역시 사실에 대한 확인은 배제한다는 입장에서 별도로 보존등기된 2개의 건물이 동일 건물이라는 확인을 구하는 경우(대법원 1960. 7. 14. 선고 4292민상914 판결), 종손 지위의 확인을 구하는 경우(호주권 또는 재산권의 승계와 관련하여 다툼이 없는 경우이다, 대법원 1961. 4. 13. 선고 4292민상940 판결), 환지처분된 사실의 확인을 구하는 경우(대법원 1971. 8. 31. 선고 71다1341 판결), 지번 및 지적의 확인을 구하는 경우(대법원 1977. 10. 11. 선고 77다408, 409 판결), 특정 종교가 기독교의 종교단체인가 여부에 대한 확인을 구하는 경우(대법원 1980. 1. 29. 선고 79다1124 판결) 등은 사실관계의 확인을 구하는 것으로서 확인소송의 대상이 될 수 없다고 판시하고 있다.

다만 예외적으로 그와 같은 법률사실이 여러 개의 사건에 걸쳐 공통적인 선결문제를 이루고 있기 때문에 미리 한차례 판단을 받아두는 것이 어느 모로 보나 소송경제에 부합한다고 볼 수 있는 경우에는 확인소송의 대상이

---

138) 박우동, "확인의 이익이 인정되는 한계", 민사법의 제문제, 1984, 310면.

될 수 있다.[139] 뿐만 아니라 최근 대법원 전원합의체는 시효중단을 위한 후소로서 이행소송 외에 전소 판결로 확정된 채권의 시효를 중단시키기 위한 재판상의 청구가 있다는 점에 대하여만 확인을 구하는 형태의 '새로운 방식의 확인소송'이 허용된다고 판시하였다(대법원 2018. 10. 18. 선고 2015다232316 전원합의체 판결). 위 판례에 의하면 후소인 확인소송은 시효중단을 위한 소제가 있다는 '사실'의 확인을 구하는 소로서, 대법원은 일정한 경우에 사실에 대한 확인청구가 허용된다는 입장을 밝힌 것이다.[140]

3) 추상적인 법률문제의 배제

추상적인 법률문제의 확인은 당사자의 분쟁해결과 관련이 없기 때문에 확인소송의 대상에서 배제된다.[141] 추상적인 법률문제는 법원의 확인을 받

---

139) 주석 민사소송법 118면 이하.
140) 위 전원합의체 판결의 다수의견에 대한 반대의견은 다음과 같은 이유로 다수의견을 비판하고 있다. 즉 "소송은 구체적 권리의무에 관한 분쟁을 대상으로 한다. 그런데 새로운 방식의 확인소송에서 말하는 소송의 대상은 단지 '시효중단을 위한 재판상의 청구가 있었다'는 사실 자체이다. 이러한 사실 자체에 대해서는 채무자가 다툴 여지가 전혀 없다. 그러한 사실이 판결로써 확인되었다고 하여 그 자체로 어떠한 법적인 효력이 발생하는 것도 아니다. '소 제기 사실의 확인'은 소송의 대상이 아니라 '증명서'를 신청할 사항이다. 법원으로부터 소제기증명을 받으면 될 것을 가지고 상대방을 상대로 '소제기 확인'을 구하는 소를 제기하라고 할 수는 없는 노릇이다. 어떻게 피고가 다툴 수도 없고 다툴 필요도 없는 소송이 가능하다는 것인지 당혹감을 느끼지 않을 수 없다. 더욱이 확인의 소에서 확인의 대상은 원칙적으로 현재의 권리·법률관계이어야 하고 '사실'은 그 대상이 될 수 없다. 물론 '증서의 진정여부를 확인하는 소'(민사소송법 제250조) 등 그 예외가 있지만, 새로운 방식의 확인소송에서 확인의 대상으로 삼고 있는 사실관계(후소를 제기하였다는 사실)가 이러한 예외에 해당한다고 볼 수는 없다. 또한 이러한 사실관계 자체에 대해서는 채무자가 다툴 여지가 없고 다툴 필요도 없으므로 '확인의 이익'이 있다고 보기도 어렵다."는 의견을 제시하고 있다. 위 전원합의체 판결에 대한 평석으로는 임기환, "시효중단을 위한 재소(再訴)의 허용 여부 및 재소 허용시 이행소송 외에 이른바 '새로운 방식의 확인소송'의 인정 여부", 사법 제48호, 2019, 588면 이하 참조.
141) 주석 민사소송법 118면에 의하면, 추상적인 법률문제에 관한 확인을 배제하는 이유

더라도 당사자들 사이의 현재의 법적분쟁을 해결하는데 도움이 되지 않는 다는 점이 반영되어 있다. 판례 역시 확인의 소의 대상은 현재의 구체적인 권리관계이어야 하므로 추상적 법률문제나 법률의 해석 등은 그 대상이 될 수 없다고 판시하고 있다(대법원 1984. 5. 22. 선고 83누485 판결 등).[142]

2. 법률관계 개념의 특정의 필요성

현재 국내에서 이루어지고 있는 확인소송의 대상이 되는 법률관계의 의미와 그 범위에 관한 논의는 위에서 서술한 바와 같다. 하지만 위의 논의들은 주로 개별 사건에서의 확인소송의 대상이 되는지를 판단하기 위한 일응의 기준들에 불과하고 법률관계의 본질적인 의미와 확인소송에서의 대상이 되기 위한 구성방법 등에 관히여는 특별한 언급이 없다. 대법원 판례 역시 개별 사건에서 특정 행정작용이 공법상 당사자소송에 해당하는지 여부를 판단하는 과정에서 해당 행정작용과 관련된 법률관계가 공법상 법률관계에 해당하는지를 판단하고 있을 뿐, 공법상 확인소송의 대상이 되는 '공법상 법률관계'의 의미와 일반적인 구성방법을 제시하고 있지는 않다.[143]

에 관하여, 이 경우의 확인은 '단순한 법률교육' 이상의 의미가 없고, 이는 법관의 임무가 아니라고 한다. 마찬가지로 추상적인 법률문제를 확인의 대상에서 배제하는 관점으로 박우동, 앞의 논문(주 138), 310면; 강수미, 앞의 논문(주 123), 107면 이하 참조.

142) 예컨대 본문의 판례에 의하면 라벤다 꽃가루의 세번이 관세율표상 1207이라는 확인을 구하는 것은 추상적인 관세율표의 해석에 관한 사항일 뿐 원고의 구체적인 권리관계를 그 대상으로 하는 것이 아니므로 확인의 소의 대상이 될 수 없다.

143) 대법원은 종래 개별사건에서 민사소송으로 제기된 사건이 공법상 당사자소송에 해당한다는 취지를 밝히면서, 관련 소송이 '행정처분에 이르는 절차적 요건의 존부나 효력 유무에 관한 소송으로서 그 소송결과에 따라 행정처분의 위법 여부에 직접 영향을 미치는지' 여부를 기준으로 공법상 법률관계에 해당하는지를 판단하고 있다.
   ○ 도시 및 주거환경정비법상 행정주체인 주택재건축정비사업조합을 상대로 관리처분계획안에 대한 조합 총회결의의 효력 등을 다투는 소송은 행정처분에 이르는

절차적 요건의 존부나 효력 유무에 관한 소송으로서 그 소송결과에 따라 행정처분의 위법 여부에 직접 영향을 미치는 공법상 법률관계에 관한 것이므로, 이는 행정소송법상의 당사자소송에 해당한다(대법원 2009. 9. 17. 선고 2007다2428 전원합의체 판결, 대법원 2009. 10. 29. 선고 2008다97737 판결, 대법원 2009. 11. 26. 선고 2008다41383 판결 참조). 재건축조합을 상대로 사업시행계획안에 대한 조합 총회결의의 효력 등을 다투는 소송 또한 행정소송법상의 당사자소송에 해당한다(대법원 2009. 10. 15. 선고 2008다93001 판결).

그 밖에 관계법령 내지 공법상 계약의 해석을 통하여 해당 법률관계가 공법상 법률관계에 해당한다고 판시한 사례도 발견된다. 대표적으로 다음과 같은 사례가 있다.

○ 국책사업인 '한국형 헬기 개발사업'에 개발주관사업자 중 하나로 참여한 원고가 국가 산하 중앙행정기관인 방위사업청과 체결한 개발협약의 법률관계는 공법관계에 해당하므로, 협약 이행 과정에서 환율변동 및 물가상승 등 외부적 요인 때문에 협약금액을 초과하는 비용이 발생하였다고 주장하면서 국가를 상대로 초과비용의 지급을 구하는 소송은 행정소송이다(대법원 2017. 11. 9. 선고 2015다215526 판결).

○ 구 도시 및 주거환경정비법 제65조 제2항의 입법 취지와 목적을 고려하면, 정비기반시설의 소유권 귀속에 관한 국가 또는 지방자치단체와 정비사업시행자 사이의 법률관계는 공법상의 법률관계로 보아야 한다. 따라서 정비기반시설의 소유권 귀속에 관한 소송은 공법상의 법률관계에 관한 소송으로서 행정소송법 제3조 제2호에서 규정하는 당사자소송에 해당한다(대법원 2018. 7. 26. 선고 2015다221569 판결).

○ 반면 구 도시 및 주거환경정비법상 재개발조합이 공법인이라는 사정만으로 재개발조합과 조합장 또는 조합임원 사이의 선임·해임 등을 둘러싼 법률관계가 공법상의 법률관계에 해당한다거나 그 조합장 또는 조합임원의 지위를 다투는 소송이 당연히 공법상 당사자소송에 해당한다고 볼 수는 없고, 구 도시 및 주거환경정비법의 규정들이 재개발조합과 조합장 및 조합임원과의 관계를 특별히 공법상의 근무관계로 설정하고 있다고 볼 수도 없으므로, 재개발조합과 조합장 또는 조합임원 사이의 선임·해임 등을 둘러싼 법률관계는 사법상의 법률관계로서 그 조합장 또는 조합임원의 지위를 다투는 소송은 민사소송에 의하여야 한다(대법원 2009. 9. 24. 자 2009마168, 169 결정).

○ 그리고 이미 퇴직연금이나 명예퇴직수당 등 급여지급 대상자로 결정되어 급여를 지급받던 공무원의 미지급 급여 등에 대한 지급청구권은 공법상 권리로서 그 지급을 구하는 소송은 공법상의 법률관계에 관한 소송인 공법상 당사자소송에 해당한다(퇴직연금: 대법원 2004. 12. 24. 선고 2003두15195 판결, 대법원 2004. 7. 8. 선고 2004두244 판결, 명예퇴직수당: 대법원 2016. 5. 24. 선고 2013두14863 판결).

그런데 공법상 확인소송에 있어 법률관계의 개념을 어떻게 설정하느냐에 따라 확인소송의 통한 권리구제의 범위가 확연히 달라진다는 점에서 일반적인 판단기준을 설정하는 것은 대단히 중요한 의미를 가진다.[144] 따라서 일반적으로 통용되는 법률관계의 개념을 제시한 후 이를 적절히 한정하여 일관된 판단기준을 도출하는 것이 가능한지를 검토할 필요가 있다.

이와 관련하여 이미 상당한 연구가 이루어진 독일에서는 법률관계를 넓은 의미로 '모든 법적인 관계'라고 설명하고 있는데, 특히 여기서의 '관계'는 법규범의 수범자 사이의 관계, 즉 권리주체 상호간 또는 그 권리주체 부분 사이의 관계로 표현된다.[145] 또한 '모든 법적인 관계'는 원고와 피고 사이의 모든 주관적 권리와 의무의 상호관련성으로 이해된다.[146] 나아가 법률관계는 일반적으로는 두 당사자 사이의 독립된 법적 관계의 총합으로서 대개는 당사자 사이에 존재하는 권리와 의무의 집합관계로 이해된다. 이처럼 법률관계는 규범에 의하여 규율되는 권리주체 사이에 존재하는 법적 관계들의 복합체일 뿐만 아니라 개별적인 권한과 의무의 상호작용으로 형성되는 복합체라고 할 수 있다.[147] 그 전형적인 예로는 공무원관계, 공법상

---

144) 한견우, 앞의 논문(주 36), 5면 이하는 당사자소송이 제대로 활용되지 못하고 있는 이유를 분석하면서, 민사소송과 관련하여 당사자소송의 독자성 내지 고유한 의미를 제대로 드러내지 못한 것 외에 당사자소송은 그 소송대상인 공법상 법률관계의 개념을 명백하게 규정하지 않았기 때문에 대등한 당사자 사이의 공법상 법률관계에 관한 분쟁은 본질적으로 공법상 당사자소송으로 해결하는 것이 타당함에도 불구하고, 일부러 재결을 거쳐 항고소송으로 변질시켜 다투게 되었다고 한다. 즉 대등한 지위에 있는 당사자 사이의 공법상 법률관계에 있어서도 대부분의 경우, 먼저 행정처분을 기다려 이를 다투는 항고소송으로 해결하게 되었다는 것이다. 이와 같이 공법상 법률관계의 개념설정은 항고소송과의 관계에서 공법상 당사자소송의 기능을 유지하는 데에도 상당히 중요하다.

145) Pietzcker, a.a.O.(Fn. 122), Rn. 5.

146) Schenke, Rechtsschutz bei normativem Unrecht, SÖR, S. 216; Pietzcker, a.a.O.(Fn. 122), Rn. 5.

147) VGH Bayern, Urteil vom 18. 7. 1991. - 25 B 88.792 = NJW 1992, 929.

계약에 근거한 권리와 의무 관계 등이 있다. 이처럼 확인소송의 대상인 법률관계는 양 당사자 사이의 포괄적인 법적 관계에서 도출되는 개별적인 권리와 의무 사이에 다툼이 존재하고, 그에 대한 해명이 필요한 경우에 존재한다. 하지만 법률관계의 개념을 이렇게 이해하더라도 그 내용은 상당히 포괄적이고 모호하다. 특히 법률관계의 개념은 행정소송법 등 여러 법률에서 사용되기는 하면서도 그것을 정의하고 있는 규정은 없어 그 범위를 특정하는 데에 어려움이 있다. 이와 같은 어려움 때문에 법률관계를 대상으로 하는 확인소송의 범위를 확정하는 것도 쉽지 않다. 이 때문에 독일에서는 법률관계의 개념범위를 명확하게 하기 위한 논의가 계속되어 왔다.

이하에서는 우리나라의 공법상 확인소송의 대상이 되는 법률관계의 개념을 명확하게 파악하기 위하여 독일에서의 논의를 참고하여 우선 실체법상의 법률관계의 개념을 살펴보고, 이를 바탕으로 절차법상의 법률관계 개념과 그 특유한 개념요소인 구체성과 분쟁성에 관하여 살펴보기로 한다. 그리고 여기에 기초하여 특별한 문제로서 확인소송의 대상이 되는 법률관계가 현재의 법률관계에 한정되는지, 아니면 과거나 미래의 법률관계도 포함되는지의 문제와 제3자와 관련된 법률관계가 확인소송의 대상이 될 수 있는지에 관하여 살펴본다.

3. 실체법상 법률관계의 개념

1) 기초적 정의

법률관계의 개념은 실체법에 있어 아주 중요한 개념으로서, 일반적으로는 앞서 살펴본 바와 같이 '모든 법적인 관계'를 의미한다. 그리고 실체법에서 모든 법적인 관계는 대개 '법에 의하여 규율되는 생활관계', 즉 법규범에 의하여 규율되는 인간의 생활관계를 의미한다.[148] 이러한 정의에 따르면 실체법상 법률관계의 일반적인 모습은 법규범을 통하여 일방에게는 권리가 주어지고, 다른 일방에게는 의무가 부여되어 그 권리와 의무가 상호작용하는 것이다. 이와 같은 법률관계의 전형적인 모습에 비추어 보면, 법률관계는 법규범(반드시 형식적인 법률일 필요는 없다)의 지배를 받고, 그로부터 도출되는 법률효과를 내용으로 한다.

2) 법률관계의 내용

법률관계의 개념요소인 '법적인 관계'는 주관적인 권리에서 도출되는 것으로 이해되므로, 주관적인 권리가 그 권리자의 다른 권리주체에 대한 관계의 기초가 된다. 이에 따라 법률관계의 기초가 되는 법적인 관계는 구체적 요건사실에 법률을 적용함으로써 그 요건사실의 법률효과로서 발생하는 권리자의 주관적인 권리를 포함하고 있다.[149]

실체법상 법률관계는 적어도 일방 권리주체의 주관적 권리와 그에 대응하는 다른 권리주체의 의무로 구성되는 것이 일반적이다. 이처럼 주관적 권리는 권리주체 상호간의 관계에서 법률관계가 성립하기 위한 전제로서, 뒤에서 보는 바와 같이 주관적 권리에 대응하는 의무의 상응관계 그 자체를 법률관계로 파악하기도 한다. 또한 법률관계는 다수의 권리와 의무의 집합 또는 이를 통해 성립하는 그 밖의 법률효과도 포함한다.

이와 같이 법률관계를 권리와 의무의 상응관계로 파악하기 위해서는 다음과 같은 점을 유의하여야 한다. 모든 권리에는 항상 법률상 의무가 대응하지만 반대로 법률상 의무에 항상 권리가 대응하는 것은 아니다. 주관적 권리가 대응하지 않는 법률상 의무가 있을 수 있다. 이 경우에는 법률에 의하여 대상자에게 부과된 의무로 다른 개인 또는 일반의 이익이 보장되지만, 그 이익을 받는 개인 또는 일반은 주관적 권리가 없기 때문에 의무자에게

---

148) 대표적으로 곽윤직·김재형, 민법총칙, 2013, 55면 참조. 호문혁, 앞의 논문(주 24), 136면은 실체법상 법률관계를 단순히 권리·의무관계로 표현한다.
149) 주석 민사소송법 118면 참조.

그 의무의 이행을 요구할 수는 없다. 이 경우 그 사실상의 수익은 수익자 자신의 권리에 근거한 것이 아니라 객관적 법규범의 반사적 효과에 불과하다.[150] 특히 공법에서는 법률상 의무를 포함하는 규범이 오로지 공익실현을 목적으로 규정된 경우 그로부터 국민의 주관적 권리가 발생하지 않는다(예컨대 국방의 의무나 납세의 의무 같은 법률상 의무들이 여기에 속한다).

3) 법률관계의 주체

법률관계가 사람(권리주체)과 사람 사이에 성립하는 것은 당연하다. 여기의 사람에는 자연인은 물론 법인도 포함되고, 국가나 지방자치단체와 같은 공법상 단체도 포함된다. 다만 사람과 물건 사이에 어떠한 법적 관계가 성립할 수 있는가에 대해서는 논란이 있다. 우리나라의 민사소송에서는 확인소송의 대상을 원칙적으로 현재의 권리 또는 법률관계로 파악하면서 "이때 권리관계는 민사법이 정한 구체적 요건사실에 법률을 적용함으로써 그 요건사실의 법률효과로서 발생하는 특정의 사람 또는 물건에 대한 법률적 관계를 말한다."고 정의함으로써 사람과 물건 사이의 법률관계도 성립할 수 있다고 본다.[151] 그런데 물건은 실정법상 권리주체가 될 수 없으므로 사람과 물건 사이의 법적 관계는 성립할 수 없다고 보는 것이 합리적이다. 소유권을 예로 들면, 사람의 특정한 물건에 대한 추상적인 소유권은 존재하지 않고, 오히려 소유권은 다른 사람에 대한 관계에서만 성립한다고 보아야 한다. 특히 소유권의 내용인 소유자의 물건에 대한 직접적인 지배권도 다른 사람과의 관계에서 이해하여 물건 그 자체가 아닌 다른 사람에 대한 관계에서 성립되는 독립적이고 구속적인 처분권한으로 이해할 수 있다.[152]

---

150) Larenz, Allgemeiner Teil des Deutschen Bürgerlichen Rechts, 1997, §12 II.
151) 주석 민사소송법 118면.
152) Larenz, a.a.O.(Fn. 150).

이와 같이 법률관계를 사람과 사람 사이의 관계로 파악하는 경우 다음과 같은 장점이 있다. 우선 법을 사람 상호간의 행동에 대한 구속력 있는 규범으로 보고, 그에 속하는 객관적 법을 사람들 사이의 행동을 규율하는 것으로 이해한다면, 주관적 권리는 오로지 사람들 사이의 법적 관계로만 파악할 수 있어 법을 통일적·체계적으로 이해할 수 있게 된다.153) 또한 주관적 권리를 오로지 사람과 사람 사이의 관계로만 파악하여 ① 특정한 사람들 사이의 관계에서만 유효한 소위 상대적 주관적 권리로서의 청구권 내지 형성권은 당사자 사이에 성립하는 것으로 보고, ② 모든 사람에 대하여 유효한 소위 절대권 역시 그 권리자와 다른 사람 혹은 불특정 다수 사이의 관계로 파악함으로써 주관적 권리를 오로지 권리자와 그 상대방 사이의 관계로 통일적으로 파악할 수 있게 된다. 나아가 법률상 분쟁의 양상은 사람과 사람 사이에 생긴 다툼이 발전한 경우로서, 그들이 원고와 피고가 되어 재판이라는 공적 절차를 통해 분쟁해결을 시도하는데, 소송절차와 재판, 그리고 그 재판의 효력은 모두 분쟁 당사자인 사람과 사람 사이에 미칠 뿐, 물건 자체에는 영향이 없다는 점에서 분쟁의 양상을 더 잘 반영할 수 있게 된다. 이와 같이 법률관계를 사람과 사람 사이의 관계로 파악하는 이상 물적 법률관계 역시 원고와 피고 사이의 법률관계로 파악되어야 한다.

4. 절차법상 법률관계의 개념

1) 공법상 확인소송의 대상이 되기 위한 요건

앞서 살펴본 바와 같이 우리나라의 민사소송법에서는 확인소송의 대상인 법률관계를 '현재의 권리 또는 법률관계'로 한정하면서 법률관계는 구체적인 권리관계이어야 하기 때문에 사실에 관한 주장이나 추상적인 법률

---

153) Larenz, a.a.O.(Fn. 150).

문제는 확인의 대상이 될 수 없다고 설명하고 있다. 이러한 입장은 앞서 살펴본 독일의 실체법상 법률관계 구성과 상당히 유사하다.

반면 독일의 문헌과 판례들은 이상과 같은 실체법상 법률관계를 모두 행정법원법 제43조 제1항의 일반확인소송의 대상이 되는 법률관계로 보는 것이 아니라 일정한 요소를 통해 확인소송의 대상이 되는 법률관계를 제한하고 있다. 독일의 일반적인 문헌과 판례의 관점에 따르면 국가와 국민 사이에 상정가능한 모든 법적인 관계가 확인소송의 대상이 될 수 있는 것이 아니라 그러한 법적인 관계가 충분히 구체화되고 다툼이 있는 경우에만 확인소송의 대상인 법률관계가 된다. 이와 같이 공법상 확인소송의 대상인 법률관계는 '구체성'과 '분쟁성' 두 가지 요소를 갖출 것이 요구된다. 법률관계에 관한 충분한 구체화의 요구는 재판작용이 추상적인 법률문제에 대한 자문이 아닌 현실의 분쟁사건에 관련된 실질적인 해결책이 되도록 보장한다. 어떤 사실관계가 가상의 것이거나 그 실현이 아직 불분명한 경우에 그러한 사실관계에 기초한 법률문제는 추상적이고, 그와 같은 추상적인 법률문제에 대한 해명을 구하는 확인소송은 허용되지 않는다. 특히 어떤 사안의 사실적·법적인 영향이 현재로서는 파악하기 어려운 장래의 상황 전개에 달려 있는 경우에도 역시 추상적인 법률문제에 해당하여 확인소송의 대상이 될 수 없다.

독일 연방행정법원도 같은 취지에서 법률관계가 공법상 확인소송이 되기 위한 요건을 다음과 같이 설명하고 있다.154) 우선 행정법원법(VwGO) 제43조에 따르면 확인소송의 대상은 헌법문제가 아닌 공법에 속하는 법률관계의 존재 또는 부존재의 확인으로서 확인소송은 다양한 주체 상호간의 관계에 관한 공법규정의 적용을 받는 특정한 사실관계로부터 도출되는 법률상 관계에 대한 법원의 해명을 위하여 기능한다고 전제한 다음, 확인소

---

154) BVerwG, Urteil vom 8. 6. 1962. - VII C 78.61 = BVerwGE 14, 235 = NJW 1962, 1690.

송은 당사자의 구체적인 권리를 실현하기 위한 목적의 범위 안에서만 허용되기 때문에 법률문제를 오로지 법이론적으로 해결하는 것은 법원의 과제가 아니라고 한다. 이러한 판시에 의하면 법원은 당사자 사이에 법적용의 대상이 되는 특정한 사실관계에 기초한 법적 분쟁에 관하여 판단하는 것이므로 오로지 가상에 불과하거나 그 발생이 아직 불분명한 추상적인 법률문제의 해명, 특히 사실적·법률적 효력이 현재로서는 불분명한 장래의 상황 변화나 추이에 의존하는 법률문제는 확인소송의 대상이 될 수 없다. 이미 현단계에서 파악가능한 특정한 사실관계에 대한 법규범의 적용에 다툼이 있는 경우에만 확인소송이 제기될 수 있을 것이다.

이와 같이 확인소송에서 '구체성'과 '분쟁성'은 법률이 그 대상으로 규정하는 법률관계를 구성하는 필수적인 요소라고 할 수 있다. 이하에서는 구체성과 분쟁성의 내용을 자세히 살펴보기로 한다.

2) 구체성

(1) 의의와 기능

어떠한 법률관계가 확인소송의 대상이 되기 위해서는 충분히 구체화된 것이어야 한다. 구체적인 법률관계라 함은 법규범에 근거하여 구체적인 사실관계로부터 도출되는 법적인 관계를 의미한다. 구체적인 법률관계는 일반적으로 '현시점에서 이미 그 전모를 파악할 수 있을 정도로 특정된 사실관계에 법규범을 적용하는 데에 다툼이 있는 경우'를 의미한다.155) 위와 같은 정의에 따르면 당사자 사이에 법적으로 중요한 어떠한 관계가 존재한다는 것만으로는 충분하지 않고, 그러한 관계가 구체적인 사실관계로부터 도

---

155) BVerwG, Urteil vom 8. 6. 1962. - VII C 78.61 = BVerwGE 14, 235 = NJW 1962, 1690 등 독일 연방행정법원의 확립된 태도이다.

출될 것이 요구된다. 그리고 그 근거가 되는 사실관계는 최소한 특정되어
야 하고 현단계에서 이미 전모를 파악할 수 있어야 한다. 따라서 관념적이
거나 단지 상정할 수 있을 뿐인 사실관계는 구체성이 없다.

구체성은 현행 행정소송법이나 독일 행정법원법 제43조 제1항의 법문에
명시되어 있지도 않고 실체적인 측면에서 법률관계의 개념에 내재된 요소
도 아니다. 그럼에도 법률관계의 개념에 구체성을 요구함으로써 법률관계
의 개념을 제한할 수 있고, 이를 통하여 확인소송의 대상이 극도로 확장되
는 것을 막을 수 있다. 위와 같은 구체화의 요구는 당사자들 사이에서 구체
적인 권리를 관철·실현하도록 하여 권리구제를 보장하는 법원의 기능과 관
련된다. 그리하여 법원이 구체적인 분쟁과 직접적인 관련이 없는 추상적인
법률문제를 다룸으로써 단순한 법률상담소로 전락하는 것을 방지하고, 현
재 실제로 권리구제가 필요한 국민의 권리를 구제하는 데에 전념할 수 있
도록 하며, 동시에 법원이 모든 법률문제에 개입함으로써 행정의 고유 기
능이 박탈되는 것도 방지할 수 있다.[156]

하지만 구체성의 개념은 그 자체로 불분명하기 때문에 어떤 사실관계가
구체적인 법률관계에 해당하는지에 관한 명확한 판단기준을 설정하는 것은
쉬운 일이 아니다. 독일에서는 대개 다음과 같이 범위를 한정하여 구체성의
내용을 검토하고 있다. 우선 구체적인 법률관계는 ① 추상적인 법률문제와
구분되는 것으로 보고 있다. 그리고 ② 독립하여 확인의 대상이 될 수 없는
법률관계의 단순한 요건사실 또는 순수한 사실과도 구분되는 것으로 보고
있다. 위와 같은 구체성의 내용에 관하여 차례대로 살펴보기로 한다.

---

156) Selb, a.a.O.(Fn. 115), S. 27.

(2) 구체성의 내용

① 구체적인 법률관계와 추상적인 법률문제의 구분

모든 법률분쟁은 당사자 사이에 특정한 법률문제가 개입되어 있지만 앞서 살펴본 바와 같이 모든 법률문제가 확인소송의 대상이 되는 것은 아니다. 당사자 사이의 관계가 충분히 구체화되지 못한 추상적인 법률문제는 확인소송의 대상이 될 수 없다. 이와 같이 '구체적인 법률관계'와 '추상적인 법률문제'는 구분된다. 독일 연방행정법원 판례는 일반적으로 가상의 사실관계와 관련되거나 현단계에서 아직 그 사실상·법률상 효력을 파악할 수 없는 사실관계와 관련된 경우를 추상적인 법률문제로 보고 있다.[157] 위와 같은 기준에 의하는 경우 추상적인 법률문제에 해당하는 대표적인 것으로 단순한 법규범의 유·무효 여부 또는 부존재의 확인이 있다.

반면 특정한 사실관계에 기초하여 법규범으로부터 도출되는 당사자의 권리 또는 의무의 확인은 구체적인 법률관계로서 확인소송의 대상이 될 수 있다.[158] 이 경우 법규범이 유효한지 또는 적법한지 여부는 구체적인 사건과 관련하여 법률관계의 존재 또는 부존재 판단에 있어 단지 선결문제로서 심사되는 것에 불과하고, 추상적 법규범의 유효·무효 그 자체를 심사의 대상으로 하는 것은 아니기 때문이다.[159]

② 법률관계의 단순한 요건사실과의 구분

법률관계 그 자체 또는 그 중 독립하여 분리될 수 있는 일부는 확인소송의 대상이 되는 반면 본체인 법률관계로부터 독립될 수 없는 단순한 요건

---

157) BVerwG, Urteil vom 8. 6. 1962. - VII C 78.61 = BVerwGE 14, 235 = NJW 1962, 1690.
158) BVerwG, Urteil vom 8. 9. 1972. - IV C 17.71 = BVerwGE 40, 323.
159) BVerwG, Urteil vom 9. 12. 1982. - 5 C 103.81 = NJW 1983, 2208.

사실은 확인소송의 대상이 될 수 없다.160) 확인소송의 대상이 될 수 없는 단순한 요건사실은 주관적인 권리·의무와는 직접적인 관련이 없고 본체인 법률관계로부터 분리될 수도 없으며 단지 그 법률관계로부터 도출되는 권리 또는 의무의 구성요소가 될 뿐이다. 이와 같이 법률관계의 단순한 요건사실을 확인소송의 대상에서 배제하는 이유는, 법률관계의 단순한 요건사실은 현재 또는 장래의 이행청구권의 근거가 되는 것에 불과하므로 현재의 특정한 분쟁의 해결과 관련이 없기 때문이다. 또한 확인소송의 본질과 과제는 이행청구권이나 이행소송을 위한 법률상 근거를 만들어내는 데에 있지 않다는 관점에서도 이들은 확인소송의 대상에서 배제된다. 특히 주관적 권리 또는 의무와 직접 관련 없는 단순한 요건사실 등에 대한 확인은 가상의 사실관계와 관련되는 경우가 일반적이고 이는 결국 추상적인 법률문제에 대한 확인으로 이어질 수 있다는 점도 반영되어 있다.

대법원은 앞서 살펴본 바와 같이 여러 사례에서 단순한 사실관계의 확인을 구하는 확인소송은 허용할 수 없다는 취지를 분명히 밝히고 있다. 특히 대법원은 "행정소송에 있어서 확인의 소는 권리 또는 법률관계의 존부확정을 목적으로 하는 소송이므로, 현재의 구체적인 권리나 법률관계만이 확인의 소의 대상이 될 뿐인데, 원고 소유의 대지가 타인 소유의 건물의 부지가 아님의 확인을 구하는 소는 사실관계의 확인을 구하는 것이어서 부적법하다."고 판시함으로써 공법상 확인소송에서도 단순한 사실관계의 확인은 허용하지 않겠다는 입장을 가지고 있는 것으로 보인다(대법원 1991. 12. 24. 선고 91누1974 판결).

독일 연방행정법원 판례 역시 확인소송은 오로지 구체적인 법률관계만을 대상으로 하고, 법률관계 성립의 기초가 되는 단순한 요건사실이나 순

---

160) Selb, a.a.O.(Fn. 115), S. 29. Redeker/v. Oertzen, §43, Feststellungsklage, Verwaltungsgerichtsordnung, 2014, Rn. 3. 독일 민사소송에서의 일반적인 판례의 태도이기도 하다. BGH, 15. 10. 1956. - III ZR 226/55 = BGHZ 22, 43; Becker-Eberhard, a.a.O.(Fn. 121), Rn. 24 등 참조.

수한 사실문제 그 자체에 대한 확인은 확인소송의 대상에서 배제하는 경향
이다.[161] 독일 연방행정법원 판례에서 확인소송의 대상이 될 수 있는 법률
관계로 인정된 예로는 수리조합[162] 또는 특정한 상공회의소의 회원자
격,[163] 교수자격논문심사를 통과한 사강사의 단체법상 지위[164] 등이 있다.
반면 확인소송의 대상이 될 수 없는 법률관계의 단순한 요건사실 또는 순
수한 사실문제에 속하는 예로는 특정한 영업활동을 위한 관계인의 자격 또
는 신뢰성 등에 관한 확인, 특정한 토지 지상에 건축이 가능한지 여부나 도
로의 공개성 등 물건의 속성이나 특성에 관한 확인 등이 있다.[165]

그런데 특정인의 영업법상 신뢰성,[166] 부동산에의 건축가능성 또는 도로
의 공개성 등 특정한 사람이나 물건에 내재된 법적으로 중요한 속성
(rechtserhebliche Eigenschaft)을 확인의 대상이 되는 법률관계에서 무조건
배제하는 것에 반대하는 견해도 있다.[167] 그리고 법적으로 중요한 속성에

---

161) BVerwG, Urteil vom 26. 8. 1966. - VII C 113.65 = BVerwGE 24, 355 = NJW 1967,
   72. 등에서 확립된 판례이다.
162) BVerwG, Urteil vom 19. 10. 1966. - IV C 222.65 = BVerwGE 25, 151.
163) BVerwG, Urteil vom 9. 12. 1982. - 5 C 103.81 = NJW 1983, 2208.
164) BVerwG, Urteil vom 13. 12. 1995. - 6 C 7.94 = BVerwGE 100, 160 = NVwZ 1996,
   1213.
165) Redeker/v. Oertzen, a.a.O.(Fn. 160), Rn. 3.
166) 영업법상 신뢰성은 독일에서 영업의 자유를 구체화하는 일반법인 영업법(Gewerbeordnung)
   제35조의 영업금지 사유 중 하나이다. 자세한 내용은 이현수, "독일 영업법상 영업금지",
   법제 제658호, 2013. 2, 14면 이하.
167) Pietzcker, a.a.O.(Fn. 122), Rn. 16. 다만 이러한 견해도 모든 법적으로 중요한 속성에
   대한 확인소송이 가능한 것이 아니라 법률관계가 확인소송의 대상이 되기 위한 원칙
   에 따라 관련된 권리 또는 의무에 관한 의문이 있는 경우에 비로소 권리구제의 필요
   가 생긴다고 보고 있다. 즉 법적으로 중요한 속성에 대한 확인소송은 형식적으로는
   그러한 속성의 존재 또는 부존재의 확인을 청구하는 형식을 가지는데, 그 이면에 확
   인의 대상인 법적으로 중요한 속성에 의존하는 특정한 권리 또는 의무의 확인을 구
   하는 청구가 내재되어 있는 경우에만 확인소송의 대상이 되는 법률관계가 될 수 있
   다는 것이다. 예컨대 자신이 영업 중인 수공업 분야에서 법령이 정한 수공업자로서
   의 자격을 갖추고 있음의 확인을 구하는 소는 수공업자 등록의무 및 기타 의무에

해당하는 사실문제가 법률관계의 단순한 요건사실에 해당하는 것처럼 보이더라도 그러한 사실이 분쟁의 핵심과 관련되어 있어 해당 사실에 관한 확인이 당사자 사이의 분쟁해결에 기여할 수 있다면 이 경우에는 당사자 사이에 구체적인 법률관계가 형성되었다고 판단한 사례도 발견된다.168)

한편 확인소송의 대상이 되는 법률관계에서 단순한 요건사실이나 순수한 사실문제가 배제되어야 한다는 것이 반드시 법률관계 전체만이 확인소송의 대상이 되어야 한다는 것은 아니고, 독립하여 분리될 수 있는 법률관계의 일부는 확인소송의 대상이 된다. 여기에는 국민 또는 행정청에 부여되는 포괄적인 법률관계로부터 도출되는 개별적으로 분리·독립이 가능한 권리·의무가 포함된다.

관한 분쟁의 기회에 등록 없이 영업을 할 수 있는 권리의 존재 여부를 확인하는 소로 이해될 수 있다는 것이다. 즉 형식적으로는 수공업자로서의 자격이라는 사실의 존부의 확인을 구하는 것이지만, 실질적으로는 수공업자로 등록할 의무가 없음의 확인을 구하는 소로 이해할 수 있는 경우에는 구체적인 법률관계에 해당한다는 것이다.

168) 다음과 같은 사례를 참고할 필요가 있다(BVerwG, Urteil vom 26. 8. 1966. - VII C 113.65 = BVerwGE 24, 355 = NJW 1967, 72.).

원고는 1953년경부터 R 교수의 제자로서 피고 대학의 박사과정에 있었는데 1956. 6. 1. R 교수로부터 더 이상 박사과정의 지도를 할 수 없다는 통보를 받자 피고 대학을 상대로 R 교수와 원고 사이의 사제 관계가 R 교수의 1956. 6. 1.자 통보에 의한 직무상 의무의 침해와 그로 인한 원고와 R 교수 사이의 신뢰관계의 파괴로 인하여 해소되었음을 확인한다는 내용의 소를 제기하였다. 이에 대하여 독일 연방행정법원은 분쟁의 핵심은 원고가 R 교수에 의하여 피고 대학에서든, 아니면 다른 대학에서든 박사학위를 취득할 가능성을 박탈당할 것을 두려워한다는 것에 있다고 전제한 다음, 확인소송은 오로지 구체적인 법률관계만을 대상으로 하고, 법률관계의 요건사실 또는 순수한 사실은 그 대상이 될 수 없다는 관점에서 볼 때 원고와 피고 사이의 법률관계는 '원고가 박사학위를 받을 수 있는 다른 기회가 있는가.'라는 점에서 구체화되었다고 하였다. 그런데 이 사건에서 원고가 확인을 구하는 핵심인 '원고와 R 교수 사이의 사제관계가 R 교수에게 책임 있는 사유로 해소되었는가.'라는 내용은 사실문제로서 단지 법률관계를 형성하는 요건사실의 하나로 보이지만, 원고가 박사학위를 받을 수 있는 다른 기회가 있는지 여부에 있어 이 문제가 대단히 중요한 의미를 가지기 때문에 확인소송의 대상이 될 수 있다고 하였다.

(3) 구체성의 판단기준

법률관계가 확인소송의 대상이 될 수 있을 정도로 구체화되었는가를 어떻게 판단할 것인지의 문제가 있다. 이 내용을 분명히 하지 않으면 해당 분쟁이 확인소송의 대상인지를 판단할 수 없게 되어 법적안정성에 문제가 발생한다. 또한 판단기준이 명확하지 않으면 그렇지 않아도 불분명한 법률관계의 개념이 더욱 불분명해질 위험도 있다. 그렇기 때문에 법률관계의 구체성 여부에 관한 판단기준을 설정하는 문제는 대단히 중요하다.

이 문제는 결국 일반적으로 당사자들 사이에 존재하는 다툼이 있는 특정한 사실관계가 어느 정도로 구체화되어야 확인소송의 대상이 되는 법률관계로 평가될 수 있는가의 문제다.[169] 그 판단기준은 제2장에서 살펴본 헌법상 재판청구권의 내용인 효과적인 권리구제 원칙에서 도출될 수 있다. 공법상 확인소송이 분쟁해결에 유용한 수단이 될 수 있는가의 관점에서 확인판결이 분쟁의 직접적, 획일적 해결에 유효적절한 수단이 될 수 있는 때에는 법률관계가 구체화되었다고 볼 수 있다. 여기에 비추어 볼 때, 단순한 사실관계나 추상적인 법률문제는 확인판결이 있더라도 추후 해당 사실관계의 변동가능성이 있거나 다른 분쟁으로 이어질 가능성이 있어 분쟁의 직접적, 획일적 해결에 도움이 되지 않기 때문에 확인소송의 대상이 되지 않는다는 설명이 가능하다.

한편 독일에서는 이 문제를 판단하기 위한 가장 중요한 기준으로 기본법 제19조 제4항의 효과적인 권리구제원칙에 따라 "당사자 사이의 분쟁이 해당 사건에서 확인판결을 통하여 해소될 수 있고, 그 밖의 소송절차는 불필요할 정도로 법적안정성이 확보될 수 있어야 한다."는 원칙이 제시되어 있

---

169) 독일에서는 당사자들 사이의 사실관계가 구체화되기 전 단계를 법적 상태(Rechtszustand)라고 하고, 이러한 법적 상태가 여러 제반 사정들을 통하여 응축되는 과정을 거쳐 구체적인 법률관계가 되는 것으로 파악하고 있다. 이상 자세한 설명은 Selb, a.a.O.(Fn. 115), S. 34 참조.

다. 그리고 이 원칙에 터잡아 구체적으로는 '특정되고, 이미 현단계에서 그 전모를 파악할 수 있는 사실관계의 존재'라는 기준이 제시되어 있다.[170] 반대로 그 사실관계가 가상의 것이거나 단지 상상할 수 있는 것에 그치는 경우 또는 현존하는 법질서 및 개인의 주관적 권리와 관련이 없는 경우는 구체화되지 않은 것으로 본다.

구체성의 판단기준에 관한 원칙을 위와 같이 설정하더라도, 개별 사건에서 어떠한 요건을 갖추면 당사자 사이에 존재하는 단순한 사실관계가 확인소송의 대상이 되는 구체적인 법률관계로 응축되는가를 살펴볼 필요가 있다. 일반적인 판례와 문헌에 따르면 구체화는 행정청 또는 국민의 특정한 행위 과정을 통해 이루어진다. 특히 행정청과 국민 사이의 법상태는 주로 행정청의 행위를 통해 구체화되는데, 대표적으로 행정청의 행정처분 기타 침해적 행정작용의 발령을 통하여 국가와 국민 사이에 그 행정작용을 둘러싼 구체적인 법률관계가 성립한다(다만 이 경우 행정처분을 둘러싼 법률관계가 성립한다고 하여 곧바로 확인소송을 제기할 수 있는 것은 아니다. 확인의 이익이나 보충성과 관련한 중요한 문제가 있는바, 자세한 내용은 뒤에서 논하기로 한다).[171] 또한 국민과 국가 등 공공단체 사이의 행정계약

---

170) 일반적인 문헌의 설명이자[Pietzcker, a.a.O.(Fn. 122), Rn. 17; Kopp/Schenke, §43 Feststellungsklage, Verwaltungsgerichtsordnung, 2019, Rn. 17. 등] 뒤에서 살펴보는 여러 독일 연방행정법원의 판례에서 발견되는 일반적인 태도이기도 하다.

171) 예컨대 특정 영업행위를 하는 국민에 대하여 행정청이 해당 영업행위는 허가를 받아야 하는 행위라는 입장을 가지고 있는 경우, 이 단계에서는 아직 국민과 행정청 사이에 단순히 분쟁이 있는 사실관계, 즉 법상태가 있는 것에 불과하지만, 행정청이 여기서 나아가 해당 영업을 정지하거나 금지하는 조치를 발령한 경우 국민과 행정청 사이의 다툼이 있는 관계는 확인소송의 대상이 되는 구체적인 법률관계로 응축되는 것이다(참고로 침해적 행정작용의 발령 전 단계에서 구체적인 법률관계가 성립할 수 있는가의 문제가 있는바, 이 문제가 바로 예방적 확인소송의 허용여부와 관련하여 논의된다). 이러한 구체화 과정은 행정처분 등 공권력작용 외에 단순한 사실행위에 있어서도 마찬가지로 찾아볼 수 있다. 행정기관이 특정 기업에 대하여 침해적 내용의 행정지도를 하는 경우 해당 기업과 행정기관 사이에는 구체적인 법률관계가 성립한다.

체결 등 국가와 국민 사이의 상호작용을 통하여 확인소송의 대상이 되는 구체적인 법률관계가 성립하기도 하고, 국민이 행정기관에 대하여 수익적 행정처분 등 특정한 행정작용의 발동을 신청함으로써 법률관계가 구체화 되기도 한다.

이와 같이 단순한 법상태를 확인소송의 대상이 되는 법률관계로 구체화 하는 것은 행정의 형식적 작용(행정행위, 행정법규 또는 공법상 계약 등) 뿐만 아니라 비형식적 작용을 통해서도 가능하다.[172] 예컨대 독일 바덴-뷔르템베르크 주 행정법원은 경찰이 압수한 필름을 임의로 인화한 행위로 인하여 필름소유자와 경찰 사이에 공법상 보관관계가 성립하고, 이러한 공법상의 보관관계는 확인소송의 대상이 되는 구체적인 법률관계에 해당한다고 판시한바 있다.[173] 뿐만 아니라 독일 연방행정법원은 경찰 행정청의 위장경찰 투입행위를 통해서도 법률관계가 성립할 수 있다고 하였다.[174]

---

172) Siemer, Rechtsschutz im Spannungsfeld zwischen Normenkontrolle und Feststellungsklage, in: FS Menger, S. 501, 509.

173) VGH Baden-Württemberg, Urteil vom 15. 10. 1997. - 1 S 2555/96.
  이 판결의 사실관계를 요약하면 다음과 같다.
  X 신문사 소속 사진사인 원고는 1992년경 범죄현장으로 의심되는 곳에서 사진을 촬영하였는데, 경찰관이 원고로부터 필름을 압수하였다. 같은날 X 신문사 측에서 경찰의 조치에 항의하면서 필름을 인화하지 말 것과 필름의 즉시 반환을 요구하였으나, 경찰은 이를 거부하고 압수된 필름을 인화하였다. 이에 대하여 원고들이 필름압수 및 필름인화가 위법하였음의 확인을 구하는 소를 제기하였다.
  위 행정법원은 필름압수 및 인화를 통하여 당사자들 사이에 공법상의 보관관계가 성립하였다는 점에서 확인소송의 대상이 되는 구체적인 법률관계가 이미 성립하였고, 이러한 보관관계로부터 도출되는 권리와 의무에 관한 분쟁은 행정법원법 제43조에 따른 확인소송의 대상이 될 수 있다고 판시하였다.

174) BVerwG, Urteil vom 29. 4. 1997. - 1 C 2.95 = NJW 1997, 2534.
  원고는 좌파단체 A와 공공노조 B에 참여하는 대학생인데, 바덴-뷔르템베르크 주 경찰청은 1990년 말경 위장경찰을 투입하여 원고와 친분관계를 형성한 다음 원고로부터 정보를 제공받았다. 1992년경 위장경찰의 신분이 탄로나자 원고는 바덴-뷔르템베르크 주 경찰청이 1991년과 1992년에 위장경찰을 투입한 것이 위법하였음을 확인하는 소를 제기하였다.

3) 분쟁성

확인소송의 대상이 되기 위해서는 위와 같이 구체적인 법률관계가 형성되는 외에 법률관계에 관한 법적 평가에 다툼이 있어야 한다. 법률관계에 다툼이 있다는 것은 법률관계 그 자체 또는 그로부터 도출되는 개별적 권리가 상대방에 의하여 다투어지는 경우이다. 예컨대 상대방이 원고와 양립불가능한 법률관계 또는 개별적인 권리·의무의 존재를 주장하거나, 어떠한 권리가 원고가 아닌 자신이나 제3자에게 귀속된다고 주장하는 경우이다. 적어도 원고와 피고 사이에 권한 또는 권능과 관련하여 진지한 의견차이가 있어 원고의 법적지위가 불안한 상황이어야 한다. 예컨대, 행정청이 원고가 특정한 의무를 부담한다고 주장하거나, 원고가 주장하는 권리는 존재하지 않거나 존재하더라도 원고의 주장과 달리 그러한 권리를 행사하기 위해서는 허가를 받아야 하는 등의 제한이 따른다고 주장하는 경우 등이다. 행정청이 반드시 침해적 행정작용을 현실적으로 발령할 필요는 없고, 행정청이 원고의 어떤 행위에 이의나 경고를 하는 경우, 형벌이나 벌과금 부과를 하겠다고 고지하는 경우 등에도 분쟁성은 갖추어진 것으로 본다. 다만 법률관계가 다투어지는지 여부는 법률관계의 존재 또는 부존재라고 하는 소송대상의 문제가 아니라 뒤에서 살펴볼 특별한 권리구제의 필요로서의 정당한 이익의 문제라고 보는 견해가 유력하다.175)

위 사건에서 독일 연방행정법원은 위장경찰의 투입으로 원고와 피고 사이에 구체적이고 다툼이 있으며, 확인의 대상이 되는 법률관계가 성립한다고 하였다. 또한 피고가 현재 위장경찰의 투입을 중단함으로써 위와 같은 법률관계가 과거의 법률관계가 되었다고 하더라도 확인소송을 제기하는 데에 문제가 없다는 취지로 판단하였다.

175) Schenke, a.a.O.(Fn. 146); S 222, Siemer, a.a.O.(Fn. 172), S. 501; 특히 Selb, a.a.O.(Fn. 115), S. 39 f. 위 문헌에 의하면 민사판례가 법률관계의 바탕이 되는 사실관계에 존재하는 분쟁성과 그로 인한 원고의 법적 지위에의 위험을 정당한 이익의 문제로 보고 있는데(BGH, 4. 4. 1984. - VIII ZR 129/83 = BGHZ 91, 37; BGH, 20. 5. 1985. - II ZR 165/84 = BGHZ 94, 324 등) 민사소송과 행정소송 양대 소송체계의 통일성 확보를 위해서도 분쟁성을 정당한 이익의 문제로 보아야 한다고 주장한다.

4) 구체성과 분쟁성의 관계

확인소송의 대상이 되는 법률관계의 구체성과 분쟁성은 상호교환적으로 이해되고, 명확하게 구분되는 것은 아니다. 국가와 국민 사이에 다툼이 있는 사실관계에서 구체적인 법률관계가 성립한다는 점에서 보면 법률관계가 확인소송의 대상이 될 정도로 구체화되었다면 특별한 사정이 없는 한 분쟁성은 이미 갖추어진 것으로 본다.176)

Ⅲ. 일반적인 법률관계 개념구성에 대한 비판론

1. 일반적인 법률관계 구성의 문제점

위와 같이 법률관계의 구체성과 분쟁성을 요구하는 독일의 일반적인 판례와 문헌의 태도에 대해서 반론이 없는 것은 아니다. 특히 법률이 규정하고 있지 않은 구체성과 분쟁성을 요구하는 데에 대한 비판 및 그 판단기준의 불분명함 등이 지적되고 있다. 이하에서는 일반적인 구성방법에 대한 비판과 함께 주관적 권리를 판단기준으로 제시하는 Schenke와 Selb의 견해를 소개하고자 한다.

우선 비판론은 일반적인 구성방법은 불분명한 법률관계의 개념의 범위를 제한하기 위하여 구체성을 요구하고 있으나, 그 때문에 법률관계의 개념이 더욱 불분명하게 되었고, 이로 인하여 또 다른 논란이 야기된다고 한다.177) 구체성이라는 불분명한 기준 때문에 법률관계의 경계를 설정하기 위하여 다시 '법상태', '추상적 법률문제' 또는 '추상적 법률관계' 등의 개념을 끌어들이고 있으나, 이를 통해서도 그 경계의 불분명함이 해소되지

---

176) Pietzcker, a.a.O.(Fn. 122), Rn. 20.
177) Selb, a.a.O.(Fn. 115), S. 43.

않는다고 한다. 따라서 종전의 견해를 보충하는 새로운 판단기준이 제시되어야 한다고 주장한다.

2. 새로운 판단기준으로서의 주관적 권리

Schenke와 Selb는 실체법상 법률관계의 개념에 착안하여 주관적 권리를 통하여 법률관계의 존재 여부를 파악할 수 있다고 주장한다.[178] 실체법상 법률관계에서 특정한 권리주체 상호간의 법적 관계가 법률관계로 연결되기 위해서는 주관적 권리의 존재가 반드시 요구된다는 관점에서 법률관계가 성립하기 위해서는 적어도 일방 당사자의 주관적 권리가 포함되어 있어야 하기 때문에 주관적 권리의 존재 여부를 통해 법률관계의 존재 여부를 판단할 수 있다는 것이다. 이처럼 실체법상 주관적 권리를 기초로 공법상 확인소송의 법률관계 개념을 이해하면 실체법과 절차법의 통일적인 해석이 가능하게 됨으로써 실체법상 법률관계 개념과 절차법상 법률관계 개념 사이에 균열이 생기는 것을 피할 수 있고, 이를 통해 법질서의 통일성도 확보할 수 있으며, 절차법은 실체법에 대하여 단지 보조적인 기능을 한다는 데에 충실함으로써 실체적 법률관계의 확인이라는 확인소송을 통한 권리구제의 본질에도 들어맞는 장점이 있다. 뿐만 아니라 주관적 권리의 존재 여부를 판단하는 것은 위의 일반적인 판례와 문헌이 제시하는 판단기준보다 상대적으로 쉽고 명확하며, 안정적이기 때문에 확인소송의 대상적격 판단이 한층 용이해진다는 장점도 제시된다.[179]

---

178) Schenke, Verwaltungsprozessrecht, 16. Aufllage, 2019, Rn. 380. Selb, a.a.O.(Fn. 115), S. 54.

179) Selb, a.a.O.(Fn. 115), S. 55 f. 한편 본문과 같이 주관적 권리를 기초로 법률관계의 성립 여부를 판단하는 것은 판례의 통일성확보 뿐만 아니라 원고가 소제기 전에 승소가능성을 예측할 수 있도록 하기 위해서도 중요하고, 일반적인 견해가 법률관계를 정의하기 위하여 '충분히 구체적인 사실관계' 또는 '법관계의 응축화' 등을 요구하는

　법률관계를 주관적 권리를 기준으로 파악할 경우 확인소송의 대상이 되는 법률관계가 되기 위해서는 어떤 권리주체가 다른 주체에 대하여 주관적 권리가 있을 것이 요구되고, 또 그것으로 충분하다. 주관적 권리는 법률관계 형성의 기본적 전제로서 주관적 권리가 존재하는 경우 항상 법률관계가 존재하게 된다. 또한 주관적인 권리는 결코 추상적인 상태에서는 성립하지 않고, 이미 주관적 권리 안에 구체성이 본질적으로 내재되어 있기 때문에 추상적인 법률문제를 구체적인 법률관계와 구분할 필요도 없고, 법률관계와 그 독립될 수 있는 일부를 독립할 수 없는 요건사실과 선결문제로 구분할 필요도 없다.

3. 새로운 구성방법에 대한 비판과 재반박

　주관적 권리가 곧 법률관계 형성의 기초라는 견해는 자신들의 관점에 대해서 다툼이 없는 것은 아니라고 하면서 그에 관한 비판론을 소개하고 다시 그에 대하여 반박하고 있다. 여기에서는 주요한 비판과 이에 대한 재반박에 관하여 살펴본다.[180)]

　① 우선 행정법원법 제43조는 실체법상 권리에 기초한 법률관계 개념과 관련이 없다는 비판이 있다고 한다. 구체적으로는 주관적 권리만으로 법률관계 성립에 충분하다면, 행정법원법 제43조는 '법률관계의 존재 또는 부존재의 확인'이 아니라 '권리의 존재 또는 부존재의 확인'이라고 규정하였을 것이므로, 주관적 권리와 법률관계를 별다른 근거 없이 동일선상에 놓

　것에 비하여 더 간명하다고 한다.
180) Selb, a.a.O.(Fn. 115), S. 57 ff. 다만 Selb는 자신의 견해에 대한 비판을 상정하면서 그에 대한 재반박을 하고 있으나, 비판하는 견해의 출처에 대해서는 상세히 밝히고 있지 않다.

을 수 없다는 것이다.

이에 대해서 새로운 구성방법은 주관적 권리는 법률관계와 같은 지위에 있는 것이 아니고 법률관계 성립의 기본 전제라는 점을 분명히 한 다음, 주관적 권리는 법률관계를 구성하지만, 반대로 법률관계는 주관적 권리에 국한되는 것은 아니라는 입장이다. 법률관계는 일련의 주관적 권리와 의무뿐만 아니라 그 밖의 법요소들을 포함하는 개념이므로 개별적 권리·의무 관계를 넘어서는 복잡한 법적관계들, 예컨대 공무원의 상급자에 대한 다수의 권리와 의무를 내용으로 하는 이른바 공무원관계 등도 입법자의 의사에 따르면 확인소송의 대상이 될 수 있는 것이다. 나아가 독일 민사소송법(ZPO) 제256조에 근거한 민사상 확인소송에 있어서는 개별적·주관적 권리가 확인소송의 대상이 되는 법률관계라는 데에 의견이 일치되어 있는데, 행정법원법 제43조의 법률관계를 그보다 제한하여 해석할 합리적인 이유가 없다는 점도 근거로 제시된다.

이 견해는 결국 민사소송과 행정소송에 통용되는 실체법상의 법률관계 개념을 유독 행정소송에서의 확인소송에 있어서만 다르게 해석한다면 행정법원에 의한 권리구제의 보장을 제한하는 것이 되어 기본법 제19조 제4항의 관점에서 바람직하지 않을 뿐만 아니라 합리적인 이유 없이 소송법체계에 균열을 가져와 법질서의 통일을 방해한다는 것이다.[181]

② 새로운 구성방법을 비판하는 측에서는 행정행위를 발령할 수 있는 행정의 권한을 국가의 국민에 대한 주관적 권리로 구성할 수 있다는 점은 널리 인정되는데, 이러한 주관적 권리에 기초해서도 법률관계가 성립할 수 있다고 한다면, 국민은 국가에 대하여 자신에 대한 행정행위를 발령할 권한이 없음의 확인을 구하는 소를 제기할 수 있어야 하지만, 이러한 소는 부

---

181) Selb, a.a.O.(Fn. 115), S. 58.

적법하다고 한다. 그런데 이에 대하여 새로운 관점에서는 행정행위를 발령할 수 있는 행정의 권한을 국가의 국민에 대한 주관적 권리로 구성한다고 하더라도 위와 같은 권한의 존재 또는 부존재 확인소송이 적법한 것은 아니라고 한다. 왜냐하면 이러한 경우 국민은 자신의 권리를 취소소송 또는 예방적 금지소송을 통해 보호받을 수 있기 때문에 이에 대한 확인의 소는 행정법원법 제43조 제2항의 보충성 원칙에 위배되기 때문이라는 것이다. 결국 이 관점은 국민이 행정청에 대하여 자신에게 행정행위를 발령할 권한이 없음의 확인을 구하는 소가 부적법한 이유는 보충성의 문제이지 법률관계 성립 자체의 문제는 아니라고 본다.

③ 한편, 일반적인 구성방법이 국가와 국민 사이의 법적 상태를 구체성과 분쟁성을 통하여 제한하고 있음에 반하여, 주관적 권리를 법률관계 성립의 기초로 보는 관점은 법률관계의 개념을 넓게 이해하는 데에 기초하고 있기 때문에 순수한 법상태 또는 법률문제도 확인소송의 대상이 될 수 있다는 지적이 있을 수 있다고 한다. 하지만 이에 대하여는 순수한 법상태 또는 법률문제는 주관적 권리가 아니고, 설령 주관적 권리로 보더라도 여기에 더하여 확인소송의 적법성의 경계를 바로잡아주는 추가적인 표지인 즉시확정에 관한 성당한 이익이라는 요건이 있다고 반박한다. 따라서 주관적 권리에 대한 확인은 그러한 주관적인 권리가 구체적으로 위협을 받거나 침해된 경우에만 적법하기 때문에 위와 같은 비판이 지적하는 문제는 발생하지 않는다고 한다.

④ 특히 Selb는 판례와 문헌의 일반적인 견해도 법률관계 개념을 특정함에 있어 주관적 권리의 존재를 중요한 요소로 보고 있기 때문에 주관적 권리에 근거하여 법률관계 성립여부를 판단하는 견해와 본질적인 차이가 없다고 한다. 다시 말하면, 법률관계에 관한 전통적인 정의, 즉 '법규범에 기

초하여 구체적인 사실관계로부터 도출되는 두 사람 사이 또는 사람과 물건 사이의 법적인 관계'라는 정의에는 주관적 권리의 개념이 직접적으로 드러나지는 않지만, 이러한 정의를 구체화할 때는 결국 주관적 권리를 관련시킬 수밖에 없다는 것이다. 예컨대, 일반적인 구성방법은 구체적인 법률관계와는 반대로 추상적인 법률문제는 확인의 대상이 아니라고 하는데, 그 이유로 주관적인 권리 또는 의무와의 관련성이 흠결되어 있다는 이유를 제시한다는 것이다. 또한 법률관계의 독립하여 분리될 수 없는 부분 및 단순한 요건사실이나 선결문제 역시 직접적으로 권리나 의무의 근거가 될 수 없고, 단지 그러한 권리와 의무의 전제가 될 뿐이어서 확인의 대상이 될 수 없다는 입론도 결국은 주관적 권리와의 관련성을 내재하고 있다고 한다.

그런데 위와 같은 새로운 구성방법에서 제기되는 주장과 관련하여, 독일 연방행정법원 역시 전통적인 정의에 기초하면서도 주관적 권리가 법률관계의 근거가 된다는 점을 인정하는 듯한 판례가 발견된다. 여러 게마인데가 이웃 게마인데의 건축계획의 효력에 대한 확인의 소를 제기한 사안에서 "연방건축법 제2조 제4항(현재 건축법전 제2조 제2항)에 포함된 결의의무는 관련 게마인데 사이의 의무와 청구권의 근거가 된다. 피고가 위 결의의무를 충분히 이행하지 않으면, 원고들에게 그에 상응하는 청구권이 성립하고, 이러한 청구권에 기초하여 법률관계가 성립한다."라고 판시함으로써 전통적인 법률관계 이론에 입각하면서도 주관적 권리의 존재 여부를 기준으로 법률관계의 성립여부를 판단하고 있다.182) 그 밖의 판례에서도 행정에 대하여 구체적인 권리를 주장할 수 있는 경우 행정법원에 의한 확인의 대상이 되는 법률관계가 존재한다고 한 것이 있다.183) 결국 이러한 판례들은 법률관계가 주관적 권리에 기초하여 성립한다는 것을 인정하면서 종래의 일반적인 법률관계 구성방법과 새로운 구성방법의 논증과정 및 그 결과

---

182) BVerwG, Urteil vom 8. 9. 1972. - IV C 17.71 = BVerwGE 40, 323.
183) BVerwG, Urteil vom 13. 10. 1971. - VI C 57.66 = BVerwGE 38, 346.

에 큰 차이가 없는 것으로 보고 있다.

4. 새로운 법률관계 구성방법의 내용

1) 논의의 방향

이상과 같이 주관적 권리를 기초로 법률관계의 형성 여부를 판단하는 새로운 관점에 관하여 살펴보았다. 이러한 구성방법에 대한 비판과 그에 대한 재반박 과정에서 살펴본 바와 같이 주관적 권리를 기초로 법률관계의 존재 여부를 판단하는 것은 대부분의 사건에서 주관적 권리가 존재하면 법률관계도 존재하고, 반대로 주관적 권리가 존재하지 않으면 법률관계도 존재하지 않는 점을 지적한 것으로 상당히 유용한 기준으로 활용될 수 있을 것으로 보인다. 다만 아직 주관적 권리를 기초로 법률관계를 파악하는 것이 생소한 현실에서 이러한 기준을 활용할 수 있기 위해서는 좀 더 자세한 논의가 필요해 보인다.

주의할 것은 주관적 권리의 존재 여부를 기준으로 법률관계의 존재 여부를 판단할 수는 있지만 반대로 법률상 의무를 근거로 법률관계의 존재 또는 부존재를 판단할 수는 없다는 점이다. 왜냐하면, 권리에 대해서는 항상 그에 상응하는 법률상 의무가 있지만 그 역(逆)은 반드시 성립하는 것은 아니기 때문이다. 물론 많은 경우 어느 한쪽의 의무에 대하여는 다른 한쪽의 주관적 권리가 대응되고, 이때에는 법률관계가 성립하지만, 앞에서 살펴본 바와 같이 법률에서 정한 의무가 오로지 일반의 이익을 위한 것인 경우와 같이 주관적 권리가 대응하지 않는 의무도 인정되고 있기 때문에 의무만으로는 반드시 법률관계가 성립한다고 할 수는 없다. 따라서 새로운 판단방법에 의하면 법률상 의무가 아닌 주관적 권리만을 대상으로 하여 법률관계의 성립 여부를 판단하는 것이 옳다.

2) 주관적 권리의 내용

(1) 개념설정의 필요성

주관적 권리를 확인소송의 대상이 되는 법률관계의 기초라고 보는 경우, 무엇보다 중요한 것은 주관적 권리의 개념 설정이므로, 이하에서 살펴본다. 그리고 국민에 대한 관계에서 국가에게 주관적 권리가 인정될 수 있는지의 문제도 함께 살펴본다.

(2) 국민의 국가에 대한 주관적 권리

① 정의

주관적 권리의 개념에 대해서는 독일에서도 아직 통일된 정의가 존재하지는 않지만, 일반적으로 '법적으로 보호되는 이익과 관련하여 공법에 의하여 권리자에게 허용된 법적인 힘으로서 다른 주체에 대하여 특정한 행위, 부작위 또는 금지를 요구할 수 있는 것'을 의미한다.[184]

국가에 대한 국민의 주관적 권리가 인정되기 위해서는 개인이 국가작용의 순수한 객체가 아닌 고유한 권리주체로서 국가로부터 독립하여 행위할 수 있는 것은 물론, 국가작용에 대하여 적절히 대응할 수 있다는 것을 전제로 한다. 국가에 대한 주관적 권리의 승인은 법질서 내에서 국민이 국가에 복종한다는 사고에서 벗어남과 동시에 권위주의의 극복과 법치국가 원칙의 관철을 통한 합리화된 법질서가 마련되어 있을 것이 요구되고, 그 밖에 국가가 절대적인 존재가 아니라 하나의 법인으로서 주관적 공권의 수범자이자 그에 대응하는 의무자라는 시각이 확립될 것을 전제로 한다. 다만 주

---

184) G. Jellinek, System der subjektiven öffentlichen Rechte, 1905, S. 54 ff; Schenke, a.a.O.(Fn. 178), Rn. 380.

관적 권리의 존재를 인정하기 위해서는 권리자에게 법적인 힘이 있음이 개별사건에서 증명될 필요는 없다. 즉, 헌법상 국민의 국가에 대한 실체적인 기본권이 보장될 뿐만 아니라, 국가에 대한 국민의 지위가 국가작용에 대한 수동적 객체에서 적극적인 주체로 변화하였음을 고려하여 보면, 법규범이 개인의 이익을 보호한다면 거기서 보호되는 이익은 대개 그 방어를 위한 법적 힘을 일반적으로 수반한다고 볼 수 있으므로 주관적 권리를 승인하기 위해서는 법규범이 해석상 개인의 이익 실현에도 기여하는 것으로 인정되면 충분하다.[185] 법규범이 공익을 보호하거나 그 실현에 직접적으로 기여하는 것을 목적으로 하더라도 마찬가지이다.

② 주관적 권리의 종류

일반적으로 국민의 주관적 권리는 청구권(Ansprüche), 지배권(Beherrschungsrechte), 형성권(Gestaltungsrechte)으로 분류된다.

Ⓐ 청구권

청구권은 타인, 특히 공법의 영역에서는 국가 등 공공단체에 대하여 일정한 작위, 부작위 또는 금지를 요구할 수 있는 권리이다.[186] 청구권은 다시 실체적 주관적 권리와 형식적 주관적 권리로 구분된다.

실체적 주관적 권리는 권리자에게 특정한 다른 주체에 대하여 작위, 부작위 또는 금지를 요구할 수 있는 권한을 부여하는 권리이다. 이러한 주관적 권리는 상대적 권리로서 모든 사람에 대하여 효력을 미치는 것이 아니라 특정한 사람들 사이의 관계에서만 효력이 있다. 공법의 영역에서 실체적 주관적 권리에 속하는 것으로 허가청구권, 사회부조청구권, 사회보험으

---

185) Schenke, a.a.O.(Fn. 178), Rn. 496.
186) Wolff/Bachof/Stober/Kluth, §43. Berechtigungen der Zivilpersonen, insbesondere die subjektiven öffentlichen Rechte, Verwaltungsrecht I, 12. Auflage, 2007, Rn. 7.

로부터 도출되는 이행청구권, 공무원의 급여청구권, 공법상 계약에 근거한 청구권 등이 있다. 또한 수익적 행정행위에 있어서는 그 행정행위로 수익을 받을 사람은 해당 행정행위가 보장하는 내용을 청구할 수 있는 권리가 있다.

반면 형식적 주관적 권리는 단지 행정청에 대하여 하자 없는 재량결정을 요구할 수 있는 권리이다. 형식적 주관적 권리는 실체적 주관적 권리에 비하여 그 권리자의 법적지위가 상대적으로 약한 것으로 평가할 수 있다. 물론 재량이 영으로 수축하는 경우 형식적 주관적 권리는 실체적 주관적 권리가 될 수 있다.

ⓑ 지배권

지배권은 권리자로 하여금 특정한 객체를 지배할 수 있도록 하는 권리로서 객관적인 법이 정한 범위 내에서 그 객체에 대하여 영향을 미치거나 방해를 배제할 수 있는 권한을 부여한다.[187] 공법상 지배권의 대표적인 것이 방어권으로서의 기본권이다. 기본권은 일반적으로는 사인에 대하여 직접 효력을 미치지는 않지만, 모든 공권력의 담당자를 구속하기 때문에 절대적인 권리이다.

기본권의 주관적 권리로서의 성격을 구체화한 Georg Jellinek은 국민과 국가사이의 관계로부터 기본권의 다양한 기능을 네가지 지위, 즉 수동적 지위(status passivus)로서 국민의 의무, 소극적 지위로서(status negativus) 기본권 침해에 대한 방어권으로서의 자유권적 기본권, 적극적 지위(status positivus)로서 국민의 이행청구권, 능동적 지위(status activus)로서 국민의 참여권으로 구체화하였다.[188] 적극적 지위로서의 이행청구권은 당연히 주관적 권리로 성립한다. 반면 소극적 지위로서의 기본권은 국민이 국가로부

---

187) Wolff/Bachof/Stober, a.a.O.(Fn. 186), Rn. 6.
188) G. Jellinek, a.a.O.(Fn. 184), S. 94 ff.

터 자유를 가지고 있는 상태에서 그 자유의 침해에 대한 방어권의 형태로 나타나는데, 이러한 소극적 지위로부터 직접적으로 주관적 권리가 도출되는 것은 아니고, 단지 그 기본권에 대한 침해와 방해의 중단 내지 제거를 실현할 수 있는 가능성만을 가지고 있다가 권리자의 법적지위에 실제 위법한 침해가 현실화된 경우에 비로소 그 침해에 대한 방어권이 주관적 권리로 성립된다.[189] 그리고 이렇게 현실화된 침해적 행정작용에 대한 방어권의 형태로서의 기본권이 주관적 권리에 해당한다는 점에 대해서는 오늘날 다툼이 없다.

ⓒ 형성권

국민의 형성권은 직접적으로 어떤 법률상태에 영향을 미칠 수 있는 권리로서 일방적으로 법적 관계를 형성, 변경 또는 소멸할 수 있는 권리이다.[190] 여기에 해당하는 예로는 공법상 계약의 해지 또는 취소에 관한 권리, 공법상 단체에의 가입 또는 탈퇴에 관한 권리가 있다.

(3) 국가의 국민에 대한 주관적 권리

① 성립가능성

국민의 주관적 권리가 인정됨은 오늘날 자명한 것으로 받아들여지고 있는 반면, 국민에 대한 관계에서 국가의 주관적 권리가 인정될 수 있는가에 대해서는 논란이 있다. 이 문제는 국가의 국민에 대한 주관적 권리가 확인소송의 대상이 되는 법률관계로 성립할 수 있는가의 문제로 연결된다.

---

189) G. Jellinek, a.a.O.(Fn. 184), S. 105. 다만 침해가 현실화된 경우에만 주관적 권리가 성립한다는 점에 대해서는 예방적 권리구제의 허용가능성과 관련하여 상당한 논란이 있다. 자세한 내용은 제5장 참조.
190) Wolff/Bachof/Stober, a.a.O.(Fn. 186), Rn. 8.

독일의 경우 종래 국가의 주관적 권리가 성립할 수 있는지에 관하여 다툼이 있었으나 현재는 점점 그 성립을 인정하는 추세이다. 국가의 주관적 권리의 성립을 인정하지 않는 관점에서 제시되는 논거는 국가가 주관적 권리를 승인하는 본질과 목적은 개인의 고유한 권리와 이익의 보장에 있으므로 개인화된 법적 지위가 전제되어야 하는데, 국가는 개별적인 이익을 향유하지 않고 일반 공익만을 대변하기 때문에 주관적 권리 성립의 전제가 마련되어 있지 않다는 것이다. 그런데 이러한 부정론에 대해서는 주관적 권리의 개념을 사익을 대상으로 하는 주관적 권리에 한정하여 극도로 범위를 좁혔다는 비판이 있다. 즉 주관적 권리의 개념을 개인의 고유한 권리와 이익의 보장으로 한정하는 관점을 가지더라도 반드시 국가의 주관적 권리를 부정할 필요는 없다는 것이다. 국가의 존재 목적이 일반이익을 보장하기 위한 것은 분명하다는 것을 전제로, 국가는 이러한 일반의 이익을 실현하기 위하여 법률로 예정된 힘을 가지고 있는데, 이러한 힘을 주관적 권리로 승인할 수 있다는 것이다.[191] 또한 국가의 주관적 권리를 승인하는 것이 오히려 국가의 전능함의 극복과 관련된다는 시각도 있다. 종래 국가는 무한한 존재라는 시각이 지배하였던 반면 주관적 권리는 제한이 가능한 것으로 이해되어 왔는데,[192] 국가를 법질서에 속하는 법인으로 이해하여 국가권력도 개인의 주관적 권리와 마찬가지로 법질서 내에 포섭함으로써 일정한 법률상 제한을 할 수 있게 되므로 위와 같은 비판은 더는 타당하지 않다는 것이다.[193]

이와 같은 관점에서 국가의 주관적 권리를 인정하는 것이 최근 독일의 일반적인 추세로 보인다. 물론 모든 국가적 권한이 주관적 권리에 포섭되는 것은 아니고, 그것이 국민의 주관적 권리에 비교될 만큼의 법적 지위가

---

191) Schenke, a.a.O.(Fn. 146), S. 235.
192) Otto Mayer, Deutsches Verwaltungsrecht Bd. I, 1924, S. 107 ff.
193) Schenke, a.a.O.(Fn. 178), Rn. 387.

존재하는 경우에만 권리로 인정될 수 있다는 점에 대해서도 의견의 일치가
이루어져 있다.

② 개별적인 내용

이하에서는 국가의 개별적 권한이 어느 경우에 주관적 권리로서 확인소
송의 대상이 되는 법률관계가 될 수 있는지에 관한 독일의 논의를 간략하
게 소개한다.

Ⓐ 규범준수에 관한 국가의 일반적 청구권

국가의 법적인 힘을 주관적 권리로 이해하여 국가와 국민의 관계를 대립
되는 권리와 의무 관계로 파악하더라도, 국가가 국민에 대하여 어떤 규범
을 준수할 것을 요구할 수 있는 일반적인 청구권은 성립할 수 없다. 규범을
준수하여야 하는 것은 국민의 일반 의무로서 권리에 대응하지 않기 때문이
다. 그리고 규범을 준수하여야 하는 국민의 의무의 존재로부터 당연히 그
에 상응하는 국가의 권리가 도출되는 것도 아니다.[194]

Ⓑ 행정행위를 발령할 국가의 권리

이와 관련하여 행정행위를 발령할 수 있는 행정의 권능은 전통적인 국민
의 주관적 권리와 비교되는 법적 지위라고 할 수 있고 따라서 국민에 대하
여 수익적 또는 침해적 행정행위를 발령할 수 있는 국가의 권리가 인정될
수 있다고 한다.[195] 다만 새로운 구성방법에 의하더라도 행정청을 상대로
직접 행정행위를 발령할 권한이 없음의 확인을 구하는 소는 보충성의 문제
로 허용되지 않는다고 본다.

---

194) Selb, a.a.O.(Fn. 115), S. 77.
195) Schenke, a.a.O.(Fn. 178), Rn. 388에 의하면 이때의 국가의 권리는 형성권으로 이해
    된다.

ⓒ 규범형성에 관한 국가의 권리

법규범을 제정할 수 있는 국가나 지방자치단체의 주관적 권리를 인정할 수 있는가의 문제가 있다. 만약 이를 인정한다면 국민은 이른바 소극적 확인소송으로 국가나 지방자치단체가 규범을 제정·공포할 권한이 없음의 확인을 구할 수 있게 된다. 그러나 이에 대해서는 부정하는 견해가 일반적이다.196) 국가나 지방자치단체 등의 고권주체가 규범을 제정·공포하기 위해서는 법률상 근거가 필요한데, 여기에서는 국가의 주관적 권리가 도출되지 않는다는 것이다. 규범의 제정·공포의 근거가 되는 법규범은 일반적으로 조직법상 규정에 불과하므로 여기서 곧바로 국가의 주관적 권리가 발생하지는 않는다는 것이다. 즉, 공법상 형성권은 규범이 직접적으로 법상태에 영향을 미칠 수 있는 구체적인 법적인 힘을 부여하는 경우에만 성립할 수 있는데, 위와 같은 위임규범에 의해서는 그러한 법적인 힘이 부여되지 않는다는 것이다. 또한 국가의 입법권을 형성권 형태의 주관적 권리로 이해하더라도, 그것이 주관적 권리로서 완전하게 성립하기 위해서는 국민의 주관적 권리에 비교될 수 있는 법적 지위가 존재하여야 하는데, 이러한 전제도 충족할 수 없다고 한다.

반면 확인소송의 대상이 되는 법률관계를 구성하는 주관적 권리에는 법률의 위임을 받은 법률하위규범을 제정할 국가의 권리가 포함된다는 견해도 있다. 이 견해는 위법한 법률하위규범에 대한 권리구제를 실현하기 위하여 이러한 규범을 제정할 권한이 없음의 확인을 구하는 소송을 제기할 수 있다고 한다. 특히 이처럼 법률하위규범의 제정을 권리로 이해함으로써 불이익한 규범의 제정·공포가 임박한 경우 권리구제의 가능성이 열린다고 한다.197)

---

196) Selb, a.a.O.(Fn. 115), S. 79 ff.
197) Schenke, a.a.O.(Fn. 178), Rn. 389.의 설명에 의하면 포괄적인 권리구제를 보장하는 기본법 제19조 제4항은 행정법원에 의한 규범통제를 규정한 행정법원법 제47조에

3) 주관적 권리와 관련된 법률관계의 형성과정

이상 국민과 국가의 주관적 권리에 관하여 살펴보았다. 그런데 주관적 권리를 확인소송의 대상의 문제와 연관 짓기 위해서는 위와 같은 주관적 권리가 어떠한 방법으로 형성되어 법률관계를 구성하는지를 검토할 필요가 있다. 이에 대하여 독일에서는 주로 법규범을 통하여 직접적으로 형성되는 경우, 행정행위를 통하여 형성되는 경우, 그 밖의 공법상 행위를 통하여 형성되는 경우로 구분하여 설명하고 있다. 각각의 경우에 관한 논의를 간략히 살펴본다.

(1) 법규범에 기초한 법률관계

법규범을 통해 주관적 권리가 확인소송의 대상인 법률관계로 구체화될 수 있다는 점에 대해서는 특별한 문제가 없다. 그리고 그 기초가 되는 법규범에 형식적 법률은 물론 법규명령이나 행정규칙도 포함된다는 점에 대해서도 특별한 이견은 없어 보인다. 여기에 속하는 국민의 권리로는 대표적으로 기본권이 있고, 그 외에 개별 법률에 기초한 주관적 권리가 있다. 다만 공법규범이 주관적 권리를 보장한다는 것은 그 규범이 공익을 보호함과 동시에 개인의 이익을 보호하거나, 적어도 개인의 이익 실현에 기여하는 경우여야 한다(이른바 보호규범이론).[198] 주관적 권리는 어떤 규범이 권리

우선하기 때문에 법률하위규범에 대한 확인소송도 허용될 수 있다고 한다. 다만 이러한 확인소송은 주위적 규범통제(prinzipale Normenkontrolle, 구체적 사건을 전제로 하지 않고 법원이 직접 규범의 위헌·위법을 심사하는 추상적 규범통제와 가까운 개념이다)로서 권력분립의 한계를 넘어설 수 있기 때문에 규범통제의 요건과 한계를 규정한 행정법원법 제47조에 비추어 엄격한 요건 하에서 예외적으로 허용된다고 한다. 반면 의회 법률의 입법권에 대한 부존재 확인은 성질상 헌법상 분쟁이기 때문에 행정법원법 제40조 제1항에 의하여 행정소송의 대상에서 당연히 배제된다.

198) 보호규범 이론에 관한 상세한 설명은 김연태, "환경행정소송상 소송요건의 문제점과 한계", 안암법학 제35호, 2011, 14면 이하; 정호경, "독일 행정소송의 체계와 유형", 법학논총 제23집 제2호, 2006. 10, 217면 이하 참조.

주체의 이익을 보호하고 있을 뿐만 아니라 그러한 이익의 실현을 위하여 어떤 법적인 힘을 부여하고 있는 경우에 성립하기 때문에 행정에 어떠한 의무를 부여하는 법규범의 해석상 그 규범이 공익뿐만 아니라 개인의 이익도 보호하는 것으로 인정되는 경우에 주관적인 권리가 성립한다.[199]

한편, 법규범을 통하여 국가의 주관적 권리도 형성될 수 있는데, 예컨대 행정청이 법률에 기초하여 국민에 대하여 침해적 행정행위를 발령할 수 있는 권리가 여기에 속한다. 실정법상으로도 국가의 주관적 권리가 배제된다는 규정은 없고, 오히려 국가의 국민에 대한 손해배상청구권, 공법상 계약의 해지권 등과 같이 국가의 주관적 권리를 인정하고 있는 법률 규정이 상당수 존재한다. 그 밖에 병역법에 따라 국가가 특정한 국민에 대하여 특정한 상황에서 병역의무의 이행을 요구할 수 있는 권리 등도 있다.

이와 같이 법규범에 기초하여 형성되는 법률관계를 대상으로 하는 확인소송은 ① 법규범이 적용되어 발생하는 권리의 존재의 확인을 구하는 경우, ② 법규범에 기초한 국가의 권한의 부존재의 확인을 구하는 경우의 두 갈래로 구분될 수 있다. 이 경우 승소 여부가 해당 법규범이 유효한지 아닌지에 달려 있는 경우가 있고, 이 경우 법규범의 유·무효에 관한 심사가 불가피하다. 확인소송에 있어 해당 법규범의 유효 여부는 규범통제 절차에서와는 달리 소송의 직접적인 대상이 아니고 단지 선결문제로서 법원의 심사 대상이 되는데 그치기 때문에 규범통제를 부당하게 우회하는 것은 아니다.[200] 특히 이러한 확인소송은 행정에 의한 집행행위가 필요 없이 규범자

---

199) Schenke, a.a.O.(Fn. 178), Rn. 496.
200) 여기서의 법규범은 법률하위규범으로 한정된다고 보는 것이 일반적이다. 왜냐하면 법률의 위헌·위법 여부는 헌법상의 분쟁이기 때문에 행정법원의 심사범위에서 벗어나기 때문이다. 이는 우리나라도 마찬가지로 보아야 한다. 현재 행정소송 실무에서도 법률을 제외한 대통령령이나 행정규칙 등에 대한 심사가 이루어지고 있고, 이유 중 판단에 그 내용을 설시하고 있기 때문에 특별한 문제는 없다. 하지만 해당 규범이 법률인 경우 헌법재판소에 심사권한이 있기 때문에 일반 법원의 판단이 이루어지기

체로 효력이 있는 이른바 자기집행규범에서 중요한 의미를 가진다. 예컨대, 어떤 규범이 직접적으로 특정한 영업행위를 금지하거나 지방자치단체의 조례에서 직접 해당 지방자치단체의 쓰레기수거에 연관된 조치를 규정하는 경우 해당 규범을 굳이 행정처분으로 구성하여 항고소송으로 다투지 않더라도[201] 확인소송을 통하여 해당 규범의 유효 여부를 심사함으로써 근본적인 해결을 도모할 수 있게 된다.[202] 이렇게 보면 집행행위의 매개 없이도 규범의 유·무효를 다툴 수 있을 뿐만 아니라 굳이 해당 법규범을 행정처분으로 구성할 필요도 없어 간명하다. 또한 규범의 유·무효에 대한 판단이 전면에 드러날 수밖에 없어 분쟁의 근본적인 해결도 가능하다.

(2) 행정행위와 관련된 법률관계

행정행위와 관련해서도 주관적 권리가 성립할 수 있고, 이때의 주관적 권리를 기초로 법률관계가 형성된다.

우선 어떤 법규범이 국민으로 하여금 국가에 대한 관계에서 유리한 법적 지위의 형성을 요구할 수 있는 주관적 권리를 보장하는 경우 국민은 행정

는 어려울 것으로 본다(헌법재판소가 이미 위헌이라고 선언한 법률에 기초한 법률관계 내지 권리의 존재·부존재확인은 물론 가능하다).

201) 이른바 처분적 조례가 여기에 속한다. 대법원 1996. 9. 20. 선고 95누8003 판결에서 조례가 집행행위의 개입 없이도 그 자체로서 직접 국민의 구체적인 권리의무나 법적 이익에 영향을 미치는 등의 법률상 효과를 발생하는 경우 그 조례는 항고소송의 대상이 되는 행정처분에 해당한다고 하였다(이른바 두밀분교 사건이다). 현재 학계의 일반적인 견해는 행정입법(법규명령 및 법규명령의 효력을 갖는 행정규칙, 조례 등) 중 처분적 성질을 갖는 명령은 항고소송의 대상이 된다고 본다. 하지만 입법이라는 법형식의 중요성을 강조하며 반대하는 견해도 있다(김중권, "이른바 처분적 행정입법의 문제점에 관한 소고", 공법연구 제42집 제4호, 2014, 285면 이하). 처분적 조례에 관한 논의의 현황과 판례의 태도에 대한 자세한 소개는 박찬석, "처분적 조례에 대한 항고소송의 적법 요건", 대법원판례해설 제107호, 2016년 상반기, 457면 이하 참조.

202) Selb, a.a.O.(Fn. 115), S. 84.

기관을 상대로 해당 법규범이 정한 이익이나 급부 등을 내용으로 하는 수익적 행정행위를 요구할 수 있다. 반대로 행정으로 하여금 그 상대방인 국민에게 특정한 작위, 부작위 또는 금지를 요구할 수 있는 권한을 부여하는 침해적 행정행위가 존재하는바, 이러한 침해적 행정행위는 일반적으로 국민의 주관적 권리가 아니라 국가의 주관적 권리에 가깝다. 이와 같이 행정행위에 기초하여 국민의 주관적 권리는 물론 국가의 권리도 성립할 수 있다. 그리고 이러한 권리들은 확인소송의 대상이 되는 법률관계에 해당한다(다만 실제 확인소송이 적법한지에 관하여는 보충성의 관점에서 다시 검토하여야 함은 앞서 살펴본 바와 같다).

행정행위와 관련되는 법률관계는 행정행위가 이미 발령된 경우뿐만 아니라 아직 행정행위가 현실적으로 발령되지 않은 경우에도 성립할 수 있다. 예컨대 행정행위를 발령할 수 있는 법률상 요건이 갖추어진 상태에서 행정행위 발령이 임박한 경우 행정행위 발령에 선행하는 법률관계가 성립된다. 이 경우 발령이 임박한 침해적 행정행위에 대하여 국민은 예방적 권리구제를 이용할 수 있다(예방적 권리구제에 관한 자세한 논의는 제5장 참조). 반면 행정행위의 발령에 필요한 법률상 요건이 충족되지 못한 경우 행정행위를 발령할 수 있는 행정의 권한은 없기 때문에 아무런 법률관계가 성립할 수 없지만, 그럼에도 행정청이 행정행위를 발령한 경우, 행정행위는 위법하더라도 일단 유효하기 때문에 그에 기초한 법률관계는 일단 성립한다. 하지만 행정행위가 무효로 될 수 있는 하자가 있는 경우에는 행정행위를 발령하더라도 법률관계는 성립하지 않는다.

(3) 공법상 계약에 근거한 법률관계

법률관계는 공법상 계약과 관련해서도 성립할 수 있고, 이에 대해서는 특별한 문제는 없는 것으로 보는 것이 일반적이다. 현행 국가를 당사자로 하는 계약에 관한 법률은 공법의 영역에서 계약을 통한 법률관계가 성립,

변동, 소멸될 수 있음을 명시적으로 규정하고 있다. 이러한 법률관계에 있어 권리와 의무의 형성과 그 내용은 민법에서와 유사하다.

(4) 그밖의 공법상 행위에 기초한 법률관계

주관적 권리와 이에 기초한 법률관계의 형성은 법률, 행정행위, 공법상 계약 등 형식적 행위를 통해서만 가능한 것이 아니고 비형식적 행위를 통해서도 성립할 수 있다. 예컨대 지방자치단체의 시설에의 출입과 같은 사실행위에 관련된 이용자와 지방자치단체와 사이의 권리와 의무를 통하여 이용관계라는 법률관계가 성립할 수 있다. 또한 앞서 살펴본 바와 같이 경찰의 압수 행위와 같은 비정형적 행위를 통해서도 공법상 보관관계가 성립할 수도 있다.203)

Ⅳ. 일본에서 법률관계 개념구성

확인소송의 대상인 공법상 법률관계의 개념에 관하여, 일본에서의 논의는 앞서 살펴본 우리나라와 독일의 논의와는 그 방향이 상당히 다르다. 확인소송의 대상으로서의 법률관계의 개념설정 및 그 구성방법을 둘러싼 논의가 주로 이루어지는 우리나라와 독일과는 달리 일본에서는 일단 법률관계의 개념을 넓게 이해하되, 확인의 이익을 통하여 그 범위를 조절하려는 경향이 돋보인다. 이에 따라 확인의 대상에 선거권과 같은 권리가 포함되는 것은 물론이고 약사법에 있어서 의약품을 우편 등 판매하는 것이 가능한 권리 내지 지위와 같이 법령의 적용을 통해 도출되는 권리나 지위도 확인소송의 대상인 법률관계에 포함된다. 다만 추상적인 법률문제를 제외하

---

203) 주 173의 판례 참조.

는 것은 마찬가지이다. 결국 일본에서는 '구체적인 권리의무 내지 법률관계'에 해당하는 개별적인 법적 지위라면 일단 확인의 대상이 될 수 있다고 폭넓게 해석하는 것이 일반적이다.204)

이처럼 일본에서는 공법상 확인소송의 대상을 폭넓게 이해하기 때문에 확인대상의 선택방법 역시 다양하다. 원고는 어떤 것이 분쟁해결에 결정적인 방법인가를 고려하여 선택하면 된다. 이와 관련하여 ① 원고의 법적 지위(권리의 존재, 권리의무에 관련된 자격이나 지위의 존재, 의무의 부존재 등), ② 행정기관의 행위(작위·부작위)의 위법, ③ 구체적 사실에 관한 법적 평가(자신의 행동이 불이익한 행정작용의 발동사유에 해당하지 않는다는 등의 법적 평가) 등이 확인대상의 예로 제시된다.205)

이처럼 공법상 확인소송의 확인대상을 매우 넓고, 다양하게 파악하기 때문에 일본에서는 확인대상의 유형화보다 개별사건에서 확인의 이익이 존재하는가, 즉 확인판결이 이후 행정의 작용에 영향을 미치고, 이를 통한 분쟁의 해결이 충분히 기대되는 사정이 존재하는가가 더 중요하다고 한다. 따라서 일본에서는 확인의 대상을 선험적으로(a priori) 한정하는 것은 적절하지 않다는 인식이 강하다.206) 참고로 일본에서는 사실 또는 사실행위도

---

204) 浜川淸, "在外國民選擧權最高裁判決と公法上の確認訴訟", 法律時報 78卷 2号, 88頁 (2005); 山田健吾, "行政關係紛爭と確認訴訟", 法律時報 85卷 10号, 26頁(2013. 9.). 특히 법적지위의 확인, 행위의 위법확인, 사실 또는 사실행위의 확인 등이 확인소송의 대상이 될 수 있는가와 관련된 일본에서의 논의의 상세한 내용은 이승훈, 앞의 논문 (주 80), 443면 이하 참조.
205) 中川丈久, 前揭注(120), 979頁. 이 견해에 따르면 이들은 반드시 상호배타적인 것은 아니라고 한다. 예를 들어 사회보장급여의 지급정지가 있는 경우, 수급자격의 확인 (법적 지위의 확인)은 그 자격이 정지된 사유를 규정하는 법규명령이 분쟁의 원인이라면 법규명령의 위법을 확인하는 것(행위의 위법)과 같다고 할 수 있고, 원고에게 수급 자격이 있는가가 분쟁의 원인이라면 당해사유의 부존재의 확인(구체적 사실에 관한 법적평가)과 마찬가지라고 한다.
206) 村上裕章, "公法上の確認訴訟の適法要件 - 裁判例を手がかりとして", 阿部泰隆先生古稀記念: 行政法學の未來に向けて, 740頁(有斐閣, 2012. 4.).

확인의 대상이 될 수 있는가와 관련해서도 어떠한 사실에 대하여 어떠한 경우에 확인의 이익이 있는가의 관점에서 논의가 이루어지고 있다. 이와 관련하여 단순한 사실 또는 사실행위 전체에 관하여 확인을 구할 수는 없고, 원고의 법적지위를 보호하기 위하여 보다 유효적절한 수단이 없는 때에 한하여 법률적 평가를 수반하는 사실 또는 법적문제와 불가분의 관계에 있는 사실만이 확인소송의 대상이 된다고 본다.[207]

V. 공법상 확인소송의 대상인 법률관계의 의미와 내용구성

1. 검토의 필요성

이상 확인소송의 대상인 법률관계에 관한 논의를 우리나라 민사소송에서의 문헌과 판례를 기초로 하여 독일과 일본의 예를 참고로 살펴보았다. 현행 행정소송법 제3조 제2호의 당사자소송의 정의규정에 비추어 볼 때 공법상 당사자소송의 대상은 '공법상의 법률관계 일반'이라고 할 수 있다. 그동안 공법상 당사자소송을 공법상의 법률관계에 관한 소송으로 파악하고, 공법상 법률관계의 의미를 사법상의 법률관계와 구분하는 방법으로 구

---

207) 山下義昭, "「行爲の違法」確認の訴えについて", 公法硏究 71호(2009), 229頁 이하는 最高裁判所 昭和 32年 7月 20日 民集 11卷 7号 1314頁에 제시된 사건을 예로 들고 있다. 위 판례는 과거의 사실 그 자체가 확인소송의 대상이 될 수 있는지에 대해서는 아무런 언급을 하고 있지 않은 상태에서 원고가 출생에 의해 일본의 국적을 현재 계속 가진다는 결론만 긍정하였다. 이에 대하여 위 문헌은 위 판결이 과거의 사실, 특히 출생사실의 확인소송을 정면으로 인정한 것이라고 말하기는 어렵고, 법적문제와 불가분의 사실관계에 한하여 예외적으로 확인의 대상적격을 인정한 것이라고 설명하고 있다. 이 판례에 관한 상세한 소개는 이승훈, 앞의 논문(주 80), 446면 이하.

체화하려는 시도는 몇 차례 이루어진 바 있다.[208] 하지만 이를 공법상 확인소송의 대상이라는 관점에서 파악하려는 시도는 큰 관심을 받지 못하였다. 이하에서는 앞서 살펴본 법률관계에 관한 논의에 비추어 현행 행정소송법의 공법상 확인소송의 대상으로서의 공법상 법률관계의 의미를 검토한다.

2. 구체적인 법률관계의 판단기준

1) 간명한 판단기준의 필요성

우선 공법상 확인소송의 대상인 법률관계 또는 권리·의무 관계의 개념 범위는 구체적이고 특정되어야 한다는 점은 자명하다. 이 점은 민사소송에서도 일반적으로 인정되는 바이다.[209] 일반적으로 법률관계가 법에 의하여 규율되는 법주체 사이의 생활관계로서 그 개념범위가 대단히 포괄적이라는 점을 고려하면 법률관계 일반을 확인소송의 대상으로 할 수 없다는 점은 쉽게 이해할 수 있다. 이와 같이 포괄적인 법률관계 개념 중 공법상 확인소송의 대상이 되는 법률관계를 한정하기 위해서 독일에서는 절차법의 관점에서 당사자 사이의 다툼 있는 사실관계가 구체성과 분쟁성을 갖추었는지 여부를 기준으로 판단하는 방법과 실체법의 관점에서 어느 일방 당사자의 주관적 권리가 인정되는가를 기준으로 판단하는 방법이 있음은 앞서 살펴본 바와 같다. 그런데 실체법적 구성방법이 지적하는 바와 같이 두가지 판단방법에 따른 결론이 크게 다르지 않다. 어느 방법을 따르더라도 확인소송의 대상이 되는지의 여부가 달라지지 않는다. 따라서 어떤 판단방법

---

208) 공법상 법률관계와 사법상 법률관계를 구분하려는 최근의 시도로는 안철상, "공법관계와 사법관계의 구별", 행정판례평선, 2011, 79면 이하, 하명호, "공법상 당사자소송과 민사소송의 구별과 소송상 취급", 인권과 정의 제380호, 2008. 4, 52면 이하 등 참조.

209) 정동윤·유병현·김경욱, 앞의 책(주 126), 421면.

이 좀 더 간결하고 명확한 기준을 제시하느냐에 따라 공법상 확인소송의 판단기준을 설정하면 될 것이다.

2) 새로운 구성방법의 활용가능성과 그 한계

우선 주관적 권리의 존재 여부에 따라 주관적 권리가 존재하면 확인소송의 대상이 되는 법률관계가 존재하는 것으로 평가하는 새로운 구성방법은 비교적 판단기준이 명확한 주관적 권리의 존재 여부를 기준으로 한다는 점에서 굉장히 유용한 도구로 보인다. 앞서 살펴본 바와 같이 주관적 권리는 법규범이나 행정행위, 공법상 계약 등 행정작용에 의하여 성립하기 때문에 비교적 그 내용과 범위를 파악하기가 용이하다.

특히 새로운 구성방법은 국민의 국가에 대한 적극적 지위로서의 이행청구권과 관련하여 특별한 의미를 가진다. 우리나라의 경우 종래 의무이행소송이 인정되지 않는 바람에 이행청구권과 같은 주관적 권리를 인정하더라도 이를 소송에 의하여 관철할 수 있는 방법이 없었다(공법상 당사자소송으로서의 이행소송이 있기는 하나 수익적 행정처분의 발령을 요구할 수 없어 활용범위가 대단히 한정되었고, 그나마도 금전지급 청구 등 극히 일부 분야에 제한되었다). 그리고 이로 인하여 국가와 국민의 법률관계를 권리·의무 관계로 파악하는 데에 익숙하지 않았던 것이 사실이다.[210] 하지만 공법상 확인소송의 방법으로 국민의 주관적 권리의 존재의 확인을 구할 수 있는 방법이 있는 이상 국가와 국민 사이의 법률관계를 본격적으로 권리와 의무관계로 파악할 수 있을 것으로 보인다.[211] 특히 법규범에 의하여 수익

---

210) 특히 사회보장행정에서 국민의 권리체계를 고찰하고 입법론으로 의무이행소송의 도입을 강조하는 문헌으로 하명호, "사회보장행정에서 권리의 체계와 그 구제", 고려법학 제64호, 2012. 3, 173면 이하 참조.

211) 종래 취소소송과 당사자소송을 모두 주관소송적 성격으로 이해하는 관점과 달리 항고소송은 처분의 위법성을 공격하기 위한 것으로서 객관소송이고, 당사자소송은 행정주체와 사인간의 권리의무를 확정하기 위한 것으로서 주관소송이라는 견해가 있

적 행정행위의 발령을 요구할 수 있는 주관적 권리가 보장되는 경우에 독
일의 경우에는 의무이행소송을 통하여 직접 그 발령을 요구할 수 있기 때
문에 굳이 위와 같은 권리에 기초한 법률관계를 확인받기 위한 확인소송을
제기할 실제적인 필요는 없으나, 의무이행소송이 인정되지 않는 현행 행정
소송법에서는 확인소송의 방법으로 수익적 행정행위의 발령에 관한 국민
의 권리를 확인받을 수 있다.212) 이러한 관점에서 본다면 오히려 의무이행
소송이 허용되지 않는 현행 행정소송법상 권리구제체계에서 확인소송이
향후 국민과 국가의 관계를 권리·의무 관계로 재구성하고, 국민의 권리구
제의 범위를 확대하는 데에 크나큰 의미가 있을 것으로 보인다.

또한 주관적 권리를 기초로 법률관계 성립 여부를 판단하는 경우 국가의
국민에 대한 권리를 승인하여 권리구제 체계 내로 포섭할 수 있는 길이 열
린다. 국가의 국민에 대한 권리를 승인하는 것은 국가의 전능함을 부정하
고, 오히려 국가권능의 제한가능성을 열어두는 것이어서 국민의 입장에서
는 더 유리하다. 나아가 국가의 주관적 권리를 승인하는 것이 국가에게 추
가적인 힘을 부여하는 것도 아니고, 단지 국민에게 부여된 행동의무를 국
가가 직접 관철할 수 있는 법률상 권한을 단지 주관적 권리로 표현할 뿐이
다. 이렇게 함으로써 국가의 권리와 국민의 의무를 상호간의 권리와 의무
의 상호작용으로 구성되는 법률관계로 파악할 수 있고, 이를 통해 국가와
국민의 관계를 법의 테두리 내에서 이해할 수 있게 되어 법치국가 원칙의

다[박정훈, 앞의 논문(주 41), 660면]. 이 견해에 의하더라도 당사자소송은 주관적 권
리와 관련된 소송으로 파악되므로, 주관적 권리를 기초로 법률관계를 구성하는 것을
특별히 부정할 이유는 없어 보인다.
212) 다만 수익적 행정행위에 관한 이행청구권의 존재의 확인이 공법상 확인소송의 대상
이 될 수 있더라도, 그러한 소송유형이 실무상 활용될 수 있는지는 해당 수익적 행정
행위의 신청에 대한 거부처분취소소송과의 관계에서 보충성이 문제된다. 이 점에 관
하여는 공법상 확인소송의 보충성 부분에서 자세하게 다루기로 한다(제4장 제3절,
III. 현행 행정소송법체계 내에서의 공법상 확인소송의 보충성, 2. 보충성이 요구되는
정도에 관하여 참조).

실현에도 기여하게 된다.213)

다만 이상과 같은 장점에도 불구하고 새로운 구성방법을 그대로 활용하기에는 다음과 같은 문제가 있다.

우선 새로운 구성방법은 주관적 권리를 판단기준으로 제시하나, 당사자 사이의 관계를 전형적인 권리·의무관계로 파악하기 곤란한 영역이 존재한다. 예컨대 행정기관의 경고·권고·추천 등과 행정기관의 일방적인 작용에 의하여 법률관계가 형성·변동·소멸하는 경우이다. 이 경우 해당 행정작용의 위법성을 확인할 필요성은 있으나 어떤 주관적 권리가 성립하는지 구체적으로 입론하기가 쉽지 않다(행정행위에 의한 법률관계와 같이 사실행위

---

213) 참고로 국가가 국민에 대하여 제기한 확인소송을 당사자소송의 대상으로 적법하다고 판단한 다음과 같은 사례가 있다(대법원 2016. 12. 15. 선고 2016다221566 판결). 위 사건에서 대법원은 환지계획에서 초등학교 및 중고등학교 교육에 필요한 학교용지로 지정되어 있으면 장차 환지처분 및 공고가 있게 되면 원고 지방자치단체가 소유권을 원시취득하므로, 토지에 대한 지방자치단체의 이익은 비록 불확정적이라도 보호할 가치 있는 법적 이익에 해당하고, 구 토지구획정리사업법(2000. 1. 28. 법률 제6252호로 폐지) 제63조, 제80조 등의 취지는 학교교육이라는 중대한 공익의 실현에 필수적인 학교용지를 안정적이고 확실하게 확보할 수 있도록 하려는 것인데, 체비지대장상의 소유자명의대로 환지처분이 되어 피고 토지구획정리조합이나 위 조합으로부터 토지에 관한 소유자명의를 넘겨 받은 피고 회사 등 제3자 앞으로 토지의 소유권이 귀속된 것 같은 외관이 생기게 되면, 분쟁의 해결이 더욱 복잡해지고 학교용지의 확보에 차질을 빚게 될 수 있으므로, 확인소송을 통해 그러한 위험이나 불안을 제거할 이익과 필요가 있으며, 피고 조합이 토지를 체비지대장에 등재하는 등으로 지방자치단체의 지위를 다투고 있는 반면, 원고 지방자치단체가 현재의 상태에서 토지에 대하여 물권 유사의 사용수익권이나 관리권 등을 행사할 수 없으므로, 사업시행자인 피고 조합을 상대로 확인판결을 받는 것은 원고 지방자치단체의 법률상 지위에 대한 위험이나 불안을 제거하기 위한 유효적절한 수단이므로, 확인의 이익이 있고, 나아가 토지구획정리사업에 따른 공공시설용지의 원시취득으로 형성되는 국가 또는 지방자치단체와 사업시행자 사이의 관계는 공법관계이므로, 위와 같은 지위의 확인을 구하는 것은 행정소송법상 당사자소송에 해당한다고 하였다. 이 판례는 국가 또는 지방자치단체가 사인인 피고를 상대로 제기한 공법상 확인소송으로서 법률관계에 해당하는지, 확인의 이익이 있는지 등을 판단한 사례로서 가치가 대단히 높다.

를 할 행정기관의 권한을 인정하여 그 권한의 부존재 확인을 구하는 소송을 상정할 수도 있겠으나 너무 작위적이라는 비판을 피할 수 없는데다가 법률상 근거가 없이 이루어지는 사실행위의 경우 모든 사실행위가 위법하다는 결론에 이르게 될 수도 있다).

또한 국민의 주관적 권리의 성립근거는 법규범에서 찾게 되는데, 법률에서 주관적 권리 성립의 근거가 명확하게 드러나지 않는 경우 결국 기본권에서 그 근거를 찾을 수밖에 없다. 그러나 기본권의 일반적·포괄적 특성상 주관적 권리의 내용이 추상적이고 모호해질 수밖에 없고, 이로 인하여 확인소송의 범위가 극도로 넓어질 우려가 있다. 예컨대 원고의 영업행위에 대하여 행정기관이 특정한 영업행위는 허가를 받아야 한다는 입장을 가지고 있는 경우 원고에게 어떠한 주관적 권리가 있는지 입론하는 것은 쉬운 일이 아니다. 관계 법령에 근거규정이 없는 경우에는 더욱 그렇다. 이때 원고는 결국 헌법상 영업의 자유를 근거로 해당 영업을 허가를 받지 않고 운영할 수 있는 주관적 권리가 있다고 주장할 수밖에 없을 것인데, 이러한 권리의 내용은 매우 불분명하고 모호하다. 이는 독일과 같이 헌법상 영업의 자유를 구체화한 법률이 있는 경우에는 특별한 문제가 없으나,214) 아직 주관적이 권리의 측면에서 제도적인 정비가 미비된 우리나라의 경우 헌법상 권리에 의존하게 될 우려가 있다. 뿐만 아니라 주관적 권리의 근거를 헌법에서 찾게되면 사실상 국가에 대한 관계에서 모든 법률관계를 공법상 확인소송의 대상으로 구성할 수 있게 되어 남소의 위험도 있다.

---

214) 예컨대 독일의 영업법(Gewerbeordnung) 제1조(영업의 자유 원칙) 제1항은 "이 법을 통하여 예외, 제한 또는 허가에 대한 규정이 존재하지 아니하는 경우에는 모든 사람에게 영업활동을 허용한다."고 규정하고 개별 영업종류별로 허가, 신고 의무 등을 상세하게 규정하고 있다. 위 영업법 제1조의 영업의 자유는 제소가 가능한 주관적 권리이고, 영업을 개시할 권리, 방해받지 않고 영업을 계속할 권리 등이 포함된다(Eisenmenger, in: Landmann/Rohmer, Gewerbeordnung, §1 Grundsatz der Gewerbefreiheit, Rn. 51).

3) 일반적인 구성방법에 의한 보완의 필요성

이상과 같이 주관적 권리를 기준으로 확인소송의 법률관계인지 여부를 판단하는 새로운 관점은 일정한 한계를 가지고 있다. 따라서 절차법적 관점에서 법률관계에 해당하는지를 판단하는 일반적인 구성방법에 의한 보완이 필요하다.

일반적인 구성방법은 당사자 사이에 다툼이 있는 사실관계가 있음을 전제로 하여 법률관계 개념을 적절한 범위 안으로 한정하기 위하여 구체성과 분쟁성을 요구하고 있다. 구체성과 분쟁성을 요구하지 않으면 자신의 권리·이익에 관한 구체적인 다툼이나 위험이 없음에도 단지 법원의 공적 확인만을 구하는 확인소송이 범람할 우려가 있고, 이 때문에 법원은 법률상담소로 전락하게 될 우려가 크다. 이는 법원이 진실로 권리구제가 필요한 국민에 대하여 자원을 집중하는 것을 저해함으로써 효과적인 권리구제에 심각한 장애가 된다.

다만 구체성(분쟁성은 앞서 살펴본 바와 같이 구체성이 인정되는 한 특별히 문제되지 않는다)을 인정하기 위하여 제시되는 '특정되고, 이미 현단계에서 그 전모를 파악할 수 있는 사실관계의 존재'라는 기준은 분명 모호한 측면이 있기는 하지만, 다툼이 있는 사실관계가 시간적·장소적으로 개별 사건과 관련되어야 하고, 가상의 것이거나 단지 상상할 수 있는 정도에 그치는 것이어서는 안된다는 요구라는 관점에서 본다면 그 내용을 특별히 어렵지 않게 파악할 수 있다. 이러한 기준은 문제되는 법률관계가 구체적인 개별사건과 관련되어야 한다는 요구로서 일반적인 실무에서도 충분히 활용될 수 있을 것으로 본다.215)

---

215) 예컨대 행정기관이 특정 기업이 생산하는 제품에 대하여 경고·권고·추천 행위를 하는 경우 그로 인하여 국가와 해당 기업 사이에 해당 영업과 관련된 구체적인 법률관계가 성립한다. 이는 공법상 확인소송의 대상이 되는 법률관계가 되므로 국민은 다른 요건이 갖추어진 경우 행정기관에 대하여 경고·권고·추천이 위법함의 확인을 구하는 소를 제기할 수 있다.

결론적으로 공법상 확인소송의 대상인 법률관계는 우선 주관적 권리의 존재 유무를 따져 주관적 권리가 존재한다면 특별한 문제없이 법률관계의 성립을 인정할 수 있을 것이나, 주관적 권리의 존재 여부가 불분명한 경우에는 일반적인 구성방법에 따라 법률관계의 성립 여부를 다시 검토함으로써 새로운 구성방법의 한계를 보완할 수 있다. 이러한 방법을 통하여 법률관계의 성립여부를 판단하더라도 뒤에서 살펴볼 즉시확정에 관한 정당한 이익 내지 보충성의 해석을 통하여 확인소송의 대상이 무한정 넓어지는 것을 방지할 수 있다.

3. 관련 문제

1) 현재의 법률관계와 과거·미래의 법률관계

(1) 논의의 현황

현재의 법률관계가 확인소송의 대상이 된다는 점에 대해서는 다툼이 없다. 하지만 과거나 미래의 법률관계도 확인소송의 대상이 될 수 있는가에 대해서는 법률관계의 구체성과 관련하여 논란이 있다. 즉 과거나 미래의 법률관계가 현단계에서 확인소송의 대상이 될 정도로 구체화될 수 있느냐의 문제이다. 이 문제는 확인소송의 대상이 되는 법률관계의 존재 시점을 설정하는 명시적인 규정이 없기 때문에 발생한다.

국내의 민사소송 관련 문헌에서는 뒤에서 보는 바와 같이 현재의 권리 또는 법률관계가 확인의 대상이 될 뿐이고, 과거의 법률행위나 법률관계, 장래의 법률관계는 원칙적으로 확인의 대상이 되지 않는 것으로 보는 것이 일반적이다. 반면 독일의 경우 일반적으로 과거의 법률관계는 다툼이 있는 특정한 사실관계에 법규범을 적용하는 것이기 때문에 일반적으로 구체성의 요건은 충족되는 반면, 미래의 법률관계는 그것이 현단계에서 구체화될 수 있는 것이 아니라면 확인소송의 대상이 될 수 없다고 보고 있다. 따라서 과거의 법률관계에 대해서는 그 법률관계가 확인소송의 대상이 되기 위하여 어떠한 요건을 갖추어야 하는지에 논의의 초점이 맞추어져 있는 반면, 미래의 법률관계에 대해서는 그 법률관계가 일반적으로 확인소송의 대상이 될 수 없다는 것을 전제로 예외적으로 확인의 대상이 될 수 있는지, 될 수 있다면 어떤 요건을 갖추어야 하는지에 관하여 논의되고 있다.

(2) 과거의 법률관계

우선 과거의 권리·의무 또는 법률관계의 확인은 그 이후 법률관계가 변동되었을 가능성이 있어 현 단계에서 그것을 확인하더라도 당사자들 사이의 분쟁해결에 별다른 의미가 없으므로 허용되지 않는다. 다만 과거의 법률관계로부터 현재의 법률상태에 영향을 미치는 여러 가지 법률관계가 계속 발생하여 현재의 권리 또는 법률관계의 개별적 확정만으로는 분쟁의 근본적 해결을 꾀할 수 없고, 오히려 이들 법률관계의 기초로 되어 있는 과거의 기본적 법률관계를 확인하는 것이 현재의 분쟁을 직접적이고 근본적으로 해결하는데 가장 적절하고 필요한 경우에 예외적으로 과거의 법률관계를 대상으로 하는 확인소송이 허용된다.216) 그 밖에 "확인의 대상은 현재의 권리 또는 법률관계이어야 함이 원칙이나, 과거의 법률관계의 존재의 확인이라 할지라도 그것이 현재의 권리 또는 법률관계에 관련되어 있으면 허용된다."고 설명하는 경우도 있다.217) 또한 기판력으로 확정되는 권리관

---

216) 정동윤·유병현·김경욱, 앞의 책(주 126), 422면; 이시윤, 신민사소송법, 2018, 236면; 박우동, 앞의 논문(주 138), 310면; 김상원, 앞의 논문(주 135), 33면; 한편 강수미, 앞의 논문(주 123), 107면은 과거의 법률관계는 그것이 이미 소멸하였다면 현재 그에 관한 분쟁이 존재하지 않고, 소멸하지 않았다면 과거의 법률관계가 변경된 현재의 법률관계에 대하여 직접 확인을 구하면 되므로 확인의 대상이 될 수 없다고 설명한다.

217) 이승영, "직위해제·면직처분을 받은 후 그 임용기간이 만료된 사립학교 교원이 무효

계는 변론종결시를 기준으로 하는 현재의 권리관계이기 때문에 과거의 권리관계에 기판력이 생길 수 없고, 과거의 권리관계가 현재의 권리관계에 영향을 미치면 차라리 현재의 권리관계로 고쳐서 확인을 구하는 것이 직접적이고 간명하다는 것도 이유도 제시된다.[218]

대법원은 "일반적으로 과거의 법률관계의 존부는 독립의 확인의 소의 대상으로 할 수 없고 그 과거의 법률관계의 영향을 받고 있는 현재의 법률상태의 확인을 구해야 하는 것이다. 왜냐하면 과거의 법률관계의 존부의 확정은 단지 현재의 분쟁해결의 전제로 됨에 불과하여 사인 사이에 현재 존재하는 분쟁을 해결하려는 민사소송의 목적에 비추어 보아 직접적이고 간명한 방법이 되지 않기 때문이다."라고 판시하여 과거의 법률관계에 관한 확인은 원칙적으로 허용되지 않는다는 입장이다(대법원 1978. 7. 11. 선고 78므7 판결). 그러나 대법원은 이후 "과거의 법률관계라 할지라도 현재의 권리 또는 법률상 지위에 영향을 미치고 있고 현재의 권리 또는 법률상 지위에 대한 위험이나 불안을 제거하기 위하여 그 법률관계에 관한 확인판결을 받는 것이 유효 적절한 수단이라고 인정될 때에는 그 법률관계의 확인소송은 즉시확정의 이익이 있다고 보아야 할 것이고, 또 이렇게 보는 것이 확인소송의 분쟁해결 기능과 분쟁예방 기능에도 합치하는 것이다."라고 판시함으로써(대법원 2000. 5. 18. 선고 95재다199 전원합의체 판결, 대법원 2010. 10. 14. 선고 2010다36407 판결 등) 예외적으로 과거의 법률관계

확인을 구할 소의 이익이 있는자", 21세기 사법의 전개, 2005, 168면. 그 밖에 사봉관, 앞의 논문(주 135), 62면에 의하면, 특히 근로관계 소송에 있어 판례의 흐름은 ① 확인의 소로써 근로계약 관계에 기한 원래의 지위를 회복하는 것이 불가능한 경우, 예컨대 부당 해고 이외의 정년의 도래, 사망 등 별도의 사유로 근로관계가 종료한 경우에는 일반적으로 과거의 법률관계라는 이유로 확인의 이익을 부정하고 있으나, ② 위와 같은 과거의 법률행위인 해고나 정직 등으로 인하여 현재의 권리 또는 법률상 지위에 영향이 있거나, 장래의 법률상의 지위에 대한 위험이나 불안이 있는 경우에는 확인의 이익을 인정할 수 있다는 경향이라고 한다.

218) 주석 민사소송법 120면.

가 확인소송의 대상이 될 수 있음을 허용하고 있고, 현재는 점점 더 그 범위를 넓혀나가는 추세이다.

　반면 독일에서는 과거의 법률관계는 이미 특정된 사실관계에 법규범을 적용하는 것이 가능한지에 관한 다툼이 있는 경우로서 구체성의 요건은 갖추어진 것으로 보는 것이 일반적이다. 독일 연방행정법원도 "행정의 개입의 위법성 확인은 헌법상 보장되는 효과적인 권리구제청구권에 의하여 그러한 개입이 이미 종료되었더라도 확인소송의 대상이 될 수 있다."고 판시함으로써 효과적인 권리구제의 관점에서 과거에 존재하였던 법률관계도 확인소송의 대상이 될 수 있다는 점을 분명히 하였다. 다만 모든 과거의 법률행위가 확인소송의 대상이 되는 것은 아니라는 데에도 이견이 없는데, 이는 법원이 현재 실제적인 의미가 없고 단지 역사적으로 지나간 사건에 대하여 무익하게 판단을 하는 상황을 방지하기 위한 것이다.[219]

　독일에서는 과거의 법률관계가 확인소송의 대상이 될 수 있기 위하여 '법률관계가 종결된 이후에도 현재에 지속적인 영향을 미칠 것'을 요구하고 있다. 독일 연방행정법원의 다음과 같은 판단에서 구체적인 사례를 볼 수 있다. 우선 은퇴한 공무원인 원고가 자신이 재직 당시 마지막으로 속한 급여그룹에 속하게 된 시점에 관하여 확인소송을 제기한 사안에서 "과거의 공법상 법률관계의 내용은 법률관계가 종결된 이후에도 지속적인 영향을 미치는 경우에만 확인소송의 대상이 될 수 있다."고 하였다. 위 사례에서 과거의 법률관계의 확인은 원고의 현재 연금액에 영향을 미치기 때문에 확인소송의 대상이 되는 법률관계에 해당한다고 하였다.[220] 따라서 법률관계가 종결된 이후에도 현재에 지속적인 영향을 미친다는 것을 전제로 권리구제의 필요가 인정되는 한, 과거의 법률관계에 관한 확인의 소는 원칙적으

---

219) Selb, a.a.O.(Fn. 115), S. 92.
220) BVerwG, Urteil vom 7. 10. 1955 - BVerwG II C 27/54 = NJW 1956, 36 = BVerwGE 2, 229.

로 허용된다. 다만 법률관계가 종결된 이후에도 지속적인 영향을 미칠 것
이라는 요건은 확인소송의 대상의 문제가 아니라 뒤에서 살펴볼 권리구제
의 이익의 문제로 보고 있다.221)

독일에서 과거의 법률관계를 확인소송의 대상으로 본 사례들은 다음과
같은 것들이 있다.

○ 주(州) 헌법보호청이 다른 주(州) 학술부에 원고와 관련된 정보를
  제공한 행위가 위법함의 확인222)
○ 바이에른 방송국에 의한 독일 공영방송국연합체(ARD)의 공동제작
  프로그램의 방송중단이 위 공동제작 참가자인 원고의 권리를 침해
  하는지의 확인223)
○ 사실혼관계에서 태어난 아동의 아버지의 학부모대표 피선거권 확
  인224)
○ 지도교수의 직무상 의무위반으로 인하여 사제관계가 종료되었고,
  이러한 종료는 새로운 박사과정 취득 시도에 장애가 되지 아니함
  의 확인225)

---

221) 행정법원법 제43조가 법률관계의 시점을 제한하고 있지 않은 점에 착안하여 과거의
    법률관계를 원칙적으로 확인소송의 대상으로 보고, 다만 '법률관계가 종결된 이후에
    도 지속적인 영향을 미치는지'는 권리구제의 필요로서의 '즉시확정에 관한 정당한
    이익'의 요구로 보아야 한다는 설명이 일반적이다. 특히 Selb, a.a.O.(Fn. 115), S. 94.
    Pietzcker, a.a.O.(Fn. 122), Rn. 21. 참조.
222) OVG Berlin, Urteil vom 18. 4. 1978. - II B 13.77 = NJW 1978, 1644.
223) VGH Bayern, Urteil vom 18. 7. 1991. - 25 B 88.792 = NJW 1992, 929.
224) VGH Baden-Württemberg, Urteil vom 17. 8. 1992. - 9 S 2345/90 = NVwZ-RR 1993,
    481.
225) BVerwG, Urteil vom 26. 8. 1966. - VII C 113.65 = BVerwGE 24, 355 = NJW 1967,
    72(주 168에 소개한 판례 사안이다). 다만 이 판례는 과거의 법률관계(사제관계의
    종료)를 확인의 대상으로 하고 있을 뿐만 아니라 미래의 법률관계(새로운 박사과정
    취득가능 여부)도 대상으로 한다.

(3) 미래의 법률관계

민사소송 관련 문헌에서는 미래의 권리·의무 또는 법률관계는 그것이 현실적으로 존재하지 않으므로 법률상의 분쟁은 있을 수가 없다거나, 현재 법률관계를 확정하더라도 장래 변동될 가능성이 상존하기 때문에 현단계에서 법률관계를 확인할 의미가 없어 확인소송의 대상이 되지 못한다고 한다.226) 이러한 점에 비추어 볼 때, 미래의 법률관계는 구체성이 결여되어 있어 원칙적으로 확인소송의 대상이 될 수 없지만, 예외적으로 법률관계 성립을 위한 중요한 법적·사실적 기초가 현재 이미 존재하고, 이를 구체화할 수 있는 경우에는 확인소송의 대상이 될 수 있다. 확인소송의 목적은 현단계에서 자신의 지위 내지 처분의 자유를 보장하기 위한 것으로서, 미래에 발생 여부가 확실하지 않은 법률관계에 관한 확인청구는 권리구제의 필요가 인정될 수 없다. 바로 여기에서 현단계에서의 권리구제의 필요를 위하여 향후 법률관계가 실현되리라는 충분한 개연성이 있어야 한다는 요구가 도출된다. 현단계에서 충분히 구체화될 수 없는 미래의 법률관계는 확인소송의 대상에서 배제되는 단지 가상의 또는 이론적인 법률문제가 될 뿐이다. 이러한 측면에서 실제 발생할지 여부가 불확실한 법률관계에 대한 확인청구는 부적법하다.

다만 독일에서는 미래의 법률관계도 일반적으로 확인소송의 대상이 될 수 있다는 견해도 상당하다. 이러한 견해에 의하면, 우선 법률관계의 구체

---

226) 정동윤·유병현·김경욱, 앞의 책(주 126), 423면; 이시윤, 앞의 책(주 216), 235면; 김홍규, "확인의 소의 소의 이익", 사법행정 제15권 제6호, 1974, 35면은 위와 같은 설명에 더하여 가령 어떤 법률관계가 장래 성립할 것인가 어떤가에 관하여 현재 법률상 의문이 있고 장래 분쟁이 일어날 가능성이 있는 경우에 있어서도 그러한 분쟁의 발생은 언제나 반드시 확실한 것은 아니므로 장래의 분쟁발생에 대비해서 미리 발생하지 않은 법률관계에 관하여 추상적으로 법률문제를 해결하는 것과 같은 의미에서 확인의 소를 인정할 필요는 없다고 한다. 그리고 이러한 경우 현실적으로 분쟁이 발생하는 것을 기다려서 현재의 법률관계의 존부에 관하여 확인의 소를 제기할 수 있는 것으로 하면 된다고 한다.

성의 요구는 법원이 현실과 동떨어진 이론적인 분쟁에 자원을 투입하는 것을 막아야 한다는 이유에서 정당화되는데, 어떤 법규범이 구성요건이 충족되기 전에 이미 그 규율적 효력을 미치는 경우를 상정할 수 있고, 이 경우에는 그 규범과 관계되는 법률관계는 이론적인 것이 아닌 현재 시점에서 확인할 필요가 있는 구체적인 법률관계라는 것이다.227) 또한 현재 아직 어떠한 주관적 권리가 성립하지는 않았지만, 미래에 어떠한 요건이 갖추어지면 국가에 대한 청구권이 성립할 수 있는 경우, 이러한 청구권에 기초한 법률관계는 확인의 대상으로 할 수 있다고 설명하기도 한다.228)

한편 미래의 법률관계는 조건부 법률관계나 장래기한부 법률관계와 관련하여 검토된다. 특히 정지조건부 법률관계의 경우에 중요한 요건사실이 이미 존재하고 단지 그 조건의 충족 여부만이 장래에 맡겨져 있는 경우라면 확인소송의 대상인 구체적인 법률관계에 해당한다고 보고 있고, 또한 장래에 기한이 도래하는 이행의무의 경우 그 급부의 이행이 현재 이미 확정된 사실관계에 기초하고 있고 단지 그 기한이 장래에 도래하는 것이면 구체적인 법률관계에 해당할 수 있다고 한다.229)

미래의 법률관계와 관련하여 우리 대법원은 "확인의 소로써 위험·불안을 제거하려는 법률상 지위는 반드시 구체적 권리로 뒷받침될 것을 요하지 아니하고, 그 법률상 지위에 터 잡은 구체적 권리 발생이 조건 또는 기한에 걸려 있거나 법률관계가 형성과정에 있는 등 원인으로 불확정적이라고 하더라도 보호할 가치 있는 법적 이익에 해당하는 경우에는 확인의 이익이

---

227) Siemer, a.a.O.(Fn. 172), S. 513. 위 문헌은 예를 들면 원고가 중장기간의 처분행위가 필요한 사업계획을 가지고 있는 경우, 원고가 그 계획을 계속 추진하거나 중단해야 하는지 여부를 결정해야하는 상황이 있고, 이러한 상황에서 규범에 따른 법률효과가 발생하는지 아닌지에 관하여 법원의 확인을 구할 필요와 이익이 있다고 한다.

228) Selb, a.a.O.(Fn. 115), S. 95.

229) 민사소송에서의 일반적인 입장인데, 행정소송 관련 문헌에서도 일반적으로 받아들여지고 있다. 대표적으로 Redeker/v. Oertzen, a.a.O.(Fn. 160), Rn. 8 등 참조.

인정될 수 있다."고 판시하여(대법원 2000. 5. 12. 선고 2000다2429 판결, 대법원 2016. 12. 15. 선고 2016다221566 판결 등 참조) 비교적 폭넓게 확인소송의 허용성을 인정하여 왔다.

이와 관련하여 특히 정지조건부 법률관계와 관련하여 독일에서는 공무원이 장래 자신의 아내가 미망인 연금을 받을 수 있는 잠재적인 권리가 있음의 확인을 구하는 소가 대표적인 사례로 제시된다.[230] 이 사건은 은퇴한 공무원인 원고가 자신이 사망한 후에 자신의 부인이 미망인으로서 연방공무원법에 따른 부양청구권이 있음의 확인을 구하는 소를 제기한 사안이다. 이 사건에서 항소심 법원과 연방행정법원은 확인청구가 적법하다고 보았다. 우선 항소심 법원은 원고와 피고 사이에 존재하는 법률관계는 현재 공무원인 원고가 생존해 있기 때문에 아직 현실화되지 않은 상태라고 하면서도 원고의 아내가 미망인연금을 받을 수 있는가의 법률문제는 원고가 살아있음에도 이미 당사자들 사이의 논쟁의 대상이 되었다고 보았다. 즉 원고와 피고 사이에 공무원법상 원고의 부조청구권에 미망인연금을 받을 수 있는 권리와 같은 권리가 포함되어 있는지 여부에 관한 다툼이 존재한다는 것이다. 연방행정법원은 위와 같은 항소심의 판단을 수긍하면서 "조건부 법률관계도 그 기초가 되는 사실이 존재하고 다만 그 조건이 아직 충족되지 않은 경우 확인소송의 대상이 될 수 있다. 법률관계의 구속력이 아직 발생하지 않았지만, 그 성립이 추후 상황의 전개나 시간의 흐름에 의존하는 방식으로 그 기초가 형성되어 있는 경우에도 법률관계는 존재한다."고 하였다. 이러한 독일 연방행정법원의 판례에 따르면 행정에 대하여 구체적인 권리가 주장되는 경우, 즉 이미 현단계에서 파악가능한 특정한 사실관계에 대한 법규범의 적용에 다툼이 있는 경우에는 아직 그 권리가 현실화되지 않더라도 그와 관련된 법적 지위 또는 일반적인 법적 상태가 이미 행정법원의 확인의 대상

---

230) BVerwG, Urteil vom 13. 10. 1971. - VI C 57.66 = BVerwGE 38, 346.

이 되는 특정한 법률관계가 된다. 이러한 관점에서 보면 구체적인 법률관계에서 미망인연금 청구권과 같은 조건부 청구는 공무원이 아직 생존해 있는 경우에도 확인의 대상이 된다. 그 이유에 관하여 위 판례는 "미망인연금 청구권은 공무원이 사망한 후에는 미망인 개인에게 독자적으로 성립하지만 공무원이 생존하는 기간 동안에는 공무원에게 귀속되는 조건부 청구권이기 때문이다."라는 이유를 덧붙이고 있다. 그 밖에 독일에서는 공무원이 장래 연금(퇴직금)을 받을 권리가 있음의 확인을 구하는 소 역시 미래의 법률관계에 관한 확인소송으로서 적법하다고 인정되었다.[231]

이상과 같이 미래의 법률관계에 관한 확인소송은 주로 당사자들 사이의 법률관계의 성립 여부가 미래에 발생할 어떠한 사실에 좌우되는 경우에 문제된다. 그런데 장래에 이러한 사실이 발생할지 여부 또는 언제 발생할지가 현재로서는 불분명하기 때문에 현단계에서는 미래에 그러한 사실이 발생할 것을 가정하여 상정한 당사자들 사이의 법률관계를 확인할 수밖에 없다. 그런데 상정된 법률관계는 그 자체로 추상적일 뿐만 아니라 장래의 상황변화에 따라 변동될 수 있어 현재 단계에서 이를 확인할 실익이 없는 경우가 많다. 이 때문에 미래의 법률관계는 확인소송의 대상이 될 수 없다는 것이 일반적인 관점이다. 다만 현재 단계에 법률관계 성립을 위한 기초는 이미 형성되어 있고, 장래에 특정한 상황의 전개나 시간의 흐름에 따라 어떠한 사실이 발생함으로써 법률관계가 성립하는 것을 쉽게 파악할 수 있는 경우에는 장래 발생할 사실에 따른 법률관계를 상정하더라도 이는 확인소송의 대상이 될 수 있다. 앞서 살펴본 독일의 사례에서 미망인과 피고 사이의 연금관계는 원고의 사망이라는 사실에 좌우되는바, 원고의 사망은 시간의 흐름에 따라 언젠가는 발생하는 것으로서 원고의 사망이라는 요건 외에 위와 같은 연금관계의 성립에 필요한 요건들이 갖추어져 있다면(이 사건의

---

231) BVerwG, Urteil vom 13. 7. 1977. - VI C 96.75 = BVerwGE 54, 177.

경우 필수 공무원 재직기한 등 연금발생에 필요한 요건은 갖추어진 상태였고, 다만 65세 이후에 혼인한 공무원의 배우자가 미망인연금을 받을 수 있는가라는 법규범의 해석·적용 가능성만 문제되는 상황이었다), 현단계에서 장래 원고가 사망할 경우 원고의 배우자에게 연금청구권이 있는지에 관한 확인을 구할 수 있다는 것이다.

(4) 검토

현재의 법률관계가 확인소송의 대상이 된다는 점은 특별한 문제가 없는 반면, 과거나 미래의 법률관계가 확인소송의 대상이 되는 법률관계에 해당하는지에 대해서는 앞서 살펴본 바와 같이 독일에서 상당한 논란이 있다.

그런데 위와 같이 공법상 확인소송의 대상이 되는 법률관계를 시점에 따라 현재, 과거와 미래로 구분하는 것은 적절하지 않다. 우선 행정소송법상 당사자소송에 관한 규정은 법률관계의 시점을 제한하고 있지 않고, 그렇게 해석할 만한 근거도 전혀 없다. 그리고 과거와 미래의 법률관계를 원칙적으로 확인소송의 대상에서 배제하거나 그 범위를 제한한 채, 단지 예외적으로 허용하는 것은 확인소송의 인정 범위를 부당하게 축소할 염려가 있다. 따라서 과거 또는 미래의 법률관계도 원칙적으로 확인소송의 대상이 된다고 보는 것이 법률관계의 시점을 제한하지 않은 행정소송법의 문언에 충실하고, 공백 없는 권리구제를 실현하려는 효과적인 권리구제의 원칙에도 들어맞는다.[232]

다만 이렇게 볼 때, 확인소송의 대상이 너무 넓어진다는 반론이 있을 수 있다. 하지만 이에 대해서는 뒤에서 살펴볼 권리보호의 필요, 즉 즉시확정에 관한 정당한 이익을 통해 확인할 이익과 필요가 없는 경우를 제외함으로써 충분히 조절할 수 있다. 대법원 판례 역시 "과거의 법률관계라 할지라도 현재의 권리 또는 법률상 지위에 영향을 미치고 있고 현재의 권리 또는

---

232) Schenke, a.a.O.(Fn. 178), Rn. 406. 이하도 같은 취지이다.

법률상 지위에 대한 위험이나 불안을 제거하기 위하여 그 법률관계에 관한 확인판결을 받는 것이 유효·적절한 수단이라고 인정될 때에는 그 법률관계의 확인소송은 즉시확정의 이익이 있다."고 판시함으로써 과거의 법률관계를 대상으로 하는 확인소송의 적법 여부를 권리보호의 필요(확인의 이익) 문제로 이해하고 있다.[233] 한편 미래의 법률관계와 관련해서도 그것을 현 단계에서 구체화할 수 없다거나 변동가능성이 있다는 이유로 일반적으로 확인소송의 대상에서 배제하는 것은 효과적인 권리구제의 관점에서 볼 때 적절하지 않다. 특히 미래의 법률관계 전체에 확인판결의 효력이 미치는 것이 아니고 그 법률관계에서 정한 사실관계가 현실화된 경우에만 그 효력이 미친다고 본다면 역시 권리구제의 필요를 통하여 미래의 법률관계에 관한 추상적이고 비현실적인 주장을 걸러낼 수 있다.

2) 제3자와 관련된 법률관계의 문제

(1) 확인소송의 대상인지에 관한 논의

원고와 피고 사이의 법률관계가 아닌 제3자가 관련된 법률관계도 확인

---

233) 대법원 2002. 11. 26. 선고 2002두1496 판결; 대법원 2008. 3. 27. 선고 2006두17765 판결에서는 "지방자치단체의 조례에 따라 설치·운영하는 예술단체의 단원이 되려는 자가 지방자치단체로부터 일정기간을 정해 위촉받은 경우 그 기간 만료 이전에 해촉 등의 불이익을 받은 후 그 기간이 만료된 때에는 그 해촉의 의사표시가 무효라고 하더라도, 위촉 기간이 만료되는 단원에 대한 재위촉의무를 부여하는 근거규정이 없는 한 위촉기간이 만료됨으로써 단원으로서의 신분을 상실하고 그 신분을 회복할 수 없는 것이므로, 이 경우의 해촉무효확인청구는 과거의 법률관계의 확인을 구하는 것에 지나지 아니하여 확인의 이익이 없다고 할 것이고 다만, 과거의 법률관계라고 할지라도 현재의 권리 또는 법률상 지위에 영향을 미치고 있고 현재의 권리 또는 법률상 지위에 대한 위험이나 불안을 제거하기 위하여 그 법률관계에 관한 확인판결을 받는 것이 유효 적절한 수단이라고 인정되는 때에는 그 법률관계의 확인청구에 즉시확정의 이익이 인정될 수 있을 뿐이다."고 판단하고 있다. 위 판례에 의하더라도 과거의 법률관계는 '확인소송의 대상' 문제가 아니라 '확인의 이익' 문제라는 점이 분명해진다.

소송의 대상이 될 수 있는가의 문제가 있다. 민사소송 관련 문헌에서도 확인소송의 대상인 법률관계는 원고와 피고 사이의 법률관계에 한정되지 않고 권리보호의 필요가 있는 한 당사자 한쪽과 제3자 사이 또는 제3자 상호간의 법률관계도 가능하다는 것이 일반적인 설명이다.234) 대법원 역시 "확인의 소는 반드시 당사자 간의 법률관계에 한하지 아니하고, 당사자의 일방과 제3자 사이 또는 제3자 상호간의 법률관계도 그 대상이 될 수 있지만, 그 법률관계의 확인이 확인의 이익이 있기 위하여는 그 법률관계에 따라 제소자의 권리 또는 법적 지위에 현존하는 위험·불안이 야기되어야 하고, 그 위험·불안을 제거하기 위하여 그 법률관계를 확인의 대상으로 한 확인판결에 의하여 즉시로 확정할 필요가 있고, 또한 그것이 가장 유효·적절한 수단이 되어야 한다."고 판시한 바 있다(대법원 2005. 4. 29. 선고 2005다9463 판결, 대법원 2008. 2. 15. 선고 2006다77272 판결, 대법원 2010. 9. 30. 선고 2010다43580 판결). 또한 원·피고 일방이 제3자와 계약이나 협약을 체결하였으나, 그 후 계약이나 협약의 해제·해지를 둘러싸고 분쟁이 생긴 경우에도 확인의 이익이 인정될 수 있다(대법원 2017. 3. 15. 선고 2014다208255 판결).

이상의 논의와 판례에 의하면 일정한 권리나 법률관계가 제3자에게 속하는지 여부나 피고 또는 원고의 제3지에 대한 권리·의무의 존재 여부에 관한 확인을 구할 수 있다.

독일에서는 제3자가 관련된 법률관계도 확인소송의 대상이 될 수 있다고 한다. 즉 독일 연방행정법원이 "원고가 다툼 있는 법률관계의 직접 당사자일 것이 확인소송의 적법요건은 아니다."라고 판시한 바와 같이 확인의 대상이 되는 법률관계는 직접적으로 원고와 피고 사이에 존재할 필요는 없다.235) 이에 따라 확인소송의 대상이 되는 법률관계는 원고와 피고 사이의

---

234) 정동윤·유병현·김경욱, 앞의 책(주 126), 420면; 주석 민사소송법 127면.
235) BVerwG, Urteil vom 17. 1. 1972. - I C 33.68 = BVerwGE 39, 247 = NJW 1972, 784.

법률관계뿐만 아니라 원고와 제3자 사이의 법률관계, 피고와 제3자 사이의
법률관계가 있고, 나아가 극단적으로 제3자들 사이의 법률관계도 확인소송
의 대상이 될 수 있다.

물론 제3자가 관련된 법률관계가 확인소송의 대상이 되는 경우에도 확
인소송을 청구한 원고 자신의 정당한 이익은 인정되어야 한다. 원고가 피
고와 제3자 사이의 법률관계에 관하여 제기한 확인소송에 있어 피고와 제3
자 사이에 성립한 법률관계의 확인 그 자체가 중요한 것이 아니고, 그 확인
을 통하여 원고와 피고 사이의 다툼 있는 법률관계, 특히 원고 자신과 관련
된 법률관계에 대한 해명이 이루어져야 한다. 이처럼 제3자 관련 확인소송
이 적법하기 위해서는 확인의 대상이 되는 법률관계가 어떤 경우에도 원고
자신과 관련되어야 한다.236) 만약 원고와 피고 사이의 법률관계에 아무런
영향이 없다면 제3자가 관련된 법률관계를 대상으로 하는 확인소송은 허용
되지 않는다. 이와 같이 제3자와 관련된 법률관계에서 원고 자신의 권리
또는 이익과의 관련성을 요구하는 것은 독일 기본법 제19조 제4항 및 행정
법원법 제40조가 개인의 주관적 권리구제가 행정소송의 목적임을 선언하
고 있기 때문에 당연하다고 할 수 있다. 만약 원고와의 관련성을 요구하지
않으면 행정소송이 민중소송화될 수 있다는 우려가 반영된 것이다.237)

결국 제3자의 법률관계를 확인소송의 대상으로 하더라도 그 분쟁의 핵
심은 원고의 주관적 권리 내지 이익이라고 할 수 있다. 따라서 제3자가 관
련된 법률관계의 확인을 구하는 소에서는 그 법률관계가 원고와 어떤 관련
이 있는지가 먼저 심사되어야 한다. 특히 제3자가 관련된 법률관계의 존재
또는 부존재가 원고와 피고 사이의 법률관계에 선행하는 것이어야 한다는
점에서 보면, 확인소송의 대상이 되는 제3자 관련 법률관계는 원고와 피고
사이의 법률관계의 선결적 의미를 가진다는 점에서 심사가 이루어져야 한

---

236) Pietzcker, a.a.O.(Fn. 122), Rn. 23.
237) Selb, a.a.O.(Fn. 115), S. 102.

다.[238] 하지만 제3자와의 관련성은 피고와 제3자 사이의 법률관계에 원고의 권리영역이 적어도 간접적으로라도 관련이 되어 있으면 충분한 것으로 받아들여지고 있다. 여기서 나아가 제3자가 관련된 법률관계에 관한 확인소송에서 원고가 제3자가 아닌 피고에 대한 확인을 받을 정당한 이익을 가질 것이 요구되는데, 이때 확인의 이익은 직접적으로 피고에 대한 관계에서 성립하여야 한다.[239]

독일 연방행정법원은 다음과 같은 경우 피고와 제3자 사이의 법률관계를 확인소송의 대상으로 판단하였다.

○ 소매업 영업허가 관련 사건[240]
독일 연방행정법원은 원고가 1인회사로 운영하는 유한회사와 피고 사이의 법률관계에 관하여 대표사인 원고가 확인소송을 제기할 수 있다고 하였다.

---

238) Schenke, a.a.O.(Fn. 178), Rn. 409.
239) BGH, Urteil vom 18. 10. 1993. - II ZR 171/92 = NJW 1994, 459.
240) BVerwG, Urteil vom 17. 1. 1972. - I C 33.68 = BVerwGE 39, 247.
      원고는 1인 회사로 운영하는 유한회사 명의로 동양의 양탄자와 골동품을 유통하는
      영업을 하기 위하여 소매업 허가를 신청하였는데, 행정청이 원고는 회사를 운영하는
      데 필요한 신뢰성이 결여되어 있다는 이유로 불허가결정을 한 데 대하여 원고가 위
      불허가결정의 취소 및 자신의 영업에는 소매업 허가가 필요하지 않음의 확인을 구하
      는 소를 제기하였다.
      이에 대하여 독일 연방행정법원은 "원고가 운영하는 회사와 피고 사이의 법적 관계
      는 행정법원법 제43조에 규정된 확인소송의 대상이 되는 법률관계로 응축된다. 원고
      와 피고 사이의 법률관계에는 원고가 피고의 허가 없이 양탄자와 골동품 소매업을
      할 수 있는가에 관하여 의견차이가 존재한다. 피고는 이러한 영업은 반드시 허가를
      받아야 한다고 주장하나, 반대로 원고는 소매업을 영위하기 위해서는 허가를 받도록
      하고 대표자 또는 운영자의 신뢰성에 관한 심사를 받도록 한 소매업법은 위헌이므로
      무효라고 주장한다. 확인소송의 적법성은 원고가 다툼 있는 법률관계의 직접 당사자
      일 것을 요구하지 않는다."라고 판시하였다.

○ 공무원이 장래 자신의 아내가 미망인연금을 받을 수 있는 잠재적인
   권리가 있음의 확인을 구하는 소[241]

이 사건은 그 기저에 놓인 실체적 상황을 파악하여 보면, 자신의 아내
와 피고 사이의 법률관계가 아닌 현재 조건부 청구권을 가지고 있는 원고
자신과 피고 사이에 존재하는 법률관계가 그 다툼의 대상이다.

○ 주(州) 헌법보호청이 다른 주(州) 학술부에 원고와 관련된 정보를
   제공한 행위가 위법함의 확인[242]

이 사건에 있어 실질적으로 원고의 정보를 제공하고 넘겨받은 기관 사
이의 법률관계가 확인의 대상이 되는 것이 아니라 정보를 제공한 기관과
원고 사이의 법률관계가 확인의 대상이 된다.

○ 자신에 대한 반대운동을 벌이는 다른 단체에 대한 보조금 지급이
   위법함의 확인[243]

이 판결에서 독일 연방행정법원은 제3자와 관련된 법률관계의 확인소
송은 피고와 제3자 사이의 법률관계를 다투는 것이 아니고, 원고와 피고

---

241) BVerwG, Urteil vom 13. 10. 1971. - VI C 57.66 = BVerwGE 38, 346. 위 판례의
    구체적인 사실관계과 판단의 이유는 주 230의 판례 참조.
242) OVG Berlin, Urteil vom 18. 4. 1978. - II B 13.77 = NJW 1978, 1644.
243) BVerwG, Urteil vom 27. 3. 1992. - 7 C 21.90 = BVerwGE 90, 112 = NJW 1992,
    2496. 이른바 '오쇼 운동(Osho-Bewegung)' 사건이다.
    인도인인 Osho-Rajneesh가 설립한 명상단체인 원고가 피고 행정기관이 평소 원고에
    대한 반대운동을 지속적으로 하여 온 단체(이 사건의 제3자 소송참가인으로 참여하
    였다)에 보조금을 지급하는 것은 기본법 제4조에 규정된 원고의 종교적 기본권을 침
    해한다고 주장하면서 피고가 소송참가인에게 제도적으로 한 장려금 지급이 위법함
    을 확인한다는 내용의 확인소송을 제기한 사안이다. 독일 연방행정법원은 이 사건에
    서 "피고의 장려금 지급 실무에 대한 원고의 확인청구는 행정법원법 제43조에 의한
    것으로서 적법하다. 원고는 이러한 실무에 의하여 자신의 권리가 침해되었다고 보아
    그 실무를 법원에서 다툰다. 당사자들은 피고와 참가인 사이의 법률관계를 다투는
    것이 아니고, 원고와 피고 사이에 존재하는 법적 관계를 다투는 것이다."라고 하여
    위와 같은 확인소송이 적법하다고 판단하였다.

사이에 존재하는 법적 관계를 다투는 것이라고 판시함으로써 제3자가 관
련된 법률관계 확인소송의 핵심이 원고의 주관적 권리와 이익의 보장이
라는 점을 분명히 하였다.

○ **공무원이 소속 기관장을 상대로 소속 공무원의 사무실 전화내용을**
  수집·저장하여서는 아니됨의 확인[244]
  이 판결에서는 제3자와 관련된 법률관계도 행정법원법 제43조 제1항의
확인소송의 대상이 될 수 있으나, 행정법원의 권리구제는 개인의 권리구
제가 주된 목적이기 때문에 심리의 대상은 행정작용의 객관적 부당성 또
는 제3자와의 관계에서의 부당성이 아니라 오로지 원고에 대한 부당성만
이 그 소송의 대상이 될 수 있다는 점이 강조되었다.

다만 형식적으로 피고와 제3자 사이의 법률관계의 확인을 구하는 것으
로 보이더라도 그 실질이 원고와 피고 사이의 법률관계로 해석될 수 있는
경우에는 굳이 제3자와 관련된 법률관계의 확인으로 파악하지 않고, 원고
와 피고 사이의 법률관계의 확인으로 보는 것이 좀 더 간명하다. 예컨대 독

---

244) VGH Baden-Württemberg, Urteil vom 29. 1. 1991. - 4 S 1912/90 = NJW 1991,
2721. 피고 주(州)의 지방법원 지원(Amtsgericht) 판사로 재직 중인 원고가 위 지방법
원 지원의 지원장이 원고를 비롯한 법관과 공무원들의 사무실 전화와 연결된 전화설
비에 수신·발신 전화번호, 날짜와 시간, 통화시간, 직무상 전화인지 사적인 전화인지
여부, 발생한 전화비용이 자동으로 수집되어 저장하는 행위가 위법함의 확인을 구하
는 소를 제기한 사안이다. 이 사건에서 바덴-뷔르템베르크 주 행정법원은 원고의 청
구는 '피고가 원고에 대하여 위 지방법원 지원의 원고의 사무실 전화로부터 발신·수
신 전화번호, 날짜, 시간 및 통화시간을 자동으로 수집할 권한이 없음에 관한 법원의
확인'을 구하는 것으로 이해되어야 한다고 전제한 다음, 상급공무원 또는 고용주가
하급공무원 또는 직원에 대하여 특정한 권한이 없다는 점은 제3자와 관련된 법률관
계로서 확인소송의 대상이 될 수 있다고 하였다.
한편 위 법원은 소가 적법하다고 하면서도 원고의 청구를 기각하면서 상고를 허가
하지 아니하였다. 이에 원고가 연방행정법원에 불허가항고를 제기하였으나, 연방행
정법원은 결정으로 위 항고를 기각하였다(BVerwG, Beschluss vom 2. 7. 1991 - 2
B 64/91).

일 연방행정법원은 독일 내 종교단체가 독일 연방공화국을 상대로 자신들의 영적지도자의 입국을 거부한 것이 위법함의 확인을 구하는 사건에서 원고가 확인을 구하는 실질적인 법률관계는 피고와 외국에 있는 원고 종교단체의 영적지도자 사이의 법률관계가 아니라 피고가 위 영적지도자의 입국거부 사실을 쉥겐 정보시스템에 공지함으로써 발생하는 원고의 기본법 제4조 제1항과 제2항의 종교의 자유와 관련된 원고의 피고에 대한 고유한 법률관계의 확인을 구하는 것으로서 적법하다고 하였다.245)

(2) 공법상 확인소송에서 제3자와 관련된 법률관계

앞서 살펴본 바와 같이 확인소송의 대상이 되는 법률관계는 직접적으로 원고와 피고 사이에 존재할 필요는 없다는 전제에서 공법상 확인소송에서도 제3자가 관련된 법률관계도 확인소송의 대상이 될 수 있다. 하지만 제3자가 관련된 모든 법률관계를 확인소송의 대상으로 할 수 없는 것은 자명하다. 원고와 피고가 전혀 관련되어 있지 않고, 그 때문에 확인판결이 원고와 피고 사이의 법적 관계에 아무런 의미도 없는 법률관계를 확인의 소의 대상으로 하는 것은 확인의 소의 목적에 비추어 보아도 적절하지 않고, 효과적인 권리구제의 원칙에도 위배된다. 따라서 적어도 확인소송을 청구한 원고 자신의 정당한 이익은 인정되어야 한다. 제3자가 관련된 법률관계에 관하여 확인판결을 받는 것이 원고 자신의 권리를 실현하는데 중요한 의미

---

245) BVerwG, Urteil vom 10. 7. 2001. - 1 C 35.00 = NVwZ 2001, 1396. 세계적으로 포교된 종교를 믿는 독일내 단체가 미국에 거주하는 자신들의 종단 교주 부부의 방문을 추진하는 과정에서 독일 정부가 그 방문 거부 사실을 쉥겐정보시스템(위 교주 부부는 쉥겐조약에 가입된 다른 유럽국가를 통하여 독일에 입국할 예정이었다)에 등재한 것이 위법하다고 주장하면서 제기한 확인소송이다. 쉥겐정보시스템에 입국거부사실을 등재하는 것은 순수한 사실행위이고, 위 교주 부부가 독일 정부의 입국거부 방침을 알고 입국 시도 없이 바로 본국으로 돌아감으로써 항고소송의 대상이 되는 행정행위는 발령된 바 없는 사건이다.

가 있거나, 원고 자신이 확인의 대상이 되는 법률관계와 관련이 있거나, 원고 자신의 권리나 이익이 제3자가 관련된 법률관계에 어떻게든 의존되어 있을 것이 요구된다. 이와 관련하여 제3자와 관련된 법률관계를 대상으로 하는 확인소송을 분석하여 보면 실질적으로 원고와 피고 사이의 법적 관계를 대상으로 하는 경우가 대부분일 것이므로 개별 사건에서 사실은 원고와 피고 사이에 법률관계가 성립하는 것은 아닌지에 관하여 정밀한 심사가 필요할 것으로 보인다.

문제는 제3자와 관련된 법률관계에 관한 확인판결이 있는 경우 그 확인판결에 제3자가 구속되는지 여부이다. 해당 법률관계가 실질적으로 원고와 피고 사이의 법률관계인 경우(예컨대 앞서 주 240에서 살펴본 1인 회사의 대표인 원고가 위 회사와 피고 행정주체 사이의 법률관계의 확인을 구하는 경우)에는 특별한 문제가 없으나 별개의 권리주체인 제3자가 관련되어 있는 경우에 그 제3자가 확인판결에 구속되지 않으면 확인판결은 무위로 돌아갈 우려가 있다. 확인의 대상이 되는 법률관계가 원고와 제3자 사이에 성립하는 경우 법원이 직접적이고 강제적으로 제3자의 권리를 형성, 확인·확정, 변동 또는 소멸시키지 못한다면 원고가 원하는 재판은 실제 아무런 의미가 없다. 이러한 점 때문에 제3자와 관련된 법률관계에 있어서는 행정소송법 제44조에 의하여 당사자소송에 준용되는 제16조의 제3자의 소송참가 및 제17조의 행정청의 소송참가 규정을 적극적으로 활용할 필요가 있다.[246]

---

246) 이와 관련하여 독일에서는 제3자의 법률상 이익이 당해 재판과 관련이 있는 경우 법원은 행정법원법 제65조 제1항(제3자의 소송참가)에 근거하여 의무에 합당한 재량에 따라 제3자를 당해 소송절차에 참가시킬 수 있는데, 이러한 재량을 행사함에 있어 확인판결의 효력이 제3자에게 미치도록 한다는 합목적적인 고려를 하여야 한다고 설명하는 견해가 있다. 이상 Selb, a.a.O.(Fn. 115), S. 104.

제2절 권리구제의 필요로서 즉시확정에 관한 정당한 이익

I. 개관

민사소송은 물론 행정소송에 있어서도 확인소송을 청구하기 위해서는 소송상의 청구(소송물)에 관하여 본안판결을 구하는 것을 정당화할 수 있는 이익 또는 필요가 요구된다. 소송제도는 국가가 국민의 권리 또는 법률관계에 관한 분쟁을 해결함으로써 정당한 당사자의 이익을 보호하고 동시에 법질서의 유지를 목적으로 마련한 제도이므로 당사자가 소송제도를 이용하기 위해서는 그것을 이용할 만한 정당한 이익 내지 필요성이 요구되는바, 이러한 권리구제의 이익 내지 필요를 소의 이익이라고 한다.247) 따라서 소의 이익은 공익적 관점에서는 무익한 소송제도의 이용을 제한하는 원리이고, 당사자의 관점에서는 민사소송의 재판절차를 이용할 이익 내지는 필요성을 의미한다.248)

연혁상으로 소의 이익은 민사소송에서 확인의 소가 일반적으로 인정됨에 따라 법원에서 확인을 할 가치가 있는 사건을 가려내기 위한 수단으로

---

247) 정동윤·유병현·김경욱, 앞의 책(주 126), 404면; 최송화, "무효등확인소송에서의 소의 이익", 고시계 제38권 제5호, 1993, 59면; 박우동, 앞의 논문(주 138), 308면.
248) 주석 민사소송법 32면. 한편 대법원 2007. 5. 17. 선고 2006다19054 전원합의체 판결의 다수의견에 대한 보충의견은 "확인의 이익을 요구하는 것은 국민에게 재판청구권을 인정하면서도 남소를 억제하여 재판제도가 합리적이고 효율적인 분쟁해결수단으로 자리할 수 있도록 하기 위함이다."라고 판시한 바 있다.

등장하였고, 이것이 다른 소송유형으로 확대해 나간 것이다. 이러한 소의
이익은 재판제도에 내재된 필연적인 요청으로서 소의 이익을 통하여 법원
은 진실로 본안판결을 필요로 하는 사건에만 자원을 집중할 수 있고, 상대
방 당사자로 하여금 불필요한 소송에 대응하여야 하는 불이익을 제거할 수
있다.[249] 이러한 관점에서 소의 이익은 효과적인 권리구제의 원칙을 실현
하기 위한 제도로 이해할 수도 있다.

흔히 소의 이익을 청구의 내용이 본안판결을 받기에 적합한 일반적인 자
격이 있을 것(권리보호의 자격 또는 청구적격), 청구에 대하여 판결을 구할
만한 현실적인 필요성 또는 이익이 있을 것(권리보호의 필요 또는 이익),
당사자가 본안판결을 받기에 적합한 적격을 가질 것(당사자적격)으로 구분
하고 있는데, 소의 이익이라고 하면 일반적으로 그 중에서도 권리보호의
필요 또는 이익을 의미한다. 확인소송에서의 소의 이익, 즉 확인의 이익은
확인소송에 특유한 권리보호의 필요로서 '즉시확정의 법률상 이익이 있고,
또한 그것이 가장 유효적절한 수단일 때'를 의미한다는 것이 민사소송에서
의 일반적인 설명이다.[250] 그 중 '즉시확정에 관한 법률상 이익'은 민사소
송법에 명문의 규정이 없지만 해석상 당연히 요구된다고 보는 것이 일반적
이다. 대법원 판례 역시 "확인의 소는 사법상의 권리 또는 법률관계의 현재
의 존부에 관하여 즉시확정할 법률상 이익이 있는 경우에 한하여 허용된
다."고 판시하거나(대법원 1982. 12. 28. 선고 80다731, 80다732 판결 등),
"확인의 소에 있어서 확인의 이익은 소송물인 법률관계의 존부가 당사자간
에 불명확하여 그 관계가 즉시확정됨으로써 그 소송의 원고의 권리 또는
법률적 지위에 기존하는 위험이나 불안정이 제거될 수 있는 경우에 확인의
이익이 있다."고 판시함으로써(대법원 1994. 11. 22. 선고 93다40089 판결)

---

249) 정동윤·유병현·김경욱, 앞의 책(주 126), 404면; 윤인성, "무효확인소송의 보충성",
    정의로운 사법, 2011, 1152면.
250) 정동윤·유병현·김경욱, 앞의 책(주 126), 423면.

확인의 이익이 요구됨을 분명히 하고 있다. 이처럼 민사소송에서 요구되는 소의 이익은 분쟁당사자가 분쟁의 해결 내지 구제를 얻기 위하여 법원의 권한을 이용하는 경우에 있어 일반적인 요구이므로 행정소송에도 원칙적으로 타당하다.251)

우리 대법원은 무효등확인소송에 있어 "행정처분에 대한 무효확인의 소에 있어서 확인의 이익은 그 대상인 법률관계에 관하여 당사자 사이에 분쟁이 있고, 그로 인하여 원고의 권리 또는 법률상의 지위에 불안·위험이 있어 판결로써 그 법률관계의 존부를 확정하는 것이 위 불안·위험을 제거하는 데 필요하고도 적절한 경우에 인정된다 할 것이므로, 원고의 권리가 존재하지 아니하고, 그 판결을 받는다 할지라도 그 권리가 회복될 가능성이 전혀 없다면 그러한 원고의 확인의 소는 그 확인의 이익이 없다고 할 것이다."라고 판시함으로써(대법원 2002. 6. 14. 선고 2002두1823 판결) 민사소송에서의 확인의 이익에 비추어 무효등확인소송의 확인의 이익을 판단하고 있다.

반면 독일 행정법원법 제43조는 원고가 즉시확정에 관한 정당한 이익이 있는 경우에만 확인소송이 허용된다고 명시적으로 규정하고 있다. 즉시확정에 관한 정당한 이익은 이른바 불확정 법개념으로서 그 정의는 판례와 학설에 맡겨져 있다. 독일에서는 상당히 오랜 기간 즉시확정에 관한 정당한 이익의 내용을 파악하고 판단기준을 설정하기 위한 논의가 이루어져 왔다. 그리고 이러한 논의에 기초하여 즉시확정에 관한 정당한 이익의 내용, 판단기준에 관한 해명이 상당 부분 이루어졌다.

이하에서는 위와 같은 논의를 기초로 즉시확정에 관한 정당한 이익의 내용과 판단기준을 살펴보고 특수한 문제로서 법률상 이익과의 관련성을 확인소송의 주관적 관련성과의 관계 측면에서 검토한 다음, 관련 문제로서

---

251) 조해현, "항고소송에서의 소의 이익", 특별법연구 제8권, 2006, 60면.

행정기관이 제기한 확인소송의 경우 및 확인판결이 손해배상청구나 손실보상청구의 선결문제인 경우에 즉시확정에 관한 정당한 이익이 인정되는지 여부를 살펴본다. 그리고 이러한 논의에 기초하여 현행 행정소송법 내에서 공법상 확인소송의 즉시확정에 관한 정당한 이익의 내용을 어떻게 구성할지에 관하여 살펴본다.

II. 즉시확정에 관한 정당한 이익의 내용과 판단기준

1. 의미와 기능

즉시확정에 관한 정당한 이익의 개념은 그 자체로 불명확하고 유동적이어서 정의하기 쉽지 않다. 대법원도 확인의 이익에 관하여 특별한 정의를 하고 있지는 않고, 다만 확인의 소에 있어서 확인의 이익의 유무는 직권조사사항이므로 당사자의 주장 여부에 관계없이 법원이 직권으로 판단하여야 한다고 함으로써 소송요건의 하나로 파악하고 있을 뿐이다(대법원 2006. 3. 9. 선고 2005다60239 판결 참조).

국내의 민사소송법 문헌에서도 확인의 이익을 즉시확정의 법률상의 이익으로 이해하면서, 특정한 권리 또는 법률관계의 존부에 관하여 당사자 간에 다툼이 있으면 그에 관한 법적 불안이나 위험이 존재하여 이에 관한 확인판결이 필요한 것으로 볼 수 있다고 설명한다.[252] 이러한 관점은 자기의 권리 내지 법적 지위가 다른 사람으로부터 부인당하는 경우에는 그러한 법적 지위의 존재에 관한 확인판결을 받을 필요가 인정될 것이고, 권리 내

---

252) 강수미, 앞의 논문(주 123), 108면 이하. 권리 내지 법적 지위에 관하여 당사자 간에 다툼이 없으면 이에 관한 법적 불안이나 위험이 존재하지 않는 것으로 되어 확인판결이 필요하지 않게 된다고 한다.

지 법적 지위를 가지고 있지 않는 사람이 자신에게 그러한 법적 지위가 있다고 주장하는 경우에는 그러한 법적 지위의 부존재에 관한 확인판결을 받을 필요가 인정된다고 한다.

독일에서는 어떠한 이익이 정당한 것인지를 둘러싸고 상당한 논의가 있었다. 대개는 개별 사건에서의 구체적인 판단에 맡겨져 있는 것으로 보기는 하지만, 정당한 이익의 개념을 너무 완화함으로써 그 범위가 무제한으로 확장되거나 반대로 너무 엄격하게 해석하여 확인소송의 허용 범위가 극도로 제한되는 것을 막기 위하여 일정한 정도의 제한은 이루어지고 있다. 왜냐하면, 정당한 이익의 개념을 완화하여 확인의 이익을 지나치게 넓히면 국가의 적정한 재판권의 행사를 저해할 뿐만 아니라 남소의 위험이 있고, 반대로 이를 너무 좁게 보면 법원이 본안판결을 할 부담을 절감할 수는 있으나 당사자의 재판청구권을 부당하게 박탈하게 될 우려가 있기 때문이다.[253]

이상에서 서술한 논의를 통하여 알 수 있듯이 즉시확정에 관한 정당한 이익의 개념을 통하여 권리구제의 필요를 강조하는 법정책학적 이유는 상정가능한 모든 법률관계가 법원에 의한 확인의 대상이 되는 상황을 방지함으로써 권리구제를 받을 필요가 없는 사람이 확인소송을 악용하는 것을 막기 위함이다. 특히 자신과 아무런 관련도 없는 법률관계에 대하여 확인소송을 남발하는 것을 방지하기 위한 것이다. 결국, 국가의 적정한 재판권의 보장을 통한 효과적인 권리구제의 실현이 즉시확정에 관한 정당한 이익의 근거라고 볼 수 있다.

대법원은 대법원 1989. 12. 26. 선고 87누308 전원합의체 판결에서 "행정소송에서 소의 이익이란 개념은 국가의 행정재판제도를 국민이 이용할 수 있는 한계를 구획하기 위하여 생겨난 것으로서 원고가 필요하다고 생각하여 제소하였더라도 객관적으로 보아 그것이 불필요하다고 인정되는 경우

---

253) 이시윤, 앞의 책(주 216), 222면.

에는 그 소를 각하하는 것이 합리적이지만 그 인정을 인색하게 하면 실질적으로는 재판의 거부와 같은 부작용을 낳게 된다."라고 판시함으로써 즉시확정에 관한 정당한 이익을 둘러싼 적정한 재판권과 남소방지 등의 이익균형을 고려하고 있는 것으로 보인다.254)

2. 내용과 범위

민사소송에서의 설명은 확인의 이익은 원고의 권리 또는 법률상의 지위에 현존하는 불안·위험이 있고, 그 불안·위험을 제거함에는 확인판결을 받는 것이 가장 유효·적절한 수단일 때에 인정된다. 이때의 즉시확정의 이익은 법률상의 이익만을 의미하고, 사실적, 경제적 이익은 포함되지 않는다.255) 따라서 판결에 의하여 불안을 제거함으로써 원고의 법률상의 지위에 영향을 줄 수 있는 경우에는 확인의 이익이 있으나, 경제적 이익 또는 반사적 이익만 있는 경우에는 확인의 이익이 없다. 대법원은 같은 취지에서 "과거의 법률행위에 불과한 해고에 대하여 무효확인을 구하는 이유가 단순히 사회적인 명예의 손상을 회복하기 위한 것이라면 이는 현존하는 권리나 법률상의 지위에 대한 위험이나 불안을 제거하기 위한 것이라고 할 수 없고, 그것이 재취업의 기회가 제한되는 위험을 제거하기 위한 것이라 하여도 이러한 재취업 기회의 제한이 법령 등에서 규정되어 있는 등의 특

---

254) 다만 위 전원합의체 판결의 반대의견은 "항고소송에 있어서의 소의 이익이란 행정처분의 취소를 구할 구체적인 이익을 의미하는 것인데 우선 취소의 대상이 될 수 있는 처분성이 있는 행정행위가 존재하여야만 그 취소를 구할 이익이 있는지의 여부를 따지게 된다. 그러므로 처분성의 유무는 소의 이익 유무와는 별개로 검토되어야 할 문제로서 이 사건 등록거부처분이 처분성이 없는 행정행위라면 아무리 그 취소를 구할 소의 이익이 있다고 하더라도 그 항고소송은 부적법한 것이다."라고 판시함으로써 권리구제의 필요의 문제를 확장함으로써 항고소송의 대상문제인 처분성이 인정되지 않음에도 본안 판단을 하는 상황을 우려하고 있다.
255) 주석 민사소송법 132면.

별한 사정이 없는 한 이는 사실상의 불이익이지 법률상의 불이익이라고 할 수 없다.”고 판시하였다(대법원 1995. 4. 11. 선고 94다4011 판결). 그 외에도 물품 수입승인처분 무효확인소송에서 위 처분으로 인하여 그 물품과 동종의 물품을 생산하는 국내업자가 경제적 불이익을 입게 되고 따라서 그 처분이 무효로 되게 되면 국내업자가 보호받게 된다는 사실만으로는 권리보호의 이익이 없고(대법원 1971. 6. 29. 선고 69누91 판결), 주주는 회사의 재산관계에 대한 단순한 사실상, 경제상 또는 일반적, 추상적인 이해관계만 가질 뿐 구체적 또는 법률상의 이해관계를 가진다고 할 수 없으므로 주주는 상법 제404조에 의한 대표소송의 경우를 제외하고 회사와 제3자 사이에 체결된 계약의 무효확인을 구할 이익이 없으며(대법원 1979. 2. 13. 선고 78다1117 판결), 한약조제시험을 통하여 약사에게 한약조제권을 인정함으로써 한의사들의 영업상 이익이 감소되었다고 하더라도 이러한 이익은 사실상의 이익에 불과하고 약사법이나 의료법 등의 법률에 의하여 보호되는 이익이라고는 볼 수 없다(대법원 1998. 3. 10. 선고 97누4289 판결)고 하였다.

한편 독일 행정법원법 제43조의 ‘정당한 이익(berechtigtes Interesse)’은 민사소송법(ZPO) 제256조에 의한 민사상 확인소송에서 요구되는 ‘법률상 이익(rechtliches Interesse)’과는 다른 개념으로서, 행정법원법의 ‘정당한 이익’이 민사소송법의 ‘법적 이익’ 보다 더 포괄적인 것으로 받아들여지고 있다.256) 그에 따라 독일 행정법원법 제43조의 정당한 이익은 일반적인 문헌

---

256) BVerwG, Beschluß vom 9. 12. 1981. - 7 B 46.81, 7 B 47.81, 7 B 48.81, 7 B 60.81, 7 B 61.81 = NJW 1982, 2205. 다만 우리 민사소송법학에서도 확인의 이익은 독일 민사소송법(ZPO) 제256조를 그대로 도입한 것으로 보아 확인소송에 요구되는 확인의 이익을 ‘즉시확정의 법률상 이익’으로 해석하는 견해가 일반적이다[특히 이시윤, 앞의 책(주 216), 237면]. 이 견해에 의하면 반사적으로 받게 될 사실적·경제적 이익은 법률상 이익에 포함되지 아니하므로 판결에 의하여 불안을 제거함으로써 원고의 법률상의 지위에 영향을 줄 수 있는 경우에만 확인의 이익이 있다. 그리고 경제적 이익이나 명예회복 또는 불이익제거 등의 사유도 사실상의 이익으로서 확인의 이익에서 배제된다.

과 판례에 의하면 '법률규정 또는 일반 법원칙에 기초하여 사건의 분쟁상황에 대한 이성적인 고려에 따라 보호가치 있는 것으로 승인된 이익'으로 이해되고 있다.[257] 그리고 이러한 이해에 따르면 정당한 이익에는 공법상·사법상의 모든 법률상 이익뿐만 아니라 경제적, 관념적, 개인적·사적 이익도 모두 포함된다. 독일 판례도 같은 입장이다. 특히 관념적인 이익에는 정치적, 문화적 또는 종교적 이익도 포함되는 등 정당한 이익의 개념 범위는 매우 넓다. 이처럼 정당한 이익이 매우 폭넓게 이해됨에 따라 일반적인 확인소송에서는 원고에게 법률상 이익뿐만 아니라 경제적, 관념적, 개인적·사적 이익이 있으면 충분하므로 실제 정당한 이익의 존재 여부가 문제 되는 경우는 별로 없다고 한다.[258] 또한 정당한 이익이 넓게 이해됨에 따라 독일 민사소송에서 종종 등장하는 문제점인 단순한 경제적 이익과 법적 이익의 구별문제도 행정소송에서는 나타나지 않는다고 한다.[259]

그런데 즉시확정에 관한 정당한 이익에 대한 요구가 어떤 의미를 가지는지에 대해서는 판례와 문헌에서 의견의 일치가 이루어지지 않고 있다. 즉시확정에 관한 정당한 이익을 일반적인 권리구제의 필요를 명시한 것으로 보는 견해도 있고 여기에 더하여 추가적으로 요구되는 특별한 권리구제의 필요 내지 확인의 이익으로 이해하는 견해도 있다.[260] 여기에 더하여 양자

---

257) BVerwG, Urteil vom 6. 2. 1986. - 5 C 40.84 = BVerwGE 74, 1; BVerwG, Beschluß vom 30. 7. 1990. - 7 B 71.90 = NVwZ 1991, 470; Schenke, a.a.O.(Fn. 178), Rn. 571.

258) Pietzcker, a.a.O.(Fn. 122), Rn. 39.

259) Selb, a.a.O.(Fn. 115), S. 135. 위 문헌에 의하면 독일 민사소송법 제256조가 확인소송에서 '법률상 이익'을 요구하고 있기 때문에 민사소송에서는 '법적 이익'과 '단순한 경제적 이익'을 어떻게 구별할지가 문제되었고, 이러한 구별이 쉽지 않음에 따라 민사소송에서도 법적 이익의 개념 범위가 점점 넓어져 왔다고 한다.

260) Redeker/v. Oertzen, a.a.O.(Fn. 160), Rn. 19. Pietzcker, a.a.O.(Fn. 122), Rn. 28에 의하면 일반적 권리구제의 필요에 추가적으로 요구되는 특별한 권리구제의 필요라고 보는 견해가 일반적이라고 한다.

를 구분할 특별한 필요는 없고, 행정법원법이 이를 특별히 명시한 것도 권
리구제의 필요 여부에 대한 심사가 필요하다는 의미 이상은 없다고 보는
관점도 있다.261) 독일 판례 중에서도 직접적으로 일반적인 권리구제의 필
요가 없다는 이유로 즉시확정에 관한 정당한 이익이 부정된 경우는 흔하지
않다.262) 따라서 일반적인 권리구제의 필요보다는 국민이 자신과 관련 있
는 행정기관과의 법률관계에 다툼이 있는 경우로서 법적 불안, 처분의 안
전성 및 그에 따른 제재의 위험의 관점에서 확인판결을 받을 정당한 이익
이 있어야 한다. 다만 반드시 국가나 지방자치단체 차원의 제재 위협이 있
을 필요는 없고, 경제적 또는 인적 불이익이 있는 경우면 충분하다. 즉 확
인판결을 받을 법적인 이익뿐만 아니라 경제적·인적·관념적인 이익으로도
충분하다. 다만 독일 행정법원법 제43조 제1항의 정당한 이익의 요구를 충
족하기 위해서는 주장된 이익이 충분히 중요한 것이어야 하고, 그것이 법
질서의 보호를 받는 정당한 것이어야 한다는 정도의 제한은 따른다. 그리
고 즉시확정에 관한 정당한 이익은 직접적으로 원고 자신의 이익과 관련되
어야 한다. 독일 연방행정법원은 "행정법원법 제43조 제1항의 확인소송의
적법요건은 원고가 자신의 고유한 즉시확정에 관한 정당한 이익이 있을 것
을 전제로 한다. 이러한 정당한 이익은 법률상 이익보다 포괄적이지만 이
것이 행정행위가 다른 사람의 권리를 전혀 침해하지 않는 경우에도 누구나
확인소송을 제기할 수 있다는 것을 의미하지는 않는다. 오히려 확인의 대
상이 되는 행정행위는 적어도 원고의 고유한 법적 지위에 관련되어야 한
다."고 판시한 바 있다.263)

---

261) Selb, a.a.O.(Fn. 115), S. 133.
262) 예컨대 BVerwG, Urteil vom 30. 9. 1999. - 3 C 39.98 = NVwZ 2000, 1168. 판결에
　　 서 독일 연방행정법원은 원고가 행정청에 대하여 원고가 위헌이라고 주장하는 법규
　　 명령을 적용하여서는 아니됨의 확인을 구하는 소송에서 연방헌법재판소가 해당 법
　　 규명령에 대한 헌법소원의 결정시까지 그 적용을 중단한 경우에는 권리구제의 필요
　　 성이 없다고 하였다.

　결국 정당한 이익이 없는 경우란 원고가 어떤 법률관계나 권리의 존재 여부에 대하여 다투면서도 그 법률관계가 원고와 관련이 없거나, 보호할 가치 있는 이익이라고 볼 수 없는 경우로 한정된다. 예컨대 원고가 이미 종결된 과거의 법률관계에 대해서 다투고 있으나, 그로 인한 불이익이 반복될 위험도 없고 명예를 회복할 이익도 없는 경우에는 확인소송을 제기할만한 정당한 이익은 인정될 수 없다. 반면 원고가 법원에 의한 확인판결 없이는 자신의 법적 지위에 닥친 위험을 제거할 수 없는 경우에는 정당한 이익이 있다(물론 그러한 위험이 구체적인 근거가 없고, 단지 가상의 위험인 경우에는 정당한 이익은 인정될 수 없다).

　한편 독일 행정법원법 제43조에 의하면 정당한 이익은 '즉시확정'에 관한 것이어야 하는데, 이는 정당한 이익의 시간적 요소로 이해된다. 이에 대하여는 원고의 법적지위가 불안하거나 불확실한 경우에는 현재 시점에서 즉시 법률관계를 확정할 이익이 있는 것으로 보고 있다. 이처럼 '즉시확정'의 개념을 넓게 해석하여 현재 원고의 법적지위에 불안이 있거나, 멀지 않은 미래에 법적 지위에 위험이 발생할 것이라는 근거 있는 우려가 존재하는 경우에는 즉시확정의 이익이 있는 것으로 보고 있다. 대개 위와 같은 법적지위의 불안은 정당한 이익의 존재로 이어지기 때문에, 정당한 이익이 존재하면 동시에 즉시확정에 관한 이익도 존재하는 것으로 보는 것이 일반적이다.

3. 판단기준

1) 일반적인 기준

확인의 이익을 판단함에 있어서도, ① 구체적인 분쟁의 해결을 위하여

---

263) BVerwG, Beschluß vom 9. 12. 1981. - 7 B 46.81, 7 B 47.81, 7 B 48.81, 7 B 60.81, 7 B 61.81 = NJW 1982, 2205(이 사건은 행정행위의 무효확인에 관한 사건이다).

확인소송을 거쳐 확인판결을 받는 수단이 유효적절한 것인가, ② 확인대상
인 소송물이 원·피고간의 분쟁해결에 적절한 것인가, ③ 원·피고간의 분쟁
이 확인판결에 의하여 즉시 해결되지 않으면 안 될 정도로 절박하게 성숙
하였는가, ④ 소송물인 권리 또는 법률관계에 대하여 확인판결에 의하여
분쟁을 해결함에 적합한 피고를 선택하였는가 하는 점을 종합적으로 검토
하여 개별 소송에서 그 이익이 있는지를 검토하여야 한다. 이처럼 확인의
이익에 대하여는 일정한 원칙이 일률적으로 적용될 수는 없고 개별 사건에
서 구체적으로 판단이 이루어져야 한다.264)

한편 앞서 살펴본 바와 같이 문헌 및 판례가 즉시확정에 관한 정당한 이
익의 범위를 넓게 이해함에 따라 그 판단기준도 상당히 완화되어 적용되고
있다. 이러한 경향에 따라 확인판결이 없으면 원고의 법적 지위에 근거 있
는 위협이 있을 것이라거나 확인판결이 원고의 법적지위에 대한 위험을 제
거할 수 있는 적절한 수단일 것이라는 기준이 제시된다.265) 이러한 요구들
은 원고가 판결을 통하여 자신의 법적 지위를 개선할 수 있어야 한다는 일
반적인 권리구제의 이익으로부터 도출된다. 따라서 구체적인 분쟁의 해결
과는 관계없이 단지 자신의 법적 견해를 법원에서 확인받고 싶어 하는 경
우와 같이 법적 지위의 개선과 관계가 없는 확인청구는 정당한 이익이 인
정되지 않는다.

즉시확정에 관한 정당한 이익에서 요구되는 법적 지위에 대한 위험이란
피고의 어떤 조치로 인하여 원고의 법적 지위에 생기는 불안 또는 불확실
로 이해된다. 구체적으로는 위와 같은 불안 또는 불확실은 일반적으로 원
고와 피고 사이에 법률관계나 권리의무에 관하여 다툼이 있는 경우에 발생

---

264) 이승영, 앞의 논문(주 217), 168면; 같은 취지로 강수미, 앞의 논문(주 123), 105면
    이하.
265) Redeker/v. Oertzen, a.a.O.(Fn. 160), Rn. 23. Becker-Eberhard, a.a.O.(Fn. 121), Rn.
    37.

한다. 원고가 주장하는 법률관계 또는 주관적 권리의 존재나 귀속을 피고가 다투어야 한다. 반대로 원고가 특정한 행정작용과 관련한 법률관계나 피고 행정기관의 권한이 존재하지 않는다고 주장함에 대하여 피고가 해당 법률관계 또는 권한의 존재를 주장하는 경우여야 한다. 그리고 그에 대한 구체적인 판단은 피고가 소송절차 내에서는 물론 소송절차 외에서 원고의 법률관계나 권리에 반대되는 행동 내지 주장을 하는 것만으로 충분하다. 예컨대 행정청이 원고의 특정한 행위가 위법하고, 그것을 하여서는 아니된다는 주장을 하는 것으로도 확인의 이익은 갖추어질 수 있다.[266] 또한 법원의 확인판결에 원고의 미래의 행동방향이 좌우되는 경우에도 확인의 이익이 인정될 수 있다. 원고가 법원의 확인판결에 따라 경제적인 처분행위를 할지 여부를 대비하거나 그 판결에 따라 부과가 임박해 있는 형사처벌이나 벌금 또는 과태료 부과를 피할 수 있는 경우에 확인의 이익이 인정될 수 있다.[267]

나아가 즉시확정에 관한 정당한 이익에 관하여 독일 판례에서 가장 일반적이고 자주 사용되는 기준은 "사건의 제반 상황에 따라 보호할 가치가 있는 것으로 승인된 이익으로서, 법적인 것은 물론 경제적 또는 관념적인 것을 포함한다."는 것이다.[268] 여기에 더하여 "확인의 이익은 보호할 가치가 있는 것으로 승인된 이익으로서, 법률상, 경제적 또는 관념적인 종류를 포함하고, 당사자의 지위를 개선할 수 있을 정도로 충분히 중요할 것이 요구된다."고 한 경우도 있고,[269] "법률관계가 원고의 법적지위와 관련이 있고 그에 대한 확인이 법적으로, 경제적 또는 관념적으로 원고의 지위를 개선하는데 적합할 것이 요구된다."고 한 판례도 있다.[270]

---

266) BVerwG, Urteil vom 22. 1. 1985. - 9 C 52.83 = NVwZ 1986, 35.
267) Selb, a.a.O.(Fn. 115), S. 137.
268) BVerwG, Urteil vom 28. 10. 1970. - VI C 55.68 = BVerwGE 36, 218 등 다수 판례에서 사용된다.
269) BVerwG, Urteil vom 6. 2. 1986. - 5 C 40.84 = BVerwGE 74, 1.

2) 구체적인 사례 - 독일의 예를 중심으로

독일에서는 다음과 같은 사례들에서 즉시확정에 관한 정당한 이익이 인 정되었다.

○ 원고가 자신이 생산·판매하는 제품이 허가가 필요하지 않다고 주장 함에 대하여 피고가 허가 없이 해당 제품을 생산·판매하는 것은 위 법하다고 평가하여 장래에 불이익한 조치를 할 위험이 있는 경우 즉시확정에 관한 정당한 이익이 있다.271)

○ 장래의 특정한 행동의무의 내용이나 범위에 관하여 법원에 의한 해 명이 필요한 경우에도 정당한 이익이 인정된다.272)

○ 최저 지급준비금을 연방은행에 예치하여 유지할 금융기관의 의무의 부존재 확인을 구하는 경우 급박한 경제적 불이익을 피하기 위하여 그 확인을 구할 정당한 이익이 있다.273)

---

270) BVerwG, Urteil vom 17. 10. 1989. - 1 C 18.87 = BVerwGE 84, 11 = NJW 1990, 1804.

271) BVerwG, Urteil vom 30. 5. 1985. - 3 C 53.84 = BVerwGE 71, 318.
다양한 치과 보충재를 생산하는 원고가 자신이 생산·판매하는 제품이 허가가 필요 하지 않음의 확인을 구하는 사건에서 독일 연방행정법원은 원고가 생산한 제품에 대한 피고의 법률상 평가에 의하면, 그 생산과 판매는 위법한 것으로 다루어져 장래 에 질서처분이 부과될 수 있는바, 이러한 특별한 상황에서 피고와의 의견다툼에서 부각되는 법적 상태의 불안을 원고가 감내할 것을 기대할 수 없으므로 예방적 권리 구제(예방적 확인소송)를 받을 정당한 이익이 있다고 하였다.

272) BVerwG, Urteil vom 8. 6. 1962. - VII C 78.61 = BVerwGE 14, 235 = NJW 1962, 1690.
도제취업계약의 기간을 3년 이상으로 할 수 있는지의 확인을 구하는 사건에서 독일 연방행정법원은 원고의 장래 행동의 안정성을 고려하면 확인판결을 받을 정당한 이 익이 인정된다고 하였다. 즉 당사자 사이에 오래전부터 존재하여 왔던 의견다툼을 고려하여 보면 장래의 도제취업계약 체결을 위하여 현재 즉시확정에 관한 정당한 이익을 부정할 수 없다는 것이다.

273) BVerwG, Urteil vom 29. 1. 1973. - I C 38.68 = BVerwGE 41, 334 = NJW 1973, 1338.
독일 연방행정법원은 "정당한 이익은 사법상의 것이거나 경제적인 것도 가능하다.

○ 보건행정청의 특별한 허가 없이도 특정 의약품의 수입 및 판매가
허용됨의 확인을 구하는 소에서 확인판결이 원고가 수입·판매하고
있는 다른 의약품들의 허가의 필요성에 중요한 의미를 가지는 경우
즉시확정에 관한 정당한 이익이 있다.274)

○ 한편 '불이익한 조치가 반복될 위험'과 '차별조치가 지속될 위험'을
주된 근거로 즉시확정에 관한 정당한 이익이 인정된다고 한 사례도
있다.275)

원고가 최저 지급준비금을 예치할 의무를 이행하지 않는 경우 경제적 불이익을 입게
되는 것으로 즉시확정에 관한 정당한 이익을 인정하기에 충분하다."고 판시하였다.
274) BVerwG, Urteil vom 13. 4. 1989. – 3 C 11.86 = BVerwGE 82, 7.
완제된 의약품을 수입하여 독일 내에서 판매하고 있는 원고가 연방보건청에 신고하
지 않고 보존제 성분이 함유된 A 의약품을 수입·판매하던 중 다른 제약회사가 보존
제 성분이 함유되지 않은 유사 의약품을 연방보건청에 신고하고 판매하자 행정청이
A 의약품에 대한 수입·판매 금지를 명하였다. 이에 원고가 당초의 A 의약품에 보존
제를 첨가하지 아니한 현재의 성분에 따라 연방보건청의 특별한 허가 없이 위 의약
품의 수입 및 판매가 허용됨의 확인을 구하는 소를 제기하였다(원고는 제1심 진행
중 더는 보존제가 첨가된 A 의약품을 보유하고 있지 않고, 앞으로는 보존제가 없는
새로운 성분으로 수입하여 판매하겠다고 주장하였다. 그리고 상고심 계속 중 보존제
가 첨가되지 않은 A 의약품의 유통이 허가되었다).
위 사건에서 독일 연방행정법원은 이 부분 소는 원고가 피고에 대하여 다툼의 대상
인 A 의약품을 현재의 성분을 기준으로 연방보건청의 특별한 허가 없이도 수입 및
판매하는 것을 막아서는 아니됨의 확인을 구하는 것이라고 전제한 다음, 이러한 구
체적인 법률관계에 대하여 행정법원법 제43조에 따라 요구되는 원고의 즉시확정에
관한 정당한 이익은 다툼의 대상인 A 의약품이 상고심 계속 중 연방보건청에 의하
여 그 유통이 허가되었다는 이유만으로 소멸하는 것은 아니고, 심지어 그 때문에 위
와 같은 구체적인 법률관계가 과거의 법률관계가 되어버렸더라도, 원고는 아직 즉시
확정에 관한 정당한 이익을 가지고 있다고 하였다. 원고는 국내에서 허가되었거나
허가된 것과 같은 효력이 있는 의약품과 단지 그 표시에 있어 미세한 차이가 있는
그 밖에 다른 많은 의약품을 수입하고 있고, 위와 같은 의약품들의 수입에 있어서도
감독관청과 그 허가의 필요성을 둘러싸고 다툼이 있는데, 만약 법원이 위와 같은 확
인청구에 대하여 판단을 하는 경우 이는 위에서 언급한 분쟁에 대하여 중요한 의미
를 가지기 때문이다. 따라서 원고는 비교대상이 되는 사례와 관련하여 피고가 A 의
약품의 유통에 대하여 허가를 할 권한이 있는지에 관한 확인을 구할 정당한 이익이
있다.

○ 자신에게 불이익한 조치가 이루어지는 실무상 관행을 변경할 목적
으로 제기하는 확인소송의 경우에도 즉시확정에 관한 정당한 이익
이 인정된다.276)

---

275) 대표적인 것으로 다음과 같은 브레멘 고등행정법원 판결이 있다(OVG Bremen, 24.
4. 1990. - 1 BA 18/89 = NVwZ 1990, 1188).
원고들은 집회 및 시위 신고를 한 후 300명 내지 500명의 참가자와 함께 가두시위
를 하였다. 원고를 비롯한 시위참가들은 신고한 계획과 동선에 따라 가두시위 및
행진을 하였는데, 시위가 시작될 무렵부터 시위대의 선두에는 비디오카메라를 소지
한 두 명의 경찰관이 탑승한 경찰차가 배치되었고, 그 밖에 카메라를 소지한 다수의
공무원들이 시위과정을 기록하였다. 또한 시위대는 중앙역에서부터 양면에 2~3m 정
도의 거리를 둔 채 45명의 경찰관에 의하여 둘러싸인 채 행진하였는데, 위 경찰관들
은 출동복장과 헬멧, 타격용 몽둥이를 소지하고 있었다. 이후 시위대는 당초 예정된
경로를 단축하여 시위를 마무리하였다. 이후 시위참가자들로 구성된 원고들이 행정
법원에 위 시위에 대한 감시행위 및 시위대의 양쪽면에서 경찰관 띠(Polizeireihe)를
이용한 유도행위는 위법하였음을 확인한다는 내용의 소를 제기하였다. 제1심 행정법
원은 원고들 승소판결을 선고하였고, 이에 피고가 항소한 사건이다.
이에 대하여 위 법원은 과거의 법률관계에 기초한 권리와 의무도 그로 인하여 구체
적인 영향이 계속되고, 지속적인 차별 또는 반복의 위험이 있다면 확인소송의 대상
이 될 수 있다고 전제한 다음, 다음과 같은 관점에서 이 사건의 경우 즉시확정에
관한 정당한 이익이 있다고 보았다. 우선 이 사건의 경우 원고들이 장래에 유사한
시위나 집회에 참여하려 하고, 그들이 다투는 피고의 조치가 장래에 경찰관 투입 내
지 출동의 기준이 되어 유사한 시위에도 적용된다는 점에서 침해적 조치가 반복될
위험이 있다고 보았다. 또한 피고가 시위를 감독하고 유도한 종류와 방법은 주변을
통행하는 시민들에게 시위의 참여자들이 위험한 범죄자라는 인상을 주기에 적합하
였고, 이러한 차별적 효과는 장래에 향하여 지속되며, 시위가 평화적으로 진행되었
다는 것만으로는 추후에 그러한 인상을 불식시키에 충분하지 않다는 점에서 지속적
인 차별이 발생할 우려가 있다고 하였다.
이와 관련하여 우리나라와 독일의 집회현장에서의 채증활동의 내용과 근거, 한계에
대해서는 서정범, "집회에서의 채증활동에 관한 법리에 대한 연구", 경찰과 사회, 제
4집, 2009, 211면 이하(특히 채증활동과 초상권 침해와 관련하여 243면 이하 참조).
276) BVerwG, Urteil vom 27. 3. 1992. - 7 C 21.90 = NJW 1992, 2496. 앞서 살펴본
오쇼 운동 사건(주 243)이다. 위 사건에서 독일 연방행정법원은 원고의 반대단체에
장려금을 지급하는 피고의 실무관행에 의하여 자신의 권리가 침해되었다고 보아 그
실무를 법원에서 다투는 원고의 확인청구를 적법하다고 하였다. 원고는 확인판결을
받지 않는다면 피고가 반대단체에 대한 장려금을 계속 지급할 것을 우려하는 것이

○ 미래의 청구권에 대한 확인에 있어 처분 내지 거래의 안전에 대한
이익이 있는 경우 즉시확정에 관한 정당한 이익이 인정된다.[277]

반면 즉시확정에 관한 정당한 이익이 부정된 사례들은 다음과 같다.

○ 행정기관 내부 조직 사이의 분쟁(주로 기관소송과 관련된 사안이
다)에 있어 행정내부적인 수단으로 문제를 해결할 수 있는 경우, 특
히 공통의 상위결정권자가 있고, 그가 문제를 해결할 수 있다면 확
인판결을 받을 즉시확정에 관한 정당한 이익은 없다고 보았다.[278]

분명하기 때문에, 이러한 관계의 해명에 대하여 원고는 정당한 이익이 있다고 하였다.
또한 이 사건 소송에서 원고가 승소할 경우 피고가 참가인에 대한 장려금 지급을 중단
할 것이 분명히 기대되기 때문에 확인소송은 원고의 권리구제에 유용한 수단이고, 원
고가 굳이 확인의 소 대신 피고에 대한 금지소송을 제기할 필요도 없다고 하였다.

277) BVerwG, Urteil vom 13. 10. 1971. - VI C 57.66 = BVerwGE 38, 346. 앞서 살펴본
공무원이 장래 자신의 아내가 미망인연금을 받을 수 있는 잠재적인 권리가 있음의
확인을 구하는 소(주 230)에서는 실제적인 처분의 필요성이 요구된다고 하였다. 한
편 공무원이 장래 연금을 받을 권리가 있음의 확인을 구하는 소의 경우 법적 상태에
대한 법원의 해명이 불확실성을 제거할 수 있기 때문에 원고는 즉시확정에 관한 정
당한 이익이 있다고 판단하였다.

278) BVerwG, Urteil vom 6. 11. 1991. - 8 C 10.90 = NJW 1992, 927.
원고는 지방자치단체 B의 소속 사회복지국으로서 같은 지방자치단체 소속 주거보
조금 담당부서를 상대로 하여 피고가 참가인에게 부당하게 추가로 지급한 주거보조
금이 2487 마르크임의 확인을 구하는 소를 제기하였다. 제1심과 항소심에서 원고가
승소하자 피고가 독일 연방행정법원에 상고한 사건이다.
이에 대하여 독일 연방행정법원은 동일한 권리주체인 지방자치단체 내부의 조직 사
이의 소송인 자기내부소송(InsichProzeß)의 적법성은 개별적인 사건의 상황에 기초
하여 판단되어야 하는데, 이 사건의 경우에는 확인소송이 적법하기 위한 요건인 즉
시확정에 관한 정당한 이익을 갖추지 못하였다고 하여 소를 부적법하다고 보았다.
독일 연방행정법원이 제시한 이유는 확인의 소가 적법하기 위해 불가결한 정당한
이익은 원고와 피고 사이의 다툼이 있는 문제의 해결에 법원의 판단이 필요한 경우
에 인정될 수 있는데, 행정내부에서 행정적인 수단으로 문제를 해결할 수 없다면 확
인의 이익이 인정될 수 있으나, 반대로 공통의 상위 결정권자가 있다면 법원의 확인
을 구할 정당한 이익은 없다고 할 것인데, 이 사건에서는 그러한 공통의 상위 결정권

○ 세무서에서 공익회사로 승인된 주택회사가 공익성을 포기할 경우
   내야 할 추징액수의 확인을 구하는 사건에서 독일 연방행정법원은
   국민이 계획한 어떤 안건과 관련된 경제적인 리스크를 덜어주는 것
   이 법원의 역할은 아니라는 이유로 즉시확정에 관한 정당한 이익을
   부정하였다.[279]

○ 정년이 되어 은퇴한 공무원이 직무평가의 위법의 확인을 구하는 소
   의 경우 그 평가가 이미 원고에게 실질적인 의미를 상실하였으므로
   즉시확정에 관한 정당한 이익이 없다.[280]

4. 판단시점과 증명책임

즉시확정에 관한 정당한 이익은 사실심 변론종결시에만 갖추어지면 되
는 것인지, 아니면 판결확정시까지 계속 갖추어져야 하는지의 문제가 있
다.[281] 정당한 이익의 존재는 원고가 입증해야 하는 것으로서, 만약 정당한
이익이 없는 것으로 판단된다면 법원은 확인의 소가 부적법한 것으로 보아
각하하게 된다.

자가 존재하므로 행정내부에서 해결이 가능하다는 것이다.

279) BVerwG, Urteil vom 23. 5. 1986. - 8 C 5.85 = NVwZ 1986, 1011.

280) BVerwG, Urteil vom 8. 12. 1972. - VI C 8.70 = BVerwGE 41, 253.

281) 다만 대법원 판례는 즉시확정에 관한 정당한 이익과 같은 소송요건은 상고심이 끝나
판결이 확정될 때까지 계속 유지되어야 한다는 취지로 판시하고 있다. 소송요건의
판단시점과 관련해서는 확인소송의 보충성을 갖추어야 할 시기와도 밀접하게 연관
되므로 자세한 내용은 확인소송의 보충성과 관련된 부분에서 논의하기로 한다(제4
장 제3절 공법상 확인소송의 보충성, Ⅰ. 보충성의 의미와 근거 중 4. 보충성이 요구
되는 시점 부분 참조).

Ⅲ. 확인소송의 주관적 관련성과의 관계
- 독일에서의 논의를 기초로

1. 주관적 관련성의 요구

독일 행정법원법 제43조 제1항은 법문상 즉시확정에 관한 정당한 이익을 요구하고 있을 뿐, 그것이 원고 자신의 주관적 권리와 관련될 것을 요구하고 있지는 않다. 반면 행정법원법 제42조 제2항은 취소소송이나 의무이행소송에 있어 원고가 자기의 권리가 침해되었음을 주장하는 경우에만 소를 제기할 수 있다고 규정하고 있다.[282) 행정법원법 제42조 제2항은 소를 제기할 수 있는 자격, 즉 소권에 관한 규정으로서 취소소송 및 의무이행소송을 제기함에 있어 '이익 관련성'이 아닌 '권리침해'를 요구함으로써 독일 행정소송이 개인의 권리구제를 위한 절차임을 분명히 하고 있다. 그런데 소권에 관한 행정법원법 제42조 제2항이 확인소송에도 적용되는지에 관하여는 명문의 규정이 없다. 이로 인하여 확인소송에 있어서도 주관적 권리침해가 요구되는가의 문제가 있다.

2. 독일 연방행정법원 판례의 태도

독일 연방행정법원의 판례들은 거의 일관하여 확인소송에 있어 주관적 관련성을 요구하고 있다. 다만 초기 판례들은 확인소송에 관한 제43조 제1항의 정당한 이익의 요구에서 그 근거를 찾고 있었다. 예컨대 원고가 자신

---

282) 제42조 [취소소송 및 의무이행소송]
  ② 법률상 별도의 규정이 없는 한, 원고가 행정행위 또는 행정행위의 거부나 부작위로 인하여 자기의 권리가 침해되었음을 주장하는 경우에 한하여 소를 제기할 수 있다.

의 주관적 권리와 아무런 관련이 없는 원자력발전소 관련 허가의 무효확인
을 구한 사례에서 "확인소송의 적법요건은 원고가 자신의 고유한 즉시확정
에 관한 정당한 이익이 있을 것을 전제로 한다. 이러한 정당한 이익은 법률
상 이익보다 포괄적이지만 이것이 행정행위가 다른 사람의 권리를 전혀 침
해하지 않는 경우에도 누구나 무효확인소송을 제기할 수 있다는 것을 의미
하지는 않는다. 오히려 무효확인의 대상이 되는 행정행위는 적어도 원고의
고유한 법적 지위에 관련되어야 하기 때문에 누구나 행정행위의 무효를 주
장할 수 있다는 일반 행정법원칙은 누구나 법원에 그 무효확인을 구할 수
있다는 것을 의미하지 않는다. 이는 민중소송화를 피하기 위한 것으로서
원고의 고유의 법적 관련성과 관련하여 정당화된다."고 판단한 바 있다.283)

하지만 이후의 판례들은 "행정법원법 제43조의 확인소송이 민중소송화
되는 것을 방지하기 위하여 행정법원법 제42조 제2항의 소권에 관한 규정
을 유추적용 하여야 한다. 이는 원고가 행정행위에 대한 무효확인소송에
있어 적어도 원고가 무효확인을 구하는 행정행위와 원고 개인의 법적지위
가 관련되어야 한다는 것을 의미한다."고 함으로써 행정법원법 제42조 제2
항을 확인소송에 유추적용하고 있다.284)

이처럼 독일 연방행정법원의 판례들은 즉시확정에 관한 정당한 이익에
서 요구되는 개인의 이익관련성으로는 충분하지 않고 주관적 권리와의 관
련성을 요구하고 있는 것으로 평가된다.285) 독일 연방행정법원이 주관적
이익을 넘어서 주관적 권리를 요구하는 이유는 위 판례에서 밝힌 바와 같

---

283) BVerwG, Beschluß vom 9. 12. 1981. - 7 B 46.81, 7 B 47.81, 7 B 48.81, 7 B 60.81,
7 B 61.81 = NJW 1982, 2205.

284) BVerwG, Beschluß vom 30. 7. 1990. - 7 B 71.90 = NVwZ 1991, 470. 그 밖에
BVerwG, Urteil vom 29. 6. 1995. - 2 C 32.94 = BVerwGE 99, 64 = NJW 1996,
139; BVerwG, Urteil vom 26. 1. 1996. - 8 C 19.94 = BVerwGE 100, 262 = NJW
1996, 2046 등 참조. 확립된 판례로 보인다.

285) Wahl/Schütz, in: Schoch/Schneider/Bier, VwGO, §42 Abs. 2 Klagebefugnis bei
Anfechtungs- und Verpflichtungsklage, Rn. 23.

이 확인소송이 민중소송화 되는 것을 방지하기 위한 것이다. 행정법원법 제42조 제2항의 입법목적 자체가 민중소송을 배제하기 위한 것으로서 오로지 자신의 주관적인 권리침해를 주장할 수 있는 사람에게만 소를 제기할 수 있는 자격을 부여하는 것이기 때문에 확인소송의 민중소송화를 방지하기 위해서는 행정법원법 제42조 제2항을 준용하여야 한다는 취지로 이해된다.

3. 독일에서의 논의 소개

독일 연방행정법원이 확인소송에 있어 주관적 권리와의 관련성을 요구하는데 대하여 독일 문헌의 태도는 통일되어 있지 않은 것으로 보인다.

우선 확인소송에 있어서도 주관적 권리와의 관련성이 요구된다는 견해는 판례와 마찬가지로 민중소송화를 방지하기 위하여 주관적 권리침해가 요구된다고 본다. 다만 그 근거에 대해서는 행정법원법 제42조 제2항의 유추적용을 주장하는 견해가 있고, 해당 법률관계에 적용되는 법규범의 주관법적 관련성에서 근거를 찾는 경우도 있다. 한편 일반이행소송의 경우에도 법문에 명시되어 있지는 않으나, 오로지 자신의 주관적인 권리만을 주장할 수 있다는 데에 의견이 일치되어 있고, 행정법원법 제42조 제2항의 명문 규정에 따라 행정행위를 대상으로 하는 소송에 있어서는 주관적 권리가 침해된 경우로 권리구제가 당연히 제한된다는 점에서 소송유형의 체계적인 이해를 위해서는 확인소송에서도 주관적 관련성이 요구되어야 한다고 보는 견해가 있다.286)

반면 행정법원법의 주관소송적 모델이 확인소송에도 적용된다는 점을

---

286) Pietzcker, a.a.O.(Fn. 122), Rn. 31. 그 밖에 예방적 확인소송의 보충성을 크게 완화하여 예방적 확인소송과 예방적 금지소송의 대체가능성을 널리 인정한다면 예방적 확인소송에도 법률상 이익을 요구하는 것이 옳다는 주장도 있다(Möstl, in: Posser/Wolff, BeckOK VwGO, §43 Feststellungsklage, Rn. 26).

인정하면서도 즉시확정에 관한 정당한 이익에 필연적으로 요구되는 개인
의 이익관련성, 즉 권리구제의 필요에 있어서 개인의 고유 이익과의 관련
성만으로도 민중소송화를 충분히 방지할 수 있고, 법률상 이익인 권리침해
를 확인소송에 준용하는 것은 확인소송의 성질에 들어맞지도 않기 때문에
소권에 관한 규정의 준용을 부정하는 견해,[287] 확인소송의 유형을 나누어
개인의 이익관련성이 희미하여 민중소송화될 우려가 큰 제3자 관련 법률관
계 확인소송, 무효확인소송, 기관소송 등에 대해서는 유추적용을 긍정하는
견해[288] 등도 있다.

4. 문제되는 사례들

독일 판례들에서 발견되는 사례들을 분석하여 보면, 앞서 살펴본 바와
같이 일반적인 태도는 확인소송에 있어 주관적 관련성을 요구하고 있다.
다만 모든 유형의 확인소송에 있어 명시적으로 행정법원법 제42조 제2항의
주관적 관련성이 요구된다고 하거나,[289] 명시적이지는 않지만 즉시확정에
관한 정당한 이익의 인정 여부에 관한 판단 중에 주관적 관련성을 요구하
기도 한다.

원고가 자신의 권리영역과 관련된 법률관계의 존재 또는 부존재의 확인
을 구하는 일반적인 유형의 확인소송에서는 원고가 직접 법률관계의 당사
자이거나 그와 밀접하게 관련되어 주관적인 측면을 파악하기가 비교적 쉽

---

287) Wahl/Schütz, a.a.O.(Fn. 285), Rn. 25 이하.
288) Krebs, Subjektiver Rechtsschutz und objektive Rechtskontrolle, in: FS Menger, S. 199.
289) BVerwG, Beschluß vom 30. 7. 1990. - 7 B 71.90 = NVwZ 1991, 470. 판례는 무효확
인소송에 있어 원고는 최소한 개인적인 법적 지위가 행정행위와 관련되어 있어야 한
다고 하거나 그 밖의 유형의 확인소송과 관련해서도 원고가 자신의 권리를 실현함에
있어 확인의 대상이 되는 법률관계에 직접 관련되어 있거나 그 법률관계에 원고 고유
의 권리의 실현이 좌우되는 경우에만 그러한 확인소송이 허용된다고 판단하였다.

다. 즉 대부분의 사례가 개인의 권리침해와 관련된 사례이기 때문에 주관적 관련성을 엄격하게 요구할 특별한 필요는 없다. 하지만 일부 특수한 사건들, 대표적으로 ① 행정처분에 관한 무효확인소송(특히 제3자에게 발령된 행정행위에 대한 무효확인소송과 관련된 사례이다), ② 국가 내부의 조직이나 기관 사이의 확인소송(이른바 기관소송), ③ 원고가 직접적으로 관련되어 있지 않은 피고와 제3자 혹은 제3자 사이의 법률관계의 존재 또는 부존재 확인소송은 표면적으로 원고 개인의 주관적인 권리를 상정하기 힘들기 때문에 민중소송화될 우려가 커 주관적 권리를 요구하고 있다.

① 우선 제3자에 대하여 발령된 행정행위의 무효확인과 관련하여 독일 연방행정법원은 원자력법상 허가를 원고 개인의 권리와의 관련성이 없다고 보아 부적법하다고 판단하였다.[290] 또한 원고의 권리와 관련이 없는 도로 및 수도계획의 허가 역시 마찬가지로 주관적 관련성이 없어 부적법하다고 보았다.[291]

② 지방자치행정에 있어 기관소송의 경우도 마찬가지이다. 소를 제기한 조직 또는 그 내부 조직이 주관적 권리와 유사한 권한 침해를 주장하는 경우에만 그 소가 적법하다.[292]

③ 피고와 제3자 사이의 법률관계를 대상으로 하는 확인소송은 그 법률관계가 원고의 권리에 영향을 미치는 경우에만 적법하다는 입장이다. 피고와 제3자 사이의 법률관계의 확인을 구하더라도, 실질적으로는 원고 자신과 피고 사이의 법률관계, 특히 주관적 권리의 확인을 구하는 경우여야 한다고 한다. 만약 이러한 요건이 갖추어지지 않았다면 원고의 확인청구는 허용되지 않는다. 다음과 같은 사례를 참고할 수 있다.

---

290) BVerwG, Beschluß vom 9. 12. 1981. - 7 B 46.81, 7 B 47.81, 7 B 48.81, 7 B 60.81, 7 B 61.81 = NJW 1982, 2205. 위 사건에서 연방행정법원은 원고가 소권의 흠결로 허가의 취소를 구할 수 없다면, 무효확인소송도 청구할 수 없다고 판시하였다.
291) BVerwG, Urteil vom 6. 2. 1986. - 5 C 40.84 = BVerwGE 74, 1.
292) Pietzcker, a.a.O.(Fn. 122), Rn. 29.

○ 레겐스부르크 시민으로서 개신교 신자인 원고가 종전에 독립적으로
운용되어 오던 개신교 자선단체를 다른 재단법인과 통합하여 레겐
스부르크시가 운용하는 것은 허용되지 않음의 확인을 구하는 것은
원고의 고유한 권리와 관련이 없다.293)

○ 반대로 피고 지방자치단체가 원고의 경쟁업체와의 계약에 근거하여
위 경쟁업체에 보조금을 지급하는 경우, 원고는 피고 지방자치단체
를 상대로 경쟁업체와 체결한 계약의 무효확인을 구하는 소를 제기
할 수 있다고 하였다. 왜냐하면 부당한 경쟁침해로 인한 원고의 권
리침해가 문제되기 때문이다.294)

Ⅳ. 현행 행정소송법에서 즉시확정에 관한 정당한 이익의 구성

1. 즉시확정에 관한 정당한 이익이 요구되는지에 관하여

공법상 확인소송에 있어 즉시확정에 관한 정당한 이익이 요구되는지에
대해서는 효과적인 권리구제를 내용으로 하는 재판청구권과 여기에 기초
한 행정소송의 기능 측면에서 바라볼 필요가 있다.

대법원도 "확인의 이익을 요구하는 것은 국민에게 재판청구권을 인정하
면서도 남소를 억제하여 재판제도가 합리적이고 효율적인 분쟁해결수단으

---

293) BVerwG, Beschluß vom 30. 7. 1990. - 7 B 71.90 = NVwZ 1991, 470.

294) OVG Nordrhein-Westfalen, Urteil vom 22. 9. 1982. - 4 A 989/81 = NVwZ 1984, 522.

지방자치단체인 E시가 고급호텔체인인 B사의 호텔을 유치하기 위하여 B사에게 시
유지를 제공하고 B사와 지상권설정계약 및 법률배상보증 약정 등을 체결하자 역시
위 토지 지상에 호텔을 건축하고자 하였던 원고 회사가 E시를 상대로 B사와의 계약
의 무효확인을 구한 사건이다.

로 자리할 수 있도록 하기 위함이다. 따라서 확인의 이익의 문제는 국민의 재판청구권의 행사와 밀접한 관계를 갖게 되며, 국민의 재판청구권을 합리적인 범위 내에서 확대해 나아가는 노력이 필요하다."라고 판시(대법원 2007. 5. 17. 선고 2006다19054 전원합의체 판결의 다수의견에 대한 보충의견, 대법원 2018. 10. 18. 선고 2015다232316 전원합의체 판결의 다수의견에 대한 보충의견)함으로써,[295] 확인의 이익 문제는 기본적으로 재판청구권의 문제임을 확인하고 있다.

그런데 재판청구권은 헌법상의 기본권 규정이 무의미해지는 것을 막고 기본권을 실질적으로 보장하기 위하여 마련된 권리로서 주관적 권리구제가 중심이 될 수밖에 없다.[296] 헌법 제27조 제1항의 재판을 받을 권리의 행사요건으로 제시되고 있는 것을 살펴보면 다음과 같다. 즉 재판을 청구하기 위하여는 ① 구체적이고 현실적인 권리침해가 있거나 권리에 관한 분쟁이 있어야 하고(사건성 내지 쟁송성), ② 자기의 권리나 이익이 현재 직접적으로 침해되거나 관련되어야 하며(당사자적격 또는 자기관련성), ③ 그 재판을 통하여 당사자의 권리가 보호되는 이익이 있어야 한다(권리보호의 필요 또는 이익). 이러한 관점에서 볼 때 헌법상 재판청구권은 주관적 권리구제의 목적을 최우선의 가치로 하고 있다.[297]

재판청구권을 위와 같이 해석할 경우 재판청구권에 기초한 행정소송의 기능도 다음과 같이 설명할 수 있다. 행정소송법 제1조는 "이 법은 행정소송절차를 통하여 행정청의 위법한 처분 그 밖에 공권력의 행사·불행사 등으로 인한 국민의 권리 또는 이익의 침해를 구제하고, 공법상의 권리관계 또는 법적용에 관한 다툼을 적정하게 해결함을 목적으로 한다."고 규정하

---

295) 이 판결은 확인의 소의 대상을 넓게 인정하였다는 점에서 의의가 있다고 평가된다. 여미숙, "확인의 소의 이익", 민사판례의 경향과 흐름, 2012, 949면.
296) 김연태, 앞의 논문(주 9), 226면. 다만 항고소송을 객관적 소송으로 이해하는 견해도 있음은 앞서 언급한 바와 같다[대표적으로 박정훈, 앞의 논문(주 33), 63면 이하 참조].
297) 계희열, 헌법학(중), 2007, 553면.

여 행정소송의 제1차적 목적이 국민의 권리 또는 이익의 침해를 구제하는
데 있음을 분명히 하였다. 행정소송의 근거가 되는 재판청구권이 헌법의
국가조직에 관한 장이 아닌 기본권 항목의 하나로 명시되어 있음을 고려하
면 행정소송의 목적이 제1차적으로 주관적 권리구제에 있음은 분명하
다.298) 그 밖에 행정소송은 행정통제의 기능을 하기도 한다. 법치국가 원리
는 행정의 법률적합성의 원칙을 구성요소로 하는데, 이에 따라 행정은 법
률에 위반되어서는 안 되고, 위법한 행정작용이 행하여진 경우 이에 대한
시정의 기회가 보장되어야 한다. 다만 법원은 행정소송을 통하여 행정권에
대한 전면적 통제를 할 수 있는 것은 아니고, 행정권의 행사가 개인의 주관
적 권리를 침해하는지의 여부를 심사하는 한도에서만 행정통제를 할 수 있
다.299) 결국 행정소송은 기본적으로 개인의 주관적 권리의 구제를 목적으
로 하는 주관소송으로서, 개인의 권리구제 과정에서 부수적으로 행정통제
기능도 수행하게 된다.300)

  이상과 같이 헌법상 재판청구권과 행정소송이 주관적 권리구제를 기본
목적으로 하는 한, 확인소송의 적법요건에 개인의 주관적 권리구제와의 관
련성의 차원에서 권리구제의 필요를 요구하는 것은 당연하다. 특히 재판청
구권의 내용인 효과적인 권리구제의 원칙에 비추어 볼 때, 무익한 소송제
도의 이용을 통제함으로써 피고는 불필요한 소송에 응소하지 않으면 안 되
는 불이익을 배제할 수 있고, 행정소송이 주관적 권리구제의 기능을 제대

---

298) 김연태, 앞의 논문(주 9), 212면. 김남진, "행정소송법상 사법권의 한계", 행정법의
    기본문제, 1996, 545면. 김도창, "행정소송의 기능에 관하여", 대한변호사협회지, 제
    21호, 1976, 35면.
299) 김남진, 앞의 논문(주 298), 547면에 의하면, 법원에 의한 행정통제는 사후적 통제,
    타율적 통제, 수동적 통제, 부분적 통제의 성격을 가지는 점에서 행정권에 의한 자기
    통제와 크게 다르다.
300) 독일에서도 행정소송의 객관적인 적법성통제는 개인의 권리보호의 부수적 효과에 지나
    지 않음이 강조되고 있다(Schmidt-Aßmann, Funktion der Verwaltungsgerichtsbarkeit,
    in: FS Menger, S. 109).

로 수행할 수 있도록 국민 개인의 지위향상과 무관한 사안에 법원의 노력
과 비용을 소모하지 않도록 하기 위해서도 권리구제의 필요로서의 즉시확
정에 관한 정당한 이익은 반드시 요구된다.

2. 법률상 이익과의 관계

1) 논의의 기초

이상과 같이 공법상 확인소송에 즉시확정에 관한 정당한 이익을 요구하
는 경우 그 개념 범위를 어떻게 설정할 것인지의 문제가 있다. 이 문제는
우선 행정소송법이 항고소송에 관하여 요구하고 있는 법률상 이익과의 관
계에서 살펴볼 필요가 있다. 행정소송법 제12조는 원고적격 및 권리구제의
필요와 관련하여 법률상 이익을 요구하고 있는 만면, 공법상 당사자소송에
관하여는 아무런 언급이 없는데, 이때 즉시확정에 관한 정당한 이익을 법
률상 이익과 같이 해석하여야 하는지, 아니면 그와 달리 해석하여야 하는
지가 문제된다. 우선 행정소송법 제12조에서 항고소송에 요구하고 있는 법
률상 이익의 의미에 관하여 살펴보고, 이를 기초로 하여 두 개념의 범위에
차이를 둘 필요가 있는지에 관하여 본다.

2) 행정소송법 제12조의 법률상 이익의 의미

(1) 행정소송법 제12조의 구조

행정소송법 제12조는 원고적격이라는 표제 하에 "취소소송은 처분등의
취소를 구할 법률상 이익이 있는 자가 제기할 수 있다. 처분등의 효과가 기
간의 경과, 처분등의 집행 그 밖의 사유로 인하여 소멸된 뒤에도 그 처분등
의 취소로 인하여 회복되는 법률상 이익이 있는 자의 경우에는 또한 같다."
고 규정하고 있다.[301] 위 규정의 제1문은 처분 등의 취소를 구할 수 있는

자격, 즉 원고적격에 관한 규정이고, 제2문은 권리구제의 필요로서 협의의 소익에 관한 규정으로 보는 것이 일반적이다.[302]

(2) 행정소송법 제12조 제1문의 원고적격에 관한 규정의 내용

행정소송법 제12조 제1문의 원고적격에 관한 규정의 '법률상 이익'의 의미에 관하여 ① 취소소송의 기능을 위법한 처분에 의하여 침해된 실체법상

---

301) 행정소송법 제35조는 "무효등 확인소송은 처분등의 효력 유무 또는 존재 여부의 확인을 구할 법률상 이익이 있는 자가 제기할 수 있다."고 규정하고, 제36조는 "부작위위법확인소송은 처분의 신청을 한 자로서 부작위의 위법의 확인을 구할 법률상 이익이 있는 자만이 제기할 수 있다."고 규정함으로써 무효등확인소송과 부작위위법확인소송에서도 법률상 이익을 요구하고 있다.

302) 다수설과 판례의 입장이다. 김남진·김연태, 앞의 책(주 9), 821면; 백춘기, 행정소송법 제12조(원고적격: 후문), 주석 행정소송법, 2004, 393면; 박균성, 행정법론(상), 2019, 1072면; 서정범·박상희, 행정법총론, 2011, 586면; 정하중, 행정법개론, 2020, 693면; 하명호, 행정쟁송법, 2019, 115면; 홍준형, "효력기간이 경과된 제재적 처분에 대한 취소소송과 소의 이익", 행정법연구, 1997. 6, 282면; 대법원 2006. 6. 22. 선고 2003두1684 전원합의체 판결 등 참조.
반면 행정소송법 제12조 제1문과 제2문은 모두 원고적격에 관한 규정이라는 견해도 있고[홍정선, 행정법원론(상), 2020, 1129면], 행정소송법 제12조의 원고적격에 관한 규정은 항고소송과 객관소송(민중소송, 기관소송)의 혼동이 생기는 것을 피하고, 취소소송에는 소의 이익이 필요하다는 것을 명확하게 하기 위한 것이고, 소의 이익에 관한 규정은 처분의 효력이 없어진 뒤에도 소의 이익을 긍정하려는 입장을 명문화한 것으로 이해하는 견해도 있다(서원우, "제재적 행정처분의 제재기간 경과 후의 소의 이익", 행정판례연구 IV, 1999, 216면). 또한 행정소송법 제12조 제1문과 제2문이 모두 본질적으로 위법성의 확인을 의미하는 것으로 보아 행정소송법 제12조 제2문을 제1문의 주의적 규정으로 보는 견해도 있다(박정훈, "독일법상 취소소송의 권리보호필요성", 판례실무연구 V, 2001, 439면 이하; 박정훈, "취소소송에서의 협의의 소익: 판단요소와 판단 기준 시 및 헌법소원심판과의 관계를 중심으로", 행정법연구 제13호, 2005, 7면 이하). 한편 이 규정은 소의 이익 전반을 규정하는 것이 아니라 처분등의 효력이 상실된 후에도 소의 이익이 인정되는 경우만을 규정하는 것이고, 그것도 원고에게 회복되는 법률상의 이익이 있을 것이라는 원고의 주관적 측면, 즉 원고의 소송수행의 이익의 측면에서만 규정하고 있다는 견해도 있다[조해현, 앞의 논문(주 251), 61면 이하].

의 권리보호에 있다고 보아, 위법한 처분 등으로 인하여 권리를 침해당한 자만이 취소소송을 제기할 수 있는 원고적격을 가진다고 보는 견해(권리구제설), ② 취소소송을 고유한 의미의 '권리'의 보호수단으로서가 아니라, 법률이 개인을 위하여 보호하고 있는 이익을 구제하기 위한 수단으로 보아 '법률상 이익'은 법률상 보호된 이익을 의미한다는 견해(법률상 이익구제설), ③ 법률상 이익의 유무를 반드시 실정법의 규정에 의하여 판단하는 것이 아니라, 위법한 처분 등에 의하여 침해된 이익이 재판상 보호할 가치가 있는지 여부에 의하여 판단하는 견해(보호할 가치있는 이익구제설. 침해된 이익이 법률상 보호되는 이익이든 사실상의 이익이든 실질적으로 보호할 가치있는 이익이 있는 자에게 널리 원고적격을 인정한다), ④ 행정소송의 적법성보장 내지 행정통제기능을 중시하여 당해 처분의 성질상 당해 처분을 다툴 가장 적합한 이익상태에 있는 자에게 원고적격을 인정해야 한다는 견해(처분의 적법성보장설) 등이 대립하고 있고[303] 법률상 이익의 판단 근거규범인 '법률'의 범위에 관하여도 ① 처분의 근거가 되는 실체법규에 의하여 보호되는 이익, ② 처분의 근거가 되는 실체법규 및 절차법규에 의하여 보호되는 이익, ③ 처분의 근거가 되는 법률의 전체 취지에 비추어 보호되는 이익, ④ 처분의 근거법률 이외에 다른 법률, 헌법의 규정, 관습법 및 조리 등 법체계 전체에 비추어 보호되는 이익 등으로 해석하는 견해 등으로 나누어져 있다.

대법원은 행정소송법 제12조에서 말하는 법률상 이익이란 "당해 처분의 근거 법규 및 관련 법규에 의하여 보호되는 개별적·직접적·구체적 이익이 있는 경우를 말하고, 공익보호의 결과로 국민 일반이 공통적으로 가지는 일반적·간접적·추상적 이익과 같이 사실적·경제적 이해관계를 갖는 데 불

---

303) 각 학설에 대한 자세한 설명은, 김남진·김연태, 앞의 책(주 9), 821면 이하; 최송화, "반사적 이익과 법적 이익", 법치행정과 공익, 2002, 323면 이하; 최송화, "법률상 이익과 반사적 이익", 법치행정과 공익, 2002, 353면 이하 참조.

과한 경우는 여기에 포함되지 아니한다. 또 당해 처분의 근거 법규 및 관련 법률상 이익은 당해 처분의 근거 법규의 명문 규정에 의하여 보호받는 법률상 이익, 당해 처분의 근거 법규에 의하여 보호되지는 아니하나 당해 처분의 행정목적을 달성하기 위한 일련의 단계적인 관련 처분들의 근거 법규에 의하여 명시적으로 보호받는 법률상 이익, 당해 처분의 근거 법규 또는 관련 법규에서 명시적으로 당해 이익을 보호하는 명문의 규정이 없더라도 근거 법규 및 관련 법규의 합리적 해석상 그 법규에서 행정청을 제약하는 이유가 순수한 공익의 보호만이 아닌 개별적·직접적·구체적 이익을 보호하는 취지가 포함되어 있다고 해석되는 경우까지를 말한다."고 함으로써304) 법률상 이익구제설에 가까운 의미로 해석하면서, '법률'의 의미를 당해 처분의 근거 법규 및 관련 법규로 확장하고 있다. 하지만 여전히 사실적·경제적 이해관계를 일반적·간접적·추상적 이익으로 보아 법률상 보호되는 이익에서 배제하고 있다.

(3) 행정소송법 제12조 제2문의 내용

행정소송법 제12조 제2문은 1984. 12. 15. 법률 제3754호로 전부 개정된 행정소송법에 도입된 규정으로서 종전의 판례가 처분소멸 후의 권리보호의 필요에 비교적 엄격한 편이었기 때문에 의도적으로 소의 이익을 확대하기 위하여 도입되었다.305) 앞서 살펴본 바와 같이 위 규정은 원고적격에

---

304) 대법원 2004. 5. 14. 선고 2002두12465 판결, 대법원 2007. 1. 25. 선고 2006두12289 판결, 대법원 2015. 7. 23. 선고 2012두19496, 19502 판결 등 확립된 판례이다. 종래 원고적격에 관한 대법원 판례의 경향을 상세히 분석한 문헌으로 박성덕, "항고소송의 당사자적격", 재판자료 제67집, 1995, 182면 이하.

305) 김남진·김연태, 앞의 책(주 9), 834면. 김유환, "취소소송에 있어서의 권리보호의 필요", 고시연구 제22권 제11호, 1995. 11, 61면. 한편 서원우, 앞의 논문(주 302), 218면은 위 규정은 처분의 효력소멸로 그 효력배제는 의미가 없어졌다 하더라도 취소소송의 형식으로 처분의 위법성을 확인하지 않을 경우 달리 권익을 구제할 방법이 없는 경우, 또는 권익구제가 현저히 곤란한 경우의 국민의 권익구제를 위한 것으로 이

관한 규정인 제1문과 달리 항고소송의 권리보호의 필요에 관한 규정이라고 보는 것이 일반적이다. 이에 따라 항고소송에서의 권리보호의 필요를 판단하기 위한 일반원칙으로서 ① 원고가 그의 청구목적을 보다 쉬운 방법으로 달성할 수 있는 경우, ② 원고의 청구가 이론적인 의미는 있더라도 실질적인 효용 내지 실익이 없는 경우, ③ 위법한 처분을 취소하더라도 원상회복이 불가능한 경우, ④ 원고가 청구를 통하여 특별히 비난받을 목적을 추구하는 경우에는 권리보호의 필요가 부정된다는 기준이 제시되어 있다.306)

하지만 위와 같이 권리보호의 필요가 있는지를 판단하기 위한 결정적인 기준이 되는 행정소송법 제12조 제2문의 법률상 이익의 범위와 관련하여 다시 논란이 있는바, 명예·신용 등은 법률상 이익이 포함되지 않는 것으로 해석하는 견해,307) 명예·신용 등의 인격적 이익 외에 재산적 이익 및 불이익 제서와 같은 사회적 이익도 포함될 수 있다는 견해,308) 제2문의 법률상 이익을 제1문의 법률상 이익보다 넓은 것으로 보아 경제적 이익 및 관념적(정치적, 문화적, 종교적) 이익까지 포함된다는 견해309) 등으로 나뉘어져 있다.

해되어야 할 것이고, 이것이 곧 이 조문 후문의 근본적인 입법 취지라고 설명하고 있다.

306) 자세한 내용은 김남진·김연태, 앞의 책(주 9), 836면 이하.

307) 김동희, 행정법1, 2016, 748면. 김유환, 위의 논문(주 305), 70면에 의하면 행정소송법 제12조 후문의 법률상 이익을 '처분 등이 위법이었음을 확인할 법적 이익' 정도로 해석하는 것이 타당하다고 하면서 후문의 법률상 이익은 전문의 법률상 이익보다 넓은 개념이지만, 법적 맥락에서 벗어난 명예·신용 등에 관련되는 사회적 이익으로까지 확장할 수는 없기 때문에 법적 가치나 의미가 없는 단순한 명예·신용 등의 사회적 이익은 후문의 법률상 이익에는 포함되지 않는다고 한다.

308) 김도창, 일반행정법론(상), 1992, 785면. 이와 관련하여 형식적으로 보면 명예·신용 등의 침해는 사실상의 것으로 법효과의 취소를 목적으로 하는 취소소송 제도의 취지에 부합하는 것은 아니나 사실상의 이익이라고 하더라도 위법한 처분에 의해서 침해를 입은 경우에는 그 침해가 구제를 받아야 할 정도의 것이라면 이를 구제하는 것이 법치주의의 이념에 비추어 볼 때 당연하다는 견해가 있다. 유진식, "학교법인 임원취임승인 취소처분에 대한 소의 이익", 행정판례평선, 2011, 762면 참조.

309) 김남진·김연태, 앞의 책(주 9), 835면, 정남철, "행정소송법 제12조 후문의 해석과

(4) 대법원 판례의 태도

① 대법원 전원합의체 판결의 태도와 법률상 이익의 확대 경향

대법원은 종래 행정소송법 제12조 제2문의 해석과 관련하여 "항고소송에 있어서 소의 이익이 인정되기 위하여는 행정소송법 제12조 소정의 '법률상 이익'이 있어야 하는바, 그 법률상 이익은 당해 처분의 근거 법률에 의하여 보호되는 직접적이고 구체적인 이익이 있는 경우를 말하고 간접적이거나 사실적, 경제적 이해관계를 가지는데 불과한 경우는 여기에 해당되지 아니한다."라고 판시함으로써(대법원 1995. 10. 17. 선고 94누14148 전원합의체 판결 등 참조) 항고소송에서 소의 이익을 법률상 이익으로 한정하였다. 즉 대법원은 행정소송법 제12조 제2문에서의 법률상 이익도 제1문의 법률상 이익과 동일한 것이라는 전제 하에 항고소송에서 소의 이익이 되는 법률상 이익에서 간접적이거나 사실적·경제적 이익은 배제하고 있었다.[310] 그에 따라 위 대법원 전원합의체 판결은 제재적 행정처분에 있어서 그 제재기간이 경과된 후에도 그 처분의 효력을 다툴 소의 이익이 있는지 여부에 관하여 일반적으로 행정처분에 효력기간이 정하여져 있는 경우 그 처분의 효력 또는 집행이 정지된 바 없다면 위 기간의 경과로 그 행정처분의 효력은 상실되므로 그 기간 경과 후에는 그 처분이 외형상 잔존함으로 인하여 어떠한 법률상 이익이 침해되고 있다고 볼 만한 별다른 사정이 없는 한 그 처분의 취소를 구할 법률상의 이익이 없다고 판시하였고,[311] 행

보호범위", 행정판례연구 제14집, 2009, 329면, 정하중, 앞의 책(주 302), 695면.

310) 조해현, 앞의 논문(주 251), 78면. 다만 위 문헌에 의하면, 대법원은 기본적으로는 본문과 같은 입장을 취하면서도 구체적 사안에서는 가능한 한 법률상 이익의 범위를 넓게 인정하려는 노력도 보여왔다고 설명한다. 구체적인 예시는 위 논문 78면 이하 참조.

311) 대법원 1966. 12. 20. 선고 65누92판결; 대법원 1978. 5. 23. 선고 78누72판결; 대법원 1982. 3. 9. 선고 81누326 판결; 대법원 1982. 6. 8. 선고 82누25 판결; 대법원

정명령에 불과한 각종 규칙상의 행정처분 기준에 관한 규정에서 위반 회수에 따라 가중처분하도록 되어 있다고 하더라도 법률상의 이익이 있는 것으로 볼 수는 없다고 판시하였다(대법원 1982. 3. 23. 선고 81누243 판결; 대법원 1988. 5. 24. 선고 87누944판결; 대법원 1992. 7. 10. 선고 92누3625 판결; 대법원 1993. 9. 14. 선고 93누4755판결; 대법원 1995. 7. 14. 선고 95누4087 판결 등).

하지만 이후 대법원은 대법원 2006. 6. 22. 선고 2003두1684 전원합의체 판결을 통하여 위 대법원 1995. 10. 17. 선고 94누14148 전원합의체 판결을 변경하였다. 변경된 전원합의체 판결의 다수의견은 제재적 행정처분이 그

1986. 7. 8. 신고 86누281 판결; 대법원 1988. 3. 22. 선고 87누1230 판결; 대법원 1989. 11. 14. 선고 89누4833판결; 대법원 1991. 4. 26. 선고 91누179 판결; 대법원 1995. 7. 14. 선고 95누4087 판결 등. 위 대법원 전원합의체 판결 이후 한동안 본문과 같은 판시가 계속되었는데, 다음과 같은 사례들을 참고할 만하다.

○ 대법원 2002. 7. 26. 선고 2000두7254 판결
  농수산물 지방도매시장의 도매시장법인으로 지정된 유효기간이 만료되어 그 지정처분이 외형상 잔존함으로 인하여 어떠한 법률상의 이익이 침해되고 있다고 볼 만한 별다른 사정이 인정되지 아니한다는 이유로 그 처분의 취소를 구할 법률상의 이익이 없다.

○ 대법원 1999. 2. 23. 선고 98두14471 판결
  영업정지처분으로 조달청입찰참가자격사전심사기준 및 조달청시설공사적격심사세부기준에 의하여 3년 동안 신인도 감점의 불이익을 받게 된다고 하더라도 그와 같은 불이익은 사실상·경제상의 불이익에 불과할 뿐 그 취소를 구한 법률상의 이익이 있는 것이라고 볼 수 없다.

○ 대법원 1997. 7. 11. 선고 96누7397 판결
  주택공급에관한규칙 제7조 제2항에 의하여 영업정지처분을 받은 주택건설사업자가 영업정지기간 후 2년 동안 일정한 건축공정에 이르지 아니하면 입주자의 사전 모집이 제한된다고 하여도 이는 단지 입주자의 모집시기가 지연되어 분양대금을 선급으로 받지 못하게 되는 것에 불과할 뿐 당해 주택건설사업자가 시행하는 주택공급사업의 내용 및 그 범위에 직접적으로 법률상의 제한을 가하는 것은 아니므로 사실상·경제상 이익에 불과한 것이라 할 것이어서 그 취소를 구할 법률상의 이익이 있는 것이라고 볼 수 없다.

처분에서 정한 제재기간의 경과로 인하여 그 효과가 소멸되었으나, 부령인 시행규칙 또는 지방자치단체의 규칙의 형식으로 정한 처분기준에서 제재적 행정처분을 받은 것을 가중사유나 전제요건으로 삼아 장래의 제재적 행정처분을 하도록 정하고 있는 경우, 선행처분으로 인한 불이익을 선행처분 자체에 대한 소송에서 사전에 제거할 수 있도록 해 주는 것이 상대방의 법률상 지위에 대한 불안을 해소하는 데 가장 유효적절한 수단이 된다고 할 것이고, 또한 그 소송을 통하여 선행처분의 사실관계 및 위법 여부가 조속히 확정됨으로써 이와 관련된 장래의 행정작용의 적법성을 보장함과 동시에 국민생활의 안정을 도모할 수 있다는 등의 이유로 선행처분의 취소를 구할 법률상 이익이 있다고 하였다. 특히 변경된 전원합의체 판결은 "국민의 재판청구권을 보장한 헌법 제27조 제1항의 취지와 행정처분으로 인한 권익침해를 효과적으로 구제하려는 행정소송법의 목적 등에 비추어 행정처분의 존재로 인하여 국민의 권익이 실제로 침해되고 있는 경우는 물론이고 권익침해의 구체적·현실적 위험이 있는 경우에도 이를 구제하는 소송이 허용되어야 한다는 요청을 고려하면, 규칙이 정한 바에 따라 선행처분을 가중사유 또는 전제요건으로 하는 후행처분을 받을 우려가 현실적으로 존재하는 경우에는, 선행처분을 받은 상대방은 비록 그 처분에서 정한 제재기간이 경과하였다 하더라도 그 처분의 취소소송을 통하여 그러한 불이익을 제거할 권리보호의 필요성이 충분히 인정된다고 할 것이므로, 선행처분의 취소를 구할 법률상 이익이 있다고 보아야 한다."고 함으로써 법률상 이익이 인정되는 범위를 권익침해의 구체적·현실적 위험이 있는 경우까지 확장하였다.

② 반복의 위험과 해명의 필요성

이상의 대법원 전원합의체 판례의 변화 과정에 비추어 보면, 대법원은 항고소송의 소의 이익을 법률상 이익으로 한정하는 태도를 일단 유지하면서도 개별적인 사안에서 그 인정 범위를 점차 확대해 나가는 추세라고 할 수 있다. 그에 따라 최근의 대법원 판례의 태도를 살펴보면 다음과 같이 행정처분이 반복될 위험이 있는 경우는 물론 행정처분의 위법성 확인 내지 불분명한 법률문제에 대한 해명이 필요한 경우 등에까지 소의 이익을 확장하고 있다.

대법원은 "제소 당시에는 권리보호의 이익을 모두 갖추었는데 제소 후 취소 대상 행정처분이 기간의 경과 등으로 그 효과가 소멸한 때, 즉 제재적 행정처분의 기간 경과, 행정처분 자체의 효력기간 경과, 특정기일의 경과 등으로 인하여 그 처분이 취소되어도 원상회복이 불가능하다고 보이는 경우라 하더라도, 동일한 소송 당사자 사이에서 그 행정처분과 동일한 사유로 위법한 처분이 반복될 위험성이 있어 행정처분의 위법성 확인 내지 불분명한 법률문제에 대한 해명이 필요하다고 판단되는 경우, 그리고 동일한 행정목적을 달성하거나 동일한 법률효과를 발생시키기 위하여 선행처분과 후행처분이 단계적인 일련의 절차로 연속하여 행하여져 후행처분이 선행처분의 적법함을 전제로 이루어짐에 따라 선행처분의 하자가 후행처분에 승계된다고 볼 수 있어 이미 소를 제기하여 다투고 있는 선행처분의 위법성을 확인하여 줄 필요가 있는 경우 등에는 행정의 적법성 확보와 그에 대한 사법통제, 국민의 권리구제의 확대 등의 측면에서 여전히 그 처분의 취소를 구할 법률상 이익이 있다고 보아야 한다."고 판시하고 있다(대법원 2007. 7. 19. 선고 2006두19297 전원합의체 판결).312)

---

312) 같은 취지로 판시된 다음 판례 사안을 참고할 필요가 있다.
○ 대법원 2008. 2. 14. 선고 2007두13203 판결
대법원은 재소자인 원고의 긴 팔 티셔츠 2개(앞 단추가 3개 있고 칼라가 달린 것)에 대한 사용신청 불허처분 이후 이루어진 원고의 다른 교도소로의 이송이라는 사정에 의하여 원고의 권리와 이익의 침해 등이 해소되지 아니한 점, 원고의 형기가 만료되기까지는 아직 상당한 기간이 남아 있을 뿐만 아니라, A 교도소가 전국 교정시설의 결핵 및 정신질환 수형자들을 수용·관리하는 의료교도소인 사

　뿐만 아니라 대법원은 "구체적인 사안에서 권리보호의 필요성 유무를 판단할 때에는 국민의 재판청구권을 보장한 헌법 제27조 제1항의 취지와 행정처분으로 인한 권익침해를 효과적으로 구제하려는 행정소송법의 목적 등에 비추어 행정처분의 존재로 인하여 국민의 권익이 실제로 침해되고 있는 경우는 물론이고 권익침해의 구체적·현실적 위험이 있는 경우에도 이를 구제하는 소송이 허용되어야 한다는 요청을 고려하여야 한다. 따라서 처분이 유효하게 존속하는 경우에는 특별한 사정이 없는 한 그 처분의 존재로 인하여 실제로 침해되고 있거나 침해될 수 있는 현실적인 위험을 제거하기 위해 취소소송을 제기할 권리보호의 필요성이 인정된다고 보아야 한다."고 판시함으로써(대법원 2018. 7. 12. 선고 2015두3485 판결) 법률상 이익이 현재 침해되고 있는 경우 외에도 권익침해의 구체적·현실적 위험이 있는 경우에도 소의 이익을 인정하고 있다.

　위와 같이 대법원 판례가 소의 이익을 확장하고 있는 경향에 비추어 보면, 종전에 법률상 이익이 현실적으로 침해된 경우에만 소의 이익을 인정하였던 태도를 완화하여 '행정처분이 반복될 위험이 있는 경우', '행정처분의

　정을 감안할 때 원고의 A 교도소로의 재이송 가능성이 소멸하였다고 단정하기 어려운 점 등을 종합하면, 원고로서는 위 사용신청 불허처분의 취소를 구할 이익이 있다고 하였다. 위 판례에 대한 평석으로는 홍정선, "[판례 64] 권리보호의 필요(협의의 소의 이익)" 행정법판례특강, 2013, 303면 이하 참조.
○ 대법원 2019. 5. 10. 선고 2015두46987 판결
　대법원은 이 사건 확인처분에 있어 중소기업 확인서의 유효기간은 2014. 3. 31. 까지로 이미 그 유효기간이 경과하였으나 원고들은 위 유효기간 경과 후에도 공공기관이 발주하는 중소기업자 간 경쟁입찰에 참여하려면 항상 피고 중소기업청장으로부터 중소기업 확인서를 발급받아야 한다고 전제한 다음, 원고들의 발행주식총수 또는 출자총액과 대기업으로부터 임차한 자산가치가 변동되어 전자가 후자 이상이 되지 않는 한 피고 중소기업청장은 원고들의 중소기업 확인서 발급신청에 대하여 동일한 처분을 반복할 가능성이 높기 때문에 이 사건 확인처분의 위법성 확인 내지 불분명한 법률문제에 대한 해명이 필요하므로 원고들은 여전히 위 처분의 취소를 구할 법률상 이익이 있다고 판시하였다.

위법성 확인 내지 불분명한 법률문제에 대한 해명이 필요한 경우', '권익침
해의 구체적·현실적 위험이 있는 경우'와 같이 법률상 이익의 침해로 보기
힘든 경우에까지 소의 이익을 인정함으로써 향후 경제적·사회적 이익에 대
한 침해까지도 포섭할 수 있는 가능성을 열어놓은 것으로 볼 수 있다.[313]

3) 정당한 이익과 법률상 이익의 구별 필요성에 관하여

앞서 살펴본 바와 같이 행정소송법은 항고소송에서의 원고적격뿐만 아
니라 권리구제의 필요성에 있어서도 법률상 이익이 있을 것을 요구하고 있
다. 행정소송의 체계적인 이해를 위해서는 확인소송의 소의 이익인 즉시확
정에 관한 정당한 이익을 법률상 이익과 같은 것으로 해석해야 한다는 주
장이 있을 수 있다. 그런데 다음과 같은 이유로 확인소송에서의 즉시확정
에 관한 정당한 이익을 항고소송에서의 법률상 이익과 같이 해석할 필요는
없고, 오히려 효과적인 권리구제원칙에 기초한 재판청구권의 입법정신 등
에 비추어 법률상 이익은 물론 사회적·경제적·관념적 이익도 포괄하는 것
으로 넓게 해석하는 것이 옳다.

① 현행 행정소송법은 공법상 확인소송에 관하여 법률상 이익을 요구하
고 있지 않다. 따라서 즉시확정에 관한 정당한 이익을 항고소송에서의 법
률상 이익과 같이 해석할 실정법상 근거는 전혀 없다. 또한 법률상 이익은
과거 독일 판례에서 민사소송의 소송유형 중 하나로서 확인소송이 형성되
는 과정에서 이행기가 도래하기 이전에 채권관계의 확인을 구하는 소는 허
용되지 않지만 이를 인정할 실제상의 필요성이 커 예외적으로 특별한 이유
가 있을 때에 한하여 인정하되, 그 특별한 이유로 법률상 이익을 요구하는

---

313) 다만 대법원 판례의 위와 같은 소의 이익 확대 경향에 관하여 대법원이 조기의 권리
구제와 법률문제 해명의 필요성, 항고소송의 객관소송적 성격과 행정의 적법성 통제
기능을 강조한다고 평가하는 견해도 있다. 이상덕, "항고소송과 헌법소원의 관계 재
정립", 공법연구 제44집 제1호, 2015. 10, 263면.

데에서 기인한다.[314] 이처럼 법률상 이익은 확인소송을 인정하기 위한 실제상의 필요를 고려하여 도입된 개념일 뿐, 확인소송의 본질적인 특성이라고 보기는 어렵다.

② 우선 행정소송법 제12조 제1문의 법률상 이익은 원고적격에 관한 규정으로서 항고소송, 특히 취소소송을 제기할 수 있는 자격과 관련된 것이다.[315] 원고적격과 권리보호의 필요를 의미하는 즉시확정에 관한 정당한 이익은 엄연히 구분된다. 양자 모두 넓은 의미에서 소의 이익의 범주에 속하기는 하나, 그 의미는 분명히 다르다.

③ 다음으로 행정소송법 제12조 제2문은 권리보호의 필요에 관한 규정이면서도 '법률상 이익'을 요구하고 있는 것은 사실이다. 그런데 행정소송법 제12조 제2문은 권리보호의 필요에 관한 규정임에도 양자를 원고적격이라는 제목 아래 규정하면서 법률상 이익을 요구하는 것은 적절하지 않다는 취지의 비판과 함께 위 규정의 법률상 이익을 폭넓게 해석하는 견해가 유력할 뿐만 아니라[316] 아래와 같은 공법상 확인소송의 특성에 비추어 보면 항고소송의 권리구제의 필요에 관한 행정소송법 제12조 제2문이 법률상 이익을 규정하고 있다고 하여 확인소송의 정당한 이익을 법률상 이익으로 제한하여 해석할 논리필연적인 이유는 없다(행정소송법 제12조 제1문과 제2문을 모두 원고적격에 관한 규정으로 해석하거나 제2문을 제1문의 주위적

---

314) 호문혁, "19세기 독일에 있어서의 확인소송의 생성", 민사소송법연구 I, 1998, 219면.
315) 특히 행정소송법 제12조 제1문의 원고적격에 관한 규정의 존재 이유는 재판청구권을 통한 국민의 권익구제의 범위를 결정함과 동시에 행정통제의 범위를 결정하기 위함이다. 그 밖에 법적 영역과 정치적 영역을 구분하는 기능도 있다. 이상 이희정, "행정소송법 개정안 중 원고적격에 관하여 – 법무부 개정안에 대한 이해", 고시계, 2007. 12, 23면 이하.
316) 김남진·김연태, 앞의 책(주 9), 824면; 하명호, 앞의 책(주 302), 115면. 한편 무효등확인소송에서 확인의 이익에 대해서도 이를 좁게 볼 필요는 없고, 가급적 넓게 즉시확정에 관한 정당한 이익으로 보아야 한다는 설명으로 박종수, "행정소송법개정(안)이 조세법에 미치는 영향", 조세법연구 제19-1호, 2013. 4, 200면 참조.

규정을 해석하는 관점에 의하면 더더욱 행정소송법 제12조를 근거로 법률
상 이익으로 제한할 이유가 없다).

④ 공법상 당사자소송은 대등한 당사자 사이의 법률관계를 전제로 일방
의 타방에 의한 권리침해를 구제하기 위하여 만들어진 제도로서 국가가 공
권력행사의 주체로서 국민과의 법적 관계를 일방적으로 형성, 변동할 수 있
는 우월한 지위에 있는 것을 전제로 한 항고소송과는 그 성질 자체가 다르
다. 이러한 대등한 관계에서 어느 일방이 다른 일방에 대한 권리구제를 요
구할 수 있는 권리와 이익의 범위를 부당하게 축소할 하등의 이유가 없다.

⑤ 또한 확인판결은 행정처분의 효력을 소멸시키는 취소판결과는 달리
선언적인 효력만을 가진다. 항고소송에 있어 원고적격 내지 권리구제의 필
요에 주관적 권리의 침해를 요구하는 이유는 주관적인 권리나 이익의 침해
와 아무런 관련이 없는 소를 통해 행정의 기능이 저하되는 것을 방지하기
위한 이유가 있다고 하더라도,[317] 확인소송에 의한 행정의 영역에 대한 사
법의 개입은 항고소송에 비하여 훨씬 덜하기 때문에 확인소송의 범위를 넓
힌다고 하더라도 행정의 기능이 저하될 소지는 많지 않다.

⑥ 한편 앞서 살펴본 바와 같이 독일에서는 확인소송의 민중소송화를
피하기 위하여 확인소송에 즉시확정에 관한 정당한 이익 외에도 권리(법률
상 이익)침해를 요구하고 있다. 그런데 현행 행정소송법 제45조에 따라 민
중소송은 법률이 정한 경우에 법률에 정한 자에 한하여 제기할 수 있으므
로 법률상 요건이 대단히 엄격하다. 뿐만 아니라 즉시확정에 관한 정당한
이익 역시 원고 자신의 고유의 법적 지위와 관련된 이익이어야 한다. 따라
서 원고가 자신과 전혀 관련이 없는 제3자의 권리구제의 필요를 주장하거
나 자신과 관련되더라도 자신의 현재 법적지위 개선과 전혀 관련이 없는
순수한 사실적·경제적·관념적 이익만을 주장하는 경우(예컨대 전혀 분쟁

---

317) Wahl/Schütz, a.a.O.(Fn. 285), Rn. 25.

상황이 아님에도 어떤 법률문제에 관한 순수한 호기심에 확인소송을 제기하는 경우), 나아가 공익의 대변자로서 일반의 이익 관련성만을 주장하는 경우 등에는 어차피 즉시확정에 관한 정당한 이익이 없다. 결국 즉시확정에 관한 정당한 이익만을 요구하더라도 확인소송이 민중소송화될 우려는 거의 없다고 보아도 무방하다.318)

⑦ 나아가 법률상 이익이 침해된 경우도 결국 경제적이거나 관념적인 이익이 기저에 놓여 있다는 점에서 사실적·경제적 이익이나 관념적 이익의 침해를 법률상 이익의 침해와 구분하는 것은 쉽지 않고, 마찬가지로 법률상 이익의 침해가 없는 단순한 경제적 이익 또는 관념적 이익의 침해 역시 상정하기 어렵다. 또한 행정청이 원고에게 불리한 법률관계의 존재를 주장하거나, 원고가 주장하는 권리 내지 법률관계의 부존재 또는 다른 주체에의 귀속을 주장하는 경우는 대개 권리침해적인 성격을 내재하고 있다. 따라서 정당한 이익이 있는 경우에는 주관적 권리를 가지고 있다고 보아도 무방한 경우가 대부분이기 때문에 양자를 엄격하게 구분할 필요도 없다.

⑧ 확인소송에 있어 법률상 이익을 요구하지 않는다면 취소소송 등 항고소송에 요구되는 법률상 이익이라는 제한을 우회할 수 있다는 우려도 있을 수 있다. 하지만 이 문제는 뒤에서 살펴볼 확인소송의 보충성을 통해 충분히 해결 가능하다. 위와 같은 우회가능성의 문제는 확인소송의 보충성에 대한 해석으로 해결해야지 확인소송의 실질에 맞지 않은 법률상 이익을 확인소송에 적용하는 방법으로 해결할 것은 아니다.

결국 공법상 확인소송의 즉시확정에 관한 정당한 이익은 법률상 이익으로 한정할 이유가 없으므로, 여기에는 법률상 이익은 물론, 사실적·경제적 이익, 나아가 명예와 같은 관념적 이익도 포함된다고 보아야 한다. 이와 관련하여 앞서 살펴본 바와 같이 우리 대법원 판례는 항고소송에 요구되는

---

318) Wahl/Schütz, a.a.O.(Fn. 285), Rn. 23.

소의 이익을 계속하여 확대하는 경향을 보이고 있고, 현재는 법률상 이익으로 보기 어려운 경우에 까지 소의 이익을 인정하고 있음을 상기할 필요가 있다.

참고로 대법원은 구 사립학교법(1990. 4. 7. 법률 제4226호로 개정되기 전의 것) 제53조의2 제2항의 규정에 의하여 기간을 정하여 임용된 사립학교 교원인 원고들이 임용기간 만료 이전에 해임·면직·파면 등의 불이익 처분을 받은 후 그 임용기간이 만료된 이후에 직위해제 및 면직무효확인 청구를 한 사안에서 다음과 같이 판단하였다(대법원 2000. 5. 18. 선고 95재다199 전원합의체 판결).

우선 이 사건은 직위해제 및 면직처분이 무효로 선언된다고 하더라도 원고들이 교수로서의 지위를 회복할 수는 없고, 위법한 직위해제로 인하여 감액된 보수 또는 면직 이후 임용기간만료까지의 보수문제 역시 그 지급을 구하는 이행소송에서 주장할 수 있는 것이기 때문에 이를 이유로 직위해제 및 면직처분의 무효확인을 구할 소의 이익을 인정할 수는 없는 사안이다. 이 사건에서 원고들은 위법한 직위해제 및 면직으로 인하여 명예·신용이 훼손되었음을 주장하였고, 대법원 역시 훼손된 명예·신용의 회복을 주된 목적으로 하는 한편 재취업에 있어서의 현재의 불이익을 제거한다는 측면에서 확인의 이익 유무를 판단하였다. 비록 위 사건에서 다수의견은 직위해제 또는 면직 처분 전력이 없는 사람보다 사실상 불이익한 장애사유로 작용한다 할지라도 그것만으로는 법률상의 이익이 침해되었다고는 볼 수 없으므로 그 무효확인을 구할 이익이 없다고 판단하였으나, 소수의견은 "직위해제 및 면직 처분의 존속은 임용기간이 만료된 교원이 누릴 수 있는 재임용에 관한 절차적인 권리를 침해하는 것일 뿐만 아니라, 그의 사회적인 명예를 손상하고 나아가 그가 교원으로 다시 임용되는 데 있어서도 불이익한 장애사유로 작용하여 그의 인격적 이익에 관한 권리나 교원으로 임용될 수 있는 법률상의 지위에도 현실적으로 영향을 미치고, 위와 같은 권리 또는 법률상의 지위에 대한 위험이나 불안은 위 직위해제 및 면직 처분에 대하여 무효확인을 받음으로써만 근본적으로 제거될 수 있으므로 그 무효확인청구는 이 점에서 즉시확정의 이익이 있다."고 하였다. 위 판결의 소수의견은 명예와 같은 인격적 이익의 침해를 근거로 확인의 이익을 인정하려는 태도를 보이고 있다. 이는 종래 법률상 이익을 대단히 엄격하게 요구하였던 태도에서 벗어나 명예와 같은 관념적·인격적 이익에 까지 소의 이익을 넓히려는 시도로 평가될 수 있다. 특히 위 소수의견이 제시하고 있는 "오늘날과 같이 국민의 기본적 인권의 보장이 강조되고, 국가에 대한 국민의 지위가 특별히 중요시되는 오늘과 같은 시대에 있어서는 소송제도를 이용하는 국민의 권리를 법원의 부담 경감이라는 국가적 이익만을 내세워 제한하는 것이 더 이상 용인되어서는 아니될 것이다. 남소를 방지한다는 명목으로 소의 이익의 범위를 지나치게 좁게 제한하는 것은 실질적으로 분쟁이 있음에도 불구하고 법원이 법률적인 분쟁이 아니라고 판단하여 재판을 거부함으로써 국민의 재판을 받을 권리를 본질적으로 침해하는 결과를 초래하게 되는 것이다. 소의 이익이란 개념은 더 이상 국민으로 하여금 법원에 의한 분쟁해결의 기회에 접근하기 어렵도록 만드는 제약이나 장벽으로 작용되어서는 아니되며, 소의 이익에 관한 논의는 어디까지나 국민으로 하여금 그들이 주장하는 분쟁을 가능한 한 재판에 의하여 해결할 수 있도록 길을 열어 준다는 데 주안점을 두고 논의되어야 하는 것이다."는 관점은 공법상 확인소송에도 시사하는 바가 매우 크다.319)

---

319) 위 판례에 대해서는 평가가 엇갈리는바, 소의 이익이라는 개념은 국가적·공익적 견지에서 무익한 소송제도의 이용을 통제하는 원리로 도입된 것으로서, 특히 확인의 소에 있어서 그 이외의 다른 민사분쟁의 해결수단, 행정적·입법적 구제의 유무나 민사사법권의 한계를 고려하여 개별 사건에서 구체적으로 판단하여야 할 것인 만큼, 이를 확대적용함에 있어서 정책법원으로서의 기능을 담당하게 될 대법원으로서는 어느 정도의 통제를 가하는 것이 불가피하다고 할 것이고, 이러한 점에서 평석대상 판결이 소극설을 다수의견으로 채택한 것은 여전히 작지 않은 의미를 가진다는 평가

3. 공법상 확인소송에서의 즉시확정에 관한 정당한 이익의 예시

이상과 같이 즉시확정에 관한 정당한 이익은 사실적·경제적 이익은 물론 관념적 이익도 포함되는 것으로 넓게 해석하여야 한다. 또한 공법상 확인소송에서 요구되는 즉시확정에 관한 정당한 이익은 판결로써 공법상 권리의무 또는 법률관계의 존부를 확정하는 것이 그 권리의무 또는 법률관계에 관한 법률상의 분쟁을 해결하고, 당사자의 법률상 지위의 불안, 위험을 제거하기 위해 필요하고 적절한 경우에 인정된다.

특히 당사자의 법률상 지위의 불안·위험이라고 함은 특정 행정작용에 의하여 원고의 법률상 이익 또는 사실적·경제적·관념적 이익에 구체적인 위험이나 그것이 침해되리라는 불안이 존재하는 경우로 이해된다. 여기에 해당할 수 있는 대표적인 경우로는 앞서 살펴본 바와 같이 장래 침해적 조치가 반복될 위험이 있거나 침해적인 조치로 발생하는 차별적 효과가 지속될 위험이 있는 경우가 있다. 따라서 즉시확정에 관한 정당한 이익은 법원의 확인판결로 해당 침해적 조치나 그와 유사한 조치가 장래에 계속·반복되는 것을 저지할 수 있는 경우 또는 지속적으로 차별적 효과를 미치는 어떤 조치에 대하여 확인판결이 명예회복이나 법적지위 향상에 기여하는 경

가 있다[이승영, 앞의 논문(주 217), 174면]. 반면 과거의 법률관계에 관하여도 그 확인의 이익의 범위를 점차 넓혀가는 추세일 뿐만 아니라 판례도 점진적으로 소의 이익을 확대해 온 점에서 보면, 위 판결은 그러한 경향을 차단한 것으로, 반대의견에서 지적하는 바와 같이 직위해제 또는 면직처분은 그 처분을 받은 교원이 다시 교원으로 임용되는 데 있어 불이익으로 작용하여 교원으로 임용될 수 있는 법률상의 지위에도 현실적으로 영향을 미치고 그와 같은 위험이나 불안을 근본적으로 제거할 수 있는 방법은 위 처분에 대하여 무효확인을 받는 것이므로 즉시확정의 이익이 있다고 보는 것이 타당하다는 취지의 비판도 있다[어미숙, 앞의 논문(주 295), 953면]. 그 밖의 평석으로 이민걸, "사립대학교 교수가 임용기간 만료후 직위해제·면직처분의 무효확인을 구할 이익이 있는지 여부", 민사판례연구 제23권, 2001, 413면 이하 참조.

우 등에 인정될 수 있다.

특히 앞서 항고소송에서의 소의 이익에서 살펴본 바와 같이 대법원은 원상회복이 불가능하다고 보이는 경우라 하더라도, 동일한 소송 당사자 사이에서 그 행정처분과 동일한 사유로 위법한 처분이 반복될 위험성이 있어 행정처분의 위법성 확인 내지 불분명한 법률문제에 대한 해명이 필요하다고 판단되는 경우 등에 대해서도 소의 이익을 넓히고 있다. 그런데 대법원이 위와 같이 소의 이익을 확대하는 취지는 행정의 적법성 확보와 그에 대한 사법통제, 국민의 권리구제의 확대 등의 측면인데, 이는 모든 소송유형에 공통적으로 적용될 수 있는 점, 공법상 확인소송의 주요 대상인 사실행위의 경우 성질상 반복될 위험이 큰 점 등을 고려하면, '반복의 위험'과 '해명의 필요'라는 기준은 공법상 확인소송의 소의 이익을 판단함에 있어서도 그대로 이용될 수 있다.

우선 반복의 위험과 해명의 필요라는 관점은 현재의 침해적 조치에 기초하여 형성된 법률관계와 동일하거나 유사한 법률관계가 장래에 존재할 수 있는 경우에 유용한 기준이다. 즉, 어떤 침해적 행정작용과 관련된 법률관계에 관하여 법원의 확인을 받지 못하면 향후 그러한 위험이나 침해가 반복될 위험이 있는 경우이다. 침해적 행정작용의 근거가 되는 행정내부의 기준이 마련되어 있거나 관행이 형성되어 있는 경우에 즉시확정에 관한 정당한 이익이 특별한 어려움 없이 인정될 수 있다. 또한 원고가 현재 다투고자 하는 피고의 특정한 행정작용이 장래에 같거나 유사한 행정작용의 기준이 되는 경우에도 권리구제의 필요는 손쉽게 인정된다. 예컨대 원고가 참여한 시위나 집회 현장에서 피고 지방자치단체가 원고의 시위 모습 등을 촬영한 경우에 피고가 그러한 촬영행위가 위법함의 확인을 구하는 경우, 피고가 다투는 행정작용(사실행위로서의 촬영행위)은 추후에 원고 내지 다른 시위참가자들에게 반복적으로 이루어질 수 있을 뿐만 아니라 그 행정작용의 위법 여부 내지 그 범위 등은 향후 유사한 행위의 기준이 될 수 있기

때문에 권리구제의 필요가 인정된다고 봄이 옳다.320)

한편 지속적인 차별조치에 대한 명예회복의 이익이 있는 경우에도 권리 구제의 필요가 인정된다. 차별적 효과가 지속될 위험은 침해적 조치로 당사자의 사회적 명예가 훼손되거나 기업의 이미지에 타격이 있고, 그러한 낙인 효과가 지속될 위험이 있는 경우이다. 그러한 차별적 효과가 의도되었는지는 중요하지 않다. 해당 행정작용으로 인하여 원고의 명예가 훼손되거나 이미지가 실추된 경우에 그러한 효과는 장래에 향하여 지속되는 경우가 일반적인바, 이 경우 해당 행정작용이 위법하다는 확인판결을 받음으로써 훼손된 명예가 회복되거나 실추된 이미지가 만회될 수 있다면 확인의 소의 이익이 긍정된다. 예컨대 원고가 불법한 행위를 하였다는 이유로 피고 행정청이 원고의 인적사항이 포함된 명단을 공표하려는 경우에 그 명단 공표로 원고의 명예가 훼손될 것이 자명하다면 원고로서는 피고가 해당 공표행위를 할 권리가 없음의 확인을 구할 수 있다. 또한 원고가 참여한 시위에서 피고가 시위대를 유도·감독하였는데, 그 행위가 주변을 통행하는 시민들에게 시위 참여자들이 위험한 범죄자라는 인상을 주기에 적합하였다면 이로 인하여 발생하는 명예훼손 및 차별적 효과는 장래를 향하여 지속된다고 할 수 있기 때문에 그러한 유도·감독행위가 위법하였음의 확인을 구할 이익이 있다.321)

---

320) 참고로 압수된 필름에서 사진을 인화한 행위의 위법 확인에 관한 판례(주 173 참조)에서 독일 행정법원은 필름의 인화는 원고의 언론의 자유와 관련되기 때문에 압수된 필름의 인화가 허용되는지, 허용된다면 어떠한 요건을 갖추어야 하는지의 문제는 원고에게 근본적인 의미를 가지는데, 사진의 인화가 압수행위와 직접적으로 관련이 되어 있어 원고가 적시에 법원의 권리구제를 주장할 수 있는 가능성도 없었기 때문에 효과적인 기본권 보호를 위하여 원고의 기본권에 대한 행정의 개입의 방법 및 그 중대성의 관점에서 인화행위의 위법성에 대한 법원의 심사를 받을 기회가 주어져야 한다고 판시하였다. 나아가 문제되는 행정의 조치가 종결된 이후에도 장래에 유사한 상황에 대비하여 원고가 인화행위의 위법성에 관한 확인을 받을 보호할 가치 있는 이익이 인정된다고 하였다.

4. 재판의 성숙과의 관계

1) 재판의 성숙의 의미

즉시확정에 관한 정당한 이익은 소송요건으로서 본안요건 중 하나인 재판의 성숙과 구분된다. 재판의 성숙은 '사건이 선고할 단계'에 이르렀는가를 의미한다. 특히 뒤에서 살펴볼 예방적 권리구제와 관련해서는 행정과정이 더 진행될 때까지, 즉 행정작용이 현실적으로 효력을 발생할 때까지 기다릴 필요는 없는가 하는 문제로도 이해된다.

2) 독일과 일본에서의 논의

(1) 독일에서의 논의

① 일반적인 의미

독일 행정법원법(VwGO)은 재판의 성숙(Spruchreif)을 명문으로 규정하고 있다. 즉 판결의 주문에 관한 제113조 제1항 제3문에 취소소송과 관련된 재판의 성숙을, 제5항에 의무이행소송에 관한 재판의 성숙을 규정하고 있다.322)

---

321) 앞의 판례(주 275) 사안 참조.
322) 독일 행정법원법(VwGO) 제113조 [판결주문]
　　① 행정행위가 위법하고 원고가 이로 인하여 자기의 권리를 침해받은 경우에, 법원은 행정행위 및 행정심판결정을 취소한다. 행정행위가 이미 집행된 경우에는 법원은 신청에 의하여 행정관청이 집행을 취소하여야 할 것과 그 방법을 선고할 수 있다. 이러한 선고는 관청이 집행을 취소할 수 있으며 그 문제가 선고할 단계에 이르렀을 경우에만 행해질 수 있다. 행정행위가 이미 취소되거나 또는 다른 방법으로 해결되었다면, 원고가 위법의 확인에 관한 정당한 이익이 있는 경우에 법원은 신청에 의하여 판결로써 행정행위가 위법이었다는 것을 선고한다.
　　⑤ 행정행위의 거부 또는 부작위가 위법하며 원고가 이로 인하여 자기의 권리를 침

취소소송에 요구되는 일반적인 의미에서의 재판의 성숙은 사실심 변론 종결시를 기준으로 또는 구두변론 없이 재판하는 경우는 판결선고시를 기준으로 행정행위가 위법한지 여부 그리고 원고의 권리가 침해되었는지 여부에 관하여 법원이 더 이상의 해명이 가능하지 않은 상태까지 심리하여 현단계에서 판결을 선고할 수 있는 단계에 이른 상태를 의미한다.[323] 법원은 행정청이 주장하는 권한규범과 그에 기초한 처분요건 사실의 존재에 한정되지 않고 직권으로 다른 권한규범의 존재와 그 요건사실의 충족 여부 등도 조사할 수 있다. 해당 행정행위가 재량행위이거나 행정청에 판단의 여지가 인정되는 경우에도 재판이 성숙되어야 하지만, 이 경우 법원의 조사권한은 축소되므로 재판의 성숙이 요구되는 정도도 완화된다.[324]

심리 결과 아직 재판이 성숙하지 않은 경우 법원은 독일 행정법원법(VwGO) 제86소의 직권탐지주의에 따라 사실관계를 좀 더 해명하여 재판을 성숙하게 하여야 하고, 법원이 직권탐지주의에 따라 사실관계를 확정하기 하기 위한 노력을 하였음에도 더는 해명이 어려운 경우에는 증명책임의 원칙에 따를 수밖에 없다.[325] 독일에서는 재판의 성숙을 직권탐지주의가 인정됨에 따라 법원이 판단에 중요한 사실관계를 완전하게 확정하고 불명확한 법률문제를 직접 판단하여야 할 의무로 이해함과 동시에 재판이 성숙하지 않은 경우 판결을 선고하여서는 안된다는 의미로도 이해하고 있다.[326]

해받은 경우에, 법원은 사건이 선고할 단계에 이르렀을 때에는 신청된 직무행위의 이행의무를 행정관청에 대하여 선고한다. 그 밖의 경우에는 법원의 법적 견해를 존중하여 원고에게 결정할 의무를 선고한다.

323) Riese, in: Schoch/Schneider/Bier, VwGO, §113 Urteilstenor, Rn. 74; Decker, in: Posser/Wolff, BeckOK VwGO, §113 Urteilstenor, Rn. 27 f.
324) Riese, a.a.O.(Fn. 323), Rn. 75.
325) Decker, a.a.O.(Fn. 323). Rn. 28.
326) BVerwG, Urteil vom 18. 11. 2002. - 9 C 2/02 = BVerwGE 117, 200.

② 의무이행소송에서 재판의 성숙

독일에서 재판의 성숙은 의무이행소송의 두 가지 판결유형과 관련하여 큰 의미를 가진다. 우선 의무이행소송의 판결 유형은 행정법원법(VwGO)에 따라 다음과 같이 두 가지로 구분된다.327) Ⓐ 원고가 특정한 내용의 행정행위의 발급에 관한 청구권을 가지고 있음이 확인되는 경우 법원은 행정청에 대하여 신청된 직무행위를 이행할 의무를 선고한다(제113조 제5항 제1문). 신청한 행위가 기속행위이거나 재량이 영으로 수축하는 경우로서 완전히 확정된 청구권이 성립하는 경우이다. Ⓑ 반면 행정청에게 재량이나 판단여지가 인정되고, 사건의 성숙성이 갖추어지지 아니하여 특정한 행정행위의 발급의무를 선고하는 판결을 하기 어려운 경우에 법원은 행정청에 대하여 법원의 법적 견해를 준수하여 어떠한 결정을 할 의무를 선고한다[제113조 제5항 제2문, 이러한 판결유형을 '재결정명령판결(Bescheidungsurteil)'이라 한다]. 심리 결과 원고가 특정한 행정행위 발급에 대한 청구권을 가지고 있지 않은 경우, 즉 법원의 심사가능성이 제한되는 행정의 형성의 여지(행정재량 또는 계획재량, 판단의 여지)가 존재하는 경우이다. 두 가지 판결 유형을 구분하는 기준은 사건의 성숙성(spruchreif)이 갖추어져 있는지 여부이다.

의무이행소송에서 재판의 성숙성은 법원이 행정청에 대하여 특정한 행정행위 발급의무를 부여할 수 있는 사실적·법적 전제조건이 충족된 경우로 의미가 제한된다. 행정사건에서는 행정청에 재량이나 판단여지가 인정됨에도 법원이 직접 특정한 행정행위의 발급의무를 선고하는 것은 권력분배의 원칙에 위배되기 때문이다.328) 따라서 법원이 사실자료들을 심리하여 권력

---

327) 자세한 내용은 이승훈(拙稿), "독일의 의무이행소송", 외국사법제도연구(23) - 각국의 의무이행소송 -, 법원행정처, 2018, 121면 이하 참조.

328) BVerwG Urteil vom 4. 3. 1960. - 1 C 43/59 = BVerwGE 10, 202; BVerwG Urteil vom 20. 2. 1992. - 3 C 51/58 = BVerwGE 90, 18.

분배의 원칙 및 행정의 기능의 관점에서 행정청에 재량 또는 판단여지가 남아 있는지를 판단한 다음, 사건이 성숙한 경우(행정행위가 기속행위이거나 재량이 0으로 수축하는 경우) 법원은 특정한 행정행위 발급의 이행의무를 선고할 수 있는 반면, 성숙하지 못한 경우(행정청에 재량이나 판단여지가 인정되는 경우)에는 재결정명령판결을 할 수 있을 뿐이다.329)

(2) 일본에서의 논의

일본에서 특히 확인소송과 관련된 재판의 성숙은 주로 확인의 이익과 관련하여 논의되고 있다. 이 경우 재판의 성숙은 원고와 피고 사이의 분쟁이 어떤 시점에서 재판적 구제(확인판결)가 가능할 정도로 성숙한 것인가의 문제로서 개별 사안에서 다음과 같은 요건이 갖추어져야 한다.330)

① 행정기관이 원고의 법적지위를 부인하는 견해를 최종적인 것으로 표시하거나 그러한 견해를 표명한 것으로 볼 수 있는 사정이 있어 원고의 법적지위에 불안이 생길 것, ② 당사자 사이의 분쟁에 관한 재판심리에 있어서 쟁점이 명확하게 드러나 있을 것, ③ 분쟁에 대해서 현재 시점에 재판심리를 하는 것보다 행정과정을 진행하는 것이 오히려 분쟁해결의 가능성이 더 많이 남아있는 사정이 없을 것(당해 분쟁에 대해서 행정의 판단이 반드시 선행되어야 할 사정이 없을 것), ④ 현재 시점에서 판결 선고가 이루어지지 않으면 원고가 실효적인 권리구제를 받을 수 없는 경우일 것이 바로 그것이다.331)

---

329) 독일의 의무이행소송에서 재판의 성숙성의 구체적인 의미와 판단방법 등에 관하여는 이승훈, 앞의 논문(주 327), 122면 이하 참조.

330) 자세한 내용은 이승훈, 앞의 논문(주 80), 438면 참조.

331) 中川丈久, "行政訴訟關する外國法制調査 - アメリカ 下一", ジュリスト 1242号, 90, 100, 101頁(2003). 위 문헌에 따르면 위와 같은 4가지 요소는 미국의 사법심사소송에 관한 판례에서 찾아볼 수 있다고 한다.

3) 소결론

재판의 성숙은 법원의 심리 결과 사건이 판결을 선고할 수 있는 정도의 단계에 이르렀는가를 의미하는 것으로서 소송요건의 하나인 즉시확정에 관한 정당한 이익과 구분됨은 앞서 살펴본 바와 같다(다만 일본의 경우 확인의 이익과의 관계에서 논의가 이루어지고 있다).

이와 관련하여 우리나라의 공법상 확인소송에 있어 재판의 성숙을 어떻게 구성할 것인지 분명하게 할 필요가 있다.

대법원은 과거 "당원은 (중간생략) 세밀한 심리를 수행하고, ○○ 등을 증인으로 신문하여 판결의 성숙을 기하여야 할 것임은 직권주의 소송수속의 당연한 소송과정일 것이다. 그럼에도 불구하고 당원은 하등 이러한 증거의 채용심리를 수행치 아니하고 피고인의 진술만으로써 심리를 종결하고 판결하였음은 판결성숙상태에서 판결을 아니하였다고 사료하는 바이다. 생각건대 판결은 성숙상태에서 판결하는 것이 소송법상 당연히 예상되는 것이고 해석상 인정되는 소송법규범이라고 하겠다. 그러므로 판결이 성숙치 아니한데 판결함은 그것은 소송법 규범의 위반이고 따라서 법령의 위반이라고 함이 타당할 것이다. 또한 심리부진인 것이다. 그렇다면 거론에 비추어 당원의 판결은 실당함으로 파훼를 면치 못할 것이라고 사료함이라고 운함에 있다."라고 판시한 이래(대법원 1955. 2. 22. 선고 4287형상4 판결), 직접적으로서 재판의 성숙이라는 용어를 사용하고 있지는 않지만, 꾸준히 사실심 법원이 충분한 심리를 하지 않았거나 합리적인 이유를 제시하지 아니하였다는 이유(심리미진, 이유불비)를 제시하면서 사실심 법원의 판결을 파기하고 있는 점에 비추어 보면, 재판의 성숙을 요구하고 있는 것으로 이해된다. 그뿐만 아니라 우리 헌법재판소는 "재판이란 사건의 심리가 충분히 성숙되면 판결을 선고해서 이를 종결하여야 한다."고 하여 재판의 성숙의 의미와 필요성을 분명하게 판시하고 있다(헌법재판소 2003. 1. 30. 선고 2002헌바53 전원재판부 결정 등 참조).

이상과 같이 재판에 있어 사건의 성숙은 반드시 갖추어야 할 요소이다. 하지만 행정소송과 관련해서는 다음과 같은 문제가 있다. 먼저 행정소송을 심리하는 법관은 우선 문제되는 행정처분의 관계 법령을 기초로 해당 행정처분이 기속행위인지 아니면 재량행위인지를 파악하게 된다. 이때 재판이 성숙되었는지에 관하여는 행정처분의 성질과 관련하여 다음과 같이 구분할 필요가 있다(일단 가장 일반적인 취소소송을 기준으로 한다). 우선 행정처분이 기속행위라면 그 행정처분이 관계 법령이 정하는 절차적, 실체적 요건들을 갖추었는지를 심사하고, 그에 따라 결론을 내는 것으로 충분하다. 즉 실체법상 요건을 갖추었다면 기각 판결을, 갖추지 못하였다면 인용 판결을 하게 될 것이다. 반면 행정처분이 재량행위이거나 판단여지가 인정되는 경우에는 관계 법령이 정한 요건을 모두 갖추었는지 외에 재량이 0으로 수축하는지, 또는 재량하자가 있는지 여부 등에 관한 심리가 필요하고, 이러한 심리가 완전히 이루어진 후에야 판결을 선고할 수 있다. 다만 재량행위나 판단여지에 대한 법원의 심사범위는 재량의 하자 유무에 관한 판단범위 내로 제한되고, 법원이 직접 재량요소를 반영하여 특정한 결론을 도출하는 것은 허용되지 않는다.[332]

위와 같은 일반적인 재판의 성숙성과 관련된 논의는 법률관계의 존재 또는 부존재, 특히 행정처분 이외의 행정작용의 위법성의 확인을 구하는 일반적인 공법상 확인소송에 그대로 적용된다. 하지만 이행청구권의 존재 여부에 관한 확인을 구하는 경우에는 다음과 같은 문제가 있다. 이 문제는 우리나라 행정소송법이 의무이행소송을 허용하지 않기 때문에 그 기능을 공법상 확인소송이 대신하는 과정에서 발생하는 필연적인 문제이다.

우선 원고가 신청한 행정작용(대개는 수익적 행정처분일 것인데, 수익적 행정처분은 국민의 신청을 통해 확인소송의 대상이 되는 구체적인 법률관

---

332) Riese, a.a.O.(Fn. 323), Rn. 75.

계가 형성된다)이 기속행위인 경우 원칙적으로 처분의 모든 발급요건이 심사의 대상이 되어야 하므로, 여기서 이행청구권의 존재 여부가 확인되면 일단 재판은 성숙한 것으로 볼 수 있다. 이 경우 법원은 이행청구권이 존재한다면 이행청구권이 존재한다는 확인판결을 하면 충분하고, 반대로 이행청구권이 존재하지 않는다면 원고의 청구를 기각하는 판결을 하면 된다. 반면 재량행위나 행정청에 판단의 여지가 인정되는 경우 법원은 재량이 0으로 수축하는지 여부를 심사하여야 하고, 재량이 0으로 수축되었다면 이행청구권의 존재를 선언하는 판결을 하면 충분하다. 하지만 그렇지 않은 경우에는 법원이 직접 재량권을 행사하거나 임의대로 불확정개념을 보충하여 특정한 이행청구권이 있음을 확인하는 것은 권력분립의 원칙의 관점에서 타당하지 않다. 따라서 이 경우에는 독일의 재결정명령판결을 참고하여 행정청으로 하여금 법원의 법적 견해를 준수하여 특정한 행정결정을 하여야 할 의무가 있음을 확인하는 판결을 선고하는 것도 가능하다고 본다. 즉 행정기관이 원고가 신청한 행정작용(대개는 수익적 행정처분)을 할 의무는 없지만(확정된 이행청구권의 부정), 해당 판결에서 제시된 법원의 법적 견해를 준수하여 하자 없는 재량에 따라 새로운 결정을 할 의무가 있다는 확인(결정의무의 확인)을 하는 것은 허용된다고 할 것이다.333) 이 점은 행정의 판단권한을 침범하는 것이 아닐 뿐만 아니라 행정소송법이 공법상 확인소송의 주문유형에 관하여 특별한 제한을 두고 있지 않다는 점에 비추어 보아도 별다른 문제는 없다. 따라서 법원은 재량행위나 판단여지가 문제되는 사례에 있어 법원이 인정하는 재량범위와 그 한계, 또는 판단여지

---

333) 예컨대 독일의 의무이행소송에 있어 재결정명령 판결의 주문은 일반적으로 "피고는 (재결의 표시) 재결의 취소를 전제로 하여, 법원의 법적 견해를 준수하여 원고의 (신청의 내용) 신청에 대하여 새롭게 결정할 의무를 부담한다."라는 형식인데, 공법상 확인소송에 이를 적용하면 "피고는 이 법원의 판결에서 제시된 법적 견해를 준수하여 원고의 (신청의 내용) 신청에 대하여 새롭게 결정할 의무가 있음을 확인한다."는 형식이 될 것이다.

의 한계 등에 관한 법원의 법적 견해를 명확하게 드러낼 필요가 있다.

이처럼 공법상 확인소송에 있어 판결의 성숙은 행정작용의 성질에 따라 일반적으로 구분할 수 있다. 특히 이행청구권의 확인을 구하는 소에 있어서 행정작용의 성질에 따른 법원의 심리와 그에 따른 성숙의 내용은 상당한 차이가 있다(특히 이행청구권의 확인 여부를 구하는 소에 있어 거부처분 취소소송과의 보충성이 문제되는바, 이에 관하여는 확인소송의 보충성과 관련된 부분에서 자세하게 다룬다).

V. 관련 문제

1. 행정기관이 제기하는 확인소송의 허용가능성

1) 문제 상황

행정청이 행정처분을 발령하는 등의 방법으로 직접 자신의 권한에 근거하여 법률관계의 존재 또는 부존재를 확인할 수 있는 가능성이 있거나 있었던 경우에도 확인소송을 제기한 경우 즉시확정에 관한 정당한 이익이 인정되는지의 문제가 있다. 우선 이에 관한 독일에서의 논의를 살펴보고, 현행 행정소송법 내에서 활용가능한지에 관하여 본다.

2) 독일에서의 논의

이에 관하여 독일의 일반적인 문헌의 태도는 행정청은 고유의 고권적인 권한을 우선적으로 사용할 수 있고, 또 그렇게 해야 하므로 행정행위를 발령할 수 있다면 행정청 자신의 권한에 대한 위험은 존재하지 않기 때문에 즉시확정의 정당한 이익은 인정되지 않는다는 입장이다. 하지만 독일 연방행정법원은 행정청이 행정행위를 발령할 수 있음에도 곧바로 확인소송을

제기하는 것이 허용된다고 판단하였다.[334] 예컨대 독일연방공화국이 원고
가 되어 국민인 피고를 상대로 주위적으로는 특정구간의 배수로의 유지의
무가 피고에게 있음의 확인을, 예비적으로 원고가 위 구간 배수로를 유지
하는데 들어간 비용의 상환을 청구하는 소송을 제기한 사건에서 독일 연방
행정법원은 행정청이 행정행위를 발령할 수 있는 가능성이 있음에도 곧바
로 확인소송을 제기하더라도 권리구제의 이익이 배제되는 것은 아니고, 오
히려 행정의 선택권을 존중하여 즉시확정에 관한 정당한 이익을 승인하였
다. 그 이유는 행정기관이 반드시 행정행위를 우선 발령하도록 하는 법령
상 제한은 존재하지 않고, 행정법원법 제43조 제2항의 보충성 규정으로부
터도 그러한 제한의 존재를 추론할 수 없다는 것이다. 특히 행정법원법 규
정은 오로지 절차법상 고려에서 도입된 것인데, 행정청이 행정행위를 발령
할 수 있음에도 확인소송을 제기할 수 있는가의 문제는 실체법의 문제로서
논의의 초점이 다르다는 이유도 제시하고 있다. 또한 실체법의 관점에서도
행정행위의 발령이 항상 법원에 확인소송을 제기하는 것보다 우선하여야
한다고 볼만한 근거는 없다고 한다.

　독일 연방행정법원의 위와 같은 논의는 행정행위의 발령이 확인소송의
제기보다 원고가 의도하는 권리구제의 목적에 이를 수 있는 더 손쉬운 방
법이 아닌 경우에 특히 의미가 있다. 예컨대 처음부터 국민이 행정행위를
수용하지 않고 법원에서 그에 대한 조치를 다툴 것이라고 볼만한 근거가
있는 경우가 그러하다. 이 경우 행정행위의 발령을 강제하도록 하는 것은
절차경제의 원칙과 법원을 통한 사안의 신속한 해명의 요구에 역행하기 때
문에 행정청이 곧바로 확인소송을 제기하는 것을 허용할 실제적인 필요도
있다.[335] 다만 행정이 이미 법률관계의 존재 또는 부존재를 확정한 경우,

---

334) BVerwG, Urteil vom 25. 10. 1967. - IV C 19.67 = BVerwGE 28, 153 등 확립된
　　판례의 태도이다.
335) Schenke, a.a.O.(Fn. 178), Rn. 573, Selb, a.a.O.(Fn. 115), S. 139.

특히 이미 행정행위를 발령한 경우에는 확인소송을 제기할 정당한 이익은 인정되지 않는다.

3) 공법상 확인소송의 가능성

대등한 당사자 사이의 분쟁이라는 공법상 당사자소송의 특성을 고려하여 볼 때 행정기관이 원고가 되어 국민을 상대로 확인소송을 제기하는 것 자체를 허용하는 데에 특별한 문제는 없어 보인다. 다만 행정청이 행정처분을 할 수 있음에도 그 상대방인 국민을 상대로 확인소송을 제기하는 것을 허용할 것인지의 문제는 좀 더 깊은 검토가 필요하다. 이 점에 관하여 독일 연방행정법원은 일반적인 문헌의 태도와는 달리 행정기관이 행정행위를 할 수 있음에도 확인소송을 제기하는 것이 허용된다는 입장임은 앞서 살펴본 바와 같다. 현행 행정소송법 하에서 행정청은 절차상 간소하면서도 강력한 효력을 가진 행정처분을 통하여 일방적으로 법률관계를 형성, 변동, 소멸하려고 하는 경우가 일반적이겠으나, 예외적인 경우 행정처분의 발령 없이 확인의 소를 제기하는 경우가 있을 수 있다. 행정기관으로서는 행정처분의 발령이 일반적으로 쉬운 길이기 때문에, 행정처분보다 행정소송을 선택하는 경우는 일반적으로 다툼이 있는 법률관계에 대하여 처음부터 법원의 판단을 받는 것이 필요한 경우일 것이다. 예컨대 행정청이 행정처분을 하더라도 그 대상인 국민이 이를 수용하지 아니할 것임이 분명한 경우이거나 다수 당사자 사이의 이해관계 조정이 쉽지 않아 법원을 통한 권리범위의 조속한 확정이 필요한 경우일 것이다. 이러한 경우에 어차피 다툴 것이 분명한 행정처분을 발령하는 것보다는 처음부터 확인소송을 통한 법률관계의 확정이 더 유용할 수도 있다는 점에서 허용할 가치가 있다.

이와 같은 현실적인 필요성 외에 다음과 같은 이유로 행정청이 행정처분 대신 확인소송을 제기하는 것을 부적법하다고 볼 필요는 없을 것으로 본다.

① 행정청이 다툼 있는 법률관계 또는 권리·의무에 대하여 행정처분을

발령할 수 있고, 그러한 행정처분이 취소소송의 대상이 될 수 있다고 하더라도, 이러한 경우 행정청이 다툼이 있는 법률관계의 해명을 위하여 오로지 행정처분을 발령하여야 하고, 확인소송과 이행소송을 제기하는 것이 부적법하다고 볼만한 아무런 법률상 근거가 없다.

② 이에 관하여 원고가 청구의 목적을 보다 쉬운 방법으로 달성할 수 있는 때에는 권리보호의 필요가 없다고 설명되고 있고,336) 대법원도 "실효적이고 직접적인 구제수단이 있음에도 그보다 못한 구제수단을 이용하는 것은 특별한 사정이 없는 한 분쟁해결의 유효적절한 수단이라고 할 수 없어 법률상 이익이 있다고 할 수 없다."고 판시하고 있는 것은 사실이다(대법원 2017. 10. 31. 선고 2015두45045 판결 등 참조). 그리고 같은 취지에서 대법원은 관계 법령상 행정대집행의 절차가 인정되어 행정청이 행정대집행의 방법으로 건물의 철거 등 대체적 작위의무의 이행을 실현할 수 있는 경우에는 따로 민사소송의 방법으로 그 의무의 이행을 구할 수 없다(대법원 1990. 11. 13. 선고 90다카23448 판결, 대법원 2000. 5. 12. 선고 99다18909 판결, 대법원 2017. 4. 28. 선고 2016다213916 판결 등 참조)고 판시하였다.337) 이와 같이 행정상 강제집행수단이 별도로 법령에 마련되어 있는 경우 민사소송이나 민사집행의 방법을 이용하는 것이 허용되어서는 아니된다는 데에 학설과 판례의 태도가 합치되어 있다.338) 이는 법률이 행정상의 강제집행을 인정하고 있고 또 그 법률에 정한 행정상의 강제집행의 요건이

---

336) 김남진·김연태, 앞의 책(주 9), 836면.
337) 본문 판례와 같은 취지로서 "감사원법에 의하여 변상을 명하는 판정이 확정되었고 그 확정된 판정이 다른 적법한 절차에 의하여 취소되지 않는 한 당사자는 그 판정내용과 다른 주장을 할 수 없는 것이며, 위 판정에 대하여는 국세징수법중 체납처분의 규정에 의하여 집행할 수 있다 할 것인즉, 그 판정된 변상금의 배상을 구하는 민사상의 손해배상청구 권리보호의 필요가 없다."고 판시한 사례가 있다(대법원 1970. 4. 14. 선고 67다2138 판결 참조).
338) 이상덕, "행정대집행과 민사소송의 관계", 행정판례평선, 2011, 402면 이하.

충족되었다고 판단되는 경우에는 그 행정상의 강제집행절차에 의하여야
하며 민사소송절차에 의할 것은 아니라고 보는 것이 우리 법제의 해석상
타당하는 관점에서 뒷받침된다.339) 그런데 이 문제는 행정청이 특정한 행

---

339) 최세영, "행정상 강제집행론", 사법연구자료 제12집, 1985, 243면 이하. 다만 그 방법
론과 관련하여 민사소송 문헌에서는 법률이 민사소송 이외의 특별한 구제절차를 마
련하여 놓은 경우에는 그에 의하는 것이 국가제도의 합리적·능률적 운영이 되기 때
문에 제소장애사유가 된다고 보는 것이 일반적이다(주석 민사소송법 32면 이하). 행
정법 관련 문헌에서는 행정상의 강제집행을 정한 법률은 민사소송법에 대한 특별법
의 지위에 있어 우선하는 효력을 가질 뿐만 아니라 신속한 행정목적의 실현을 도모
하고 행정상 평등의 원칙을 확보하는데 필요하다거나 일반적으로 행정상 강제집행
수단은 당해 의무의 공공성 등의 특성을 고려하여 신속하고 실효적인 이행확보를
위한 수단을 내용으로 하고 있는 것으로서 이러한 행정상 강제집행수단이 마련되어
있음에도 민사상의 강제집행 수단에 의하여 그 의무를 확보하려고 하는 것은 이러한
관계법의 취지에 반한다거나 행정청이 행정강제와 민사강제의 두 가지 수단을 모두
사용하게 되면 지나치게 행정권이 강화되고 법원의 부담도 가중된다는 등의 이유가
제시되어 있다[김동희, 위의 책(주 307), 482면; 이상규, 신행정법론(상) 1993, 533면;
이상덕, 위의 논문(주 338), 402면 이하].
반면 행정상 강제집행수단이 별도로 법령에 마련되어 있지 않은 경우에는 행정상
강제집행과 민사상 강제집행은 그 성질과 차원을 달리하는 별개의 제도로 보아 민사
상의 강제집행수단으로 행정상 의무이행을 확보할 수 없다는 견해(최세영, "행정상
강제집행론", 사법연구자료 제12집, 1985, 246면 이하에 의하면, 현행법상 일반적 강
제집행수단으로 대집행만을 인정하고 있기 때문에 행정법상 의무가 대체적 작위의
무로서 대집행의 대상이 되지 아니하는 한 행정상 강제집행을 할 수 없고, 행정상
강제집행과 민사상 강제집행은 그 성질과 차원을 달리하는 별개의 제도인 이상, 민
사상 강제집행도 가능하지 않다고 설명한다)와 민사상 강제집행은 양 당사자의 대등
성을 바탕으로 하는 것으로서 상대방에 불이익하지 않기 때문에 일반적으로 인정될
수 있고, 현행 법제도에는 행정법상 의무에 관하여 이행확보 수단이 마련되어 있지
않은 경우도 있는데, 이 경우 행정권이 의무는 부과할 수 있으나 그 이행을 확보할
수 없다는 것은 부당하며, 행정주체의 지위를 사인보다 더 불리하게 할 합리적인 이
유가 없다는 등의 이유로 이를 긍정하는 견해가 대립하고 있다[견해대립의 자세한
내용은 김동희, 위의 책(주 307), 483면 참조]. 한편 허용성을 판단함에 있어 유형별
검토가 필요하다는 전제하에, 공법상 금전납부의무에 대해서는 민사소송 또는 민사
집행을 허용하여도 큰 문제는 없으나, 공법상 부대체적 의무에 대한 민사 간접강제
를 허용하는 것은 대표적인 유형인 이행강제금을 법률에 규정 없이 도입하는 것과

정목적을 실현하기 위하여 행정처분이라는 간소한 '집행방법'을 활용할 수 있음에도 굳이 민사소송 및 민사집행의 수단을 이용하는 것이 허용되는가의 문제인 반면, 행정기관이 국민을 상대로 확인소송을 제기할 수 있는가의 문제는 행정기관이 특정한 '법률관계의 해명'을 구하는 것으로서 논의의 상황이 완전히 다르다. 즉 전자가 단순한 수단선택의 문제라면 후자는 행정의 적법성과 국민의 권리구제의 실현의 문제이다. 따라서 행정청이 처분이라는 수단을 활용할 수 있다는 이유만으로 그 근거가 되는 법률관계의 해명을 요구하는 행정기관의 확인의 소제기를 막을 이유가 없다.

③ 오히려 실제적인 이유로도 행정청이 행정처분과 확인소송 중에 선택하는 것을 막을 이유가 없다. 행정기관이 행정청으로서 처분을 발령하는 대신 곧바로 소송절차에 들어가기로 결정하였다면, 이는 자진하여 행정청인 경우보다 지위가 약한 소송당사자인 원고의 역할을 맡기로 한 것인데, 이를 굳이 막을 이유가 없다. 다툼이 있는 문제가 우선 행정절차에서 다루어지고, 거기서 최종적으로 해결이 될 가능성이 있는 경우에도 마찬가지이다.

위와 같이 행정기관이 행정처분을 발령할 수 있음에도 확인소송을 제기하는 것을 부정할 필요는 없다.

4) 관련 논의 - 행정기관 내부 조직 사이의 확인소송의 허용 가능성

공법상 권리주체인 행정기관과 행정기관 사이의 공법상 확인소송은 현행 행정소송법 내에서도 허용될 여지가 있다. 그러나 행정기관 내부 기관이나 조직 사이의 확인소송은 현행 행정소송법이 기관소송 법정주의를 채택함에 따라 법률에 특별한 규정이 없는 한 허용되지 않는다. 그뿐만 아니라 공법상 당사자소송의 당사자능력과 관련해서도 행정소송법 제3조 제2호는 당사자소송은 법률관계의 한쪽 당사자를 피고로 하는 소송이라고 정

마찬가지라는 이유로 허용되어서는 안된다는 견해도 있다[이상덕, 위의 논문(주 338), 403면 이하].

의되어 있고, 제39조는 당사자소송은 국가·공공단체 그 밖의 권리주체를 피고로 한다고 규정되어 있어 독립된 권리구제가 아닌 행정기관의 내부 기관 또는 조직을 상대로 하는 당사자소송이 허용되기 위해서는 법률에 특별한 규정이 필요할 것으로 본다.

독일의 경우에는 국가나 지방자치단체가 국가 등 다른 행정주체를 상대로 하는 경우는 물론이고 국가나 지방자치단체의 조직 또는 그 부분조직 사이에 분쟁이 발생한 경우에 해당 기관이나 조직이 다른 기관이나 조직을 상대로 하여 소를 제기하는 것이 허용된다. 특히 후자의 경우 이른바 기관소송(Organstreitigkeit)으로서 비교적 새로운 소송형태로 인정받고 있다. 독일에서 오늘날 지배적인 견해는 국가나 지방자치단체의 조직 또는 그 부분조직 사이의 분쟁은 특정한 범위 내에서 행정법원의 심판의 대상이 되는 바, 이러한 유형의 소송을 광의로 기관소송이라 한다. 이러한 기관소송은 행정법원법 초기에 적은 수의 사건에서 인정되었고, 그나마도 자치헌법분쟁이라는 특별한 소송유형으로 인식되었으나, 오늘날에는 행정법원법에 규정된 독립된 소송유형으로 이해하는 경향이 강하다. 기관소송은 특히 확인소송의 형태로 제기되는데, 이는 기관 내부의 법률관계도 확인소송의 대상이 되는 법률관계라는 점을 전제로 하고 있다. 또한 기관소송의 허용은 주관적인 권리보호를 중심으로 한 독일 행정법원법의 권리구제 체계 내에서 개별 조직 또는 그 부분 조직에 대하여 적어도 외부적 관계에서는 주관적 권리와 대등하거나 유사한 법적 지위가 부여되어 있다는 시각이 반영되어 있다. 나아가 기관소송을 확인소송의 형태로 제기하는 경우에도 확인소송의 보충성이 요구되나, 내부적 법률관계에는 일반이행소송을 제기할 수 있는 이행청구권이 존재하지 않기 때문에 결국은 확인소송만이 가능하므로 보충성은 크게 문제되지 않는다. 이와 같이 독일에서는 확인소송 형태의 기관소송이 인정되고 있으나, 현행 행정소송법 제45조는 기관소송 법률주의를 채택하고 있어 법률이 정한 경우에만 기관소송을 제기할 수 있다. 그러나 행정의 합법성 원칙을 내용으로 하는 법치국가의 원칙이 확고하게 자리 잡아 감에 따라 향후 입법적 과제로서 특정한 행정조치의 적법성을 둘러싸고 발생하는 행정기관 사이의 분쟁 역시 행정소송 체계 내로 포섭할 필요성이 있다. 이러한 경우의 소송유형은 대등한 당사자 사이의 분쟁을 전제로 하는 공법상 당사자소송, 특히 그 중에서도 확인소송이 가장 적절한 유형일 것이다. 이러한 점에서 위와 같은 행정 내부의 분쟁에 있어 확인소송이 대단히 유용한 해결방법이 될 수 있다.

2. 확인판결이 손해배상청구나 손실보상청구의 선결문제인 경우

행정법원의 확인판결이 민사법원의 관할인 손해배상청구나 손실보상청구에서 주장될 선결문제인 경우에 위와 같은 확인판결에 정당한 이익이 인정될 수 있는가의 문제가 있다.

이 문제는 확인소송의 즉시확정에 관한 정당한 이익은 반드시 공법상의 성질일 필요는 없고, 사법상의 것도 가능하다는 점과 민사법원은 공법상 선결문제에 관하여 직접 판단할 수 있다는 점을 전제로 전개된다. 종래 행정행위의 구성요건적 효력과 관련하여 국가배상청구소송에서 특정 행정작용의 위법 여부 또는 존재 여부(무효 여부)가 그 사건의 선결문제가 되는 경우에, 당해 사건을 관할하는 법원이 그에 관하여 스스로 심리·판단할 수 있느냐의 문제가 있다.[340] 이에 관하여 대법원은 국가배상청구사건에서 법원이 선결문제로서 행정처분의 위법성 여부에 대한 심사를 할 수 있다는 입장이다(대법원 1972. 4. 28. 선고 72다337 판결). 이러한 입장을 강조하게 되면, 특정한 행정작용의 위법 여부는 국가배상청구사건에서 주장·심리되면 충분하고, 굳이 그 위법성 확인을 위한 공법상 확인소송을 제기할 권리

---

340) 구성요건적 효력의 의미와 내용, 공정력과의 관계 등에 대해서는 김남진·김연태, 앞의 책(주 9), 302면 이하 참조

구제의 필요가 있는가 하는 의문이 제기된다.

대법원은 위와 같은 입장을 유지하여 종래 공무원에 대한 면직처분의 무효확인소송에서 "상고심 계속 중에 이미 국가공무원법 소정의 정년이 지났으므로 면직처분이 무효로 확인된다 하더라도 공무원의 신분을 다시 회복할 수 없기 때문에, 비록 면직으로 인한 퇴직기간을 재직기간으로 인정받지 못함으로써 퇴직급여, 승진소요연수의 계산 및 호봉승급에 과거의 불이익이 남아 있긴하나 이러한 불이익이 현재는 계속되고 있지 아니하고, 면직처분으로 인한 급료청구소송 또는 명예침해 등을 이유로 한 손해배상청구소송에서 위 처분의 무효를 주장하여 과거에 입은 권익의 침해를 구제받을 수 있는 이상, 소로써 면직처분의 무효확인을 받는 것이 원고들의 권리 또는 법률상 지위에 현존하는 불안, 위험을 제거하는 데 필요하고도 적절한 것이라 할 수 없으므로 확인의 이익이 없다."고 판시하거나(대법원 1993. 1. 15. 선고 91누5747 판결), "민사상 손해배상청구소송에서 그 전제로서 면직처분의 무효를 주장하여 구제받을 수 있는 것이므로 독립한 소로써 면직처분의 무효확인을 받는 것이 원고들의 권리 또는 법률상의 지위에 현존하는 불안, 위험을 제거하는데 필요하고도 적절한 것이라고 할 수 없어, 원고들의 위 무효확인의 소는 확인의 이익이 없다."고 판시하였다(대법원 1991. 6. 28. 선고 90누9346 판결).

이러한 논의는 다음과 같이 경우를 나누어 살펴볼 필요가 있다.

① 우선 확인소송이 장래의 민사소송(특히 국가배상청구소송)에 중요한 선결문제로서의 의미를 가짐과 동시에 확인소송 그 자체에 독자적인 의미가 있는 경우에는 즉시확정에 관한 정당한 이익을 인정하는 데에 특별한 문제는 없어 보인다. 예컨대 비책임자에 대한 경찰권발동과 관련된 상황에서 비책임자에 대한 경찰권발동이 적법한 경우에 비책임자는 특별한 희생을 요구받게 된 것이 되어 손실보상을 청구할 수 있는 반면, 그러한 경찰권

발동이 위법한 경우에 손해배상(국가배상)을 청구할 수 있을 것인데 비책임자인 당사자로서는 이 경우 경찰권발동이 적법한지, 위법한지를 판단하여 손실보상 또는 손해배상 중 하나를 선택하기가 쉽지 않다. 이 경우 경찰권발동의 위법확인은 단순한 민사소송의 선결문제가 아닌 그 자체로 독자적인 의미를 가진다고 할 수 있다. 따라서 비책임자로서는 경찰권발동이 위법한지 여부의 확인을 구하는 소송을 제기할 수 있다고 보는 것이 합리적이다.341)

② 하지만 확인소송이 오로지 장래의 민사소송의 선결문제로서의 의미만을 가지고 있는 경우에도 즉시확정에 관한 정당한 이익이 인정될 수 있는지는 문제이다. 이에 관하여 "같은 두 당사자 사이의 민사소송이 이미 계속 중이거나 그러한 소송이 제기될 것이라는 점이 충분히 예상되며, 또한 명백히 승소가능성이 없는 경우가 아니라는 전제 하에 정당한 이익이 인정된다."는 취지로 이를 긍정한 독일 판례가 있다.342) 이때 확인소송에 관한 정당한 이익은 원고가 확인판결을 통하여 손해배상 또는 손실보상청구소송에서 그 선결문제가 되는 점 때문에 패소하지는 않을 것이라는 점에서 정당화된다.343) 나아가 행정법원이 그와 관련된 선결문제에 관하여 더욱

---

341) 비책임자에 대한 경찰권발동의 적법요건 및 권리구제 방법에 관한 자세한 논의로는 서정범, "비책임자에 대한 경찰권발동에 관한 법적 고찰", 안암법학 제25권, 2007, 269면 이하; 서정범·김연태·이기춘, 경찰법연구, 2018, 469면 이하 참조.

342) BVerwG, Urteil vom 20. 5. 1958. - VI C 274.57 = BVerwGE 6, 347; BVerwG, Urteil vom 9. 10. 1959. - V C 166.57 = BVerwGE 9, 196. 여기서의 명백히 승소가 능성이 없는 경우라 함은 사건에 관한 자세한 심사 없이도 원고로부터 주장된 손해 배상 또는 손실보상청구가 법률상 이유 없는 경우를 의미한다(BVerwG, Urteil vom 18. 10. 1985. - 4 C 21.80 = NJW 1986, 1826; BVerwG, Urteil vom 28. 8. 1987. - 4 C 31.86 = NJW 1988, 926).

343) BVerwG, Urteil vom 9. 10. 1959. - V C 165.57 = BVerwGE 9, 196; BVerwG, Urteil vom 27. 2. 1963. - VI C 200.61 = DVBl 1963, 519.

상세하고 전문적인 판단을 할 수 있기 때문에 판결의 정당성이 더 높은 정도로 보장된다는 설명도 있다.[344]

다른 한편으로 이 경우 확인소송에 관한 정당한 이익은 원칙적으로 부정된다는 판례도 있다.[345] 이러한 판례는 대개 일반법원의 포괄적인 판단권을 존중하여 관할권이 분명하지 아니한 소송절차 및 그 선결문제에 대하여는 오로지 일반법원에 관할이 있다는 입장이다. 또한 단지 선결문제에 불과한 법률관계에 관하여 행정법원의 독자적인 재판을 허용하는 것은 소송경제의 관점에서도 타당하지 않다는 점도 반영되어 있다. 그리고 행정법원에서의 확인소송 그 자체로는 결코 민사법원에서의 승소를 보장하지 않는다는 것도 이 견해의 논거인데, 예컨대 국가배상소송의 경우 어떠한 선결문제에 대하여 행정법원의 확인판결이 있더라도, 민사소송에서 국가배상판결을 받기 위해서는 직무상 의무 위반이나 공무원의 책임, 또는 손해의 발생과 같은 그 밖의 다른 요건들에 대한 심리가 이루어져야 하기 때문에 확인판결을 받는 것만으로는 민사소송에서의 승소가 담보되지 않는다는 점이 지적되고 있다.

③ 나아가 확인소송을 제기할 수 있다고 하더라도, 반복의 위험성이나 해명의 필요 없이 손해배상청구가 예정되어 있다는 이유만으로 확인소송의 권리구제의 필요를 인정할 수 있는가의 문제도 있다. 이에 관하여 대법원은 항고소송과 관련된 사례에서 "위법한 행정처분의 취소를 구하는 소는 위법한 처분에 의하여 발생한 위법상태를 배제하여 원상으로 회복시키고, 그 처분으로 침해되거나 방해받은 권리와 이익을 보호·구제하고자 하는 소송이므로, 처분 후의 사정에 의하여 권리와 이익의 침해 등이 해소된 경우에는 그 처분의 취소를 구할 소의 이익이 없다 할 것이고, 설령 그 처분이

---

344) Selb, a.a.O.(Fn. 115), S. 140.
345) BVerwG, Urteil vom 20. 1. 1989. - 8 C 30.87 = BVerwGE 81, 226.

위법함을 이유로 손해배상청구를 할 예정이라고 하더라도 달리 볼 것이 아
니다."라고 판시하였다(대법원 2005. 5. 13. 선고 2004두4369 판결).346) 이
경우 원고가 같은 행정작용이 반복될 위험이 있어 이를 저지하기 위한 목
적이 아니고, 이미 실행된 행정작용에 대한 권리구제 방법은 손해배상청구
밖에 남아 있지 않다면, 굳이 공법상 확인소송을 이용할 특별한 필요는 없
어 보인다. 특히 우리나라의 경우 전문법관 제도가 마련되어 있지 아니한
이상 전문성을 근거로 공법상 확인소송의 허용성을 긍정하기도 어려워 보
인다.347)

---

346) 피고의 공익근무요원 소집해제신청에 대한 거부처분으로 원고가 입게 되는 권리와
    이익의 침해는 피고가 소집해제처분을 함으로써 해소되었다 할 것이므로, 원고로서
    는 이 사건 각 처분의 취소를 구할 소의 이익이 없다고 할 것이고, 설령 원고가 향후
    국가를 상대로 이 사건 각 처분이 위법함을 이유로 손해배상청구를 할 예정이라고
    하더라도, 그와 같은 사정만으로 소의 이익이 있다고 할 수 없다고 한 사안이다. 이
    판례의 태도를 근거로 우리나라의 협의의 소익은 프랑스, 영국, 미국, 독일 등과 비
    교하여 대단히 소극적이라는 비판으로, 박정훈, "세계 속의 우리나라 행정소송·행정
    심판·행정절차", 저스티스 제92호, 2006년 7월, 315면.
347) 이 문제에 관하여 행정법원과 비교할 때, 민사법원에서는 처분의 위법성에 관해 전
    문적인 판단을 사실상 기대하기 어렵다는 이유로 권리구제의 필요를 긍정하는 취지
    의 견해가 있다[이상덕, 앞의 논문(주 313), 263면]. 이 견해는 향후 행정소송법의
    개정을 통해 국가배상청구소송이 당사자소송의 한 유형이 되어 행정법원의 관할로
    이전된다면, 위와 같은 경우에 항고소송의 소의 이익은 부정하되, 다만 기간만료를
    이유로 항고소송을 각하할 것이 아니라 국가배상청구소송으로의 소변경을 허용하는
    것이 타당하다고 한다.

제3절 공법상 확인소송의 보충성

Ⅰ. 보충성의 의미와 근거

1. 일반론

확인소송의 보충성은 흔히 확인소송에 요구되는 소의 이익, 그 중에서도 권리보호의 필요의 하나로 설명된다. 따라서 확인소송의 성질을 가지는 소에는 일반적으로 보충성이 요구된다고 할 수 있다. 이는 민사소송에서도 마찬가지이다. 대법원도 "확인의 소는 법적 지위의 불안·위험을 제거하기 위하여 확인판결을 받는 것이 가장 유효·적절한 수단인 경우에 인정되고, 이행을 청구하는 소를 제기할 수 있는데도 불구하고 확인의 소를 제기하는 것은 분쟁의 종국적인 해결방법이 아니어서 확인의 이익이 없다."고 하여 확인소송에 보충성이 요구됨을 분명히 하였다(대법원 2019. 5. 16. 선고 2016다240338 판결, 대법원 2005. 12. 22. 선고 2003다55059 판결). 이와 같이 보충성은 확인소송이 법적 지위의 불안·위험을 제거하기 위하여 확인판결을 받는 것이 가장 유효·적절한 수단인 경우에만 확인의 이익이 인정되기 때문에, 확인판결을 받는 것보다 더 권리구제에 유리한 해결방법이 존재하는 경우에는 확인의 이익이 인정되지 않는다는 관점에서 요구되는 것이다.

2. 독일과 일본에서의 논의

1) 독일에서의 확인소송의 보충성

독일 행정법원법 제43조 제2항 제1문은 "원고가 형성의 소 또는 이행의 소에 의하여 자기 권리의 구제를 구할 수 있거나 또는 구할 수 있었던 경우에는 확인을 구할 수 없다."고 규정하고 있다. 이러한 요구가 일반적으로 확인소송의 보충성으로 표현된다. 독일 민사소송법(ZPO) 제256조는 보충성에 관한 명문규정을 두고 있지 않기 때문에 일반적인 권리구제의 필요에 근거하여 보충성을 인정하고 있는 반면, 행정법원법 제43조 제2항은 보충성을 명문으로 규정하고 있다. 이 때문에 행정소송에서의 확인소송의 보충성은 일반적인 권리구제의 필요보다는 소송경제의 관점에서 인정되는 것으로 본다.[348] 즉 동일한 권리구제의 목적을 달성하기 위해서라면 더 효율적인 권리구제 방법을 이용하여야 한다는 것이다. 형성소송은 직접적으로 법률관계를 형성하는 효력이 있고, 이행소송은 집행권원이 되는 반면, 확인소송은 단지 관념적인 법률효과 밖에 없기 때문에 이행소송이나 형성소송을 제기할 수 있거나 있었음에도 확인소송을 제기하는 것은 소송경제의 관점에서 볼 때 효율적이지 못하기 때문이다. 특히 이행의 소는 피고에 대한 특정한 이행청구권의 존재를 주장하여 그 확인과 여기에 기초한 이행을 명하는 판결을 구하는 소로서, 이행판결에는 이행청구권의 존재를 확인하는 효력이 있어 확인판결로서의 성격을 포함하고 있다는 점에서도 이행판결이 가능한 이상 굳이 확인판결만을 구할 필요가 없다.[349]

---

348) Selb, a.a.O.(Fn. 115), S. 169.

349) 자세한 내용은 김동현, "동일한 청구권에 관한 이행의 소와 소극적 확인의 소", 민사소송 제19권 제2호, 2015, 171면 이하 참조. 대법원도 소송상 청구는 구체적인 권리 또는 법률관계만을 대상으로 하고, 확인의 소에 있어서 확인의 이익은 소송물인 법률관계의 존부가 당사자 간에 불명확하여 그 관계가 즉시 확정됨으로써 그 소송의 원고의 권리 또는 법률적 지위에 기존하는 위험이나 불안정이 제거될 수 있는 경우

한편 독일에서는 확인소송의 보충성은 원고가 취소소송이나 의무이행소송에 규정된 전심절차나 제소기간과 같은 특별한 적법요건을 우회하는 것을 방지하기 위한 목적도 있다고 설명되고 있다.[350] 즉 항고소송의 경우 제소기간의 제한이 있거나 반드시 전심절차를 거쳐야 하는 경우도 있는데, 이 경우 바로 확인소송을 제기하는 것을 허용하는 경우 항고소송에 요구되는 위와 같은 법률상 제한을 회피하거나 우회할 수 있기 때문에 항고소송을 제기할 수 있거나 있었던 경우에는 확인소송을 제기하는 것은 허용될 수 없다는 것이다. 예컨대 위법하지만 무효는 아닌 정도의 하자가 있는 행정처분에 있어 제소기간이 도과하여 취소소송을 제기할 수 없다면 확인소송을 통하여 행정처분의 효력을 다투는 것은 허용되지 않는다.

2) 일본에서의 논의

일본에서는 보충성을 철저하게 확인의 이익의 문제로 접근하여 다음과 같이 세 가지 경우로 나누어 설명하고 있다.[351]

우선 행정처분으로 다투는 것이 불가능한 경우, 예컨대 다투어야할 처분이 없거나 처분을 직접 다투는 것이 아닌 경우는 당사자소송을 제기할 수 있다고 한다.[352]

반면 행정처분이 이미 이루어져 당해 처분을 직접 다투는 것이 가능한

에 확인의 이익이 있으며, 이행의 소를 제기할 수 있는데도 그 이행청구권 자체의 존재확인청구를 허용하는 것은 불안 제거에 실효성이 없고 소송경제에 비추어 원칙적으로 허용할 것이 못된다(대법원 1994. 11. 22. 선고 93다40089 판결)고 명시적으로 로 판단하고 있다.

350) Selb, a.a.O.(Fn. 115), S. 169.

351) 일본에서 공법상 확인소송의 보충성에 관한 논의의 현황과 사례들에 대하여는, 이승훈, 앞의 논문(주 80), 435면 이하 참조.

352) 村上裕章, 前揭注(206), 747頁; 南博方·高橋滋 編, 條解 行政事件訴訟法, 129頁[山田洋] (弘文堂, 2006); 山田洋, "確認訴訟の行方", 法律時報 77巻 3号, 48頁(2005. 3.)은 처분 등을 직접 공격하는 소송형태만을 항고소송으로 보아야 한다고 한다.

경우에는 원칙적으로 확인소송은 부적법하다고 한다. 따라서 행정처분 그
자체의 위법확인은 원칙적으로 허용되지 않는다.353) 그러나 이에 대해서는
항고소송을 제기할 수 있다고 하더라도, 분쟁의 근본적 해결에 필요한 경
우에는 확인소송을 허용할 여지가 있다는 주장도 있다.354)

　한편 장래 이루어질 수 있는 처분을 다툴 가능성이 있는 경우가 있다.
이 경우는 앞서 살펴 본 확인소송의 예방적 기능과 관련되는 부분이다. 특
히 원고의 법적지위를 둘러싸고 행정주체와의 사이에 다툼이 있고, 원고가
자신의 해석에 기초하여 어떠한 행위를 하면 불이익처분 등을 받을 가능성
이 있는 경우가 대표적인 경우이다.355) 이 경우 원고가 어떤 행위를 하지

---

353) 이와 관련하여 일본에서는 원자폭탄 피폭자의 원호에 관한 법률에 기초한 피폭자의
　　지위의 확인에 대해, 피폭자 건강수첩 교부거부처분 취소소송이 가능하므로 부적법
　　하다고 한 사례가 있고(廣島地方裁判所 平成 20年 7月 31日 判例時報 2046号 59頁.
　　처분의 취소를 구하는 소가 적법하다면, 과거 법률관계의 확인을 구하는 소는 분쟁
　　의 직접 또는 근본적인 해결을 위한 가장 적절하고 필요한 것이라고 할 수 없다고
　　한다), 구획도로 위치 지정의 위법확인에 대해, 토지구획정리조합 설립인가 등의 취
　　소소송이 가능하므로 부적법하다고 한 사례가 있으며(名古屋地方裁判所 平成 21年 1
　　月 29日 判自 320号 62頁), 정보공개를 하지 않는 것의 위법확인에 대해 부작위 위법
　　확인소송 및 의무이행소송의 제기가 가능하다고 하여 부적법하다고 한 사례가 있다
　　(大阪地方裁判所 平成 19年 8月 30日 訟月 55卷 4号 1875頁). 위 각 판례에 대한 상세
　　한 설명은 村上裕章, 前揭注(206), 748頁 以下.
354) 村上裕章, 前揭注(206), 748頁. 위 견해는 그 근거로서 원고 어업협동조합이 수산업협
　　동조합법에서 정한 해산신고서를 제출할 의무가 없다는 것의 확인에 대해서, 해산신
　　고서 제출의무의 존부(법이 정한 해산사유를 충족하고 있는가)에 대해서 당사자 사
　　이에 다툼이 있고, 어업권 불면허처분 등의 취소소송이 가능하다고 하더라도, 그 취
　　소판결의 구속력은 현시점에서 원고가 해산신고서를 제출할 의무를 부담하는가에
　　대해 미치지 않기 때문에 당사자 간의 분쟁을 근본적으로 해결하기 위해서는 확인판
　　결에 의해 불이익을 제거할 필요가 있다고 하여 즉시확정을 구할 법률상 이익을 인
　　정한 판결(福岡地方裁判所 平成 20年 4月 25日 판결, 福岡高等裁判所 平成 21年 9月
　　11日 판결. 위 각 판례들은 판례집에 등록되어 있지 않다고 한다)을 제시하고 있다.
355) 村上裕章, 前揭注(206), 748頁은 이 경우와 관련된 사례로 약사법에 의한 허가 등을
　　받지 않고 약국을 개설할 권리의 확인에 대해서, 제1심은 원고는 약사법 개정에 의
　　해 새로운 허가를 받지 않으면 약국을 개설할 수 없게 되었기 때문에 그 권리에 직

않으면 불이익처분이 이루어질 가능성이 없기 때문에 현재 상태에서 장래
에 이루어질 가능성이 있는 처분을 다툴 수는 없다. 또한 분쟁의 대상이 되
는 것은 장래에 이루어질 가능성이 있는 처분의 당부가 아니라 현재 법률
관계의 위법 여부 등이기 때문에 그 확인을 구하는 방법이 분쟁의 근본적
해결에 있어서 적절하고 필요하기도 하다.356) 따라서 대상의 선택이 적절
하고, 즉시해결의 필요성이 인정되는 한, 확인소송을 제기할 수 있다고 보
아야 한다.

3. 보충성의 제한 가능성 - 독일에서의 논의를 중심으로

이상과 같이 확인소송에 보충성이 요구된다는 것이 각국에서의 일반적
인 설명이다. 하지만 독일에서는 보충성이 절대적인 원칙이 될 수는 없나
는 인식이 지배적이다. 이 점에 관하여는 다음과 같이 설명되고 있다.

확인소송의 보충성을 제한하는 관점은 일정한 경우에는 항고소송과 같
은 형성소송이나 이행소송을 제기할 수 있거나 있었더라도 확인소송을 제
기하는 것이 허용된다는 것이다. 확인소송의 보충성을 제한하는 근거는 역
설적이게도 권리구제의 필요인데, 확인소송이 다른 소송유형에 비하여 효
과적인 권리구제를 보장하는 경우, 즉 형성소송 또는 이행소송에서의 판결
이 부수적인 문제에 관한 개별적인 판단에 불과하여 근본적인 권리구제로

접 영향을 받고, 이때 허가 등을 받지 않고 약국을 개설하는 경우에는 벌칙의 적용
및 약제사 면허취소 처분 등을 받을 가능성이 있음에도 처분 등이 있기까지 권리구
제를 기다리도록 할 수는 없다고 하여 소를 적법하다고 한 사례(最高裁判所 昭和 41
年 7月 20日 民集 20卷 6号 1217頁)를 제시하고 있다.
356) 앞서 살펴 본 橫川川事件의 항소심판결(高松高等裁判所 昭和 63年 3月 23日 行集 39卷
3=4号 181頁)은 하천법상의 처분이 급박한 것이 아니고, 본건 장소의 하천구역 해당
성이 다투어지고 있기 때문에 본건 장소에 대한 하천법상의 의무를 부담하지 않을
공법상의 법률관계의 확인을 구하는 당사자소송의 방법이 보다 분쟁의 실태에 부합
하는 근본적인 해결이 될 수 있다고 하였다.

서는 불충분한 반면, 다툼이 있는 문제에 대하여 확인판결을 받는 것이 오히려 분쟁에 관한 본질적인 해명이 가능하여 가장 좋은 해결책인 경우에는 확인소송은 보충적이지 않다.357) 또한 형성소송 또는 이행소송을 통한 권리구제가 상황에 따라서는 너무 늦을 가능성이 있는 반면, 확인판결이 적정한 시점에서의 권리구제를 제공할 수 있는 경우에도 보충성은 제한된다. 결국, 원고가 이행소송이나 형성소송으로 확인소송보다 더 강한 권리구제를 받거나 적어도 같은 정도의 권리구제를 받을 수 있는 경우가 아니라면 확인소송의 보충성의 제한은 적용되지 않는다. 또한 법률이 형성소송 또는 이행소송에 두고 있는 특별한 적법요건 규정에 대한 우회나 회피의 문제가 발생하지 않는 경우에도 확인소송의 보충성이 문제되지 않는다.358)

독일 연방행정법원 역시 확인소송의 보충성은 합목적적으로 제한하여 해석·적용되어야 하는바, 취소소송과 의무이행소송에 적용되는 제소기간 및 전심절차에 관한 규정의 우회 내지 회피가 우려되지 않거나 확인소송으로 효과적인 권리구제가 가능한 상황에서는 확인소송의 보충성이 확인소송 제기에 방해가 되지 않는다고 하였다.359)

---

357) Pietzcker, a.a.O.(Fn. 122), Rn. 41. Selb, a.a.O.(Fn. 115), S. 170.

358) Pietzcker, a.a.O.(Fn. 122), Rn. 42는 여기에 해당하는 예로 확인소송 제기에 취소소송이나 의무이행소송과 마찬가지로 제소기간에 제한이 있는 경우(독일의 경우 공무원법상 소에는 제소기간의 제한이 있음)를 들고 있다.

359) BVerwG, Urteil vom 29. 4. 1997. - 1 C 2.95 = NJW 1997, 2534.
원고는 좌파단체 A와 공공노조 B에 참여하는 대학생인데, 바덴-뷔르템베르크 주 경찰청은 1990년 말경 위장경찰을 투입하여 원고에게 접근한 다음, 원고와 친분관계를 형성하여 위 단체의 행사에 참여하거나 원고와 함께 주택을 임차하여 거주하도록 하였다. 그리고 위장경찰들은 원고로부터 제공받은 정보를 주 경찰청에 제공하였다. 1992년경 위장경찰의 신분이 탄로나자 원고는 바덴-뷔르템베르크 주 경찰청이 1991년과 1992년에 위장경찰을 투입한 것이 위법하였음을 확인한다는 소를 제기한 사안이다.
이 사건에서 피고는 원고가 이행소송을 통하여 자신과 관련된 개인정보의 제공 및 삭제, 그리고 그와 관련된 서류의 폐기를 요구하고 그 절차에서 정보수집 및 조사의 위법을 주장할 가능성이 있으므로 이 사건 확인소송은 보충성의 원칙에 위배된다는

4. 보충성이 요구되는 시점

확인소송의 보충성은 소 제기 당시에만 요구되는지, 아니면 사실심 변론 종결시 또는 판결 확정시까지 갖추어야 하는지가 문제된다. 이는 주로 소 제기 당시에는 보충성이 문제되지 아니하였으나, 소송 계속 중 형성소송이 나 이행소송을 제기할 수 있게 되는 경우, 예컨대 특정한 법률관계에 관한 확인소송이 계속 중 행정청이 해당 법률관계에 기초한 행정행위를 발령하 거나 공법상 계약에 근거한 손해배상청구소송 등을 제기할 수 있게 되는 등의 사정변경이 생기는 경우에 문제된다.

이에 대하여 독일 연방행정법원은 일단 확인소송이 적법하게 제기된 이 상, 그 계속 중에 다른 소송의 제기 가능성이 생기더라도 소가 부적법하게 되는 것은 아니라고 판시한 바 있다.[360] 그런데 보충성과 같은 소송요건이 본안판결의 요건이라는 통설적 견해에 따를 경우 본안판결은 사실심의 구 두변론종결시를 기준으로 하기 때문에 소송요건의 판단도 사실심의 구두 변론종결시를 기준으로 하는 것이 원칙이고 따라서 제소 당시에는 부존재 하여도 사실심의 변론종결시까지 이를 구비하면 되는 반면, 제소 당시에는 소송요건이 구비되어 있어도 사실심 변론종결시에 소멸하면 본안판결을 할 수 없다.[361] 보충성은 권리구제의 필요로서 소송요건의 하나라는 점을 고려하여 보면, 소송요건의 존재 여부에 관한 판단시점은 일응 확립된 문 헌과 실무의 태도에 따라 사실심 변론종결시를 기준으로 판단하는 것이 합 리적이다.

취지로 주장하였으나, 독일 연방행정법원은 원고가 이행소송을 제기할 수 없거나, 그러한 이행소송은 권리구제에 충분하지 않다는 취지에서 확인소송은 보충성의 원 칙에 위배되지 않는다고 판단하였다.

360) BVerwG, Urteil vom 13. 7. 1977. - VI C 96.75 = BVerwGE 54, 177.
361) 김세진, "확인의 소의 보충성과 확인의 이익 판단의 기준시기", 법조 제662호, 2011. 11, 242면 이하.

이와 관련하여 우리 대법원은 중앙도매시장의 개설자인 피고로부터 수산물유통및가격안정에관한법률에 의한 중도매업 허가를 받은 원고가 허가 유효기간 중에 피고로부터 위 허가를 취소하는 처분을 받고 그 처분의 취소를 구하는 소송을 제기하여 원심에서 승소판결을 받았으나, 상고심 계속 중 허가의 유효기간이 만료된 사안에서 허가 유효기간이 만료된 이상 그 취소처분인 이 사건 처분의 취소에 의한 원상회복은 법률상 불가능하게 되었을 뿐만 아니라 회복할 수 있는 법률상 이익도 없게 되었다는 이유로 소가 부적법하게 되었다고 하였다(대법원 1999. 11. 9. 선고 98두1802 판결. 같은 취지로 대법원 2000. 3. 10. 선고 99두257 판결. 허가 유효기간의 만료나 허가 결격기간의 경과가 상고심 계속 중에 생긴 사유라 하여 달리 볼 수 없다고 하였다). 또한 대집행계고처분을 다투는 항고소송의 상고심 계속 중 대상건물이 철거된 경우에도 소의 이익이 없게 되어 부적법하다고 하였다(대법원 1995. 11. 21. 선고 94누11293 판결). 위와 같은 대법원 판례의 취지에 비추어 보면, 소송요건은 상고심이 끝나 판결이 확정될 때까지 계속 유지되어야 한다는 태도로 이해된다.362)

---

362) 참고로 민사소송에서는 채무부존재확인의 소가 본소로 제기되어 계속 중 이행청구의 반소가 제기된 경우에 대법원은 "소송요건을 구비하여 적법하게 제기된 본소가 그 후에 상대방이 제기한 반소로 인하여 소송요건에 흠결이 생겨 다시 부적법하게 되는 것은 아니다."라는 이유로 본소청구에 대한 확인의 이익이 소멸하여 본소가 부적법하게 된다고 볼 수는 없다고 하였다(대법원 2010. 7. 15. 선고 2010다2428, 2435 판결 등 참조). 그러나 이 판결은 피고는 원고의 동의 없이 반소를 취하할 수 있으므로 원고가 반소가 제기되었다는 이유로 본소를 취하한 경우 피고가 일방적으로 반소를 취하함으로써 원고가 당초 추구한 기판력을 취득할 수 없는 사태가 발생할 수 있는 점을 고려한 것이기 때문에 보충성과 같은 소송요건 일반에 확대적용하기 어렵다.

II. 개별 소송유형과의 관계에서 확인소송의 보충성

1. 확인소송과 이행소송

확인소송의 보충성과 관련하여 가장 문제되는 것은 이행소송에 대한 관계에서 확인소송이 어느 정도로 보충적인가 하는 점이다. 현행 행정소송법에는 의무이행소송이 규정되어 있지 않고, 행정소송 실무에서도 공법상 당사자소송으로서의 이행소송이 활성화되어 있지 않지만, 의무이행소송의 도입여부가 계속 논의되고 있고, 공법상 당사자소송에 이행소송이 하나의 유형으로 포함되어 있는 것이 분명한 이상 이 문제를 검토할 필요가 있다.

독일에서는 일반이행소송과 확인소송의 관계에 대하여 상당한 논란이 있다. 특히 이행소송의 유형 중의 하나인 예방석 금지소송과 관련하여 확인소송의 보충성이 논의된다. 이행소송에 대한 확인소송의 보충성은 소송경제와 권리구제의 필요와 관련하여 문제된다. 보충성의 일반원칙에 의하면 일반이행소송의 판결은 집행이 가능한 반면, 확인판결은 집행력이 없으므로, 만일 피고가 확인판결에 따르지 않는 경우 원고로서는 결국 확인판결에서 확인된 자신의 권리를 관철하기 위하여 다시 이행소송을 제기하여야 하기 때문에 일반이행소송을 제기할 수 있다면 확인소송을 제기하는 것은 보충성 원칙에 위배되는 것이 원칙이다.363) 하지만 앞서 살펴본 바와 같이 확인소송에 의하여 더 효과적인 권리구제가 가능하다면 확인소송은 보충적이지 않기 때문에, 확인소송을 통하여 쟁점에 대한 근본적인 판단이 이루어질 수 있는 경우 또는 이행소송에 대한 판결을 기다리면 권리구제가 부당하게 지연되는 경우 등에는 확인소송을 제기할 수 있다.

독일 연방행정법원은 위와 같은 점을 승인하면서 확인소송을 통한 권리

---

363) Pietzcker, a.a.O.(Fn. 122), Rn. 42.

구제가 이행소송보다 더 효과적인 권리구제를 제공할 수 있는지를 관계법
령에 관한 실질적인 해석을 통해 판단하고 있다. 다음과 같은 연방행정법
원 판례에서 그 예를 찾아볼 수 있다.

- 공법상 계약에 기초하여 보상금 지급의무가 발생하는데, 이행소송
  을 통해서는 과거의 보상금만을 청구할 수 있는 반면, 확인소송을
  통해서는 보상금 지급의무의 내용과 보상금의 범위 등에 관한 명확
  한 판단이 이루어질 수 있는 경우364)
- 원고가 특정 시점에 행정작용이 이루어지기를 희망하는데, 이행판
  결이 확정되기 전에 그 시점이 도과할 것이 분명한 경우365)

---

364) BVerwG, Urteil vom 25. 4. 1996. - 3 C 8.95 = NVwZ-RR 1998, 302.
  동물사체처리시설의 운영자인 원고들이 피고 행정청과 체결한 동물사체처리계약에
  근거하여 피고에 대하여 동물전염병예방법이 정한 범위 내에서 원고들이 가축의 사
  체를 처리하기 위하여 적절한, 적어도 들어간 비용만큼의 보상금을 지급할 의무가
  있음의 확인을 구하는 소를 제기한 사안이다. 이에 대하여 항소심 법원은 원고가 일
  반이행소송에서 자신의 보상금 지급청구권을 주장할 수 있기 때문에 행정법원법 제
  43조 제2항의 보충성의 요건이 갖추어지지 아니하였다고 하였으나, 연방행정법원은
  이행소송을 통한 권리구제가 확인소송을 통한 권리구제보다 그 권리구제의 범위 및
  효과에 있어 더 강하거나, 적어도 같은 정도라면, 원고가 이행소송만을 제기할 수
  있다는 점에 대해서는 의문의 여지가 없으나, 이 사건은 그러한 경우에 해당하지 않
  는다는 이유로 확인소송이 적법하다고 판단하였다. 구체적인 이유는 다음과 같다.
  원고는 이 사건 소송을 통하여 피고가 계약기간인 2008. 12. 31.까지 전체 기간동안
  동물전염병예방법상 가축인 동물사체 처리를 위한 보상금을 지급할 의무가 있는가
  에 대한 판단을 원한다. 이행소송을 통해서는 과거에 대한 보상금의 지급을 요구할
  수밖에 없게 되는데, 이 경우 원고는 확인소송을 제기하는 경우와 달리 보상금의 내
  용과 액수 등에 관한 명확한 확인을 받을 수 없다. 왜냐하면 원고가 입은 손실과
  피고가 사실상 지급한 보상금의 액수가 매년 변동하기 때문이다. 따라서 특정한 (과
  거)시점에 관한 이행소송에서 근본적인 쟁점에 대한 판단이 이루어지지도 못한 채
  결과적으로 패소하는 경우도 배제할 수 없다. 그 밖에 여기에서는 확인소송의 보충
  성으로 추구하는 목적의 하나인 권리구제의 집중이 필요하지도 않다. 개별 연도와
  관계된 이행판결이 있더라도 원고가 경우에 따라서는 그 다음 매해 계속 법적 분쟁
  에 휘말리게 될 수도 있기 때문이다. 이행판결은 그러한 위험을 면제하지도 못한다.

이와 같이 독일 연방행정법원은 일반이행소송에 대한 확인소송의 보충성을 완화하고 있다. 이러한 태도는 피고의 지위에 있는 국가는 헌법에 근거한 기본권과 법률에의 구속 원칙에 따라 확인판결에 집행력이 없더라도 그 판결에 따를 것이 기대된다는 관념에 근거하고 있다. 즉 국민은 행정청과의 분쟁상황에서 행정청이 법원의 집행 없이도 법원의 판결을 따를 것이 기대되는 경우 이행소송 대신 확인소송을 선택할 수 있다는 것이다.366) 이러한 관념은 과거 독일 제국법원으로부터 전통적으로 내려오는 태도로서 연방일반대법원이 민사소송에서 확고하게 취하고 있는 태도를 연방행정법원이 넘겨받은 것이다. 독일 연방행정법원은 민사소송에서의 판례를 근거로 이행소송 대신에 확인소송을 제기하는 경우 확인소송의 적법성이 부정되는 것이 원칙이지만, 연방이나 주(州) 또는 그 밖의 공법상 단체에 대한 확인의 소의 경우 그들이 헌법상 근거를 둔 법률과 권리에 대한 확고한 구

---

365) BVerwG, Urteil vom 18. 7. 1969. - VII C 56.68 = BVerwGE 32, 333.

피고 지방자치단체는 여러 강당 및 홀을 소유, 유지하고 있다. 의회가 결의한 이용규정에 따라 위 강당 및 홀은 사인 또는 단체의 신청에 따라 시장의 승인을 받아 이용가능하다. 시장은 의심스러운 경우 상임위원회의 승인을 받도록 할 수 있다.

독일 민족민주당의 지역연합으로서 합법적인 단체의 지위에 있지 아니한 원고는 여러차례에 걸쳐 피고에게 행사를 위해 위 강당 내지 홀을 사용하게 해달라고 요청하였으나, 피고는 상임위원회가 R-홀은 물론이고 R-강당도 원고에게 빌려줄 수 없다고 결정하였다는 이유로 임대를 거부하였다. 이에 원고가 정당행사를 개최하기 위한 목적으로 R-강당 또는 R-홀 및 K-강당 사용을 허가할 피고의 의무가 있음을 확인한다는 소를 제기한 사안이다.

이 사건에서 독일 연방행정법원은 확인소송 외의 다른 소송유형을 통한 권리구제의 범위가 확인소송을 통한 권리구제의 그것보다 더 크거나 적어도 대등한 범위가 아니라면 확인소송은 적법하다고 설시한 다음, 원고가 이행소송으로 강당 내지 홀을 특정한 시점에, 또는 선택적으로 여러 날 동안의 이용을 요청할 수 있기는 하였지만, 이러한 소송의 확정력 발생 전에 그 시점이 도과할 것임은 분명하기 때문에 이행소송을 통한 권리구제의 범위가 확인소송의 그것보다 더 크거나 대등하다고 볼 수 없다고 하였다.

366) BVerwG, Urteil vom 2. 7. 1976. - VII C 71.75 = BVerwGE 51, 69.

속력의 관점에서 집행에 대한 압박 없이도 법원판결을 존중할 것이 기대된 다는 점에서 그 적법성이 일반적으로 긍정된다고 한다.367) 또한 독일 연방 행정법원은 일반이행소송은 과거에 관한 문제의 일부의 해결에 초점이 있 는 반면, 확인소송은 장래를 향하여 다수의 대상자들에 영향을 미치는 근 본적인 문제의 해결에 초점을 두고 있다는 점에서 확인소송의 보충성을 기 계적으로 적용하여서는 안된다는 점도 강조하고 있다.

다만 위와 같이 보충성을 폭넓게 완화하는 독일 연방행정법원의 판례의 태도에 대해서는 보충성의 원칙을 명시적으로 규정한 행정법원법 제43조 의 문언과 체계 등을 오해하여 보충성의 제한을 너무 완화하였다는 비판이 있다.368)

2. 아직 발령되지 않은 행정작용과 확인소송

아직 행정행위 기타 행정작용이 현실화되지는 않은 상태에서는 취소소 송 등 항고소송이나 확인소송을 제기할 수 없다. 취소소송 등 항고소송은 사후적 권리구제로서 대상이 되는 행정행위가 현실화된 이후에야 제기할 수 있고, 그 밖의 행정작용에 대해서도 아직 그것이 현실화되지 않은 이상 확인을 구할 법률관계가 존재하지 않기 때문이다. 하지만 아직 발령되지는

---

367) 이하 BVerwG, Urteil vom 27. 10. 1970. - VI C 8.69 = BVerwGE 36, 179. 원고 게마인데 소속 집행경찰의 사무가 주(州)로 이전되었음에도 은퇴한 경찰관 및 그들 의 미망인의 연금과 관련된 사무는 이전되지 않자 원고가 피고 주(州)를 상대로 위 경찰과 및 미망인들에게 연금을 지급할 의무가 있음의 확인을 구한 사건이다. 위 사 건에서 독일 연방행정법원은 특정한 공무원에 관한 급여가 문제된 것이 아니라 근본 적인 법적 상태의 문제, 즉 모든 공무원과 관련된 일반 문제가 판단의 대상이 된다는 점을 고려하여 보충성을 완화하였다.

368) 대표적인 것으로 Schenke, Vorbeugende Unterlassungs - und Feststellungsklage im Verwaltungsprozeß, AöR Bd. 95, 1970, 223면, Redeker/v. Oertzen, a.a.O.(Fn. 160), Rn. 26.

않았지만 행정행위 등 행정작용이 발령될 가능성이 있고, 그로 인하여 원고의 권리와 이익에 위협이 되는 경우 확인소송을 제기할 수 있는가의 문제가 있다. 이 문제는 제5장 예방적 권리구제의 문제에서 자세하게 다루기로 한다.

3. 이미 발령된 행정행위와 확인소송

확인소송으로 현재 유효한 행정행위의 위법확인을 구하는 것이 가능한지에 대해서는 부정하는 것이 일반적이다. 그 이유에 대해서는 앞서 살펴본 바와 같이 행정행위의 위법은 법률관계에 해당하지 않는다거나[369] 그 행정행위에 기초한 법률관계로 구성은 가능하나, 취소소송은 확인소송에 대하여 특별관계에 있으므로 보충성 때문에 확인소송으로 유효한 행정행위의 위법성의 확인을 구할 수는 없다는 등의 설명이 있다.[370] 어느 경우에도 유효한 행정행위에 대한 공격은 원칙적으로 취소소송으로만 가능하다는 점에는 이견이 없다.

특히 확인소송에 대한 취소소송의 특수성이 분명히 드러나는 경우는 원고가 제기한 확인소송이 직접적으로 행정행위의 효력을 다투는 경우이다. 확인소송이 행정행위의 효력을 다투는 것을 내용으로 하는 경우 취소소송에 대한 보충적 관계 때문에 확인의 소는 부적법하다. 반대로 취소소송의 대상이 되는 행정행위의 효력과 관련된 분쟁에 있어 그 기초가 되는 법률관계의 존재 또는 부존재가 선결문제인 경우에는 그에 관한 확인소송은 허용된다.[371] 뿐만 아니라 확인적 행정행위가 있는 경우에, 원고가 확인적 행정

---

369) Kopp/Schenke, a.a.O.(Fn. 170), Rn. 5.
370) Pietzcker, a.a.O.(Fn. 122), Rn. 46.
371) BVerwG, Urteil vom 19. 10. 1966. - IV C 222.65 = BVerwGE 25, 151.
　　지방자치단체가 수리조합에 대하여 수리조합의 정관 또는 기본규약의 합법성이 결여되어 있어 자신은 회원이 아니라고 주장하면서 그 회원자격 부존재의 확인을 구한 사

행위를 위법하다고 보고, 여기서 나아가 적극적으로 해당 행정행위로 인하여 형성되는 법률관계와 다른 법률관계 존재의 확인을 구하는 경우, 확인적 행정행위에 대한 취소소송과 확인소송을 병합하여 제기할 수도 있다.[372]

4. 무효확인소송에 대한 보충성의 배제

독일 행정법원법 제43조 제1항은 행정행위의 무효확인소송을 제기할 수 있다고 규정하면서, 동시에 제2항 제2문에서 행정행위의 무효확인소송에는 확인소송의 보충성을 명시적으로 배제하고 있다. 행정법원법이 무효확인소송에 대해서 보충성을 배제한 이유를 취소소송과 무효확인소송의 선택가능성에 찾는 것이 일반적이다.[373] 즉 무효인 행정행위는 제소기간 도과 여부와 관계없이 효력이 없으므로 언제든지 어떠한 방법으로든 소를 제기할 수 있으므로 취소소송은 무효확인소송에 대한 관계에서 특별한 소송이 아

안이다. 독일 연방행정법원은 월 회비 납입명령에 대한 취소소송에서 해당 수리조합 규약의 유효성을 해명할 수 있기는 하지만, 그와 별개로 위 월 회비 납입명령의 전제가 되는 수리조합 규약의 유효성 해명을 위한 확인소송도 적법하다고 판단하였다.

372) BVerwG, Urteil vom 9. 5. 2001. - 3 C 2.01 = BVerwGE 114, 226.
원고는 소규모 와인제조용 포도나무 재배업을 하고 있다. 라인란트-팔츠 주 포도재배국은 경지조사를 통하여 원고의 재배지에 종전에 6열로 심어져 있던 포도나무 중 2열과 5열이 과실나무로 대체되어 있음을 확인하고, 원고에게 전체 포도나무 경지면적 중 3분의 1이 과실수로 대체됨에 따라 감축되었으므로 위 토지에 다시 포도나무를 심고자 하는 경우 포도나무가 제거되어 줄어든 면적에는 경작신고가 되어 있지 않기 때문에 다시 심을 수 없고, 남아 있는 부분에 대해서만 가능하다고 통보하였다. 이에 대하여 원고가 행정법원에 위와 같은 피고의 통보의 취소를 전제로 하여 두 열의 포도나무의 제거와 과실수로의 대체는 해당 토지의 포도나무 재배를 위한 이용을 제한하지 아니함을 확인한다는 내용의 소를 제기한 사안이다. 독일 연방행정법원은 원고의 청구를 확인적 행정행위로서의 위 통보의 취소와 여기에 기초하여 해당 토지에 포도나무를 재배할 수 있는 권리의 존재의 확인을 구하는 소가 병합된 것으로 이해하고, 위 각 소의 적법성을 긍정하였다.
373) Pietzcker, a.a.O.(Fn. 122), Rn. 48.

니고, 따라서 원고는 취소소송이나 무효확인소송을 선택할 수 있다는 것이다. 또한 순수한 위법과 무효의 경계를 설정하기 어렵다는 점에서도 법률이 두 소송의 선택가능성을 보장하고 있다고 한다.

　이 문제는 현행 행정소송법상 무효등확인소송에도 상당한 시사점을 제공한 바 있다. 대법원은 종전에 항고소송인 무효등확인소송을 포함한 확인소송 일체에 대하여 보충성을 요구하고 있었다(대법원 1963. 10. 22. 선고 63누122 판결, 대법원 1976. 2. 10. 선고 74누159 전원합의체 판결, 대법원 1988. 3. 8. 선고 87누133 판결, 대법원 1989. 10. 10. 선고 89누3397 판결, 대법원 1993. 12. 28. 선고 93누4519 판결, 대법원 1998. 9. 22. 선고 98두4375 판결, 대법원 2001. 9. 18. 선고 99두11752 판결, 대법원 2006. 5. 12. 선고 2004두14717 판결 등). 이러한 판례의 태도로 인하여 부과된 세액을 이미 납부한 납세의무자는 부과처분의 무효확인을 구할 확인의 이익이 없다고 보거나 면직처분무효 확인소송에 대하여 급료청구소송 또는 명예침해로 인한 민사상의 손해배상청구소송이 가능한 이상 면직처분 무효확인을 구할 확인의 이익이 없다고 하였다.

　다만 대법원 2008. 3. 20. 선고 2007두6342 전원합의체 판결을 통하여 "행정소송은 행정청의 위법한 처분 등을 취소·변경하거나 그 효력 유무 또는 존재 여부를 확인함으로써 국민의 권리 또는 이익의 침해를 구제하고 공법상의 권리관계 또는 법 적용에 관한 다툼을 적정하게 해결함을 목적으로 하므로, 대등한 주체 사이의 사법상 생활관계에 관한 분쟁을 심판대상으로 하는 민사소송과는 목적, 취지 및 기능 등을 달리한다. 또한 행정소송법 제4조에서는 무효확인소송을 항고소송의 일종으로 규정하고 있고, 행정소송법 제38조 제1항에서는 처분 등을 취소하는 확정판결의 기속력 및 행정청의 재처분 의무에 관한 행정소송법 제30조를 무효확인소송에도 준용하고 있으므로 무효확인판결 자체만으로도 실효성을 확보할 수 있다. 그리고 무효확인소송의 보충성을 규정하고 있는 외국의 일부 입법례와는 달리 우리나라 행정소송법에는 명문의 규정이 없어 이로 인한 명시적 제한이 존재하지 않는다. 이와 같은 사정을 비롯하여 행정에 대한 사법통제, 권익구제의 확대와 같은 행정소송의 기능 등을 종합하여 보면, 행정처분의 근거 법률에 의하여 보호되는 직접적이고 구체적인 이익이 있는 경우에는 행정소송법 제35조에 규정된 '무효확인을 구할 법률상 이익'이 있다고 보아야 하고, 이와 별도로 무효확인소송의 보충성이 요구되는 것은 아니므로 행정처분의 무효를 전제로 한 이행소송 등과 같은 직접적인 구제수단이 있는지 여부를 따질 필요가 없다고 해석함이 상당하다."라고 판시하여 무효등확인소송에 있어서는 보충성이 요구되지 아니한다고 명시적으로 선언하였다.

대법원이 무효등확인소송에서 보충성을 포기한 이유는 다음과 같이 요약된다.374)

① 1984년 개정 행정소송법이 취소소송 등과 구분되는 항고소송의 한 유형으로 무효등확인소송을 인정하여 민사소송법과는 별도의 규정을 둔 취지 및 행정소송 제도는 민사소송 등 일반적인 사법제도로는 처리하기 어려운 행정작용에 대하여 특수한 취급을 하기 위해 별도로 마련된 소송제도로서 민사소송과는 그 목적과 취지를 달리하는 점에 비추어 보면 무효등확인소송이 확인소송의 성질을 가지고 있다고 하여 민사소송에서의 보충성에 관한 이론을 무효등확인소송에 그래도 적용할 수는 없다.

② 무효등확인소송은 확인소송의 성질을 가짐과 동시에 항고소송의 성질을 가지고 있는바, 항고소송은 기속력 및 재처분 의무에 관한 규정(행정소송법 제38조 제1항은 기속력에 관한 일반규정인 제30조 제1항은 물론 재처분의무에 관한 제30조 제2항을 무효등확인소송에 준용하고 있다) 등을 통해 그 판결 자체만으로도 판결의 실효성을 확보할 수 있으며, 설령 권익구제를 위해 다른 소송을 제기해야 할 경우가 있다고 하더라도 이는 항고

---

374) 윤인성, "무효확인소송의 보충성", 정의로운 사법: 이용훈대법원장재임기념, 2011, 1156면 이하 참조.

소송에서 예상한 원칙적인 구제수단은 아니라는 점(항고소송은 이행소송을 원칙적인 소송유형으로 인정하고 있는 민사소송과는 달리, 처분 등에 의하여 발생한 위법상태의 배제나 그 확인을 통해 결과를 제거함으로써 처분 등으로 침해되거나 방해받은 국민의 권리와 이익을 보호·구제하려는 것이기 때문이다)에 비추어 보면 무효확인소송을 제기함에 있어 보충성에 관한 확인의 이익이 반드시 요구된다고 해석하는 것은 타당하지 않다.

③ 행정소송법에는 다른 나라의 입법례와 달리 무효확인소송의 보충성에 관한 명문의 규정이 없기 때문에 보충성을 요구할지의 문제는 전적으로 해석에 맡겨져 있다.

④ 행정처분의 무효는 흔히 있는 현상이 아니기 때문에 무효확인소송의 보충성을 요구하지 않는다고 하여 남소 가능성이 커진다고 단정하기 어렵다. 또한 분쟁의 유형에 따라서는 행정처분에 관한 무효확인소송이 보다 적절한 구제수단이 될 수도 있으며, 법원은 권리보호의필요 요건의 해석을 통해 남소에 대한 제한을 가할 수도 있으므로 국민에게 소송형태에 관한 선택권을 부여하여 다른 유형의 소송을 제기할 수 있는지 여부와는 무관하게 행정처분에 관한 무효확인소송을 바로 제기할 수 있도록 하는 것이 국민의 권익구제 강화라는 측면에서 바람직하다.

대법원 판례는 앞서 살펴본 바와 같이 무효등확인소송에서의 보충성을 명시적으로 포기하였다. 하지만 위 판결의 취지에 비추어 볼 때, 보충성을 요구하지 않는 것은 무효등확인소송에 한정되고, 그 밖의 공법상 확인소송에서는 여전히 보충성을 요구하고 있는 것으로 보인다. 또한 위 대법원 판례의 취지에 의하면 무효등확인소송의 보충성을 포기한 이유는 무효등확인소송이 항고소송의 성질을 가지고 있다는 점이 주로 반영되어 있는 것으로 보이는바, 항고소송으로서의 성질을 가지고 있지 아니한 공법상 당사자소송의 경우 확인소송의 일반원칙에 따라 보충성이 요구된다고 보아야한다.

Ⅲ. 현행 행정소송법체계 내에서의
공법상 확인소송의 보충성

1. 현행 행정소송법상 보충성이 요구되는지에 관하여

이상에서 살펴본 바와 같이 대법원은 전원합의체 판결을 통하여 무효등 확인소송에 관한 보충성을 명시적으로 포기하였다. 그런데 무효등확인소송 외에 공법상 당사자소송 중 확인소송에는 보충성이 요구되는지를 살펴볼 필요가 있다.

행정소송법은 공법상 당사자소송으로서의 확인소송에 보충성을 요구하는 명문규정을 두고 있지는 않다. 그런데 앞서 살펴본 확인소송의 보충성에 관한 일반론에 비추어 보면, 확인소송의 보충성은 소송제도에 당연히 내재된 권리구제의 필요에 근거하는 것으로서 비록 행정소송법이 보충성에 관한 규정을 두고 있지 않지만, 확인소송에 비하여 일반적으로 권리구제의 강도가 세고, 원고가 자신이 이루고자 하는 목적에 더 가까이 접근할 수 있을 뿐만 아니라 순수한 확인판결에서 얻을 수 없는 집행가능성 또는 형성적 효력까지 인정되는 다른 특수한 소송유형을 제쳐두고 확인소송을 제기하는 것은 소송경제 또는 효과적인 권리구제 차원에서 바람직하지 않다는 점에서 보충성은 여전히 필요하다고 본다. 또한 다른 소송유형은 확인소송에 비하여 더 사안에 밀접하고, 개별 사안에 대한 행정청의 판단에 대한 사후적 통제라는 법원의 기능에 더 높은 정도로 부합한다는 점을 고려해 보아도 보충성은 필요하다.[375] 또한 보충성이 요구되는 이유가 항고소송에 요구되는 여러 적법요건들(특히 제소기간이나 필요적 전치주의에서 전심절차)의 우회나 회피를 막고자 하는 데에도 있음을 비추어 보면, 법률

---

375) Pietzcker, a.a.O.(Fn. 122), Rn. 41.

이 정한 적법요건을 자신의 과오로 준수하지 못한 당사자가 이를 우회하여 확인소송을 제기함으로써 적법요건을 마련한 취지를 잠탈하는 것을 방지하기 위해서라도 확인소송의 보충성은 요구된다고 보아야 한다.

2. 보충성이 요구되는 정도에 관하여

공법상 확인소송에 보충성이 요구된다고 하더라도, 보충성의 요구가 확인소송 외에 다른 소송을 제기할 수 있는 가능성이 있다는 이유만으로 확인소송의 제기 가능성이 기계적으로 부정된다는 의미로 해석되어서는 안 된다. 앞서 살펴본 바와 같이 보충성은 동일한 권리구제의 목적을 달성하기 위해서라면 더 효율적인 권리구제 방법을 이용하도록 함으로써 소송경제를 실현하고자 하는 요구에 불과하므로 그 자체로 절대적인 원칙이 될 수는 없다. 따라서 항고소송이나 그 밖의 이행소송을 제기할 수 있다는 이유만으로 반드시 공법상 확인소송이 부적법하다고 볼 것이 아니라, 권리구제의 가능성과 범위 등을 종합적으로 비교하여, 공법상 확인소송을 제기하는 것이 다른 소송유형에 의하는 것보다 효과적인 권리구제를 실현하는 데에 더 적절하다면 보충성은 완화되어야 한다. 특히 행정소송법 제44조 제1항에 의하면 공법상 당사자소송에도 취소판결등의 기속력을 규정한 행정소송법 제30조 제1항이 준용되어 확인판결은 그 사건에 관하여 당사자인 행정기관과 그 밖의 관계행정기관을 기속하므로 공법상 확인소송에 의한 권리구제는 상당히 강한 정도로 보장되어 있다는 점도 함께 고려되어야 한다. 이와 같이 보충성의 문제는 개별 사건에서 어떤 소송유형이 당사자에게 더 강한 정도의 권리구제를 보장하느냐의 문제로 이해되어야 한다. 일반적으로 다음과 같이 설명할 수 있다.

① 먼저 국가나 공공단체를 피고로 하는 일반적인 공법상 확인소송에 있어서는 확인판결에 대한 피고의 임의적 이행을 기대할 수 있기 때문에

보충성이 완화되거나 배제된다고 할 수 있다.376) 이는 헌법상 권력분립의 원칙과 법치국가 원칙에 의하여 보장되는 국가기관 사이의 권한의 존중 및 행정의 합법성 원칙에서 도출된다. 독일 연방행정법원도 국가나 공공단체를 피고로 하는 확인소송에서 같은 이유로 보충성을 배제하거나 크게 완화하고 있음은 앞서 살펴본 바와 같다.

② 반면 수익적 행정처분에 대한 이행청구권의 존재의 확인을 구하는 공법상 확인소송과 관련해서는 다음과 같은 문제가 있다(이행청구권의 존재 여부는 공법상 확인소송의 대상이 되는 법률관계임은 앞서 살펴본 바와 같다).

의무이행소송이 허용되지 않는 현행 행정소송법상 수익적 행정처분을 원하는 국민은 먼저 행정청에 그 발령을 신청한 후 행정청이 이를 거부할 경우 해당 거부행위를 행정처분으로 보아 그 취소를 구하는 소송을 제기하여야 한다. 그런데 행정소송법은 제30조 제2항은 판결에 의하여 취소되는 처분이 당사자의 신청을 거부하는 것을 내용으로 하는 경우에는 그 처분을 행한 행정청은 판결의 취지에 따라 다시 이전의 신청에 대한 처분을 하여야 한다고 규정하여 행정청에게 이른바 재처분의무를 부과하고 있고, 제34조는 행정청이 재처분의무를 이행하지 않을 경우 이를 강제하기 위한 수단으로 간접강제를 규정하고 있다. 이러한 법률규정에 비추어 보면 비록 이행청구권을 직접적으로 실현할 수 있는 의무이행소송에 비하여 우회적이고 간접적이기는 하지만 거부처분 취소소송에도 사실상의 강제력이 따른다는 점에서 공법상 확인소송은 거부처분 취소소송에 대하여 보충적이라고 볼 여지도 있다(특히 행정소송법 제30조 제2항과 제34조는 당사자소송에 준용되지 않는다는 점에서 더욱 그러하다). 하지만 우리나라의 대법원 판례는 거부처분 취소판결을 받더라도 행정청이 반드시 원고가 신청한 내

---

376) 김남진, "행정상 확인소송의 가능성과 활용범위", 고시연구 제32권 제5호, 2005. 5, 18면.

용으로 재처분하여야 하는 것은 아니고, 다른 이유로 다시 거부할 수도 있다고 판시함으로써(대법원 1991. 8. 9. 선고 90누7326 판결 등 대법원 판례의 일관된 태도이기도 한다). 행정소송법이 부여하는 재처분의무를 사실상 무력화하고 있다.[377] 이러한 판례의 태도에 비추어 보면 직접적인 이행청구권의 존재 여부의 확인보다 해당 거부행위의 위법성에 초점이 맞추어진 거부처분 취소소송이 공법상 확인소송보다 반드시 더 효과적인 권리구제수단이라고 단정할 수는 없고, 발급을 구하는 수익적 행정처분의 성질, 근거 법령에 규정된 처분요건의 내용이나 범위, 행정청의 판결에 대한 이행 가능성 등을 종합적으로 고려하여 개별 사안에서 어떤 소송유형이 원고의 권리구제에 더 적절한가를 판단하여야 한다.

관련하여 기속행위의 경우 원칙적으로 처분의 모든 발급요건이 심사의 대상이 되어야 하므로, 여기서 이행청구권의 존재가 확인되어 거부처분을

---

377) 본문의 대법원 판례의 태도에 대한 비판적 검토로 김연태, "처분의 발급을 구하는 소송유형", 고려법학, 제39호, 2002. 10, 222면 이하 참조. 위 문헌의 설명에 의하면, 거부처분 취소소송은 형식은 취소소송이지만, 실질은 이행판결을 구하는 소송이라는 점에서 본래의 취소소송과 그 실질 및 기능에 있어서 차이가 있다. 따라서 법원은 거부처분의 취소가 아니라 원고가 신청한 처분을 발급할 의무가 행정청에게 있는지에 대하여 판단하여야 한다. 또한 거부처분의 경우 행정청의 제1차적 판단권은 이미 행사되었으므로 법원이 사후에 기속행위의 경우에는 처분의무에 대하여, 재량행위의 경우에는 하자 없는 재량행사를 통한 재결정의무에 대하여 심사하는 것은 권력분립의 원칙에 반하는 것이 아니다. 이러한 관점에서 기속행위의 경우에 법원은 처분의무의 존재 여부를 판단하여야 하므로 처분의 모든 발급요건에 대하여 심리하여야 하고, 따라서 취소판결의 기속력도 처분의 모든 발급요건에 미치게 되어 행정청은 다른 요건의 불비를 이유로 재차 거부처분을 하여서는 안된다. 다만 재량행위의 경우에 법원은 하자 없는 재량행사를 통한 재결정의무에 대하여 판단하여야 하므로 거부처분에 재량하자가 존재하는지에 대하여만 심사할 수 있고, 그에 따라 재량행위의 경우 인용관결의 기속력은 거부처분에 재량하자가 존재한다는 사실에만 미치기 때문에 행정청은 다른 재량고려 사유로 다시 거부하는 것이 허용된다. 위와 같은 설명은 거부처분 취소소송의 본질을 정확하게 파악하고, 행정처분의 성질에 따른 심리 방법과 판결의 효력을 지적한 것으로서 대단히 적절하다.

취소하는 판결이 확정되면 모든 처분요건의 존부에 관한 판단이 이루어졌으므로 행정청이 재처분의무를 우회할 수 없고, 여기에 간접강제가 뒤따르기 때문에 단순한 이행청구권의 존재확인에 그치는 공법상 확인소송에 비하여 거부처분 취소소송이 더 효과적인 권리구제 방법이라고 볼 수 있다.378) 하지만 현실적으로 모든 처분발급사유가 아닌 원고가 신청한 처분사유에 대한 판단에 심리의 범위가 한정되는 현실을 고려하여 보면 행정청이 거부처분 취소판결의 재처분의무를 우회할 가능성이 여전히 크다. 이러한 점에서 보면 거부처분 취소판결이 이행청구권의 직접적인 확인을 구하는 공법상 확인소송보다 언제나 더 효과적인 권리구제 수단이라고 단정할 수는 없다. 반면 재량행위의 경우 일정한 경우 거부처분 취소판결 이후에 다른 처분사유로 다시 거부하는 것이 허용되고, 이 경우 원고는 새로운 거부행위에 대한 취소소송을 제기하여 다시 재량의 하자 유무에 관한 판단을 받을 수밖에 없는데, 이러한 우회적이고 번거로운 방법에 비하여 이행청구권의 존재를 확인받는 공법상 확인소송이 더 효과적인 권리구제 수단이 될 수 있다. 왜냐하면 일단 특정한 이행청구권의 존재가 확인되면 그 확인판결의 주문에 이행청구권의 존재가 선언되고, 이는 행정소송법 제44조 제1항, 제30조 제1항에 따라 행정청을 기속하므로 행정청으로서는 이를 우회하여 다른 재량사유를 근거로 그와 다른 처분을 할 수 없을 것이기 때문이다.379)

---

378) 김연태, 앞의 논문(주 377), 224면.
379) 거부처분을 취소한다는 내용만이 선언되는 거부처분 취소판결의 주문과 달리 이행청구권의 존재가 판결 주문에 명시적으로 선언되기 때문에 행정청을 기속하는 효력은 취소판결에 비하여 더욱 강하다고 할 수 있을 뿐만 아니라 행정청으로서는 확인판결을 저지하기 위하여 모든 재량사유를 주장할 수밖에 없을 것이므로 심리의 집중과 신속에도 도움이 될 것으로 보인다.

제4절 공법상 확인소송의 실무상 활용가능성

Ⅰ. 개관

이상과 같이 공법상 확인소송의 대상인 법률관계와 적법요건인 즉시확정에 관한 정당한 이익 및 보충성에 관하여 살펴보았다. 이하에서는 위와 같은 요건들에 기초하여 실제 공법상 확인소송이 실무상 어떻게 활용될 수 있는지를 살펴본다. 우선 독일의 판례들을 중심으로 공법상 확인소송이 활용되는 예들을 살펴보고, 현행 행정소송법상 공법상 확인소송이 활용될 수 있는 분야에 관하여 검토하기로 한다.

Ⅱ. 실무상 활용되는 예 - 독일의 사례를 중심으로[380)

1. 행위의무의 존부확인

독일 판례들은 특정한 행위를 할 수 있는지, 반대로 그 행위를 하는 것이 허용되지 않는지를 확인소송의 대상인 법률관계에 해당한다고 보고, 그밖의 적법요건이 갖추어지면 확인소송을 허용하고 있다. 구체적으로 다음과 같은 사례가 있다.

---

380) 이하의 판례들은 Pietzcker, a.a.O.(Fn. 122), Rn. 10. 이하에 소개된 판례들의 원문을 직접 번역하여 정리한 것임을 밝혀둔다.

○ 수공업기능장이 수공업자 명부에 등재되기 위하여 필요한 도제취업
계약의 기간을 3년 이상으로 할 수 있는지 여부381)

○ 구운소세지를 개별 소매상에서 본업으로 활동하는 육류장인이 요리
하도록 할 의무가 있는지 여부의 확인382)

○ 최저 지급준비금을 연방은행에 예치하여 유지할 금융기관의 의무383)

○ 원고의 부동산에 홍수로 떠밀려온 표류물을 쓰레기로서 제거할 국
가의 의무384)

---

381) BVerwG, Urteil vom 8. 6. 1962. - VII C 78.61 = BVerwGE 14, 235 = NJW 1962,
1690.
독일 연방행정법원은 양 당사자가 오래 전부터 같은 문제로 다투어 온 사실 등에 비
추어 보면 당사자들의 법적관계는 실제 존재하는 특정한 사실관계라는 점이 분명히
드러났고 이 점이 양 당사자들에게도 분명히 인식되었으므로 구체적인 법률관계에
해당한다는 취지로 판단하였다. 그리고 수년전부터 당사자 사이에 의견차이가 계속
존재하였다는 점에서 즉시확정에 관한 정당한 이익도 부정할 수 없다고 하였다. 왜냐
하면 원고는 장래에 체결할 계약의 기간을 3년 이상으로 하고자 하는데(본 사안에서
는 3년 6개월), 피고가 3년 이상의 계약은 할 수 없다는 입장을 고수하기 때문이다.

382) BVerwG, Urteil vom 7. 2. 1985. ‑ 3 C 9.84 = BVerwGE 71, 57 = NJW 1985, 2210.
원고 1~7은 신선육류 파트가 포함된 식료품 소매업체를 운영하고 있고, 원고 8은
원고 1~7을 조합원으로 하는 조합으로서 식료품 도매업을 운영하고 있다. 원고 8은
정관에 따른 업무범위 내에서 육류장인을 고용하여 오래 전부터 원고 1~7의 개별
영업장을 정기적으로 방문하여, 위 장인으로 하여금 직접 해당 매장에서 판매하는
육류의 잔여물로 구운소세지를 제조하도록 하였다. 피고 행정청은 위 육류장인의 이
러한 활동이 연방규정인 다진고기 규정(Hackfleisch-Verordnung, HFIV)에 위반된다
고 보아 원고 1~7에게 질서위반행위 처벌절차에 회부될 수 있다고 통지하였다. 이에
대하여 원고들이 "피고가 HFIV에 따라 원고 1~7이 그들의 영업소에서 원고 8에 의
하여 고용된 육류장인이 직접 구운 소세지를 제조하도록 하는 것을 금지하여서는
아니됨을 확인한다."는 소를 제기하였다.
이에 대하여 독일 연방행정법원은 피고가 질서위반행위 처벌절차에 회부될 수 있다
고 통지함으로써 원고들과 피고 사이에는 구체적인 법률관계가 성립하였다고 보아
확인소송이 적법하다고 하였다.

383) BVerwG, Urteil vom 29. 1. 1973. - I C 38.68 = BVerwGE 41, 334 = NJW 1973,
1338.

384) BVerwG, Urteil vom 11. 12. 1997. - 7 C 58.96 = BVerwGE 106, 43 = NJW 1998,
1004.

○ 민간요법전문가법과 관련하여 자기(磁器)치료에 관한 허가의 필요
여부385)

반면 지방의회 구성원이 의사규칙에 따라 제출한 요청을 의사일정에 포
함할 의무가 있음의 확인을 구하는 소는 일반적 확인을 목적으로 하는 것
으로서 법률관계의 구체성이 갖추어지지 않아 부적법하다(구체적인 안건에
대하여 특정한 회의에의 의안신청을 포함할 의무의 확인은 적법하다).386)

---

385) BVerwG, Urteil vom 11. 11. 1993. - 3 C 45.91 = BVerwGE 94, 269 = NJW 1994,
3024.

386) VGH Bayern, Urteil vom 10. 12. 1986. - 4 B 85 A.916 = NVwZ 1988, 83.
원고는 피고 지방의회의 교섭단체에 속하지 않은 구성원으로서 "피고가 의사규칙이
정한 요건을 갖춘 원고의 신청을 피고 지방의회 의사일정에 서면으로 포함하고 적절
한 방법으로 이를 표시할 의무가 있음을 확인한다."는 내용의 소를 제기하였다. 항소
심에서 원고는 "A 자연공원 조성과 관련된 원고의 1984. 6. 17.자 의안신청을 서면
으로 1984. 7. 3.자 의회 의사일정에 포함하지 아니한 것은 위법함을 확인한다."는
청구로 소를 변경하였다. 이후 피고 의회는 1984. 7. 3.자 회의에서 원고가 신청한
의안을 이미 실질적으로 다루었다.
이에 대하여 바이에른주 행정법원은 원고의 종전 청구가 구체적인 의안신청과 관계
없이 피고가 의사규칙이 정한 요건을 갖춘 원고의 신청을 가까운 회기 언제든 피고
지방의회 의사일정에 서면으로 포함하고 적절한 방법으로 이를 표시할 의무가 있음
을 확인한다는 일반적 확인을 목적으로 한 것이라면 부적법하다고 판시하였다. 반면
원고가 변경한 청구는 1984. 6. 17.자 의안신청에 기재한 구체적인 사안을 1984. 7.
3.자 공개회의의 의사일정에 항목별로 서면으로 포함하여 달라는 내용을 기초로 하
고 있어 적법하다고 판단하였다.
위 법원은 이미 현단계에서 파악가능할 정도로 특정되지만, 그 법률효과에 대한 확
인이 필요한 사실관계의 존재가 필요하다는 관점에서 원고의 당초 청구와 같은 추상
적인 문제는 확인의 대상이 될 수 없지만 변경된 청구가 법률관계의 구체성을 갖추
고 있음은 의심할 여지가 없다고 하였다.
또한 위 법원은 원고에게는 행정법원법 제43조 제1항의 확인의 이익이 있다고 하였
다. 그리고 확인의 이익은 피고 의회의 1984. 7. 3.자 회의에서 원고가 신청한 의안이
이미 실질적으로 다루어졌다는 이유만으로 부정되는 것은 아니라고 하였다. 즉 원고
가 신청한 의안이 이미 실질적으로 다루어짐으로써 과거의 법률관계가 되었지만, 원
고의 신청을 서면으로 의사일정에 포함하여야 할 피고의 의무가 현재 다투어지는

2. 이행청구권의 존부확인

원칙적으로 이행청구권은 이행소송(의무이행소송 또는 일반이행소송)으로 주장하여야 하는 것은 자명하다. 하지만 독일에서는 원고가 이행소송을 제기하는 것이 가능함에도 확인소송을 제기하는 경우가 드물지 않은데, 이 경우 확인소송은 자신의 이행청구권을 주장하면서 상대방으로 하여금 특정한 행위를 할 의무가 있음의 확인을 구하는 소송인 경우가 많다고 한다.387) 이는 이행청구권의 존부확인을 확인소송의 대상이 되는 법률관계로 볼 뿐만 아니라 특히 일반이행소송과의 관계에서 보충성을 완화하고 있는 판례의 태도에 기초하고 있다. 다음과 같은 사례에서 그 예를 찾아볼 수 있다.

- ○ 자신의 직무에 대하여 적절한 평가를 하여줄 것을 요구할 수 있는
   청구권을 주장하면서 일정등급 이상의 평가를 할 의무가 있음의 확
   인을 구하는 경우388)

이상, 위와 같은 법률관계는 그것이 종료된 이후에도 장래를 향하여 계속 영향을 미치고, 이러한 종류의 다툼이 반복될 위험이 존재하는 한 원고의 확인의 이익이 배제되는 것이 아니라고 하였다.

387) Pietzcker, a.a.O.(Fn. 122), Rn. 11.

388) BVerwG, Urteil vom 28. 10. 1970. - VI C 55.68 = BVerwGE 36, 218.
   공무원인 원고가 직무평가에서 36점을 받아 급여등급이 A10 그룹에 속하게 되자 소속 기관장에게 이의신청을 하였는데 받아들여지지 않자 이의신청 기각결정에 대한 취소 및 직무평가를 50점 이상, 예비적으로 40점 이상으로 평가하고, 급여등급을 A12, 예비적으로 A11로 정하라는 내용의 취소소송 및 의무이행소송을 제기하였다. 이후 원고가 항소심에서 피고는 원고에 대한 평정을 50점 이상, 적어도 40점 이상으로 평가하고, 그에 따른 급여등급을 A12, 적어도 A11 이상으로 정할 의무가 있음을 확인한다는 내용의 청구를 추가한 사안이다.
   이에 헤센주 행정법원은 주위적 청구인 취소소송과 의무이행소송은 급여등급 분류 및 직무평가가 행정행위에 해당하지 않는다는 이유로 부적법하다고 판단한 반면, 예비적 청구인 확인소송은 적법한 것으로 보았다. 항소법원이 제시한 이유는 다음과 같다.
   "원고와 피고 사이의 공법상 근무관계는 행정법원법 제43조 제1항의 법률관계에 해

○ 확약 또는 사전계약에 기초하여 공법상 계약을 체결할 의무389)

반면 특정시점까지 적용되는 한시법에 따라 장래 받게 될 사회보장급여
가 감축되어서는 안 됨의 확인을 구하는 소는 구체적인 법률관계가 인정되
지 아니하여 부적법하다.390)

당한다. 이러한 법률관계에 근거하여 피고에게 부여되는 의무는 법률관계의 법적 효
과로 볼 수 있다. 이러한 법률효과의 확인은 확인소송의 대상이 된다. 또한 피고는
위와 같은 법률관계에 기초하여 원고에게 그 직무에 대한 정당하게 고려된 평가를
할 의무가 부과된다는 점에서 즉시확정에 관한 정당한 이익도 인정된다. 왜냐하면
원고가 요구하는 확인이 이유 있다면, 원고에게는 피고가 종전의 직무평가를 수정하
거나 사후적으로 정당한 평가를 하여 평가등급을 상승시키도록 할 확실하고도 분명
한 기회가 생기기 때문이다."

연방행정법원은 위 항소심 법원의 판단을 정당한 것으로 수긍하면서 "행정법원법
제43조 제1항 확인의 소의 적법 여부에 있어 원고가 다툼이 있는 법률관계의 존재
또는 부존재를 주장하고, 원고에게 즉시확정에 관한 정당한 이익이 있음이 인정되는
것으로 충분하다. 피고의 주장과는 달리 확인의 대상이 되는 법률관계의 존재를 주
장하는 것이 중요하다. 확인의 소의 대상은 직무평가 그 자체가 아니고, 원고가 주장
하는 '배려의무와 동일한 대우의 원칙으로부터 도출되는 고용주의 정당한 직무평가
의 의무'이다. 이러한 관점에 의하면 이 사건에서의 법적 다툼의 쟁점은 추상적인
법률문제의 해명이 아니고, 이미 정해진 구체적인 사실관계에 대한 법규범의 적용
문제이다."라는 내용을 덧붙이고 있다.

389) VGH Baden-Württemberg, Urteil vom 28. 10. 1999. - 5 S 2149/97 = NVwZ 2000,
1304.

390) BVerwG, Urteil vom 16. 11. 1989. - 2 C 23.88 = NJW 1990, 1866.
원고는 이혼한 공무원으로서 1999년이 되어야 연금을 수령할 수 있는데, 1994년까
지 적용이 예정된 한시법에 의하면 이혼에 의한 연금조정에 의하여 연금이 줄어들
수 있게 된다. 이에 원고가 1994년까지 유효한 한시법에 의한 연금조정에 의하여
자신의 연금이 줄어들어서는 아니됨의 확인을 구한 사건이다. 이에 대하여 연방행정
법원은 원고는 정상적인 경우라면 1999년에야 급여를 수령할 수 있는 청구권이 성
립되는데 그 전에는 사회보장급여가 줄어들 '단지 추상적인 가능성'만이 존재하기
때문에 법률관계의 구체성이 결여되어 있다고 판단하였다.

3. 행정작용의 위법확인

특정한 행정작용의 위법확인을 구하는 확인소송과 관련하여 다음과 같은 문제가 있다.

우선 행정행위의 위법확인을 구하는 소가 허용되지 않음은 앞서 살펴본 바와 같다. 행정행위의 위법은 확인소송의 대상이 되는 법률관계가 아닌 것으로 보거나, 그것이 확인소송의 대상이 되는 법률관계인지와는 관련이 없고, 보충성의 관점에서 부적법하다는 구성에 대해서도 살펴보았다. 결국, 행정행위의 위법 확인을 행정소송의 대상이 되는 법률관계로 보더라도, 원고가 취소소송이나 행정행위에 대한 무효등확인소송을 제기하여 해당 소송에서 관련된 권리나 의무의 확인을 구할 수 있기 때문에 확인소송은 보충성 원칙에 따라 어차피 부적법하다.391) 이처럼 어떤 관점에 의하더라도 원고가 직접 행정행위가 위법함의 확인을 구하는 소를 제기하는 것은 허용되지 않는다.

반면 행정행위가 아닌 행정작용에 대한 위법확인은 그러한 행정작용이 취소소송의 대상이 되지 않기 때문에 이러한 확인소송은 적법하다. 독일 연방행정법원은 행정행위의 성질을 가지지 아니하는 군인에 대한 보안인가를 박탈하는 조치의 위법확인을 구하는 소에 있어서 오로지 확인소송만이 유효한 권리구제를 제공하므로 적법하다고 판단하였다.392) 이때 행정기

---

391) Pietzcker, a.a.O.(Fn. 122), Rn. 14.

392) BVerwG, Urteil vom 15. 2. 1989. - 6 A 2.87 = BVerwGE 81, 258 = NVwZ 1989, 1055.
   직업군인으로서 독일 연방정보국에 소속되어 활동하던 원고가 보안인가와 기밀취급 권한을 박탈당하자 주위적으로 보안인가 박탈의 취소를 구하는 소를, 보안인가 박탈이 행정행위가 아닐 경우에 대비하여 예비적으로 보안인가 박탈이 위법함의 확인을 구하는 소를 제기한 사안이다.
   이에 대하여 독일 연방행정법원은 주위적 청구인 원고의 보안인가 박탈에 대한 취소청구는 보안인가 박탈이 조직내부적인 행위로서 외부적 구속력이 없어 행정행위가

관과 국민 사이에 해당 행정작용(대개는 침해적 행정작용일 것이다)과 관
련된 구체적인 법률관계가 형성되었을 뿐만 아니라 이 경우 확인판결을 받
는 것이 원고의 불안을 해소하고 법적지위의 개선에 유효적절한 수단이라
는 점에서 즉시확정에 관한 정당한 이익도 갖추어졌다고 볼 수 있다. 한편
이러한 소는 일반이행소송과의 관계에서 보충적이지 않은가 하는 의문이
제기될 수 있으나, 독일에서는 앞에서 살펴본 바와 같이 보충성을 넓게 해
석함으로써 확인소송의 적법성을 긍정하고 있다.

4. 공법상 계약의 해석

이미 효력을 발생한 공법상 계약의 내용을 둘러싼 분쟁, 특히 그에 기초
한 원고의 권리 또는 의무와 관련된 다툼은 확인의 대상이 되는 법률관계
에 해당한다는 것이 일반적이다.[393] 마찬가지로 공법상 계약이 행정청의

아니므로 부적법하다고 판단한 반면, 예비적 청구인 확인청구는 적법하다고 판단하
였다.
　독일 연방행정법원이 확인청구를 적법하다고 판단한 근거로는, 우선 직업군인인 원
고와 피고 사이는 공무원 관계라는 점에서 구체적인 법률관계가 인정된다고 전제한
다음 원고에게 확인청구는 위 보안인가 박탈이 위법함이 확인되면 피고에 대한 관계
에서 원고가 자신의 법적 지위를 크게 향상하기에 적합하기 때문에 정당한 이익이
있다고 하였다. 왜냐하면 피고는 보안인가의 재발급에 관한 결정에 있어 확인판결의
법적인 판단에 구속될 것이기 때문이다. 그리고 이행소송과의 관계에서 보충성의 원
칙도 문제가 되지 않는다고 하였는데, 보안인가는 공무원/군인의 이익을 위하여 발
급되는 것이 아니므로 그와 관련된 주관적 지위를 허용하는 것도 아니며, 오히려 오
로지 보안상의 필요와 해당 기관이 수행하는 직무에 기여하기 때문에 피고로 하여금
법원의 견해를 고려하여 재차 보안심사를 거쳐 새로운 결정을 할 의무의 이행을 구
하는 이행소송도 허용되지 않는다고 하였다. 그리고 이러한 상황에서 오로지 확인소
송만이 보안인가 박탈로 인한 권리침해에 대하여 기본법 제19조 제4항이 보장하는
법원에 의한 권리구제를 요구할 수 있는 가능성을 제공한다고 보았다.
393) Pietzcker, a.a.O.(Fn. 122), Rn. 15. 동물사체처리시설 운영자가 보상금 지급의무 확인
　　을 구한 사건(주 364)에서 독일 연방행정법원은 당사자 사이에 체결된 동물사체처리
　　계약에 근거하여 위 법률에 따른 사체처리의무를 원고에게 전가하기로 하는 공법상

유효한 해지로 종료되었는지의 문제도 확인의 대상이 된다.394)

법률관계가 성립하였고, 위 공법상 법률관계에서 피고가 다투는 원고의 지급청구권
이 도출되는바, 이 청구권이 원고에게 매우 중요한 의미를 가지기 때문에 그에 관한
즉시 확인의 정당한 이익이 있다고 하였다.

394) VGH Baden-Württemberg, Urteil vom 14. 8. 1992. - 10 S 816/91 = NVwZ 1993,
903.
원고 지방자치단체가 광고회사인 피고와 1969년경 피고가 자신의 비용으로 광고에
이용할 버스정류장 시설을 설치하고, 공공광고를 하되, 이용료를 지급하기로 하는
내용의 계약을 체결하였는데 원고가 1988년경 피고에게 공공광고계약 해지를 통보
하면서 '담배와 주류 광고를 배제한 후속계약 체결에 관심이 있는지'를 문의하였다.
이에 대하여 피고가 원고와의 주된 계약은 공법상 계약으로서 주(州) 행정절차법이
적용된다고 주장하면서 위 해지에 대하여 이의를 제기하였다. 이에 대하여 원고가
피고에 대하여 위 계약이 종료되었음의 확인을 구하는 소를 제기하였다.
바덴-뷔르템베르크 주 행정법원은 다음과 같은 이유로 이 사건 확인의 소는 적법하
다고 하였다.
우선 원고는 위 계약의 해지로 계약이 종료되어 종전에 위 계약에 의한 법률관계가
더 이상 존재하지 않게 되므로 위 해지의 확인을 위한 정당한 이익이 있다고 보았다.
다음으로 보충성의 원칙도 갖추고 있다고 판단하였다. 이 사건에서 원고의 주된 관
심사는 적어도 새로운 계약을 체결할 때까지는 피고가 광고판과 버스정류장 시설을
이용하지 못하도록 하는 것인데, 이를 위해서 그에 상응하는 금지를 구하는 일반이
행소송을 제기할 수 있는 것은 사실이라고 하면서도, 원고의 청구에 따른 확인판결
이 원고에게 유용하지 않다는 피고의 주장은 이유 없다고 하였다. 왜냐하면 피고의
이러한 주장은 확인판결 이후에도 피고가 여전히 유효한 특별사용허가를 보유하고
있다는 데에 근거하지만, 유효한 계약해지와 동시에 특별사용허가도 종료된다는 원
고의 주장에 따르면 이는 부당하다. 또한 확립된 판례에 의하면 확인소송의 보충성
은 그것이 취소소송 또는 의무이행소송을 위하여 마련된 특별한 규정들, 예컨대 제
소기간이나 전심절차에 관한 규정을 무력화하는 경우에만 적용되나, 이 사건은 그러
한 소를 제기하는 것이 불가능한 것이 명백하기 때문에 보충성의 원칙이 적용되는
경우에 해당하지도 않는다고 하였다. 나아가 확인소송은 금지소송과의 관계에 있어
금지소송이 권리구제에 있어 더 효과적인 경우에만 배제될 수 있는데, 금지판결은
당사자 사이의 계약 제6조에 근거한 원고의 의무(다른 회사에 외부광고 허가를 발급
하지 않을 것)의 존속에 관하여 확인판결의 내용보다 더 나은 권리구제를 제공하지
않는다고 한다. 오히려 확인소송은 원고의 직접적인 의사를 드러내는 반면, 일반이
행소송은 계약해지의 결과를 관철하는 간접적인 목적을 지향하는데, 원고가 해지된
계약관계를 어떻게 청산할지는 아직 확정되지 아니하였다고 한다.

5. 소극적 확인의 소

소극적 확인의 소의 소송물은 법률관계의 부존재이므로, 원고는 법률관계의 부존재를 주장하여야 한다. 그리고 이에 대하여 피고가 법률관계의 존재를 주장·증명하여야 한다. 특히 소극적 확인소송의 형태로 제기되는 영업행위 또는 특정한 행위에 대한 인·허가가 불필요함의 확인을 구하는 소의 경우 원고가 영업행위 또는 특정한 행위에 대한 인·허가가 불필요하다는 주장을 하면 피고가 인·허가가 필요하다는 점을 주장·증명하여야 한다.395)

---

395) 약물개발을 위한 척추동물 임상실험에 대한 허가의 필요 여부에 관한 다음의 사례에서 그 예를 찾아볼 수 있다(BVerwG, Urteil vom 7. 5. 1987. - 3 C 1.86 = BVerwGE 77, 214 = NJW 1988, 1534).
원고는 의약품 개발과 제조 및 유통을 하는 회사로서 개정 전 동물보호법에 근거하여 살아있는 동물에 대한 학술적 실험 허가를 받고 척추동물에 대한 동물실험을 해왔다. 이후 척추동물에 대한 동물실험에 허가를 받도록 한 개정 동물보호법이 시행되자 원고는 개정법에 따른 동물실험 허가신청은 하지 않은 채 종전에 받은 허가에 따라 척추동물에 대한 동물실험을 하겠다고 통지하였다. 이에 피고가 오히려 개정법에 따라 원고에게 척추동물에 대한 특정한 동물실험 8개 항목에 대한 허가서를 보내자 원고는 위 허가가 위법하다고 주장하면서 허가의 취소를 구하는 소를 제기하고, 소송 계속 중 의약품 개발을 위한 동물실험은 허가가 필요하지 않다는 확인을 구하는 청구를 추가하였다.
이 사건에서 확인소송의 적법성에 관한 연방행정법원의 판단은 다음과 같다.
"법률관계의 부존재에 관한 확인을 목적으로 하는 확인청구는 그 청구가 특정한(구체적인) 법률관계와 관련되고, 그 존재가 원고에 의하여 부정될 것을 전제로 한다. 이러한 전제는 이 사건에서 충족되어 있다. 원고의 청구는 원고와 피고 사이에 새로운 의약품 개발을 목적으로 하는 척추동물에 대한 실험의 경우 개정 동물보호법에 따른 허가를 받을 의무를 발생시키는 법률관계가 존재하지 않는다는 점의 확인을 대상으로 한다. 동물실험에 대한 원고의 위와 같은 법률상 주장과 반대로 허가가 필요하다면, 원고와 피고 사이에 피고의 주장과 같은 (허가가 필요한) 법률관계가 존재할 것이다.
원고에게는 또한 그러한 법률관계의 부존재의 확인을 구할 정당한 이익도 있다. 이는 피고가 원고에게 반복하여 동물보호법 제8조 제1항에 따른 허가의무를 고지하였고, 원고가 위 규정 위반을 피하고자 하는 데에서 도출된다. 그리고 개정 동물보호법에서 요구하는 허가 없는 척추동물에 대한 실험은 같은 법의 질서위반행위의 구성요

소극적 확인소송은 예방적 권리구제와 관련하여 대개 침해가 임박한 행정행위에 대한 확인소송(예방적 확인소송)의 형태로 제기된다. 국가나 지방자치단체가 특정한 행정작용을 발령할 권한이 없음의 확인을 구하는 소송형태가 될 것이다. 예방적 확인소송에서 소극적 확인뿐만 아니라 적극적 확인도 가능하다는 견해가 있으나(행정기관이 행정행위 등 특정한 행정작용을 할 권리가 없음의 확인을 구하는 경우뿐만 아니라 원고가 행정에 대하여 특정한 조치의 중단을 요구할 권리가 있음의 확인을 구하는 경우도 가능할 것이다),[396] 소극적 확인소송에서 증명책임은 법률관계의 존재를 주장하는 피고 측에 있기 때문에 원고의 입장에서는 법률관계의 존재를 직접 증명하여야 하는 적극적 확인소송에 비하여 소극적 확인소송이 더 유용하다.

6. 법률관계와 법규범의 무효

독일 행정법원법 제47조의 규범통제도 일종의 확인소송인데, 위 규정의 규범통제가 제43조의 확인소송과 어떠한 관계에 있는지 문제된다. 문헌과 판례들은 두 소송유형의 소송물의 관점에서 차이점을 부각시키고 있다. 즉 특정한 법률관계나 권리·의무의 존재 또는 부존재에 관한 확인의 소가 그 근거가 되는 법규범의 무효에 기초한 것이라고 하더라도, 그러한 확인소송

건에도 해당한다.

또한 이 사건 확인소송은 행정법원법 제43조 제2항에 의해서도 배제되지 않는다. 왜냐하면 피고는 필요한 허가 없이 실시한 원고의 동물실험에 대하여 지금까지 개입하지 아니하였고, 원고에게 그러한 개입의사를 드러낸 적도 없기 때문에 원고는 자신의 권리를 예방적 금지소송 형태의 이행소송을 통해 주장할 수 없고, 따라서 확인소송이 예방적 금지소송에 대하여 행정법원법 제43조 제2항의 보충적 관계인지에 대한 문제는 해명될 필요가 없기 때문이다."

396) Schenke, a.a.O.(Fn. 368), S. 253. 다만 Schenke도 실무에서는 소극적 소송이 지배적인 형태임을 인정하고 있다.

은 직접적으로 규범의 효력이 없음의 확인을 목적으로 하는 것이 아니고, 법규범의 무효를 전제로 하여 해당 사안에서 쟁점이 된 법률관계 또는 권리·의무의 존재 또는 부존재를 목적으로 하기 때문에 규범통제와는 구분된다는 것이다.[397] 이러한 구분은 이행소송과 형성소송에서도 마찬가지이다. 즉 행정행위의 기초가 되는 법규범의 무효에 기반을 둔 취소소송은 같은 이유로 행정법원법 제47조의 규범통제 및 헌법소원과의 관계에서 특별한 문제를 야기하지 않는다. 따라서 법규범의 무효를 근거로 하는 취소소송이나 이행소송, 그리고 확인소송을 행정법원법 제47조의 규범통제를 회피한다고 보아 부적법하다고 볼 것은 아니라는 것이 일반적인 견해이다.[398] 이는 행정규칙이 관련된 법률관계의 위법이 문제되는 경우도 마찬가지이다.

독일 연방행정법원은 여러 사례에서 근거가 되는 법규범의 무효를 이유로 하는 확인소송이 적법하다고 하였다. 구체적인 예는 다음과 같다.

○ 법규범의 성질을 가지는 행정명령에 근거한 일반적인 금지조치에 대하여 행정명령의 무효를 주장하면서 특정한 행위를 할 권한이 있음의 확인을 구하는 소[399]

---

397) BVerwG, Urteil vom 9. 12. 1982. - 5 C 103.81 = NJW 1983, 2208; BVerwG, Urteil vom 26. 1. 1996. - 8 C 19.94 = BVerwGE 100, 262.

398) Pietzcker, a.a.O.(Fn. 122), Rn. 25.

399) BVerwG, Urteil vom 1. 3. 1967. - IV C 74.66 = BVerwGE 26, 251.
원고는 W지역 수상스키와 모터보트클럽의 회원이다. 원고는 헤센주 관보에 게재된 W 시장의 1964. 7. 3.자 행정명령(법규범의 성질을 가지는 명령이다)을 다투고 있다. 위 행정명령의 내용은 W지역 내에 흐르는 란(Lahn) 강에서의 다음과 같은 행위를 규제하기 위한 것이다. 위 명령에 의하면 ① 란 강에서의 모터보트 이용은 취소가능하고 ② 최고속력은 시속 10km로 하며 ③ 수상스키를 위한 모터보트 이용은 금지한다는 것을 내용으로 한다. 원고는 위 명령이 무효라고 주장하면서 그에 대한 취소소송을 제기하였으나, 상고심인 연방행정법원은 위 명령은 취소소송의 대상이 되는 행정행위가 아니라고 하면서 판결 이유 중에 확인소송으로 권리구제를 받을 수 있다고 판시하였다.

○ 지방자치단체가 수리조합을 상대로 하여 그 정관 및 규약의 무효를
이유로 한 회원자격 부존재 확인400)

III. 공법상 확인소송이 활용될 수 있는 분야

1. 공법상 지위 내지 신분확인

1) 판례상 인정된 공법상 지위확인의 소의 유형

공무원 지위확인 등 공법상의 신분이나 지위의 확인에 관한 소송이 공법
상 확인소송의 한 분야임은 분명하다.401) 대법원 판례는 이 분야와 관련해
서는 비교적 폭넓게 공법상 당사자소송의 활용가능성을 인정하고 있다. 대
법원은 당초 임용 당시 공무원 결격사유가 있었던 사람을 그 후의 공무원
경력을 바탕으로 특별임용하였으나 특별임용 당시에는 공무원 결격사유가
없는 경우에 위 특별임용이 당연무효인지 여부가 다투어진 사례에서 "이
사건 소는 교육청 교육장의 당연퇴직 조치가 행정처분임을 전제로 그 취소
나 무효의 확인을 구하는 항고소송이 아니라 원고의 지방공무원으로서의
지위를 다투는 피고에 대하여 그 지위확인을 구하는 공법상의 당사자소송
에 해당함이 분명하다."고 판시하여(대법원 1998. 10. 23. 선고 98두12932
판결) 공무원의 지위확인을 구하는 소는 당사자소송에 해당한다는 점을 분
명히 하였다. 그리고 그 밖에 공공단체의 조합원 또는 공무원의 지위확인
소송에서 공법상 확인소송이 허용된다고 하였다(구체적인 사례는 제3장에
서 살펴본 바와 같다).

이상과 같이 공법상 지위 내지 신분확인에 관한 확인소송은 공법상 당사

---

400) BVerwG, Urteil vom 19. 10. 1966. - IV C 222.65 = BVerwGE 25, 151.
401) 사법연수원, 행정법소송, 2016, 13면.

자소송의 하나로서 현재 상당히 넓게 활용되고 있다. 또한 앞서 살펴본 독일 사례에서 볼 수 있듯이 공무원이 장래 연금 내지 퇴직금을 받을 권리가 있음의 확인을 구하는 소[402]는 물론 공무원이 장래 자신의 아내가 미망인 연금을 받을 수 있는 잠재적인 권리가 있음의 확인을 구하는 소[403]도 가능하고, 공무원이 자신의 직무에 대하여 적절한 평가를 하여줄 것을 요구할 수 있는 청구권이 있음을 전제로 하여 자신에 대한 평정을 일정 등급 이상으로 할 의무가 있음의 확인을 구하는 소[404]도 가능한바, 매우 다양한 분야에서 활용이 가능하다. 향후 더 많은 분야에서 활용이 기대된다.

이상과 같이 공법상의 신분이나 지위확인의 소를 활용할 수 있는 분야는 실로 다양하고, 이는 확인소송의 포괄적인 성질에 비추어 보면 당연하다. 공법상 지위확인의 소는 국가에 대한 관계에서 불안한 지위에 있는 국민의 지위를 공권적으로 확성함으로써 그 불안을 해소함과 동시에 그와 관련된 분쟁을 근본적으로 해결할 수 있다는 점에서 유용하게 활용될 수 있다. 다만 대법원은 아래와 같이 원고의 법적지위와 관련하여 확인소송의 가능성을 제한하는 판결을 한 바 있고, 현재도 그 태도가 유지되고 있는바, 이는 확인소송의 활용에 장애가 된다. 이에 관하여는 항을 나누어 살펴본다.

2) 공법상 지위확인의 소에 관한 대법원 판례의 소극적 입장 분석

(1) 판례의 태도

대법원 1994. 5. 24. 선고 92다35783 전원합의체 판결의 다수의견은 공공사업에 의하여 생활의 근거를 상실하게 되는 이주자가 공공용지의 취득 및 손실보상에 관한 특례법에 의한 이주대책에 따라 수분양권을 취득하기를

---

402) BVerwG, Urteil vom 13. 7. 1977. - VI C 96.75 = BVerwGE 54, 177.
403) BVerwG, Urteil vom 13. 10. 1971. - VI C 57.66 = BVerwGE 38, 346.
404) BVerwG, Urteil vom 28. 10. 1970. - VI C 55.68 = BVerwGE 36, 218.

희망하여 사업시행자에게 이주대책대상자 선정신청을 한 경우 사업시행자
가 이를 받아들여 이주대책대상자로 확인·결정하여야만 비로소 구체적인
수분양권이 발생하게 된다는 전제 하에 위와 같은 사업시행자가 하는 확
인·결정은 곧 구체적인 이주대책상의 수분양권을 취득하기 위한 요건이 되
는 행정작용으로서의 처분인 것이지, 결코 이를 단순히 절차상의 필요에
따른 사실행위에 불과한 것으로 평가할 수는 없다고 하였다. 이에 따라 사
업시행자가 이주대책대상자가 아니라고 하여 위와 같은 확인·결정 등의 처
분을 하지 않고 이를 제외시키거나 또는 거부조치한 경우에는, 이주자로서
는 당연히 사업시행자를 상대로 항고소송에 의하여 그 제외처분 또는 거부
처분의 취소를 구할 수 있으므로 이주자가 사업시행자에 대한 이주대책대
상자 선정신청 및 이에 따른 확인·결정 등 절차를 밟지 아니하여 구체적인
수분양권을 아직 취득하지도 못한 상태에서 곧바로 분양의무의 주체를 상
대방으로 하여 민사소송이나 공법상 당사자소송으로 이주대책상의 수분양
권의 확인 등을 구하는 것은 허용될 수 없고, 나아가 그 공급대상인 택지나
아파트 등의 특정부분에 관하여 그 수분양권의 확인을 소구하는 것은 더더
욱 불가능하다고 판시하였다.405)

이에 대하여 위 전원합의체 판결의 반대의견은 공공용지의 취득 및 손실
보상에 관한 특례법에 의한 이주대책은 생활보상으로서 이주대책은 경우
에 따라 택지 또는 주택의 분양이나 이주정착금으로 보상되는바, 이주정착

---

405) 위 판결은 최초 내지 본격적으로 공공용지의 취득 및 손실보상에 관한 특례법상 이
주대책의 일반적 법리에 관하여 판시한 것으로서, 특례법 소정의 이주대책의 제도적
취지, 특례법 제8조 1항에 의하여 직접 수분양권이 발생하는지 여부, 사업시행자의
이주대책에 관한 처분의 법적 성질과 이에 대한 쟁송방법, 이주대책에 의한 수분양
권의 법적 성질 등을 설시하면서 결론적으로 민사소송과 공법상 당사자소송으로 이
주대책상의 수분양권의 확인을 구할 수 없다고 하여, 종전 하급심에서의 혼란을 정
리하였다는 데에 그 의의가 있다고 평가된다(조용호, "공공용지의취득및손실보상에
관한특례법상 이주자의 지위", 국민과 사법, 1999, 620면).

금이 손실보상금의 일종이므로 통상의 각종 보상금처럼 실체적 권리가 되는 것을 부정할 수 없을 것이고, 그렇다면 같은 취지의 택지 또는 주택의 수분양권도 실체적인 권리로 봄이 마땅하며, 가사 이를 권리로 보지 못한다 하더라도 적어도 확인소송의 대상이 되는 권리관계 또는 법률관계로는 보아야 한다고 하였다. 그리고 이러한 전제 하에, 이주자가 분양신청을 하여 사업시행자로부터 분양처분을 받은 경우 이는 이미 이주자가 취득하고 있는 수분양권에 대하여 그의 의무를 이행한 일련의 이행처분으로서 이주자가 이미 취득하고 있는 수분양권을 구체화 시켜주는 과정에 불과하다고 평가한 다음, 이주대책에 의한 분양신청은 실체적 권리의 행사에 해당하므로 구체적 이주대책에서 제외된 이주대책대상자는 그 경위에 따라 분양신청을 하여 거부당한 경우 권리침해를 이유로 항고소송을 제기하거나 또는 사기 몫이 참칭 이주대책대상자에게 이미 분양되어 다시 분양신청을 하더라도 거부당할 것이 명백한 특수한 경우 등에는 이주대책대상자로서 분양받을 권리 또는 그 법률상 지위의 확인을 구할 수 있다고 하였다. 그리고 이때에 확인소송은 확인소송의 보충성이라는 소송법의 일반법리에 따라 그 확인소송이 권리구제에 유효적절한 수단이 될 때에 한하여 그 소의 이익이 허용되어야 한다고 판시하였다.

　나아가 위 반대의견에 대한 보충의견은 같은 전제에서 사업시행자가 실제로 이주대책을 수립하기 이전에는 이주자의 수분양권은 아직 추상적인 권리나 법률상의 지위 내지 이익에 불과한 것이어서 이 단계에 있어서는 확인의 이익이 인정되지 아니하여 그 권리나 지위의 확인을 구할 수 없다고 할 것이나, 사업시행자가 이주대책을 수립·실시하지 아니하는 경우에는 사업시행자에게 이를 청구하여 거부되거나 방치되면 부작위위법확인을 소구할 수는 있다고 하였다. 그러나 이주대책을 수립한 이후에는 이주자의 추상적인 수분양권이 그 이주대책이 정하는 바에 따라 구체적 권리로 바뀌게 되므로, 구체적 이주대책에서 제외된 이주자는 위와 같은 수분양권에 터잡은 분양신청(이른바 실체적 신청권의 행사)을 하여 거부당한 경우에는 이를 실체적 신청권을 침해하는 거부처분으로 보아 그 취소를 구하는 항고소송을 제기할 수 있을 것이고, 신청기간을 도과한 경우, 사업시행자가 미리 수분양권을 부정하거나 이주대책에 따른 분양절차가 종료되어 분양신청을 하더라도 거부당할 것이 명백한 경우, 또는 분양신청을 묵살당한 경우, 기타 확인판결을 얻음으로써 분쟁이 해결되고 권리구제가 가능하여 그 확인소송이 권리구제에 유효적절한 수단이 될 수 있는 특별한 사정이 있는 경우에는, 당사자소송으로 수분양권 또는 그 법률상의 지위의 확인을 구할 수 있다고 판시하였다.

(2) 전원합의체 판결의 다수의견을 극복할 필요성

위 전원합의체 판결의 다수의견은 이주자가 사업시행자를 상대로 곧바로 이주대책대상자 지위확인을 구하는 것을 허용하지 않고, 이주대책대상자 선정신청에 대한 사업시행자의 확인·결정 행위를 기다린 다음 이를 처분으로 보아 항고소송으로 다투도록 하고 있다. 이를 통하여 행정처분 중심의 공권력작용에 대한 사후적 권리구제에 익숙한 종전의 대법원 판례의 태도를 그대로 찾아볼 수 있다. 그러나 이러한 판례의 태도는 다음과 같은 이유로 타당하지 않다.

우선 공공용지의 취득 및 손실보상에 관한 특례법(2002. 2. 24. 법률 제6656호로 제정되어 2003. 1. 1.부터 시행된 공익사업을 위한 토지 등의 취득 및 보상에 관한 법률 부칙 제2조에 의하여 폐지되었다)상 이주대책은 이주자에 대한 생활보상의 일환으로서 헌법 제23조 제3항이 규정하는 손실보상의 한 형태라는 점이 반영되어 있지 않다. 즉 이주대책청구권은 공공사업의 시행으로 생활의 근거를 상실하게 되는 이주자들에게 부여된 손실보상청구권으로서 그 자체로 구체적인 권리이다. 따라서 이주대책을 신청하는 이주자와 사업시행자 사이에는 이주대책청구권을 둘러싼 구체적인 공법상 법률관계가 형성된다.406) 특히 이주자는 헌법 및 위 법률이 정하는 요건을 갖추면 그대로 이주대책대상자가 되는 것이므로 굳이 사업시행자가 이주자가 이주대책대상자에 해당한다고 확인·결정하는 행위가 개입될 필요가 없다. 따라서 이주자와 사업시행자의 관계는 확인소송의 대상이 되는 법률관계에 해당하므로 이주자는 곧바로 이주대책에 의한 택지분양권이나 아파트 입주권 등을 받을 수 있는 자격(수분양권)의 확인을 구할 수 있다.407)

나아가 이주자가 사업시행자를 상대로 제기하는 수분양권 확인을 구하는 소의 권리구제의 필요가 있는지에 관하여 보면, 권리구제의 필요에 관한 일반론에서 살펴본 바와 같이 모든 확인소송에 권리구제의 필요가 있는 것은 아니고 확인소송이 분쟁해결에 유효·적절한 수단이 되는 경우에만 권리구제의 필요가 있는데, 이에 관하여는 위 전원합의체 판례의 소수의견 및 그 보충의견이 적절히 지적한 바와 같이 자기 몫이 참칭 이주대책대상자에게 이미 분양되어 다시 분양신청을 하더라도 거부당할 것이 명백한 경

---

406) 다만 위 전원합의체 판결의 다수의견도 사업시행자와 이주자 사이의 관계를 공법상 법률관계로 파악하고 있다는 점을 주의할 필요가 있다. 하지만 문헌이 일치하여 토지보상법상 기업자와 토지소유자와의 협의를 공법계약으로 보고 있음에도 판례는 이를 사법계약으로 파악하고 있는데, 오로지 이주자와 사업시행자의 관계만을 공법상 법률관계로 보는 것은 일관성이 없다는 취지로 비판하는 견해도 있다(김남진, "공특법상 이주자의 법적지위", 판례월보 제291호, 1994, 23면).

407) 다만 공공용지의 취득 및 손실보상에 관한 특례법 제8조 제1항이 사업시행자에게 이주대책의 수립·실시 의무를 부과하고 있다는 이유만으로 이주자에게 사업시행자가 수립한 이주대책상의 수분양권이 구체화된다고 보기는 어렵고, 사업시행자가 이주대책에 관한 구체적인 계획을 수립하여 이를 해당자에게 통지 내지 공고한 후 이주자가 수분양권을 취득하기 위하여 사업시행자가 정한 절차에 따라 사업시행자에게 이주대책대상자 선정신청을 하고 사업시행자가 이를 받아들여 이주대책대상자로 확인·결정하였을 때 비로소 수분양권이 구체화되는 것이라고 보는 것이 더 논리적이라는 이유로 위 판례의 다수의견에 찬성하는 견해도 있다(홍준형, "공용용지의 취득 및 손실보상에 관한 특별법상 이주자의 법적 지위", 판례행정법, 1999, 1305면).

우, 신청기간을 도과한 경우, 사업시행자가 미리 수분양권을 부정하거나 이
주대책에 따른 분양절차가 종료되어 분양신청을 하더라도 거부당할 것이
명백한 경우 또는 분양신청을 묵살당한 경우 등에 확인소송을 통한 권리구
제가 유효·적절한 수단이 될 수 있다.

이상과 같이 이주자의 사업시행자에 대한 수분양권 확인을 구하는 소는
적법하고, 유효적절한 권리구제 수단이 될 수 있음에도 위 전원합의체 판
결의 다수의견은 이를 부정하고, 이주자로 하여금 굳이 사업시행자의 확
인·결정 행위를 기다려 항고소송으로 다투도록 하고 있다. 하지만 이주자
와 사업시행자 사이의 수분양권에 사업시행자의 확인·결정 행위를 개입시
킬 아무런 실체적·절차적 필요가 없을 뿐만 아니라 오히려 그러한 행정처
분을 기다려 항고소송으로 이를 다투는 동안 생활근거지를 상실한 이주자
의 상황은 더욱 열악해질 우려가 크다. 뿐만 아니라 추후에 승소판결을 받
더라도 분양이 모두 종료될 경우 원고는 실질적으로 권리구제를 받지 못하
게 될 우려가 크고, 사업시행자 입장에서도 다수의 이주자가 관련된 권리
관계를 조기에 확정하지 못하게 되어 사업이 지연되는 손해를 입게 된다.
반면 사업시행자를 상대로 수분양권 확인을 구하는 소를 제기하는 것을 허
용한다면 원고로서는 조기에 권리구제를 받을 길이 열릴 뿐만 아니라 사업
시행자 입장에서도 다수의 이해관계인이 얽혀 있는 문제를 일거에 해결할
수 있다는 점에서 유용하다.

위와 같이 확인소송의 요건이 모두 갖추어져 있고, 이를 통한 권리구제
가 더 효과적임에도 굳이 항고소송으로 우회하도록 하는 전원합의체 판결
의 다수의견의 태도는 극복되어야 하고, 동시에 확인소송에 좀 더 전향적
인 태도로 변화될 필요가 있다.408) 위 전원합의체 판결의 소수의견의 보충

---

408) 참고로 대법원 전원합의체 판결의 다수의견이 사업시행자가 이주자를 이주대상자로
     확인·결정하는 행위를 행정처분으로 구성하고 있는 것에 대하여 공공용지의 취득
     및 손실보상에 관한 특례법 제8조 제1항은 사업시행자게 이주대책을 수립·실시할

의견이 제시한 다음과 같은 태도, 즉 "현행 행정소송법은 항고소송과 당사자소송의 형태를 모두 규정하고 있으므로, 이제는 공법상의 권리관계의 분쟁에 있어서는 그 권리구제의 방법에 관하여 항고소송만에 의하도록 예정한 규정이 있는 경우를 제외하고는, 소의 이익이 없는 등 특별한 사정이 없는 한 항고소송 외에 당사자소송도 허용하여야 할 것이고, 불필요하게 국민의 권리구제방법을 제한할 것은 아니다."라는 판시는 장래에 공법상 확인소송이 운용되어야 할 방향을 제시한 것으로 대단히 적절한 지적이라고 믿는다.

3) 국적확인의 소

공법상 지위확인의 소의 특수한 유형으로서 유용하게 활용될 수 있는 분야로 국적확인의 소가 있다. 과거 일제 강점기를 거치면서 일본, 중국, 러시아 등으로 뿔뿔이 흩어질 수밖에 없었던 우리 민족의 후손들이 아직 생존하여 대한민국의 국적취득을 희망하고 있을 뿐만 아니라 국제화와 더불어 외국과의 인적교류가 활발해지고 있는 상황에서 국적확인의 소는 대단히 유용한 수단으로 활용될 수 있다. 특히 비슷한 처지에 놓인 여러 당사자가 있는 경우가 많은 상황에서 일부 당사자에 대한 국적확인만으로도 사실상 해당 집단 전부가 국적을 취득할 수 있는 길이 열릴 수 있다는 점에서 상당히 효과적인 권리구제 수단이 될 수 있다. 예컨대 사할린에 거주하는

의무만 부과하고 있지, 그 사업을 실시하는 과정에 있어서 행정처분을 발한 권한을 부여하고 있지 않고, 만일 행정처분을 발할 권한이 있다고 가정하면, 위와 같은 확인·결정 처분에 공정력, 불가쟁력이 인정됨으로써 문제는 매우 복잡해지며, 이주자(분양청구권자) 전체에 결코 이롭지 아니하고, 또한 사업시행자에게는 행정처분을 발할 정도의 조직이 갖추어져 있다고도 보기도 어렵다는 이유로 비판하는 관점이 있는 반면[김남진, 앞의 논문(주 406), 27면 이하 참조], 위와 같은 이주대상자 확인·결정 행위를 확인적 행정행위로 보아 설득력이 있다고 하는 관점도 있다[홍준형, 앞의 논문(주 407), 1306면].

무국적 동포의 후손인 원고가 자신이 대한민국 국민임을 확인하여 달라며 피고를 상대로 국적확인의 소를 제기하여 승소판결을 받는 경우 유사한 상황에 있는 사할린 거주 무국적 동포의 후손들이 일괄적으로 대한민국 국적을 취득할 수 있는 길이 열릴 수 있게 된다.[409]

국적확인의 소의 요건과 관련하여 국적은 국가와 국민 사이의 관계를 형성하는 기초이므로 공법상 법률관계를 인정하는 데에 특별한 문제는 없다. 또한 현재 외국에 거주하고 있는 동포들로 하여금 대한민국 정부에 일단 사증발급허가신청 내지 여행허가신청 등을 한 다음 그 신청이 거부될 때까지 기다려 국내 법원(대부분은 서울행정법원)에 그 거부처분에 대한 취소소송을 제기할 것을 기대할 수 없다는 점에서 권리구제의 필요성도 있다. 다만 원고의 국적확인을 다투는 피고(대한민국)의 입장에서는 원고가 국적법 제20조 제1항에 따른 국적판정 절차를 통해 원고가 손쉽게 대한민국 국민에 해당함을 확인받을 수 있기 때문에 우선 국적판정 절차를 거쳐 원하는 결과를 얻지 못할 경우 비로소 취소소송을 제기하여야 하고, 국적판정 절차를 거치지 아니한 상태에서 바로 국적확인의 소를 제기할 수는 없다는 주장을 할 수도 있다.[410] 그런데 외국에 거주하는 원고가 국내에서 이루어지는 국적판정 절차를 이용할 수 있을지 의문인 데다가, 원고가 설령 여행증명서나 사증을 발급받아 국내에 입국할 수 있다고 하더라도 상당한 시간과 비용이 소요될 것으로 예상되는 국적판정 절차를 필요적으로 거치도록

---

409) 서울행정법원 2014. 6. 19. 선고 2012구합26159 판결 사안이다. 실제 위 판결에서 사할린에 강제징용된 조선인은 제헌헌법 공포와 동시에 대한민국 국적을 취득하고, 그 사이에서 태어난 자녀들 역시 출생과 동시에 제정 국적법 제2조 제1호에 따라 대한민국 국적을 취득한다는 판단이 이루어졌고, 그에 따라 원고가 대한민국 국민임을 확인한다는 판결이 선고된 사안이다. 위 판결은 피고 대한민국이 항소하지 아니하여 그대로 확정되었다.
410) 이는 위 서울행정법원 2012구합26159 사건에서 피고가 제기하였던 주장이다. 이하에서는 위 주장에 대한 서울행정법원의 판단을 중심으로 살펴본다.

하는 것은 원고에게 유효·적절한 수단이라고 볼 수 없다. 또한 원고가 국적판정 제도를 이용하더라도 피고가 원고는 대한민국 국적을 보유하고 있지 않다고 판단하는 경우 원고는 그 결정에 대하여 다시 항고소송을 제기하는 등의 방법으로 다툴 것인데, 이 경우 원고는 시간과 비용에 있어 이중의 부담을 지게 된다. 결국 국적과 관련된 다툼에 있어서 국적판정 절차가 원고의 법적 지위에 생기는 불안, 위험을 제거하기 위해 직접적으로 유효, 적절한 구제방법이라고 볼 수 없기 때문에 원고가 대한민국을 상대로 직접 국적확인의 소를 제기하는 것은 허용된다고 보아야 한다.[411]

4) 국가주관시험의 정답확인 내지 합격자 지위확인 등

공법상 신분 내지 지위확인의 소의 특수한 유형으로서 국가주관시험에서의 합격자 내지 정답 관련 확인의 소가 있다. 국가주관시험에서 국민과 국가 사이에는 응시자와 출제자로서의 법률관계가 성립하고, 시험에 출제된 문제에 오류가 있거나 채점이 잘못되는 등의 이유로 피해를 입은 국민은 국가를 상대로 자신이 합격자의 지위에 있다거나 자신이 선택한 답안도 정답에 해당함의 확인을 구하는 소를 제기할 수 있다.

실제 2014년도 수학능력시험에서 특정과목의 문제 항목에 한국교육과정

---

411) 참고로 일본 최고재판소도 국적확인의 소를 공법상 당사자소송의 하나로 보고 있다. 最高裁判所 平成 20年 6月 4日 民集 62卷 6号 1367頁이 대표적인 판결이다. 일본국민인 아버지와 법률상의 혼인관계에 있지 않은 필리핀 국적을 가진 어머니 사이에 일본 국내에서 출생한 자가 출생 후 아버지로부터 인지를 받았음을 이유로 하여 법무대신에게 국적취득 신고서를 제출하였는데, 국적취득의 조건을 갖추지 못하였다고 하자 국가를 상대로 국적확인을 구한 사건이다. 이 판결에서는 확인의 이익을 포함하여 당사자소송의 적법성에 대해 언급함이 없이 본안에 대해서 판단하고 있는데, 국적법 중 부모의 혼인에 의해 적출자의 신분을 취득한 경우에 한하여 국적의 취득을 인정하는 규정은 당시 일본 헌법에 위반된다고 하여 청구를 인용하였다. 碓井光明, "公法上の當事者訴訟の動向(1)─最近の裁判例を中心として", 自治研究 85卷 3号, 20頁(2009. 3.)에 따르면 국적확인의 소는 "국가와의 관계에 있어서 지위확인의 소"에 해당한다.

평가원이 제시한 답안 외에 다른 정답이 있다고 주장하는 수험생들이 출제오류를 지적하면서 행정소송으로 권리를 구제받고자 하였다. 그런데 원고들은 채점이 모두 끝나 오답처리된 성적통지를 받은 후에야 비로소 해당 과목에 대한 등급결정 처분의 취소를 구하였다. 그런데 이처럼 굳이 불이익한 성적통지가 나올 때까지 기다려 자신이 선택한 답안에 대한 오답처리와 그로 인한 등급결정을 억지로 처분으로 구성하여 취소소송을 제기할 것이 아니라 수학능력시험 직후 자신이 선택한 답안도 정답임을 확인한다는 내용의 소를 제기할 수 있었다. 이 경우 국가주관시험에서의 응시자와 출제자 사이의 관계는 특정한 답안을 정답 또는 오답으로 처리하는 피고의 정답발표로 인하여 구체화된다고 볼 수 있고, 확인판결을 받는 것이 원고의 법적지위에 존재하는 불안이나 위험을 극복하는데 도움이 되다는 점에서 즉시확정에 관한 정당한 이익도 인정되며, 등급결정이나 불합격처분 전에 확인소송만이 사실상 유일한 수단이라는 점에서 보충성도 문제되지 않기 때문에 공법상 확인소송은 쉽게 인정될 수 있다. 그리고 국가주관시험 영역에서 공법상 확인소송을 통하여 수험생은 조기에 권리구제를 받을 수 있는 길이 열릴 뿐만 아니라 국가로서도 조기에 정답과 관련된 갈등에서 벗어나 안정적인 시험운용이 가능하다는 점에서 유용하게 활용될 수 있다.

2. 행정조사의 위법성확인

공법상 확인소송이 활용될 수 있는 분야로 행정조사의 위법성 확인을 생각해볼 수 있다.

행정조사는 행정기관이 정책을 결정하거나 직무를 수행하는 데 필요한 정보나 자료를 수집하기 위하여 현장조사·문서열람·시료채취 등을 하거나 조사대상자에게 보고요구·자료제출요구 및 출석·진술요구를 행하는 활동을 의미하는데(행정조사기본법 제2조 제1호), 대개 실력행사를 수반하지는 않는다는 점에서 반드시 공권력작용으로서의 성질을 수반하지는 않는다. 하지만 행정기능의 다양화·다변화로 행정기관의 권한이 강화됨에 따라 사실상 행정조사가 강제되는 경우가 적지 않다. 행정조사기본법 제5조 본문이 행정조사에 법령 등의 근거를 요구하고 있기는 하지만 단서에서 조사대상자의 자발적인 협조를 얻어 실시하는 행정조사의 경우에는 그러하지 아니하다고 규정함으로써 법령의 근거가 없는 행정조사를 허용하고 있고, 행정기관의 여러 규제권한 등을 고려하면 행정조사를 거부하는 것은 사실상 불가능하다. 또한 언론·미디어 기능이 강화됨에 따라 행정조사 그 자체로 손해를 입는 경우도 발생하고 있다. 예컨대 특정 기업의 제품에 대한 감독관청의 행정조사를 해당 기업이 거부하는 것은 사실상 불가능하고, 그러한 행정조사가 이루어진다는 이유만으로 해당 기업의 이미지 실추 및 경제적 손해는 불가피하다. 또한 행정조사기본법 제3장 및 제4장에 조사절차나 방법에 관한 규정이 마련되어 있으나 여기에 위배되는 방법으로 조사를 진행하더라도 이를 통제할 방법이 마련되어 있지 않다. 이러한 점에서 행정조사에 대한 권리구제 수단을 마련할 필요성이 있다.[412]

행정조사 그 자체는 공권력작용으로서의 성질을 가지고 있지 않고, 그로 인한 피해도 법률상 이익에 대한 침해라기보다는 사실상의 것인 경우가 많아 행정조사 자체를 행정처분으로 구성하여 항고소송으로 다투는 것은 쉽지 않다(물론 권력적 행정조사나 수인하명을 수반하는 행정조사는 권력적 사실행위로서 그 상태가 계속되는 경우 항고소송을 제기할 수 있다).[413] 특

---

[412] 행정조사의 대표적인 사례로서 세무조사(과세정보나 자료의 수집행위)의 근거와 내용, 한계 등에 대하여는 박종수, "과세정보의 수집, 관리·공개의 조세법적 문제", 법제연구 제30호, 2006, 201면 이하.

[413] 참고로 "부과처분을 위한 과세관청의 질문조사권이 행해지는 세무조사결정이 있는 경우 납세의무자는 세무공무원의 과세자료 수집을 위한 질문에 대답하고 검사를 수인하여야 할 법적 의무를 부담하게 되는 점, 세무조사는 기본적으로 적정하고 공평한 과세의 실현을 위하여 필요한 최소한의 범위 안에서 행하여져야 하고, 더욱이 동

히 행정조사 과정에서 위법한 사유가 개입되어도 후행행위인 행정행위가 당연히 위법한 것은 아니기 때문에,414) 후행 행정행위를 다투는 방법으로 권리구제를 받을 수 있다는 보장도 없다. 물론 위법한 행정조사를 기초로 한 행정처분이 위법하다고 평가할 수 있는 정도에 이른 경우에는 후행처분을 다투는 소송에서 행정조사의 위법을 주장할 수 있겠으나,415) 행정조사 이후에 행정기관이 특별한 행정결정을 하지 않거나 고의로 이를 지연하는 경우와 같이 행정조사 그 자체를 다투지 않으면 권리구제가 곤란한 경우도 있다. 또한 행정기관이 행정처분 등의 행정작용은 하지 않고 수사기관에

일한 세목 및 과세기간에 대한 재조사는 납세자의 영업의 자유 등 권익을 심각하게 침해할 뿐만 아니라 과세관청에 의한 자의적인 세무조사의 위험마저 있으므로 조세 공평의 원칙에 현저히 반하는 예외적인 경우를 제외하고는 금지될 필요가 있는 점, 납세의무자로 하여금 개개의 과태료 처분에 대하여 불복하거나 조사 종료 후의 과세 처분에 대하여만 다툴 수 있도록 하는 것보다는 그에 앞서 세무조사결정에 대하여 다툼으로써 분쟁을 조기에 근본적으로 해결할 수 있는 점 등을 종합하면, 세무조사 결정은 납세의무자의 권리·의무에 직접 영향을 미치는 공권력의 행사에 따른 행정 작용으로서 항고소송의 대상이 된다."고 한 판례가 있다(대법원 2011. 3. 10. 선고 2009두23617, 23624 판결 참조). 세무조사결정의 처분성과 소의 이익에 관한 실무의 일반적인 태도를 체계적으로 설명한 논문으로 이혜랑, "세무조사의 위법성과 과세처 분", 재판과 판례 제26집, 2017, 85면 이하 참조.

414) 박종수, 앞의 논문(주 412), 225면. 위법한 행정조사에 근거한 처분의 하자 전반에 관한 논의로 이희정, "위법한 행정조사에 근거한 처분의 흠", 행정판례평선, 2011, 443면 이하.

415) 대법원 2016. 12. 27. 선고 2014두46850 판결은 음주운전 여부에 대한 조사 과정에 서 운전자 본인의 동의를 받지 아니하고 또한 법원의 영장도 없이 채혈조사를 한 결과를 근거로 한 운전면허 정지·취소 처분은 도로교통법 제44조 제3항을 위반한 것으로서 특별한 사정이 없는 한 위법한 처분으로 볼 수밖에 없다고 하였다. 행정처분을 위한 사실확인으로서의 행정작용인 '행정조사'와 형벌부과를 위한 사실 확인으로서의 사법작용인 '수사'를 구분하는 관점에서 위 판례사안과 같이 혈중알코 올농도 측정과 이를 기초로 한 행정처분을 소재로 사법작용에 적용되는 적법절차원 칙, 특히 위법수집증거배제법칙이 행정조사에 적용되는지 여부를 연구하는 논문으 로 이희정, "사실조사행위의 적법성과 행정처분의 효력", 공법연구 제45집 제2호, 2016. 12, 407면 이하 참조.

고발조치 만을 하는 경우에는 수사기관 및 형사재판 절차에서 행정조사의 위법성을 다툴 수는 있으나 그 과정에서 발행하는 권리침해가 너무 커 국민으로 하여금 수사 및 재판 절차를 기다리도록 하는 것이 가혹한 경우도 있다.

이상과 같이 공권력작용으로서의 성질을 수반하지 않는 행정조사에 대하여는 항고소송이 적절한 권리구제 수단이 될 수 없고, 오히려 공법상 확인소송이 적절한 권리구제 방법이 될 수 있다. 앞서 살펴본 바와 같이 공권력작용으로서의 성질을 가지지 않는 행정작용에 대하여 공법상 확인소송이 적절한 권리구제를 제공하여 준다는 관점은 행정조사에 있어서도 예외는 아니다. 특히 행정조사는 그 자체가 목적이 아니라 특정한 행정작용을 위한 준비수단이기는 하지만, 행정조사 그 자체의 적법성을 다툴 필요가 있는 경우도 존재한다는 점을 고려하여 보면 공법상 확인소송을 통하여 행정조사의 위법을 지적함으로써 권리구제를 보장할 수 있게 된다.

3. 행정처분 이외의 행정작용에 대한 권리구제 수단
- 사실행위를 중심으로

1) 행정상의 사실행위의 내용과 성격

행정의 행위형식의 다양화 추세와 더불어 기존의 공권력작용으로 설명하기 어려운 여러 행위형식들이 등장하였다. 대표적인 것이 행정상의 사실행위로서 그 중에서도 비공식 행정작용에 해당하는 경고·권고·정보제공(시사) 행위 또는 행정지도가 있다.416) 이러한 새로운 유형의 행정작용들의

---

416) 행정상의 사실행위와 비공식 행정작용, 행정지도의 개념과 분류에 대해서는 김남진·김연태, 앞의 책(주 9), 411면 이하 참조. 행위형식론의 관점에서 사실행위에 대한 설명을 하는 견해로는 서원우, "사실행위와 행위형식론", 고시계 제39권 제4호, 1994, 19면 이하 참조. 독일과 유럽연합에서 사실행위의 유형과 범위, 권리구제에 관한 연구로는 Rademacher, Realakte im Rechtsschutzsystem der Europäischen

등장은 현대국가가 수행하는 과제가 확대되고 있고, 행정주체와 국민 사이의 관계가 수직적 명령·복종 관계에서 수평적 타협·협동의 관계로 변화된 데에서 그 원인을 찾을 수 있다.417) 특히 오늘날 사회국가적인 발전에 따라 국가에 대한 국민의 의존성이 높아진 상황에서 다양한 행정작용이 새롭게 등장하는 추세는 더욱 가속화되고 있다. 새롭게 등장한 행정작용은 예컨대 협상·약속·설득·유인·충동·장려·광고·품질보증·호소·위협·경고·권고·조언·조정 등 실로 다양하다. 이러한 유형의 행정작용들은 법적 효과의 발생을 직접적인 목적으로 하지 않고, 사실상의 효과발생만을 목적으로 하기 때문에 이른바 행정상의 사실행위 또는 행정사실행위로 표현된다.418) 사실행위는 법적인 효과가 결여되어 있다는 점에서 행정행위나 공법상 계약 그 밖의 행정의 공법상 의사표시와 구분된다.419) 그런데 이러한 행정상의 사실행위는 다양하고 이질적인 내용을 지닌 행위유형을 총칭하는 집합개념으로서 여러 가지 형식과 내용을 가진 행정작용을 통칭하는 것이기 때

Union, 2014. S. 1 ff.

417) 김연태, "환경행정에 있어서 비공식적 행정작용으로서의 협상", 공법연구 제23집 제3호, 1995, 234면. 오준근, "행정청의 경고와 권고", 성균관법학 제3호, 1990, 52면에 의하면 종래 국가권력과 국민의 자유와 권리영역이 구분되어 그 책임 한계가 비교적 명확하였던 현상은 현대민주국가에 들어서 근본적으로 변화되었고, 행정의 주안점 역시 명령·강제보다는 협력과 참여와 수인으로 이동하였다고 한다. 그리고 그에 따라 국가권력은 명백히 인식할 수 있는 법적, 독점적 권력으로서 국민에 대하여 나타나기 보다는 경제적인 힘으로써, 또는 객관성을 강조함으로써 국민의 신뢰를 받는 공적권위로서 행사되어지는 경향을 드러내고 있다고 한다. 그리고 그러한 모습으로 고권적 강제는 국민의 의사 및 동기의 결정에 영향을 주는 조치들로 바뀌었고, 직접적인 명령 역시 확약, 권고, 유인, 경제적 특혜, 심리적 강제들로 바뀌고 있다고 한다.

418) 다만 행정기관의 행위 자체가 아니라 그로 인하여 발생된 결과에 불과한 경우(예컨대 공적 설비에서 배출되어 외부에 영향을 미치는 공해, 통상 임밋시온이 여기에 속한다)는 행정상의 사실행위 개념에서 제외되어야 한다는 설명으로 류지태, "사실행위와 권리보호", 사법행정 제33권 제11호, 1992, 27면 참조.

419) 김용섭, "행정상 사실행위의 법적 문제", 인권과 정의 제283호, 2000, 140면. 홍준형, "행정상 사실행위와 당사자소송", 고시계 39권 4호, 1994. 4, 28면.

문에 행정상의 사실행위의 적법성이나 허용성 등은 그 자체로 판단할 수는 없고, 개별적인 행정작용의 내용에 따라 판단하여야 한다.[420]

그런데 이상의 새로운 유형의 행정작용들도 국민의 권리와 이익을 침해하는 경우가 있으므로 재판청구권이 요구하는 공백 없는 권리구제의 원칙상 행정소송에 의한 권리구제 수단이 마련되어야 한다. 문제는 이러한 새로운 유형의 행정작용들은 법적 효과의 발생을 직접적인 목적으로 하지 않고, 사실상의 효과 발생만을 목적으로 하며 강제수단이 동원되지 않기 때문에 항고소송의 대상이 아닌 경우가 많다는 점이다. 따라서 행정처분 중심의 현행 행정소송법의 권리구제체계로는 권리구제에 한계가 있다.[421] 따라서 이러한 유형의 행정작용들에 대하여 확인소송을 통한 권리구제가 가능한지가 심도 있게 검토될 필요가 있다.

이하에서는 행정상의 사실행위의 하부유형으로서 규제영역에서 주로 활용되고 있는 ① 정보제공작용으로서의 경고, 추천 또는 권고, 시사, ② 정보제공작용 외의 사실행위로서 실무상 빈번하게 활용되는 행정지도에 관하여 살펴보고, 그에 대한 권리구제 방법으로서 공법상 확인소송의 활용가능성에 관하여 살펴본다.

---

420) 김남진, "행정상 사실행위와 행정쟁송", 고시연구 제21권 제10호, 1994, 46면. 김연태, 앞의 논문(주 417), 239면.
421) 다만 헌법재판소는 사실행위 중 권력적 성질을 가지는 행위들(권력적 사실행위)에 대하여 헌법소원의 심판대상으로 인정해 왔다. 예컨대 행정지도(헌법재판소 1993. 7. 29. 89헌마31; 헌법재판소2003. 6. 26. 2002헌마337), 행정조사(과다감사. 헌법재판소 2003. 12. 18. 2001헌마754), 방송통신위원회의 방송에 대한 경고(헌법재판소 2007. 11. 29. 2004헌마290) 등을 권력적 사실행위로 보아 헌법소원의 대상이라고 하였다. 이러한 행위들에 대한 사법심사는 원래 항고소송으로 포섭하여야 한다는 견해로 이상덕, 앞의 논문(주 313), 246면 이하 참조.

2) 정보제공작용에 대한 권리구제방법으로서 확인소송의 활용가능성

(1) 정보제공작용의 내용과 범위

행정상의 사실행위, 그 중에서도 정보제공작용으로서의 경고, 추천 또는 권고 및 시사는 행정이 국민에게 직접 작위·부작위 등의 의무를 부과하는 것이 아니라 국민에게 일정한 정보를 제공함으로써 개별 국민의 의사 및 동기에 영향을 미쳐 특정한 사안을 일정한 방향으로 유도하려는 목적을 가진 행위이다.

우선 경고와 권고는 특정상품의 위험성, 유해성 및 유용성과 관련하여 환경 및 보건, 또는 식품위생 행정 분야에서 국민을 행정기관이 바라는 방향으로 유도하려는 목적으로 자주 활용되고 있다.422) 행정기관은 생명·건강·재산 또는 법질서 등과 같은 경찰법상의 법익을 보호하기 위하여 경고를 통해 특정한 행위를 할 것을 요구하거나 여러 선택지를 제시하면서 동시에 특정한 제품 또는 행위를 추천하기도 한다. 이처럼 경고와 권고는 의사형성에 영향을 미치는 정도에 따라 구분되는데, 경고를 받은 사람은 행정기관이 의도하는 행위 이외의 다른 선택을 할 가능성이 사실상 없게 되는 반면, 권고는 다수의 선택가능성이 존재하므로 상대방의 의사형성에 미치는 영향의 정도에 있어서는 큰 차이가 있다. 따라서 행정기관이 특정 제품 하나만을 제외하고는 모두 유해하거나 위험하다고 한다면 그것은 권고라기보다는 경고에 해당한다.423)

시사는 단순한 정보제공으로서 행정기관이 특정한 목적물에 관한 정보

---

422) 경고는 보통 위험방지의 수단으로서 어느 특정의 상품을 지정하여, 그것을 먹거나 마시게 되면 건강에 해롭다는 식으로 홍보하는 것이 여기에 해당한다. 추천 또는 권고는 사회적으로 또는 신체적으로 유해하지 않은 여러 종류의 물품 또는 행동 중에서 행정기관이 그 중의 어느 하나를 추천 또는 권고하는 것을 말한다. 이상 김남진, 앞의 논문(주 420), 50면.
423) 이상 김남진·김연태, 위의 책(주 9), 420면.

를 제공하는 데에 그치고, 그것을 어떻게 받아들이는가는 전적으로 국민 각자에게 맡겨져 있는 경우이다. 예컨대 행정기관이 여러 물건의 성분·효용 등을 분석·발표하면서도 그 중 어느 것을 선택할 것인가는 전적으로 수신자가 결정할 수 있게 되어 있는 경우가 여기에 속한다.[424]

(2) 문제 상황

이상과 같은 경고, 권고 또는 시사는 국민으로 하여금 스스로의 판단에 따라 행정기관이 의도하는 바에 따르게 하는 사실상의 효력을 가진다는 점에서 전형적인 공권력작용과는 차이가 있다. 뿐만 아니라 이러한 정보제공 행위로 인하여 권익을 침해당하는 사람이 생기더라도 그것은 해당 행정작용이 직접 의도한 것이 아니고, 단지 그러한 행정작용의 간접적·사실적 효과에 불과하다.

이러한 정보제공행위는 특히 생산자가 관계 법규에 따라 적법하게 생산한 물품에 대하여 행정기관이 환경보호나 소비자의 건강보호 등 공익을 목적으로 해당 제품사용을 자제할 것을 경고하거나 다른 제품 사용을 권고·추천하는 경우에 행정기관이 의도하지 않게 생산자에게 피해가 가는 경우에 주로 문제된다. 예컨대 식품위생행정기관이 일반 소비자들을 상대로 A사의 B제품을 포함하여 인체에 해로운 성분이 포함된 제품군을 발표한 경우, 이러한 정보제공행위로 인하여 A사가 입는 피해는 행정기관이 직접 의도한 것은 아니기 때문에 사실상의 피해에 불과하다. 또한 행정기관이 C사의 D제품이 안전성 기준을 모두 갖추었다는 이유로 추천하거나 사용을 권고하는 경우에 비슷한 제품을 생산하는 회사가 입는 피해 역시 사실상의 피해에 불과하다.[425] 위와 같은 상황에서 행정기관의 공익실현이라는 목적

---

424) 김남진, 앞의 논문(주 420), 51면.
425) 경고·권고·정보제공에 의한 피해가 본문과 같이 사실적·간접적인 것이지만 그로 인한 피해도 기본권의 보호영역에 속하는지가 문제된다. 국가에 의한 기본권 제한 내

과 생산자의 권익보호 사이에 첨예한 갈등상황이 생기지만 생산자의 피해
는 역시 사실적·간접적인 것에 그친다. 하지만 이러한 행정작용이 국민에
게 미치는 영향의 강도는 공권력작용에 의한 직접적인 침해에 비하여 결코
덜하지 않다는 점에서 이러한 정보제공작용으로 인한 권익침해에 대한 권
리구제 방안이 논의된다.

(3) 권리구제방법

주로 위와 같은 정보제공행위를 포함한 행정상의 사실행위 일반에 대하
여 항고소송이 허용되는지와 관련하여 논의가 이루어지고 있다. 이에 관하
여 행정상의 사실행위는 원칙적으로 처분성이 인정되지 않지만, 사실행위
중 권력적 성격을 가지는 권력적 사실행위에 대해서는 처분성이 인정된다
는 견해,426) 법률상 지위에 직접적인 법률적 변동을 일으키지 아니하는 행
위는 권력적 사실행위이든 비권력적 사실행위이든 처분성을 인정할 수 없
다는 견해,427) 경고, 권고, 정보제공 행위에 대하여는 위와 같은 행위들 중

지 침해가 법적 행위의 형식으로, 목적지향적으로 또한 직접적으로 이루어지는 경우
에만 기본권침해에 타당하여 법적보호를 받을 수 있다는 전통적인 침해개념에 의하
면 사실적·간접적 제한 내지 침해는 기본권에 의한 보호를 받지 못한다고 보았으나,
현재는 이러한 제한 내지 침해도 기본권에 의하여 보호된다는 데에 이론이 없다고
한다. 자세한 내용은 김남진·김연태, 앞의 책(주 9), 421면 이하, 김남진, 앞의 논문
(주 420), 53면 이하, 오준근, 앞의 논문(주 417), 58면 이하 참조.

426) 성중탁, "사실행위에 대한 사법적 통제 경향 및 그 개선방안", 행정판례연구 제19-1
집, 2014, 317면. 특히 류지태, "사실행위와 가구제", 고시계 제39권 제4호, 1994. 4,
52면 이하에 의하면, 오늘날과 같이 행정의 행위형식이 권력적인 행위뿐만 아니라
비권력적인 행위도 포함하여 다양하게 이루어지고 있고, 행정행위 이외의 행위도 국
민에게 중대한 영향을 미치는 상황에서는 국민의 이익을 보호하기 위하여 행정행위
의 개념을 쟁송법적으로 넓게 이해할 필요가 있기는 하지만 현행 행정소송법상 처분
개념(특히 '그 밖에 이에 준하는 행정작용' 부분)은 권력적 성질을 갖는 행위로 그
대상을 한정하고 있으므로 권력적 사실행위 이외의 사실행위는 여기에 해당할 수
없다고 설명하면서 가장 효율적인 권리구제 방법은 행위형식에 상응하여 다양한 소
송유형을 마련하는 것이라고 한다.

사안에 따라 공권력성을 인정할 수 있는 일부 행위들에 대하여 처분성을 부여하되, 행정쟁송의 형태에 관하여는 원고가 항고소송이나 당사자소송 중 선택할 수 있다는 견해,[428] 대집행에서의 실행행위가 사실행위라는 점에 착안하여 그러한 실행행위는 전제가 되는 행정행위의 집행에 불과한 것이므로 권력적 성질이 없기 때문에 이를 항고소송의 대상으로 인정하기 보다는 그 위법적인 결과를 제거하기 위하여 공법상 결과제거청구권을 인정하는 것이 체계적이라는 견해[429] 등이 있다. 하지만 대법원은 "항고소송의 대상이 되는 행정처분이라 함은 행정청의 공법상 행위로서 특정사항에 대하여 법규에 의한 권리의 설정 또는 의무의 부담을 명하며 기타 법률상 효과를 발생케 하는 등 국민의 구체적 권리의무에 직접적 변동을 초래하는 행위를 말하고 행정권 내부에서의 행위나 알선, 권유, 사실상의 통지 등과 같이 상대방 또는 기타 관계자들의 법률상 지위에 직접적인 법률적 변동을 일으키지 아니하는 행위는 항고소송의 대상이 될 수 없다."고 함으로써 사실행위에 대해서는 항고소송을 제기할 수 없다고 판단하였고, 이러한 태도를 현재까지도 일관되게 유지하고 있다.

하지만 행정상의 사실행위, 특히 경고, 권고, 정보제공 행위에 대한 권리구제 방법으로 항고소송만을 상정하는 경우 권리구제의 범위가 부당하게 좁아질 우려가 있다. 위와 같은 정보제공행위는 앞서 살펴본 바와 같이 공권력행사라고 보기 어려운 측면이 많기 때문에 이들을 행정처분에 무리하

---

427) 김용섭, 앞의 논문(주 419), 150면. 이 견해는 현행 행정소송법 체계에서는 행정상 사실행위에 대한 구제수단이 마련되어 있지 않으므로 행정상 사실행위를 처분개념에 포함시켜 취소소송이 가능하도록 문제를 해결하는 것보다는 독일의 경우처럼 행정소송법에 사실행위에 대한 일반적 이행소송을 명문화하여 사실행위에 대한 실효적인 권리구제수단을 제도화하는 것이 시급히 요청된다고 주장한다.
428) 김남진, 위의 논문(주 420), 54면 이하. 이 견해는 위와 같은 행위들이 행정소송법 제2조 제1항 제1문의 '그 밖에 이에 준하는 행정작용'에 포함되는 것으로 이해하고 있다.
429) 류지태, 앞의 논문(주 418), 29면 참조.

게 대입하는 것은 적절하지 않다. 그리고 그동안 문헌과 판례가 쌓아놓은 행정처분의 개념표지를 무너뜨리고, 개별 행정작용마다 내용, 형식 그리고 피해의 정도에 따라 행정처분에 해당하는지 여부가 달라져 법적안정성이 저해될 우려도 크다.430) 그리고 행정기관이 원고의 권리침해를 직접적으로 의도한 바 없다는 점에서 기존의 행정처분 개념과 충돌할 우려도 있어 보인다. 따라서 굳이 이러한 행정작용들을 행정처분의 개념으로 포섭하여 항고소송을 고집하는 것보다는 공법상 당사자소송으로서의 확인소송을 통하여 해결하는 것이 더 명확한 해결방법으로 보인다.431) 즉 국가와 국민 사이의 관계에서 행정기관의 특정한 사실행위로 인하여 형성된 공법상 법률관계에서 권리구제의 필요성이 인정되는 경우 그러한 행위의 위법성을 확인함으로써 원고는 해당 행위가 위법하다는 점을 확인받을 수 있을 뿐만 아니라 장래의 유사한 침해도 막을 수 있다.

나아가 행정상의 사실행위는 그 효력이 사실상의 것으로서 발령과 즉시에 권리침해가 발생하고, 동시에 종료된다는 점에서 사후적인 취소는 큰 의미가 없는 경우가 많다. 예컨대 행정기관이 A가 생산한 B제품의 사용을 경고하거나 사용제한을 권고하는 경우 경고 또는 권고 행위가 있음으로써 즉시 A사의 권리침해가 발생하고 그로 인한 매출감소나 이미지 타격은 경고나 권고가 사후적으로 취소된다고 하더라도 큰 의미가 없다. 따라서 행정상의 사실행위는 사후적 권리구제보다는 예방적 권리구제가 더 절실한

---

430) 예컨대 오준근, 앞의 논문(주 417), 62면에 의하면 행정청의 경고와 권고는 국가기능의 효율성을 고려할 때 모든 사소한 불이익이 기본권침해로 인정될 수는 없으므로, 그 방식 및 강도에 따라 피해자가 감당하기 어려운 정도의 일정한 강도에 이르러야만 고권적 기본권침해로 인정될 수 있다는 입장이다. 이러한 견해는 국가기능의 유지라는 관점에서 볼 때 타당한 견해이지만, 결국 권리구제의 가능성이 피해자의 피해 정도에 따라 달라지게 될 우려가 있어 보인다.
431) 비권력적인 사실행위에 대하여 공법상 당사자소송의 활용가능성을 제시하면서 올바른 소송형태로 확인소송의 활용가능성을 주장하는 견해로 홍준형, 앞의 논문(주 419), 43면.

데,432) 이때 항고소송은 적절한 해결방법이 될 수 없고, 오히려 위와 같은 사실행위의 효력발생 자체를 저지할 수 있는 확인소송이 상당히 유용하게 활용될 수 있다.433) 예방적 확인소송에 관한 자세한 내용은 제5장에서 검토하기로 한다.

3) 행정지도에 대한 권리구제방법으로서 공법상 확인소송의 활용가능성

행정지도는 행정기관이 그 소관 사무의 범위에서 일정한 행정목적을 실현하기 위하여 특정인에게 일정한 행위를 하거나 하지 아니하도록 지도, 권고, 조언 등을 하는 행정작용이다(행정절차법 제2조 제3호). 행정기관은 행정지도를 통하여 일정한 행위를 예방·억제하거나(규제적·억제적 행정지도로서 물가의 억제를 위한 행정지도 등이 여기에 속함), 이해대립이나 과당경쟁을 조정하거나(조정적 행정지도로서 투자·수출량의 조절 등이 여기에 속함), 일정한 질서의 형성을 촉진(조성적·촉진적 행정지도로서 장학지도, 중소기업의 기술지도 등이 여기에 속함)하는 수단으로 사용하고 있다.434) 예컨대 국가가 금융기관에 대하여 하는 대출 내지 이자 규제, 방송사에 대하여 하는 정정보도 등 권고, 금융감독원장의 순보험요율 및 예정사업비율 결정행위435) 등이 여기에 속한다. 하지만 행정이 특정한 행위를 지도 내지 권고한 후 이에 따르지 아니하는 경우 불이익을 주는 등 사실상 행정지도에 구속력이 부여되어 있거나, 행정청이 행정지도를 빌미로 공권

---

432) Dreier, "Präventive Klagen gegen hoheitliches Handeln im Gewerberecht", NVwZ 1988, 1073.

433) 행정상의 사실행위에 대한 사전적 통제의 중요성을 강조하면서 절차적 관점에서 행정기관의 급부제공행위, 행정기관의 정보행위, 행정기관의 공해발생행위의 측면에서 논의를 전개하는 관점으로 류지태, 앞의 논문(주 418), 29면 이하 참조.

434) 김남진·김연태, 앞의 책(주 9), 425면 이하.

435) 대법원 2005. 1. 28. 선고 2002두12052 판결. 보험사업자의 보험료산출방법서 변경에 관한 인가권 및 심사권을 가진 금융감독원장은 행정지도를 통하여 사실상 자동차보험료변경에 관여할 수 있다.

력을 행사하는 경우가 종종 있다. 예컨대 신고·등록·허가신청에 있어 행정
지도의 형식으로 적법한 신청을 거부하거나 유보하는 경우, 등록제가 행정
지도에 의하여 사실상 허가제처럼 운영되는 경우가 적지 않다.436) 또한 대
법원은 부실기업의 정리에 관한 재무부의 행정지도(매각권유의 지시)는 국
가의 공권력이 헌법과 법률에 근거하지 아니하고 통상의 행정지도의 한계
를 넘어 부실기업의 정리라는 명목하에 사기업의 매각을 지시하거나 그 해
체에 개입하는 것으로서 헌법에 위반된다고 판시한 바도 있다(대법원 1996.
4. 26. 선고 94다34432 판결, 대법원 1999. 7. 23. 선고 96다21706 판결).

그런데 대법원은 사실행위에 있어서와 마찬가지로 세무당국이 특정 회
사에 대하여 원고와의 주류 거래를 일정기간 중지하여 줄 것을 요청한 행
위,437) 수도사업자가 급수공사 신청자에 대하여 급수공사비 내역과 이를
지정기일 내에 선납하라는 취지로 한 납부통지,438) 단전조치된 건물의 소
유자로부터 새로이 전기공급신청을 받은 한국전력공사가 관할 구청장에게
한 전기공급 불가회신439) 등이 항고소송의 대상이 되는 행정처분이 아니라

---

436) 홍준형, 앞의 논문(주 419), 29면 참조
437) 대법원 1980. 10. 27. 선고 80누395 판결은 "세무당국이 소외 회사에 대하여 원고와
의 주류거래를 일정기간 중지하여 줄 것을 요청한 행위는 권고 내지 협조를 요청하
는 권고적 성격의 행위로서 소외 회사나 원고의 법률상의 지위에 직접적인 법률상의
변동을 가져오는 행정처분이라고 볼 수 없는 것이므로 항고소송의 대상이 될 수 없
다."고 하였다.
438) 대법원 1993. 10. 26. 선고 93누6331 판결은 "수도사업자가 급수공사 신청자에 대하
여 급수공사비 내역과 이를 지정기일 내에 선납하라는 취지로 한 납부통지는 수도사
업자가 급수공사를 승인하면서 급수공사비를 계산하여 급수공사 신청자에게 이를
알려 주고 위 신청자가 이에 따라 공사비를 납부하면 급수공사를 하여 주겠다는 취
지의 강제성이 없는 의사 또는 사실상의 통지행위라고 풀이함이 상당하고, 이를 가
리켜 항고소송의 대상이 되는 행정처분이라고 볼 수 없다."고 하였다.
439) 대법원 1995. 11. 21. 선고 95누9099 판결은 "무단 용도변경을 이유로 단전조치된
건물의 소유자로부터 새로이 전기공급신청을 받은 한국전력공사가 관할 구청장에게
전기공급의 적법 여부를 조회한 데 대하여, 관할 구청장이 한국전력공사에 대하여
건축법 제69조 제2항, 제3항의 규정에 의하여 위 건물에 대한 전기공급이 불가하다

고 함으로써 행정지도의 처분성을 부인하고 그에 대한 항고소송을 허용하지 않고 있다. 이와 같이 행정지도는 그것이 위법하고, 따르지 아니할 경우 중대한 피해가 예상됨에도 사실상 그것을 다툴 방법이 봉쇄되어 있다. 뿐만 아니라 대법원은 "행정지도가 강제성을 띠지 않은 비권력적 작용으로서 행정지도의 한계를 일탈하지 아니하였다면 그로 인하여 원고에게 어떤 손해가 발생하였다 하더라도 피고는 그에 대한 손해배상책임이 없다."고 함으로써 행정지도에 대한 손해배상청구권의 성립도 부정하고 있어(대법원 2008. 9. 25. 선고 2006다18228 판결 등 참조) 행정지도는 사실상 행정법원에 의한 권리구제의 사각지대에 놓여 있었다고 해도 과언이 아니다.

이러한 상황에서 공법상 당사자소송으로서의 확인소송은 유용한 권리구제 수단으로 활용될 수 있다. 행정지도로 형성된 공법상 법률관계에서 행정지도의 위법확인 내지 행정기관이 그러한 행정지도를 할 권한이 없음의 확인을 구하는 소를 통하여 행정지도로 권리침해를 받을 수 있는 국민의 권리구제가 가능하다. 특히 행정기관의 행정지도가 원고 이외의 제3자에게 이루어지고, 이로 인하여 원고가 피해를 입게 되는 경우(예컨대 행정기관이 금융기관에 대출제한에 관한 행정지도를 하고, 이로 인하여 원고가 대출을 받을 수 없게 되는 경우) 피고 행정기관과 제3자 사이의 법률관계가 확인소송의 대상이 되는바, 앞서 살펴본 바와 같이 제3자와 관련된 법률관계 확인소송의 요건이 갖추어진다면 확인소송을 제기할 수 있다. 나아가

는 내용의 회신을 하였다면, 그 회신은 권고적 성격의 행위에 불과한 것으로서 한국전력공사나 특정인의 법률상 지위에 직접적인 변동을 가져오는 것은 아니므로 항고소송의 대상이 되는 행정처분이라고 볼 수 없다."고 하였다. 그 밖에 대법원 1996. 3. 22. 선고 96누433 판결은 "행정청이 위법 건축물에 대한 시정명령을 하고 나서 위반자가 이를 이행하지 아니하여 전기·전화의 공급자에게 그 위법 건축물에 대한 전기·전화공급을 하지 말아 줄 것을 요청한 행위는 권고적 성격의 행위에 불과한 것으로서 전기·전화공급자나 특정인의 법률상 지위에 직접적인 변동을 가져오는 것은 아니므로 이를 항고소송의 대상이 되는 행정처분이라고 볼 수 없다."고 하였다.

행정지도는 이해관계인이 많고 그로 인한 파급효과가 미치는 범위가 매우 넓다는 점을 고려하여 보면, 행정지도에 대한 확인소송을 통하여 다수의 이해관계인의 권리관계를 한꺼번에 확정할 수 있게 되어 행정의 능률향상 및 일관성 확보에도 도움이 된다.

4. 이미 종료하거나 효력이 소멸한 행정작용의 위법성에 대한 확인

1) 일반적인 논의

공법상 확인소송은 이미 효력이 소멸한 행정작용의 위법성을 확인하는 기능도 할 수 있다. 이는 행정소송법 제12조 제2문의 해석과 관련하여 논의된다. 일반적인 견해는 앞서 살펴본 바와 같이 행정소송법 제12조 제2문의 법률상 이익을 처분이 소멸된 뒤에는 소익이 부정됨을 전제로 예외적으로 소의 이익이 인정되는 경우를 탐구하면서 독일 행정법원법 제113조 제1항 제4문의 계속적 확인소송을 참고하고 있다.[440]

그런데 독일 행정법원법 제113조 제1항 제4문은 소송 계속 중에 행정행위의 효력이 소멸한 경우를 상정하고 있다. 즉 취소소송을 제기한 이후에 행정행위가 실효되어 그 취소가 더는 의미가 없고 이에 따라 소의 이익이 없어 각하될 수밖에 없는 경우에 원고의 정당한 이익이 인정되는 한 취소청구를 위법확인청구로 전환하는 것을 예정하고 있다.[441] 따라서 계속적 확인소송이 적법하기 위해서는 취소소송이 예정하는 적법요건(원고적격,

---

440) 김남진·김연태, 앞의 책(주 9), 835면 등 참조. 참고로 독일 행정법원법 제1항 제4문은 다음과 같이 규정하고 있다.
제113조 [판결주문]
행정행위가 이미 취소되거나 또는 다른 방법으로 해결되었다면, 원고가 위법의 확인에 관한 정당한 이익이 있는 경우에 법원은 신청에 의하여 판결로써 행정행위가 위법이었다는 것을 선고한다.
441) 정하중, "행정소송법 제12조 후단의 의미와 독일 행정소송법상의 계속적확인소송", 행정법의 이론과 실제, 2012, 587면.

전심절차, 제소기간 등)을 모두 갖추어야 한다. 그런데 소 제기 전에 이미 효력이 소멸한 행정행위와 관련하여 행정법원법 제113조 제1항 제4문의 계속적 확인소송의 관계가 문제된다. 이 문제는 독일의 실무와 문헌에서 일반확인소송과 계속적 확인소송의 구분기준이 문제되는 대표적인 사례로서 소송 계속 중에 행정행위가 소멸한 경우를 규정한 계속적 확인소송에 관한 규정이 유추적용되느냐의 문제이다. 이에 관하여 독일의 일반적인 실무는 계속적 확인소송에 관한 규정이 유추적용된다고 한다.442) 하지만 이런 구분에 대해서 독일 연방행정법원은 부수의견에서 의문을 제기하였는데, 소 제기 전에 이미 행정행위의 효력이 소멸한 경우에 대한 계속적 확인소송은 특성상 행정행위에 전형적으로 요구되는 소송요건(전심절차, 제소기간)이 문제되지 않으므로 차라리 처음부터 위와 같은 소송요건이 요구되지 않는 행정법원법 제43조의 일반확인소송으로 보면 되지 않겠느냐는 것이었다.443) 하지만 독일 연방행정법원 판례의 지적에도 불구하고 실무는 여전히 종전의 태도를 유지하고 있는데, 그 이유로는 행정법원법의 소송유형체계가 행정행위 관련 소송과 그 밖의 소송을 비교적 엄격하게 구분하고 있기 때문에 소 제기 전에 이미 소멸한 행정행위에 대해서는 계속적 확인소송의 대상으로 분류하는 것이 합리적이라는 점이 제시된다.444)

---

442) Möstl, a.a.O.(Fn. 286), Rn. 24.

443) BVerwG, Urteil vom 14. 7. 1999. - 6 C 7.98 = BVerwGE 109, 203. 이러한 판례에 대하여 계속적 확인소송의 유추적용과의 작별을 도모하였다는 평가가 있다(Wehr, "Abschied von der Fortsetzungsfeststellungsklage analog § 113 Abs. 1 Satz 4 VwGO", DVBl 2001, 785 이하).

444) Möstl, a.a.O.(Fn. 286), Rn. 24. 이 문헌은 권리구제의 필요와 관련하여 효력이 소멸한 행정작용에 대해서는 일반적인 경우보다 권리구제의 필요가 강하게 요구된다고 한다. 그리고 확인소송이 손해배상청구소송의 선결문제인 경우에는 즉시확정에 관한 정당한 이익은 오로지 소 제기 이후에 행정작용의 효력이 소멸한 경우에만 인정된다는 견해가 있다. 왜냐하면 소 제기 이전에 이미 행정작용의 효력이 소멸한 경우에는 곧바로 일반법원에 손해배상청구 소송을 제기하면 되기 때문이라는 것이다.

그런데 독일 행정법원법 제113조 제1항 제4문과 같은 명문규정이 없는 현행 행정소송법에서는 공법상 확인소송이 이를 대체하는 기능을 수행할 수 있다. 즉 독일에서도 계속적 확인소송의 성격을 확인소송으로 보고 있고, 적법요건도 확인소송와 마찬가지로 이해하고 있어 두 소송 사이의 호환가능성이 높은 것으로 보고 있는데,445) 두 소송의 성격이 유사한 이상 군이 계속적 확인소송을 인정하지 않더라도 권리구제의 필요가 있는 한, 이미 효력이 소멸한 행정작용에 대한 위법성 확인을 통한 권리구제는 가능하다.

2) 권력적 사실행위와의 관련성

이미 소멸한 행정작용에 대한 공법상 확인소송의 가능성은 특히 권력적 사실행위와의 관련성이 문제된다. 사실행위의 경우 발령과 동시에 효력을 발생하고, 단기간에 종료되는 경우가 많아 항고소송의 소의 이익을 인정하기 어려운 경우가 많다. 이러한 특성 때문에 헌법재판소는 그동안 "행정소송의 대상이 되는 행정처분은 통상 공법상의 행위로서 상대방 또는 기타 관계자들의 법률상 지위에 직접적으로 법률적인 변동을 일으키는 행위이므로 일반적인 행정지도 등 비권력적 사실행위는 행정소송의 대상이 되기 어렵고, 권력적 사실행위의 경우에도 단기간에 종료되므로 소의 이익이 인정되기 어려운 측면이 있다."는 이유로 권력적 사실행위가 전심절차로 권

---

445) 예컨대 독일 연방행정법원은 이미 효력이 소멸한 특정한 행정조치를 행정행위로 본다면, 행정법원법 제113조 제1항 제4문의 계속적 확인소송이 옳은 소송유형이고, 위 조치에 행정행위로서의 성격이 결여되어 있다면, 행정법원법 제43조 제1항에 의한 확인소송의 형태로 권리구제가 이루어질 수 있다는 전제 하에 위 두 가지 소송유형 중 어느 것에 의하더라도 원고가 즉시확인에 관한 정당한 이익이 있다면 소는 적법하므로 다툼이 있는 행정조치가 행정행위였는지, 아니었는지는 따질 필요가 없다고 한다(BVerwG, Urteil vom 22. 4. 1977. - VII C 17.74 = BVerwGE 52, 313 = NJW 1977, 1837; BVerwG, Urteil vom 8. 12. 1995. - 8 C 37.93 = BVerwGE 100, 83 = NJW 1997, 71).

리가 구제될 가능성이 객관적으로 불확실하므로 권력적 사실행위에 대한 헌법소원 심판청구는 보충성의 예외에 해당한다고 보았다(헌법재판소 2007. 11. 29. 2004헌마290). 또한 권리구제의 필요와 관련해서도 이미 사실행위가 종료되어 항고소송의 소의 이익이 없더라도 헌법재판소는 예외적으로 헌법소원은 객관적인 헌법질서 보장이라는 객관적 기능도 겸하고 있으므로 '헌법적 해명의 필요성'이 있는 사항에 대해서는 주관적인 권리구제의 이익이 없더라도 심판청구의 이익을 인정하여 왔다(헌법재판소 1997. 1. 16. 90헌마110). 따라서 이미 종료한 사실행위의 경우 헌법소원의 객관적 기능을 근거로 심판청구의 이익은 긍정한다.446) 이와 같은 논리는 대법원이 항고소송을 주관적 권리구제절차로 이해하여 소의 이익을 좁게 이해하는 반면에, 헌법재판소는 헌법소원의 객관적 헌법 질서 보장기능을 강조하여 심판청구의 이익을 넓게 이해하는 데서 비롯된 것이다.

그러나 권력적 사실행위가 일반적으로 단기간에 종료된다는 점 때문에 그에 대한 항고소송의 소의 이익이 부정된다고 하더라도 행정소송법 내에서 권리구제가 불가능한 것은 아니다. 오히려 이미 소멸한 권력적 사실행위에 대해서는 확인소송을 통한 위법성 확인이 가장 적절한 수단이 될 수 있다. 특정한 사실행위가 이미 소멸되어 과거의 법률관계가 되었다고 하더라도 그것이 현재 원고에게 어떠한 영향을 미치고 있는 이상 공법상 확인소송의 대상이 될 수 있을 뿐만 아니라 그것이 향후 반복될 위험이 있다면 권리구제의 필요도 충분히 인정된다. 특히 헌법재판소는 앞서 살펴본 바와 같이 이미 소멸하거나 종료한 권력적 사실행위에 대하여 '헌법적 해명의 필요성'을 근거로 권리구제의 필요를 인정하는데, 헌법재판소가 말하는 헌법적 해명의 필요성은 '동일한 유형의 침해행위가 반복될 위험성이 있는

---

446) 권력적 사실행위가 헌법소원의 대상에 해당하는지, 권리구제의 필요가 있는지에 관한 구체적인 논의는 최계영, "헌법소원에 의한 행정작용의 통제", 공법연구 제37집 제2호, 2008, 215면 이하.

가'와 '반복될 위험이 있더라도 헌법질서의 수호·유지를 위하여 중요한 사항인가'라는 기준을 의미한다.447) 이러한 기준은 앞서 살펴본 공법상 확인소송의 즉시확정에 관한 정당한 이익의 판단기준과 같다. 여기에 비추어 보면 권력적 사실행위는 그 대상 및 권리구제의 필요라는 관점에서 충분히 공법상 확인소송의 범주 내로 포섭할 수 있다. 뿐만 아니라 이미 종료되거나 효력이 소멸된 권력적 사실행위에 대해서는 그 위법성을 확인함으로써 장래를 향하여 같거나 유사한 침해적 행정작용을 저지하는 것이 사실행위에 대한 권리구제의 본질에 맞고, 이를 굳이 형식적으로 취소할 필요가 없다는 점에서 공법상 확인소송이 더 적절한 권리구제의 수단이다.

IV. 소결론

1. 행정작용 일반에 대한 포괄적인 권리구제 수단

이상에서 살펴본 바와 같이 공법상 확인소송은 행정처분 등 공권력작용이 아니어서 항고소송의 대상이 될 수 없었던 사실행위와 행정지도 등 행정작용 일반에 대한 유용한 권리구제 수단이 될 수 있다. 뿐만 아니라 원고와 피고 사이의 법률관계뿐만 아니라 제3자가 관련된 법률관계도 확인소송이 됨으로써 다수당사자가 관계된 분쟁을 근본적으로 해결할 수 있다. 이와 같이 공법상 확인소송은 행정작용 일반에 대한 포괄적인 권리구제 수단으로 기능할 수 있다는 점이 강조되어야 한다. 어떠한 행정작용을 취소소송 기타 항고소송으로 다툴 수 없다고 하더라도 원고는 권리구제를 받을 수 없는 상태에 놓인 것이 아니고, 공법상 확인소송을 통해 해당 행정작용

---

447) 헌법재판소 판례를 중심으로 이를 자세히 논증하는 문헌으로 최계영, 앞의 논문(주 446), 219면 이하.

이 원고 개인의 권리와 이익을 침해하는지 여부에 관한 법원의 판단을 받을 수 있다. 결국 확인소송은 행정소송법상 권리구제 체계를 포괄하는 소송유형으로서 중요한 의미를 가진다. 따라서 더는 국민이 행정작용으로부터 권리나 이익의 침해를 받았더라도, 그것이 공권력작용이 아니라는 이유로 권리구제를 포기하는 일은 없어질 것으로 본다. 이러한 공법상 확인소송의 기능은 앞서 현행 행정소송법상 권리구제체계의 한계로 지적되었던 공권력작용이 아닌 행정작용에 대한 권리구제의 공백을 극복하고 효과적인 권리구제를 실현하는데 기여할 수 있다.

2. 이른바 처분성확대론에 대한 비판

행정소송의 대상을 확대함으로써 공백 없는 권리구제를 실현하기 위한 논의는 종래 두 가지 방향으로 이루어져 왔다. 하나는 행정소송법상 '처분 등'의 개념을 그대로 두고, 다양한 행정작용에 대하여 공법상 당사자소송을 활용하자는 주장과 처분의 개념을 확대하여 가급적 많은 행정작용을 처분개념에 포섭함으로써 항고소송으로 해결하여야 한다는 주장이 그것이다. 이 연구에서의 지금까지의 논의가 공법상 당사자소송 활용론에 가까운 것이라면 여기에 기초하여 처분개념을 확대하자는 주장에 대한 일응의 평가가 이루어져야 할 것이다. 이하에서는 공법상 확인소송으로 공백 없는 권리구제를 실현할 수 있다는 관점에서 처분개념을 확대하자는 주장을 검토하여 본다.

우선 처분의 개념을 확대하자는 주장의 기본적인 시각은 항고소송은 행정작용의 위법성을 공격하는 객관소송이고, 당사자소송은 원고의 청구권을 실현하는 주관소송이라는 전제에서 항고소송의 하나인 취소소송을 확인소송으로 보고 있다.448) 그리고 이러한 기초 위에 항고소송의 대상인 처분

---

448) 이 견해가 취소소송을 확인소송으로 보는 주된 논거는 박정훈, 위의 논문(주 33),

개념이 확대되어야 한다는 것은 필연적인 요청이라는 관점에서 사실행위와 행정입법도 항고소송의 대상으로 포섭하고 있다. 그러나 다음과 같은 이유로 이 견해에는 동의할 수 없다.

① 이 견해는 우선 항고소송은 객관적 소송이고, 당사자소송은 주관적 소송이라는 데에서 논의를 출발하고, 그 주요 논거는 항고소송과 당사자소송이 각 프랑스의 월권소송과 완전심판소송에서 연원하였다는 것이다. 그런데 이 견해도 인정하는 바와 같이 월권소송과 완전심판소송을 수용한 독일에서 취소소송과 당사자소송을 모두 철저한 주관소송으로 보고 있음에 비추어 보면, 일부 현행 행정소송법에 항고소송을 객관소송처럼 볼 수 있는 규정이 있다고 하더라도, 이를 근거로 항고소송 전체를 객관적 소송을 보는 것은 적절하지 않다.

② 또한 이 견해는 권리구제의 확대라는 목적을 위하여 처분개념에 성질에 맞지 않는 사실행위와 행정입법을 포함시키고 있다. 이로 인하여 그동안 쌓아온 행정처분의 개념 표지와 여기에 기초한 다른 행정작용과의 구분기준이 전부 무너질 우려가 있다. 그런데 앞서 살펴본 바와 같이 종전의 처분개념을 유지하면서 공법상 확인소송을 통하여 권리구제의 확대를 실현할 방법이 있는 이상, 이 견해가 주장하는 처분성의 확대로 인하여 치러야 하는 대가가 너무 크다.

③ 이 견해는 실체법상의 '취소'는 존재하는 효력을 소급적으로 소멸시키는 형성적 행위라고 할 수 있지만, 행정소송법상의 '취소'는 본질적으로 위법성의 확인이라는 입장이다.449) 그런데 실체법상의 취소 개념과 행정소송법상의 취소개념을 구분할 아무런 근거가 없고 현실적인 필요성도 없다. 법관의 사고구조는 행정청과 국민 사이의 법률관계에서 처분이라는 행위형식의 위법 여부를 심리하여 그것이 위법하다면('위법성의 확인') 여기서

나아가 법률이 부여한 권한에 따라 '위법한 행정작용의 취소'에 까지 나아 간다. 이러한 관점에서 보면 위법성의 확인과 법률이 부여한 형성적인 취소는 그 의미와 내용이 전혀 다르다. 그럼에도 이 견해는 양자를 사실상 같은 것으로 이해하고 있다.

④ 또한 이 견해는 취소소송을 확인소송이라고 보는 근거로 종래 권력적 사실행위는 물론 행정지도와 같은 사실행위 등에 대해서도 처분을 인정하는 것이 일반적인 견해인데, 이러한 사실행위에 대한 '취소'는 그 위법성의 확인을 의미하는 것이므로 그 대상이 되는 취소소송의 취소 역시 위법성의 확인으로 보아야 한다는 취지의 이유를 제시한다. 사실행위는 성립과 동시에 효력을 발생하고, 그대로 기정사실화되는 경우가 많다는 점에서 사실행위에 대한 형성적 취소는 상정할 수 없고, 오로지 위법의 확인만이 가능하다는 점에서 이 견해의 기본적인 시각에는 수긍할 수 있다. 그런데 이 견해는 이러한 위법성의 확인을 취소라는 개념과 같은 것으로 이해하여 사실행위의 위법을 확인하는 것을 취소하는 것과 같은 것으로 설명하고 있다. 사실행위는 그것을 소멸시키는 것이 중요한 것이 아니라 그 위법을 확인함으로써 장래를 향하여 반복금지·결과제거의무를 부과하는 것이 권리구제의 측면에서 타당하므로 사실행위에 대한 권리구제는 위법성의 확인에 그친다. 여기서의 확인은 일반적인 어법상의 '확인'이고, 이를 취소라는 개념과 같은 것으로 이해할 수도 없고, 그럴 필요도 없다. 이러한 확인은 현행 행정소송법 하에서 공법상 확인소송으로 충분히 달성가능하다. 그럼에도 굳이 사실행위를 처분개념에 억지로 포섭하여 '위법성을 확인하는 의미의 취소'를 할 필요는 없다.[450]

---

450) 이와 관련하여 박정훈, 위의 논문(주 33), 71면은 사실행위와 행정입법도 취소소송의 대상인 처분개념에 포함된다는 관점에서 사실행위와 행정입법을 '취소'할 수 없다는 지적일 것이라고 인정하면서도 이러한 지적은 독일에서와 같이 소송유형을 세분하여 사실행위에 대해서는 금지소송, 행정입법에 대해서는 폐지소송 등 별도의 소송유

⑤ 나아가 이 견해는 처분개념에 사실행위와 행정입법까지 포섭하고 있는데, 이는 행정기관의 작용이라면 성질을 가리지 않고 모두 처분으로 구성할 수 있어 취소소송이 남용될 우려가 크다. 이 문제에 대해서는 처분성 확대를 주장하는 관점에서도 남소의 부작용이 우려된다고 하면서, 원고적격 내지 소의 이익 단계에서 해석을 통하여 남소를 방지할 수 있다고 한다. 또한 일차적인 증명책임을 원고에게 부과함으로써 원고로 하여금 최소한 어떠한 근거에서 문제의 행정작용이 위법이라고 주장하는지를 강제하도록 하고 최소한의 논거를 밝히지 못하면 프랑스에서와 같은 남소벌금 제도를 도입하는 방법으로 근거 없는 소송의 제기를 막을 수 있다고 한다.451) 그런데 취소소송의 대상인 처분의 개념을 대폭 넓게 설정하고 이를 다시 원고적격과 소의 이익의 문제에서 제한한다는 것은 너무 도식적이라는 비판을 피할 수 없을 것으로 보인다. 오히려 처분 개념을 유지한 채 공법상 확인소송을 활용하되, 즉시확정에 관한 정당한 이익과 보충성으로 남소를 제한·통제하는 것이 보다 간명한 해결방법이라고 생각한다.

이상과 같이 항고소송을 객관적 소송으로, 취소소송을 확인소송으로 이해하면서 처분의 개념을 대폭 확장하는 견해는 여러 가지 문제점을 안고 있다. 그렇다면 항고소송은 순수한 행정처분 등 공권력 작용에 대하여 형성적 취소를 구하는 소송으로 남겨두고 그 밖의 행정작용에 대해서는 확인소송으로 다투도록 하는 것이 더 적절한 해결책으로 보인다.

형을 마련해야 한다는 주장으로 연결된다고 한 다음, 소송유형의 세분화는 이론적 명확성 이외에 아무런 실익이 없다는 취지로 주장한다. 그런데 소송유형의 세분화는 이론적 명확성 외에 당사자로 하여금 해당 행정작용의 특성에 맞는 최적의 권리구제를 보장한다는 장점이 있다는 점을 간과하고 있다.

451) 박정훈, 위의 논문(주 33), 69면 이하.

제5장
예방적 권리구제로서의
공법상 확인소송

제1절 예방적 권리구제에 관한 논의의 기초

Ⅰ. 예방적 권리구제의 체계

현행 행정소송법상 권리구제체계는 원칙적으로 사후적 권리구제를 내용으로 한다. 반면 예방적 권리구제는 특정한 행정작용으로 인하여 자신의 권리에 대한 침해가 우려되는 경우 그 침해적 행위의 실현을 방지하는 것이다.[452] 이는 위법한 행정작용에 의한 임박한 권리침해를 사전적으로 배제하는 것으로서 권리구제의 시점을 행정작용의 현실화 전으로 앞당길 수 있기 때문에 국민의 권리의식 증진과 더불어 관심이 증가하고 있다.

예방적 권리구제는 예방적 금지소송과 예방적 확인소송으로 구분된다. 예방적 금지소송은 행정청이 장래에 위법한 행정처분 기타 행정작용을 할 것이 임박한 경우에 그러한 행정작용을 금지하는 판결을 구하는 형태의 소송으로 정의할 수 있고, 이 연구에서 주로 다루는 예방적 확인소송은 행정처분이나 그 밖의 행정작용으로 인하여 권리침해가 임박한 경우에 그 근거가 되는 다툼이 있는 법률관계에 관한 확인판결을 통하여 침해적 행정작용의 발동을 사전에 저지하는 형태의 소송으로 정의할 수 있다.

예방적 권리구제는 침해적 행정작용으로 인한 권리침해가 임박한 경우에 그 현실화를 막는 것이므로 침해적 행정작용의 발령이 단지 예상가능할 뿐이고 그 위험이 구체화되지 않은 경우에는 예방적 권리구제가 가능한 상

---

452) Bettermann, "Vorbeugender Rechtsschutz in der Verwaltungsgerichtsbarkeit", in: 10 Jahre VwGO, S. 186.

황이 아니다. 특히 법률관계에 대한 다툼이 있음에도 행정청이 자신에게
허용된 강제적인 수단을 사용하지 않겠다는 의사를 분명히 하는 경우에는
예방적 구제는 필요하지 않다.

II. 예방적 확인소송과 예방적 금지소송의 비교

　예방적 확인소송이 가지는 의미는 예방적 금지소송과의 관계에서 잘 드
러난다. 일반적으로 예방적 금지소송은 위법한 처분이 행하여질 개연성이
매우 높고 사후적 구제방법으로는 회복하기 어려운 손해의 발생이 예상되
는 경우에 그 처분의 발령을 금지하는 것으로서 '처분'을 대상으로 한다는
점과 그러한 처분의 발령을 '금지한다'는 효과에 방점이 찍혀 있다. 하지만
예방적 확인소송은 '행정처분이나 그 밖의 행정작용(다만 처분을 대상으로
할 수 있는가에 대해서는 아래에서 보는 바와 같이 논란이 있을 수 있다)'
을 대상으로 하여 '근거가 되는 다툼이 있는 법률관계를 확인한다'는 점에
서 예방적 금지소송과 대비된다. 이러한 차이점에 비추어 보면, 예방적 금
지소송은 침해의 위협이 되는 행정처분의 금지를 명하는 것임에 비하여 예
방적 확인소송은 다툼이 있는 법률관계 또는 권리의무의 존부의 확인을 선
언하는 것이다. 결국 예방적 확인소송은 금지명령보다는 '법률문제의 해명'
을 위한 소송으로서 이를 통하여 대상 법률관계에서 파생하는 후속 분쟁들
을 예방한다.

III. 예방적 확인소송의 상정가능한 사례들

1. 논의의 방법

위와 같이 예방적 확인소송의 의의를 파악하더라도 현행 행정소송법의 권리구제체계 내에서의 예방적 확인소송은 여전히 생소한 소송유형이다. 그런데 앞서 살펴본 바와 같이 공법상 확인소송은 장래 특정한 침해적 행정작용의 반복가능성을 저지할 수 있다는 측면에서 그 자체로 예방적 성격이 있으므로, 일반적인 공법상 확인소송과 대비되는 예방적 확인소송으로서의 특성을 명확하게 파악하기 위해서는 예방적 성격이 두드러지는 분야를 상정한 다음 이를 기초로 하여 예방적 확인소송의 활용가능성과 그 요건을 살펴보는 것이 도움이 된다. 예방적 확인소송으로서의 성격이 분명히 드러나는 경우로는 다음과 같은 사례들을 상정할 수 있다.

2. 행정처분이 아닌 행정작용, 특히 사실행위에 대한 발령의 저지

이하의 논의에서 알 수 있듯이 행정처분의 성격을 가지고 있지 않은 행정작용, 특히 사실행위에 대한 예방적 확인소송은 특별한 문제없이 허용된다. 사실행위는 성질상 발령 즉시 그로 인한 사실관계가 완결되어 기정사실화되고, 이에 대하여는 사후적 권리구제가 별다른 효과가 없다는 점에 비추어 보면, 예방적 확인소송은 사실상 유일한 권리구제 수단이 될 것이다.453) 예컨대 행정처분으로서의 성질을 가지지 않는 행정기관의 경고·권

---

453) Dreier, a.a.O.(Fn. 432), S. 1077에 의하면, 사실행위가 가진 사실적 효력으로 인하여 국민으로서는 사후적 권리구제 방법을 이용할 수 없기 때문에 사실행위에 대하여는 '금지의 필요성'이 매우 크며, 따라서 이러한 영역에 대한 예방적 권리구제는 별다른 문제없이 인정된다는 취지로 설명하고 있다.

고·추천 행위로 인하여 권리침해가 임박한 국민으로서는 행정기관이 해당 행위를 할 권한이 없거나 위법함의 확인을 구함으로써 해당 행정작용의 발령을 저지할 수 있을 것이다.

3. 발령과 동시에 사실관계가 완성되고 효력을 되돌리기 어려운 행정작용

특정 행정작용은 발령과 동시에 사실관계가 완성되고 그 자체로 효력이 완성되며, 그로 인하여 발생한 불이익은 추후에 해당 행정작용이 취소되거나 무효로 확인되어도 돌이키는 것이 불가능한 경우가 있다. 대표적인 예로 법위반 사실의 공개·공표 행위가 있다.454) 이러한 법위반 사실의 공표는 일단 공개가 결정되어 명단이 공개되는 경우 그 즉시 효과가 발생하여 명예훼손, 수치심 등의 피해가 발생하게 되고, 이러한 피해는 해당 공개결정을 사후적으로 취소하더라도 회복은 사실상 불가능하다(명단 공개·공표 행위의 성질을 행정처분으로 보고, 이를 항고소송으로 다툴 수 있다고 보아도 마찬가지이다).455) 따라서 이 경우 법위반 사실이 없음의 확인을 구할

---

454) 최근 법위반 사실을 공표하는 조치를 규정한 법률이 증가하는 추세에 있다. 실무에서 많이 문제되는 사례로 병역법과 영유아보육법에 의한 법위반 사실의 공표가 있다. 우선 병역법 제81조의2 제1항에 의하면 병무청장은 같은 법률이 정한 병역의무 기피자에 대해서는 인적사항과 병역의무 미이행 사항 등을 인터넷 홈페이지 등에 공개할 수 있다. 또한 영유아보육법 제43조의3 제1항은 보건복지부장관, 시·도지사 또는 시장·군수·구청장은 같은 법 제45조 또는 제45조의2에 따른 행정처분을 받은 어린이집으로서 거짓이나 그 밖의 부정한 방법으로 보조금을 교부받거나 보조금을 유용한 경우 또는 영유아의 생명을 해치거나 신체 또는 정신에 중대한 피해가 발생한 경우에 해당 어린이집에 대하여 그 위반행위, 처분내용, 해당 어린이집의 명칭, 대표자의 성명, 어린이집 원장의 성명(대표자와 동일인이 아닌 경우만 해당한다) 및 그 밖에 다른 어린이집과의 구별에 필요한 사항으로서 대통령령으로 정하는 사항을 공표하여야 한다.

455) 대법원 2019. 6. 27. 선고 2018두49130 판결은 병무청장이 병역법 제81조의2 제1항에 따라 병역의무 기피자의 인적사항 등을 인터넷 홈페이지에 게시하는 등의 방법으로

수 있다. 이 점은 식품위생행정을 담당하는 행정기관이 유해 성분이 포함된 특정 물질이나 제품의 명단을 공개하려 하는 경우에도 마찬가지이다. 해당 명단이 공개되면 그로 인한 피해는 돌이킬 수 없기 때문에 사전에 그러한 명단 공개가 가지는 위법성을 확인할 필요가 있다. 예컨대 해당 성분은 위법하지 않다거나 자신이 생산하는 물질이나 제품에는 해당 성분이 들어있지 않다는 등의 확인청구를 생각해볼 수 있다.

4. 특정 행위나 영업활동에 인·허가나 승인이 필요한지 여부의 확인

특정한 행위나 영업활동에 대한 행정기관의 인·허가 또는 승인이 필요하지 아니함의 확인을 구하는 소는 인·허가 또는 승인을 받지 않고 해당 행위 또는 영업을 하였을 경우에 받을 수 있는 불이익을 예방하기 위한 소송으로서 예방적 확인소송으로 이해된다. 이 소송의 대부분은 국민은 인·허가 또는 승인을 받지 않아도 특정한 행위 또는 영업을 할 수 있다는 입장임에 반하여 행정은 해당 사안에 인·허가 또는 승인을 통하여 개입할 권한이 있다는 입장인 경우에 주로 문제된다.456) 이러한 유형의 소송의 갈등

공개한 경우 병무청장의 공개결정을 항고소송의 대상이 되는 행정처분으로 보아야 한다고 하면서도, 행정처분이 외부적으로 성립하려면 행정청의 의사표시가 공식적인 방법으로 외부에 표시되어야 하므로(대법원 2017. 7. 11. 선고 2016두35120 판결 참조), 외부로 표시되는 행정청의 의사표시를 항고소송의 대상으로 포착하는 것이 바람직하다는 이유로 공개 대상자들의 인적사항 등을 병무청 인터넷 홈페이지에 게시함으로써 공개결정이 대외적으로 표시되어 외부적으로 성립되었다고 판시하고 있다(위 판시 내용에 의하면 지방병무청장의 공개대상자 결정도 마찬가지이다). 이러한 판례의 내용에 의하면, 공개 대상자로 선정된 원고로서는 공개결정이 대외적으로 표시되어 외부적으로 성립된 경우에야 해당 결정이 위법함을 다툴 수 있게 되는데, 이때는 이미 명단공개로 명예훼손이나 수치심 등의 피해가 발생한 상황으로서 사후적으로 공개결정이 위법하다는 이유로 취소판결이나 무효확인판결을 받아도 그로 인한 명예회복은 사실상 불가능하다.

상황은 주로 행정청은 원고에 대하여 인·허가를 받지 아니하고 특정한 영업행위를 할 경우 이를 금지하거나 수사기관에 고발하겠다는 입장을 분명히 하고, 이에 대하여 국민은 행정청의 위와 같은 입장을 수용하지 못하고 자신에 대한 처분권한의 법률상 근거를 제시하여 줄 것을 요구함과 동시에 행정기관에 의한 제재조치를 받을 위험을 감수하지 않는 상태에서 자신의 권리와 안정적인 처분권한의 확보를 추구하려는 경우이다. 특정한 행위나 영업을 함에 있어 인·허가가 필요하지 않다고 주장하는 원고와 피고 행정청의 견해가 엇갈리고 있고, 피고가 재재적 조치를 할 것이 예상되는 경우에 확인소송을 제기함으로써 원고가 해당 영업을 영위하기 위하여 인·허가를 받을 의무가 있는지가 해명된다. 국민과 국가 사이의 의견다툼에서 부각되는 법적 상태의 불안을 원고가 감내할 것을 기대할 수 없고, 따라서 피고가 개입할 위험을 확인소송을 통하여 배제할 수 있게 된다.

이러한 내용의 확인소송은 행정이 인·허가를 통하여 강력한 행정규제를 할 수 있는 영역에서 특히 유용한 권리구제 수단이 될 수 있다. 예컨대 자동차렌트업, 카쉐어링 및 관련 중개업 등을 목적으로 설립된 A사가 대형 승합차의 임차와 운전자 알선을 결합하여 승객에게 제공하는 이른바 모빌리티 서비스 사업을 개시하였는데, 행정청이 이는 여객자동차운송사업으로서 국토교통부장관의 면허를 받아야 한다고 하면서 영업을 중단하지 아니하면 형사고발 등의 조치를 취하겠다고 통지한 사안에서 A사는 행정청에 대하여 해당 영업이 새로운 사업형태로서 여객자동차운수사업법이 정한 면허를 받지 아니하고도 사업을 할 수 있음의 확인을 구하는 소를 제기할 수 있다.457) 이 사건에서 A사와 행정청의 관계는 A사의 영업의 자유에 대

---

456) Dreier, a.a.O.(Fn. 432), S. 1074에 의하면 이러한 허가행정에서의 인·허가를 받을 의무가 있는지의 확인이 예방적 확인소송의 큰 부분을 차지한다고 한다.

457) 하지만 이 사안에서 A사는 별다른 조치를 취하지 아니한 채 영업을 계속하였고, 이에 행정청은 A사를 여객자동차운수사업법위반으로 고소하였으며, 수사기관은 서울중앙지방법원 2019고단7006호로 공소를 제기하였다. 위 법원은 2020. 2. 19. A사에

한 행정청의 제재 등의 통지로 인하여 형성된, A사의 권리 침해가 임박한 공법상 법률관계에 해당하고, A사로서는 형사고발 등의 제재를 피하고 적법한 영업을 할 수 있기 위하여 확인판결을 받을 권리구제의 필요도 있을 뿐만 아니라 확인소송 외에는 특별히 권리구제를 받을 다른 수단도 없어 보충성도 갖추었다는 점에서 확인소송은 적법하다.458) 만일 이 경우 확인소송을 허용하지 아니한다면 A사로서는 제재적 처분을 받은 이후에 행정소송을 제기하거나 형사고발된 이후 형사재판에서 인·허가의 필요 여부를 다투게 될 것인데 이는 권리구제의 지연을 초래할 뿐만 아니라 이들 사건에서는 인·허가의 필요 여부는 필시 선결문제이거나 부수적 쟁점에 불과하여 사건의 근본적인 해결이 될 수도 없으며, 심지어는 국민을 형사법정의 피고인으로 세워 범죄자로 낙인을 찍을 수 있다는 점에서도 매우 부당하다.

5. 영업방식, 내용, 영업상 주의의무의 범위 등의 확인

위와 같이 인·허나 승인이 필요한지 여부의 확인 외에 특정한 영업방식, 내용, 영업상 주의의무의 범위 등에 관한 확인도 가능하다.459) 다만 위와

대하여 무죄판결을 선고하였다.

458) 이와 대비될 수 있는 독일 사례로 BVerwG, Urteil vom 26. 4. 1974. - VII C 42.71 = BVerwGE 45, 147 판결이 있다.

이 사건은 교통구조봉사대를 설립하려는 원고가 견인 또는 수리가 필요한 차량이 있을 경우 최대한 빨리 이동하고자 자신의 차량으로 도시 내에서 주기적으로 순찰하고자 하였다. 하지만 피고 행정청은 원고에 대하여 위와 같은 행위에 대해서는 도로교통법상 예외적 승인이 필요하다는 입장을 밝혔다. 이를 수용하지 못한 원고가 위와 같은 행위를 하기 전에 자신에게 중요한 결과를 야기하는 문제에 대한 구속적인 해명을 구하기 위하여 소를 제기한 사안이다.

459) 예컨대 독일 연방행정법원은 육류장인이 원고들이 운영하는 개별 소매업체를 순환하면서 구운소세지를 제조하는 영업방식이 적법함의 확인(이러한 영업방식을 피고가 금지하여서는 아니됨의 확인)을 구하는 소가 허용된다고 하였다(BVerwG, Urteil vom 7. 2. 1985. - 3 C 9.84 = BVerwGE 71, 57 = NJW 1985, 2210). 자세한 내용은

같은 내용의 확인소송이 허용되기 위해서는 아래에서 보는 바와 같이 구체
적인 영업방식이나 내용, 주의의무의 범위 등에 관하여 피고 행정청과 사
이에 갈등이 있어야 한다. 즉 피고가 특정한 영업방식이나 내용 등이 법규
범에 위반된다는 입장을 밝히거나, 일정한 주의의무의 준수를 강요하고(예
컨대 수입업자 A에게 수입물품의 일정 비율 이상을 의무적으로 안전검사
하도록 하는 경우), 자신의 견해에 따르지 아니하고 당초의 영업을 계속할
경우 제재하겠다는 입장을 분명히 하는 경우에 권리구제의 필요가 있다.
또한 해당 영업이나 행위에 다른 위법은 존재하지 아니한 상태에서 오로지
해당 쟁점에 대한 확인판결이 있을 경우 원고가 이를 계속할 수 있는 경우
로 제한된다. 왜냐하면 이렇게 제한하지 아니하면 특정 영업이나 행위 과
정에서 그것이 법령에 위반되는지의 의문이 있다는 이유만으로 곧바로 확
인소송을 제기하는 것을 방지할 수 없기 때문이다.

Ⅳ. 논의의 방향

행정소송에서 예방적 권리구제를 인정할 수 있을지에 관한 논의는 한편
으로는 침해적 행정작용으로부터의 개인의 권리구제가, 다른 한편으로는
행정의 적극적 공익실현 권한과 이를 위한 행정의 선결권이, 나아가 또다
른 한편으로는 행정에 대한 적법성 통제 및 개인의 권리보호라는 법원의
임무가 긴장관계를 형성하고 있어 대단히 어려운 문제이다.460) 이와 같은
문제상황에서 예방적 확인소송을 활용할 수 있는지, 활용할 수 있다면 어
떤 요건을 갖추어야 하는지를 밝히는 것도 쉽지 않은 문제이다. 하지만 권
리구제의 시점의 조기화를 통한 효과적인 권리구제를 실현하기 위해서는

주 382 참조.
460) 이현수, 행정소송상 예방적 구제, 2006, 2면.

이러한 점들이 반드시 해명되어야 한다.

종래 우리나라에서는 뒤에서 보는 바와 같이 예방적 확인소송의 상위개념으로서 예방적 권리구제를 허용할 수 있을지에 관하여 상당한 논의가 있었다. 초기에는 예방적 권리구제를 허용할 수 없다는 견해가 지배적이었으나, 현행 행정소송법 하에서도 예방적 권리구제를 허용할 수 있다는 견해가 점차 유력해지고 있다. 다만 대법원 판례는 예방적 금지소송과 관련된 사례에서 과거부터 현재까지 일관하여 이를 허용할 수 없다는 입장이다. 이러한 상황에서 대법원 판례를 입법적으로 극복하기 위하여 예방적 금지소송 등 예방적 권리구제 제도를 행정소송법의 소송유형 중 하나로 도입하려는 시도도 몇 차례 있었으나 성공하지 못한 채 현재에 이르고 있다. 하지만 제2장에서 살펴본 바와 같이 사후적 권리구제만으로는 헌법상 재판청구권이 보장하는 효과적인 권리구제를 실현할 수 없는 상황에서 예방적 권리구제의 필요성은 점차 더해져 가고 있다. 따라서 입법적 시도 없이 현행 행정소송법 하에서 공법상 확인소송이 예방적 권리구제로 기능할 수 있는지에 관하여 검토할 필요가 있다.

이하에서는 예방적 권리구제에 관한 일반론으로서 예방적 권리구제, 특히 예방적 확인소송이 허용되는지에 관한 논의를 살펴보고 여기에 터 잡아 우리나라 행정소송체계 내에서 예방적 확인소송의 허용가능성에 관하여 검토한다. 그 다음 제4장에서 살펴본 확인소송의 일반적인 내용에 비추어 예방적 확인소송의 요건에 관하여 살펴본다.

제2절 예방적 확인소송의 허용가능성

I. 논의의 현황과 허용범위

1. 행정소송법상 예방적 권리구제 제도의 입법 현황

현행 행정소송법은 예방적 권리구제를 위한 별도의 규정을 마련하고 있지 않다. 다만 종래 행정소송법 개정 과정에서 예방적 금지소송을 도입하기 위한 노력이 있었음은 주지의 사실이다.

행정소송법은 1951년 제정된 이후 1984년 전부개정을 통하여 본격적으로 활성화되기 시작하였으나, 이후 1994년 일부 개정으로 행정소송에서 3심제가 확립되고 전문법원인 행정법원이 설치된 것 외에는 특별한 변경이 없었다. 그러나 이후 국민의 권리의식과 행정형식의 다양화 등 급변하는 사회환경의 변화가 있음에도 이를 반영하지 못한다는 비판과 함께 개정의 필요성이 지속적으로 제기되어 왔고, 특히 사후적 권리구제 중심의 권리구제체계의 공백을 보완하기 위하여 예방적 권리구제 제도의 도입이 요구되었다. 그에 따라 2002년 4월 대법원이 마련하여 2006년경 국회에 제출한 행정소송법 개정의견과 2007년 4월 법무부가 마련한 행정소송법 개정안 모두 예방적 금지소송을 규정하고 있었다. 특히 법무부 개정시안 제4조 제4호는 예방적 금지소송을 '행정청이 장래에 위법한 처분을 할 것이 임박한 경우에 그 처분을 금지하는 소송'으로 정의하고 있었고, 예방적 금지소송에 특이한 원고적격461)과 금지판결462)에 관한 규정 및 준용규정463)을 두는 등 상당히 자세한 규정을 두고 있었다. 당시 예방적 금지소송은 제3자의 정보공개청구에 대한 행정청의 처분(공개) 이전에 해당 정보 관련자가 정보공개처분을 금지하는 소송, 위법한 권력적 사실행위가 반복되어 일단 행위가 종료된 이후에도 다시 행해질 것이 명백한 경우 그러한 권력적 사실행위를 금지하는 소송 등에서 상당히 폭넓게 활용될 것으로 기대되었다.464) 하지만 위 개정의견 또는 개정시안에 대하여는 국회 심의조차 이루어지지 아니하였고, 2008년 5월 제17대 국회 임기만료로 폐기되었다. 이후 제18대 국회 개원 후에도 2011년 6월 23일 예방적 금지소송이 포함된 행정소송법 전부개정안이 제출되었으나 제18대 국회 임기만료로 역시 폐기되었다. 이후 법무부가 주도하여 2011. 11. 15. 발족한 행정소송법 개정위원회가 2012. 5. 11. 행정소송법 전부개정법률안을 마련하여 2013년 3월에 입법예고까지 되었으나 입법에는 실패하였다(당시 행정소송법 개정위원회가 마련한 개정안에는 예방적 금지소송이 포함되어 있었으나 입법예고된 최종법률안에는 예방적 금지소송이 삭제되었다). 이후 현재까지도 예방적 금지소송은 입법화되지 아니하였고, 향후의 전망도 불투명하다.

---

461) 법무부 개정시안 제48조(원고적격)
    행정청이 장래에 일정한 처분을 할 것이 임박한 경우에 그 처분의 금지를 구할 법률상 이익이 있는 자가 사후에 그 처분의 효력을 다투는 방법으로는 회복하기 어려운 손해가 발생할 것이 명백한 경우에 한하여 제기할 수 있다.
462) 법무부 개정시안 제49조(금지판결)
    법원은 행정청이 장래에 행할 일정한 처분이 위법하고, 그 처분을 하지 않도록 하는 것이 상당하다고 인정하는 때에는 행정청에게 그 처분을 하지 않도록 선고한다.
463) 법무부 개정시안 제50조에서는 취소소송에 관한 일부 규정들을 준용하고 있다. 준용되는 규정들은 제8조(재판관할), 제9조(지방법원과 행정법원 사이의 관할의 지정), 제10조(관련청구소송의 이송 및 병합), 제13조(피고적격), 제14조(피고경정), 제15조(공동소송), 제16조(행정청 및 제3자에 대한 소송통지 등), 제17조(제3자의 소송참가), 제18조(행정청의 소송참가), 제19조(행정심판과의 관계), 제23조(처분변경으로 인한 소의 변경), 제26조(가처분), 제27조(행정심판기록의 제출명령), 제28조(자료제출요구), 제29조(직권심리), 제33조(취소판결의 효력), 제34조 제1항(취소판결의 기속력), 제35조(제3자에 의한 재심청구), 제37조(소송비용에 관한 재판의 효력)이다.
464) 김연태, 앞의 논문(주 54), 317면.

2. 예방적 권리구제의 허용성에 관한 학계의 논의 현황

행정소송에서도 과거 행정소송법 제정 이후부터 예방적 권리구제를 허용할지에 관한 논의가 있었고, 그러한 논의는 지금까지도 계속 이어져 오고 있다. 특히 행정소송법 개정 과정에서 예방적 금지소송의 허용성이나 적법요건 등에 관한 논의가 매우 활발하게 진행되었다. 이에 관하여 우선 명문의 규정이 없거나 권력분립원칙에 위배된다는 이유로 예방적 권리구제 일반을 허용할 수 없다는 견해가 있다.465) 특히 예방적 금지소송에 대하여는 2007년경 행정소송법 개정시안 마련 당시부터 이미 처분 전에 행정권의 발동을 금지하는 것은 권력분립에 위반될 소지가 있고, 각종 행정계획 및 단속이 예정된 처분에 대한 남소로 행정청의 정책수행에 지장을 초래할 우려가 있으며 청구의 인용여부를 떠나 예방적 금지소송의 제기 자체만으로 행정처분이 지연되고, 행정이 위축되어 신속하고 능동적인 행

---

465) 특히 법적 안정성의 측면에서 행정소송법 제4조의 항고소송의 유형을 제한적으로 해석하여 입법적인 해결이 있을 때까지는 예방적 권리구제가 허용되지 아니한다는 취지의 주장을 경청할 필요가 있다[류지태, 행정법신론, 2003, 469면. 이러한 태도는 류지태·박종수, 행정법신론, 2019, 681면, 박종수, "행정소송법개정(안)이 조세법에 미치는 영향", 조세법연구 제19-1호, 2013. 4, 191면에도 이어지고 있다]. 이에 대하여 김남진, "예방적 금지소송의 허용성과 요건 등", 고시연구 제32권 제4호, 2005. 4, 15면에 의하면, 국내에는 위와 같이 명문규정이 없다는 이유로 예방적 금지소송의 허용성을 부정하는 외에 권력분립원칙, 행정기관의 제1차적 판단권의 존중 등을 이유로 예방적 금지소송의 허용성을 부정하는 견해는 찾아보기 힘들다고 한다.
다만 김중권, 행정법 기본연구 I , 2008, 25면은 집행부정지가 원칙이고 예외적으로 집행정지가 허용되는 상황에서 예방적 금지소송을 법정화된 소송종류의 하나로 격상하는 것은 비용편익분석의 측면에서 의문이라는 관점에서 먼저 사후적 권리구제에 대한 예방적 보완책으로서 집행정지의 원칙을 채택하는 것이 권력분립적 마찰을 덜 야기할 뿐만 아니라 국민의 권리구제 보장을 위하여 반드시 필요하다는 취지로 주장한다. 다만 이 견해는 집행정지 원칙의 채택의 필요성을 역설한다는 점에서 긍정적이지만, 집행정지의 원칙을 채택하고 있는 독일에서도 사후적 권리구제의 한계를 보완하기 위하여 예방적 권리구제를 허용하고 있다는 점에서 예방적 권리구제의 가능성을 너무 제한적으로 보고 있지 않은가 하는 의문이 든다.

정작용을 저해할 것이 우려된다는 행정 내부의 반대 목소리가 있었다.[466] 반면 일반적인 문헌에서는 예방적 권리구제를 허용할 수 있다고 한다. 다만 구체적인 방법론에 관하여는 다음과 같이 차이가 있다. 행정소송법 제4조의 항고소송의 유형을 예시적인 것으로 해석하여 예방적 금지소송을 무명항고소송으로 보아 그 허용성과 필요성을 긍정하는 견해가 있고(이 견해가 다수설이다), 예방적 금지소송을 당사자소송으로 보는 견해도 있다.[467] 또한 행정소송법의 소송유형 구분 및 항고소송과 부작위에 관한 정의 규정 등을 근거로 '처분'의 성질을 가지는 행정작용 및 그 부작위에 대하여는 항고소송으로 다투고, '처분 이외의 행정작용 및 사실행위로서의 부작위 등'에 대하여는 공법상의 당사자소송으로 다투면 된다는 견해도 있다.[468]

위와 같이 우리나라에서도 예방적 권리구제의 허용 여부 내지 도입 여부에 관하여 논의가 이루어지고 있으나, 그 대부분은 예방적 금지소송과 관련된 것이고, 예방적 확인소송에 관하여는 별다른 논의가 이루어지지 않았다.[469] 반면 국내의 민사소송 관련 문헌에서는 이미 확인소송의 예방적 기능에 주목하고 있었다. 확인의 소의 경우는 다툼이 있는 법률관계의 존부를 기판력에 의하여 확정함으로써 후소를 제약하고, 또 당사자가 판결을 존중하여 침해 또는 분쟁을 예방하도록 하는 기능을 가진다는 것과 확인의 소는 특정한 권리 또는 법률관계의 존부를 현재의 시점에서 확정함으로써 현재의 분쟁을 해결함과 동시에 장차 발생할 개연성이 높은 분쟁에 대비하

---

466) 김연태, 앞의 논문(주 54), 290면의 설명이다. 위 견해는 본문과 같은 반대 목소리가 있음에도 침해가 임박한 행정작용에 의하여 회복할 수 없는 손해의 발생이 예상됨에도 사후적 권리구제로는 이를 방지할 수 없는 흠결을 보완하기 위하여 예방적 금지소송을 도입하기로 하였다고 설명하고 있다.

467) 정하중, 앞의 책(주 302), 670면.

468) 김남진, 앞의 논문(주 465), 16면 참조.

469) 다만 현행 행정소송법 체계 내에서 예방적 확인소송의 허용성과 필요성을 상세하게 다루고 있는 예로는 이현수, 앞의 책(주 460), 299면 이하 참조.

여 당사자로 하여금 유리한 지위를 취득하게 함으로써 분쟁의 발생을 예방한다는 점이 주로 논의되었다.[470]

3. 예방적 권리구제에 관한 대법원 판례의 태도

대법원은 종래 대법원 1982. 7. 27. 선고 81누258 판결에서 "구 행정소송법(1984. 12. 15. 법률 제3754호로 전부개정되기 전의 것) 제1조는 행정청 또는 그 소속기관의 위법에 대하여 그 처분의 취소 또는 변경에 관한 청구와 기타 공법상의 권리관계에 관한 청구를 행정소송으로 제기할 수 있다는 취지를 규정하고 있는바, 이를 항고소송에 관하여 풀이하면 행정청 또는 그 소속기관이 어떠한 행정처분을 한 경우에 그 위법부당함을 이유로 그 취소나 변경을 구하는 행정소송을 제기할 수 있다는 것으로 첫째로, 위법부당한 행정처분이 있어야 하고 둘째로, 그 행정처분의 취소변경을 구하여야 하는 것으로 해석되는바 기록에 의하여 원고들의 청구를 살피건대, 피고 행정청이 무슨 행정처분을 한 바 없을 뿐 아니라 피고로 하여금 원고들이 원하는 행정처분을 하도록 명하는 이행판결을 구하고 있음이 명백하므로 이러한 것은 행정소송에서 허용되지 아니함이 뚜렷하니 이 소는 부적법하여 각하를 면할 수 없다."고 하여 사후적 권리구제가 행정소송법에 의한 권리구제의 기본이라고 선언함과 동시에 예방적 권리구제를 허용할 수 없다는 뜻을 밝혔다. 이후 대법원 1987. 3. 24. 선고 86누182 판결에서 원심인 광주고등법원 1986. 1. 23. 선고 85구71 판결이 "예비적 청구에 대하여 행정에 관한 1차적 판단권은 행정기관에 있고 법원은 행정기관이나 행정감독기관의 지위에 있지 아니한 이상 행정청에 대하여 어떠한 작위나 부작위를 구하는 소송은 권력분립을 채택하고 있는 우리 헌법의 취지에 비추어 행정사건재판권의 한계를 벗어나는 소송이라 할 것이므로 피고에 대하여 준공

---

470) 주석 민사소송법 118면; 강수미, 앞의 논문(주 123), 103면.

처분을 하여서는 아니된다는 내용의 부작위를 구하는 청구 역시 소송요건
을 결한 부적법한 청구이다."라고 판시한 것을 수긍함으로써 같은 태도를
유지하였다.[471]

특히 위 대법원 1987. 3. 24. 선고 86누182 판결은 원고가 행정청에 대하
여 제3자를 상대로 한 수익적 행정처분을 하지 말도록 할 것을 청구한 것
에 대하여 법원이 행정의 제1차적 판단권과 권력분립의 원칙을 근거로 예
방적 금지소송이 부적법하다고 판단한 것으로 이해된다(이러한 태도는 대
법원 2006. 5. 25. 선고 2003두1198 판결에도 이어지고 있다). 이러한 판례
의 태도는 예방적 권리구제 일반으로 확대할 수 있다. 즉 대법원은 행정의
제1차적 판단권을 존중하는 입장에서 예방적 권리구제 일반을 부정하는 견
해에 있는 것으로 보인다.

그리고 현재까지 위 판례가 변경되지 아니한 점에 비추어 보면 대법원이
아직 행정청의 제1차적 판단권을 긍정하고 있는 것이 아닌가하는 의문도
제기된다. 만약 그렇다면 행정청의 제1차적 판단권을 제한한다고 볼 수 있
는 공법상 확인소송, 특히 예방적 확인소송 역시 허용되지 않는다고 볼 여
지가 크다.

---

471) 피고 행정청이 1985. 3. 6. A에게 건축허가 처분을 하였고, A는 1985년 3월 말경부
터 건물을 건축하기 위하여 땅을 굴착하기 시작하였다. 그로 인하여 인접 토지에 위
치한 원고 소유의 건물에 균열이 발생하자 원고는 민사 법원에 공사금지 가처분을
신청하였으나 각하되었다. 이에 원고가 주위적 청구로서 피고가 행한 건축허가처분
을 취소할 것과 예비적 청구로서 피고는 A에 대하여 지상건물의 준공처분을 하여서
는 아니된다는 것을 구하는 행정소송을 제기한 사안이다. 원심 법원은 주위적 청구
에 대하여는 제소기간을 도과하였다는 이유로, 예비적 청구에 대하여는 본문과 같은
이유로 모두 부적법하다고 판단하였고, 이를 대법원이 수긍한 것이다. 위 판결에 대
한 평석으로는 김남진, "행정청의 부작위청구소송", 법률신문 제1695호, 1987, 15면
이하, 김철용, "예방적부작위소송의 허용성여부", 행정판례연구 제2집, 1996, 225면
이하.

4. 예방적 권리구제의 인정범위와
현실적 대안으로서의 예방적 확인소송

이상과 같이 효과적인 권리구제 원칙의 하나인 적정한 시점에서의 권리구제라는 관점에서 보았을 때 예방적 권리구제의 필요성은 인정되고, 국내의 다수의 문헌에서 현행 행정소송법 내에서도 예방적 권리구제가 가능하다는 입장을 취하고 있다. 그런데 예방적 권리구제를 허용하더라도 현행 행정소송법 내에서 어느 정도 범위까지 인정될 수 있을지가 문제된다. 즉 예방적 권리구제의 두 유형인 예방적 금지소송과 예방적 확인소송 중 어느 범위까지 이를 인정할 것인가의 문제가 있다. 특히 법률에 아무런 규정이 없는 예방적 금지소송을 인정할 수 있을 것인가는 논란의 여지가 있다. 예방적 금지소송의 도입을 시도하였던 종전의 행정소송법 개정 노력이 모두 수포로 돌아간 상황에서 오로지 해석만으로 예방적 금지소송을 인정할 수 있을 것인가의 문제는 심각한 논란이 될 것으로 보인다. 이 점에 관하여는 독일에서도 예방적 금지소송을 허용하는 법률규정이 없으므로 그것을 인정할 수 없다는 주장이 있었음을 상기할 필요가 있다.472) 그런데 이에 대하여 독일에서 예방적 금지소송을 포함한 예방적 권리구제 전반을 인정하는 견해에서는 위 주장에 대하여 "독일에서는 이미 열기주의가 극복되고, 일반조항이 도입된 이후에는 설득력이 없다."고 반박하고 있다.473) 즉 독일 행정법원법(VwGO) 제40조는 오늘날 분명히 다른 예외로 규정되어 있지 아니한 한 모든 공법상 분쟁에 대하여 행정소송을 제기할 수 있다고 규정하고 있으므로 행정법원법 제42조 이하에 규정된 취소소송, 의무이행소송 및 확인소송의 소송유형은 행정법원법에 의하여 가능한 모든 소송유형을

---

472) 현행 행정법원법 도입 전의 판례의 태도라고 한다. OVG Münster, Beschluß vom 8. 2. 1957 - II A 78.54 = NJW 1957, 1251 등.

473) Schenke, a.a.O.(Fn. 368), S. 227 ff.

한정적으로 규정하고 있는 것이 아니므로 모든 주관적 권리를 소구(訴求)할 수 있을 뿐만 아니라 행정법원법 제40조 이하의 규정에 의하여 새로운 소송유형의 발전에 개방되어 있다는 것이다. 따라서 예방적 금지소송이 명문으로 규정되어 있지 않다는 이유로 그 허용성을 부정하는 것은 일반조항을 도입한 취지에 부합하지 않는다고 한다. 이처럼 독일에서는 기본법 제19조 제4항과 여기에 근거한 행정법원법 제40조가 일반조항으로서 모든 소송유형에 개방되어 있어 개별 예방적 권리구제 제도가 법률에 마련되어 있지 않아도 이를 허용하는 데 특별히 문제가 되지 않는다. 반면 현행 행정소송법은 일반조항을 채택하고 있지 않아 새로운 소송유형의 도입에 소극적·폐쇄적이다. 이에 관하여 행정소송법 제4조를 예시적인 것으로 해석하여 무명항고소송으로서 예방적 금지소송을 인정하자는 견해도 유력하게 제기되고 있으나 앞서 살펴본 바와 같이 대법원 판례는 일관되게 이를 부정하고 있다.

이상과 같이 무명항고소송으로서 예방적 금지소송을 인정하려는 다수의 견해와는 달리 대법원은 그 허용성을 일관되게 부정하는 상황에서 행정소송법에 명문의 근거규정이 없으면 예방적 금지소송을 이용하기 어려운 것이 현실이다.474) 이처럼 예방적 금지소송에 관한 입법적 해결은 난망하고, 해석상으로도 이를 인정하기 쉽지 않은 상황에서 예방적 확인소송이 행정소송법체계 내에서 실현가능한 유일한 예방적 권리구제 수단으로 보인다. 예방적 확인소송은 공법상 당사자소송의 유형 중의 하나로서 공법상 당사자소송이 행정소송법 규정되어 있는 소송유형인 이상 실정법상 근거가 마련되어 있다는 점에서 쉽게 인정할 수 있을 것으로 보이고, 그 대상도 제한이 없어 행정처분을 포함한 그 밖의 행정작용 모두에 대해서 활용할 수 있다. 결국 예방적 확인소송은 현행 행정소송법 내에서 현실적으로 이용 가

---

474) 같은 문제의식으로 김현준, "행정소송법상 예방적 금지소송을 위한 변론", 토지공법연구 제62집, 2013. 8, 4면 각주 7 참조.

능한 예방적 권리구제 수단으로서 사후적인 권리구제의 단점을 보완하는
데 크나큰 역할을 할 수 있을 것으로 보인다.

5. 소결론

위와 같이 현행 행정소송법 내에서도 예방적 확인소송은 공법상 당사자
소송의 하나로 특별한 입법적 해결 없이도 활용할 수 있다. 그럼에도 불구
하고 대법원은 예방적 확인소송을 포함하여 권리구제 전반을 부정하는 듯
한 태도를 보이고 있다. 이러한 판례의 태도를 극복하기 위하여 현행 행정
소송법 내에서 예방적 확인소송을 허용할 수 있는 근거를 좀 더 자세히 살
펴볼 필요가 있다. 이를 위하여 먼저 우리나라와 마찬가지로 예방적 권리
구제에 관한 명문의 규정을 두고 있지 않은 독일에서 예방적 확인소송의
허용가능성을 둘러싸고 벌어진 종래의 논의를 살펴보고, 2004년 행정사건
소송법 개정을 통하여 공법상 확인소송의 활성화를 도모한 일본에서 확인
소송의 예방적 권리구제로서의 성격을 어떻게 파악하고 있는지를 살펴본
다음 여기에 기초하여 현행 행정소송법 내에서 예방적 권리구제로서의 확
인소송이 허용되는지를 상세하게 검토한다.

II. 예방적 확인소송의 허용가능성에 관한
   외국의 논의 소개

1. 독일에서의 논의

1) 논의의 현황

독일의 경우 기본법 제19조 제4항에 이미 사후적인 권리구제의 전통이

표현되어 있다고 한다.[475] 그런데 사후적인 권리구제의 원칙에 대한 예외로 예방적 권리구제를 인정할 수 있을지에 대해서 상당한 논의가 이루어져 왔다.

예방적 권리구제는 원고에게 위협이 되는 침해적 조치에 대한 방어를 위한 것으로서 권리구제체계에 대한 새로운 인식이 필요하기 때문에 독일의 경우에도 상대적으로 그 역사가 짧다. 예방적 권리구제를 허용할 수 있을지에 관하여 본격적인 논의가 이루어진 것은 현행 행정법원법(VwGO)의 최초 시행 이후이다. 예방적 권리구제에 반대하는 입장은 이를 허용하는 명문 규정이 없고, 권력분립의 관점에서도 적절하지 않다고 하였고, 그 밖에 국민의 행정에 대한 금지청구권의 존재를 인정할 수 없거나, 효과적인 행정국가의 요구에도 역행한다고 하였다. 독일의 초기 판례 역시 예방적 권리구제 인정에 대단히 소극적이었다. 예방적 금지소송의 허용성을 부정한 대표적인 초기 판례는 "행정상 권리구제의 전체 체계에 비추어 보면, 행정법원의 활동은 행정을 다른 방법으로 수행하는 것에 있지 아니하고, 분쟁에 관한 판단을 하는 것에 있다. 행정법원은 재판을 하는 기관이지 행정을 하는 기관이 아니다. 법원의 기능은 행정을 통제하는 것이며, 행정법원 그 자체가 상급의 행정청이 아니다. 행정법원은 사법권에 속하며 집행권에 속하지 아니한다. 이것으로부터 직접적·명시적 법률의 규정이 없는 한, 이른바 예방적 금지소송은 인정될 수 없다. 만일에 행정법원이 행정이 하고자 하고 혹은 할지도 모르는 행정행위를 판결로 금지하게 되면, 행정의 활동에 개입하는 것이 되며, 기본법 제20조 제2항에 규정되어 있는 권력분립 원칙을 침해하는 것이 된다."라고 판시하였다.[476]

---

475) BVerwG, Urteil vom 12. 1. 1967. - III C 58.65 = BVerwGE 26, 23; Papier, in: Isensee/Kirchhof, Handbuch des Staatsrechts, Bd. VIII, §177 Rechtsschutzgarantie gegen die öffentliche Gewalt, Rn. 92.
476) OVG Münster, Urteil vom 24. 11. 1955 = DöV 56, 411.

독일 판례가 이처럼 예방적 권리구제에 소극적이었던 것은 행정과 행정 재판의 엄격한 분리가 이루어지지 않았던 과거의 잔재가 이어져 행정재판 권의 행정에 대한 통제 기능을 우선하고, 반면 개인의 권리구제 기능은 상 대적으로 등한시하였던 것에 기초하고 있다.477) 이러한 시각은 행정재판권 에는 예방적 권리구제가 허용되지 않는다고 보는 중요한 논거가 되었으나, 독일 기본법의 제정 이후에는 이러한 주장은 점차 극복되었다. 독일 기본 법에 의하여 승인된 국가에 대한 국민의 변화된 지위는 행정법원에도 수용 되어 점차 예방적 권리구제의 필요성을 인정하고 허용범위를 넓혀가는 방 향으로 변화되었다. 그 결과 요즈음 독일에서는 예방적 권리구제가 허용된 다고 하는 견해가 압도적인 다수를 차지하고 있고, 독일 연방행정법원도 이를 확고하게 승인하고 있다.478)

이상과 같이 명문의 규정이 없음에도 예방적 권리구제를 인정하는 독일 의 사례는 우리에게 시사하는 바가 크다. 따라서 입법적 시도 없이 예방적 확인소송을 통한 예방적 권리구제를 실현하려는 우리나라의 현실에서 독 일의 예방적 권리구제 인정 여부에 관한 논의를 좀 더 자세히 들여다 볼 필요가 있다.

독일에서 예방적 권리구제에 관한 논의는 일반적으로 예방적 금지소송 의 허용성에 관한 논의를 바탕으로 그에 관한 찬·반 논거들을 예방적 확인 소송에 대입하는 방법으로 이루어지고 있다. 이러한 논의 방법에는 예방적 권리구제에 있어 그 허용성을 부정하는 논거와 인정하는 근거가 예방적 금

---

477) Schenke, a.a.O.(Fn. 368), S. 224면. 19세기 독일의 행정재판권의 성립·발전 과정을 살펴보면, 북독일 지역은 객관적 적법성 통제를 중심으로 발전하였고, 남독일 지역 은 개인의 권리구제를 중심으로 발전하였다. 이에 관한 자세한 내용은 정호경, "독일 행정소송의 체계와 유형", 법학논총 제23집 제2호, 2006. 10, 215면 이하 참조.
478) BVerwG, Urteil vom 12. 1. 1967. - III C 58.65 = BVerwGE 26, 23; BVerwG, Urteil vom 8. 9. 1972. - IV C 17.71 = BVerwGE 40, 323; BVerwG, Urteil vom 2. 7. 1976. - VII C 71.75 = BVerwGE 51, 69; BVerwG, Urteil vom 7. 5. 1987. - 3 C 53.85 = BVerwGE 77, 207 등.

지소송과 예방적 확인소송 모두에 유기적으로 관련되어 있기 때문에 하나의 논의에만 집중해서는 예방적 권리구제의 체계를 제대로 살펴볼 수 없다는 점이 반영되어 있다. 이하에서는 이러한 점을 고려하여 우선 예방적 권리구제에 관한 독일의 논의를 예방적 금지소송과 예방적 확인소송에 공통된 논의를 중심으로 살펴본다.

2) 예방적 권리구제의 허용성에 관한 논의

(1) 권력분립의 관점에서

독일에서는 당초 예방적 권리구제를 허용하는 것은 독일 기본법 제20조 제2항 제2문에 근거한 권력분립 원칙에 부합하지 않는다는 주장이 있었다.[479] 왜냐하면 사법권은 권력분립의 원칙에 따라 오로지 행정에 대한 사후적인 통제기능 만을 수행하여야 함에도 예방적 권리구제를 통하여 본래의 기능을 넘어 직접 행정의 영역에서도 작용하게 되기 때문이다.

그런데 이러한 주장에 대해서는 행정재판권의 초기에서 전래된 "행정법원은 오로지 항고적(kassatorisch)인 기능을 수행하여야 한다."는 관념이 전제되어 있지만, 오늘날에는 이러한 관점은 극복되었다고 한다. 이러한 비판은 선험적으로 확정된 권력분립 원칙이란 존재하지 않고, 권력분립 원칙이란 단지 그 배경이 되는 관념이 시대를 초월하는 의미가 있을 뿐 그 개별적인 내용은 헌법 제정권자에게 폭넓은 형성의 여지가 인정된다는 사실을 간과하고 있다고 한다. 국가의 특정한 권력 및 기능분배의 체계를 권력분립 원칙에 따라 형성하는 경우 국가와 사회의 관계가 변화됨에 따라 필연적으로 권력분립 원칙의 의미는 완화되거나 위축될 수밖에 없는데, 예방적 권리구제에 의하여 발생하는 일정한 정도의 행정의 기능 장애는 그러한 적

---

479) Bettermann, a.a.O.(Fn. 452), S. 185 ff.

응과정에서 발생하는 필연적인 결과라고 한다. 이러한 점들 때문에 이미
'순수하게 항고적 기능을 수행하는 행정재판권'이라는 제한은 그 의미를
상실하였고, 주관적 권리의 폭넓은 보장에 중대한 의미를 두는 기본법 제
19조 제4항에 의하여 행정소송에서의 권리구제의 측면이 확고하게 강화된
이상, 고전적인 시민적 법치국가 시대에 통용되었던 권력분립의 이념은 현
대적 법치국가에 더이상 어울리지 않는다고 한다.480)

(2) 국민의 국가에 대한 금지청구권의 허용가능성

독일에서는 예방적 권리구제를 국민의 국가에 대한 금지청구권의 실현
으로 파악하고 있다. 이 점은 금지청구권을 직접적으로 주장하는 예방적
금지소송은 물론이고 예방적 확인소송도 마찬가지이다. 예방적 확인소송에
서는 확인의 대상인 법률관계에서 금지청구권이 도출될 수 있는지 여부에
따라 예방적 확인소송의 인정 여부를 달리하게 된다. 그런데 예방적 권리
구제를 부정하는 견해에서는 예방적 권리구제는 원고에게 행정작용에 대
한 금지청구권이 허용되지 않으면 언제나 기각되도록 되어 있다는 취지로
비판한다.

이에 대하여는 국민의 금지청구권을 일반적으로 부정하는 것은 옳지 않
다는 반론이 있다. 즉 국민의 금지청구권을 근본적으로 부정하는 것은 자
주적이고 자유로우며 자신의 행동에 대하여 책임질 줄 아는 국민관을 알지
못하였던 과거의 관념사적 유물로서 독일 기본법의 제정을 통하여 극복되
었다고 한다.481) 다만 실체법상 금지청구권을 인정할 수 있다고 하더라도,

---

480) Schenke, a.a.O.(Fn. 368), S. 228; Rupp, Die Beseitigungs- und Unterlassungsklage
    gegen Träger hoheitlicher Gewalt, DVBl. 1958, S. 113. 위 문헌은 특히 예방적 금지
    소송과 관련하여 이미 법원에 의한 행정영역의 개입을 인정하는 의무이행소송의 도
    입된 이상 그 반대인 부작위를 명하는 소송의 허용성을 부정하는 것은 적절하지도
    않다고 한다.
481) Schenke, a.a.O.(Fn. 368), S. 229. ff. 특히 Schenke는 자유권이 잠재적인 방어청구권

그것은 무제한 인정될 수는 없다고 하면서 다음과 같이 논증한다.

이러한 관점은 우선 '청구권'은 다양한 권리주체 사이의 특별한 법적 관계를 전제로 한다는 관점에서 국가에 대한 관계에서 국민에게 일반적으로 주어지는 자유권만으로는 청구권이 성립할 수 없다고 한다. 왜냐하면 기본권으로부터 청구권이 직접 도출된다면 포괄적·일반적인 기본권의 특성상 국가에 대하여 수많은 청구권이 성립할 수밖에 없기 때문이다. 따라서 청구권으로 표현할 수 있는 유형의 법적인 관계는 우선 법률에 의하여 직접 직접적으로 도출되는 것이 가장 일반적인 모습이다.482) 따라서 국민이 개별 법률규정이 정한 요건을 충족하는 경우에 국가에 대하여 특정한 이행을 요구할 수 있게 되는 것이 청구권의 본질적인 모습이라는 관점에서 보면, 법률이 국민에게 국가에 대하여 특정한 행정작용 전에 그에 관한 금지(금지는 부작위의 이행을 청구하는 것이다)를 요구할 수 있는 권리를 규정하는 경우 국민이 위 법률을 근거로 금지청구권을 주장할 수 있는 것은 당연하다.

다만 법률에 금지청구권의 근거가 없는 경우에 자유권적 기본권을 근거로 금지청구권을 주장할 수 있는지에 대해서는 문제가 있다. 실체법상 금지청구권을 인정하는 관점에서는 국민의 국가에 대한 자유권적 기본권의 내용인 방어권으로부터 임박한 권리침해에 대한 금지청구권이 도출될 수 있는 것은 맞지만, 단지 국민의 자유권이 국가에 의하여 침해될 것이라는

의 원천이라는 종전의 관점에 의문을 제기한다. 종전의 관점은 국민의 자유권적 기본권으로부터 방어청구권으로서의 금지청구권이 도출되기 위해서는 행정에 의한 어떤 침해적인 작용이 현실화될 것이 필요하다는 것을 전제로 하는데, 이는 기본권에 대한 평가절하로서 효과적인 기본권 보호를 위해서는 행정에 의한 어떠한 침해적 행위가 현실화되지 않은 상황에서도 일정한 요건 하에 국민은 그것을 하지 말아달라는 청구권을 주장할 수 있다는 것이다. 이에 더하여 민사소송에서는 소극적 금지소송과 관련하여 실체법상 금지청구권을 인정하는 것이 다수 견해인데, 그러한 금지청구권을 국가에 대한 관계에서는 인정할 수 없는 근거를 찾을 수 없다고 한다.

482) Schenke, a.a.O.(Fn. 368), S. 231.

구체적인 위험이 있는 경우에만 그러하다고 한다.483) 이 견해가 제시하는
이유는 다음과 같다. 우선 자유권적 기본권으로부터 아무런 제한 없이 직
접 금지청구권이 도출될 수 있다면, 자유권이 침해될 가능성이 있는 모든
임의의 국가작용에 대하여 국민은 무한정의 금지청구권을 가질 수 있게 되
는 반면, 국가는 모든 국민에 대한 채무자의 지위에 놓이게 되어 부당하다.
또한 금지청구권은 자유권적 기본권으로부터 도출될 수 있는 수많은 청구
권 중 하나로서 기능적으로 그들을 구분할 수 있는 표지가 필요한데, 행정
작용으로 인한 권리침해의 구체적인 위험의 존재라는 표지가 이러한 기능
을 할 수 있다. 또한 특정한 청구권의 제소가능성은 권리구제의 필요가 있
는 경우에만 인정될 수 있는데 자유권적 기본권으로부터 직접 도출되는 금
지청구권은 구체적인 위험이 존재하지 않는 한 권리구제의 필요가 없다.484)
　　결국 이러한 관점은 국민의 국가에 대한 금지청구권이 성립하기 위해서

---

483) Naumann, Vom vorbeugenden Rechtsschutz im Verwaltungsprozeß, in: Gedächtnisschrift
für Walter Jellinek, 1955, S. 404; Schenke, a.a.O.(Fn. 368), S. 231.에 의하면 이는
오늘날 폭넓게 받아들여지고 있는 로마법상 악티오 소송관에 기반한 권리(Recht)와
청구권(Anspruch)이 동일하다는 관점에 모순되지만, 청구권 개념을 무한정 확장하지
않기 위해서는 불가피하다고 한다.
484) 자세한 내용은 Schenke, a.a.O.(Fn. 368), S. 231. 참조. Schenke는 이와 같이 자유권
적 기본권으로부터 직접 도출되는 금지청구권의 존재를 부정하면서 예외적으로 발
령이 임박한 행정작용으로 인한 권리침해에 대한 구체적인 위험이 있는 경우에 금지
청구권의 성립을 긍정할 수 있다는 입장이다. 그가 금지청구권의 존재를 인정하는
전형적인 경우로는 국가작용에 의하여 국민의 자유권에 직접적인 침해의 위험이 발
생한 경우이다. 이 경우에는 이미 청구권의 존재를 인정하기 위한 전제가 되는 법적
관계의 구체화가 존재하고, 이를 통하여 금지청구권을 자유권 침해에 대한 제거청구
권으로 구성할 수 있게 되어 진정한 의미의 청구권이 성립되었다고 볼 수 있을 뿐만
아니라, 구체적인 위험의 존재라는 요소를 통해 그 범위를 제한할 수 있게 되어 청구
권 개념의 무분별한 확장도 우려할 필요도 없기 때문이다. 이러한 해결 방법은 무엇
보다도 기본권에 있어 '국가와 국민 사이의 관계의 주관화' 경향과 조화될 뿐만 아
니라 기본법의 제정으로 국민이 더는 국가작용의 객체가 아니라는 관념에도 들어맞
는다고 평가한다.

는 법률에 특정한 요건을 갖출 경우 금지청구권이 성립할 수 있다는 근거
가 마련되어 있거나, 법률상 근거가 없는 경우 행정작용에 의한 권리침해
가 임박하였다는 구체적인 위험이 있는 경우에 자유권적 기본권을 근거로
금지청구권을 인정할 수 있다고 한다.

2. 일본에서의 논의

1) 확인소송을 통한 예방적 권리구제의 도모

일본에서는 2004년 행정사건소송법 개정으로 확인소송의 활성화를 도모
하면서 확인소송의 예방적 기능도 본격적으로 주목을 받게 되었다.

일본에서는 행정기관과 국민 사이에서 발생하는 갈등의 흐름을 시간 순
서대로 살펴보면, 먼저 국민의 어떠한 행동이나 상태에 대한 행정기관의
권고나 지도 등 비권력적 조치가 선행되고, 그것이 점차 구체적인 행정처
분 기타 불이익한 행정작용으로 발전하는 것이 일반적이라고 파악하고, 이
론적으로 각 경우에 대하여 국민은 행정기관의 권고나 지도 등 비권력적
조치가 유효하지 않다는 것의 확인, 그와 같은 조치에 기초한 법적 의무가
없다는 것의 확인, 예상되는 불이익한 행정작용을 예방하기 위한 소송, 구
체적인 행정처분이 효력을 발생한 경우 취소소송 순으로 다툴 기회가 주어
져야 한다고 한다.485) 그런데 종래 취소소송을 중심으로 하는 사후적 권리
구제체계에서는 위법한 행정처분 기타 불이익한 행정작용으로 피해가 예
상되는 상황에서도 그러한 행정작용이 현실적으로 효력을 발생하기 전 단
계에서 이를 다툴 수 있는 마땅한 방법이 없었기 때문에 굳이 효력을 발생
할 때까지 기다려 그 행정작용을 처분으로 포섭한 다음 취소소송을 통해
다투는 것이 일반적이었다고 한다. 그런데 2004년 행정사건소송법 개정을

---

485) 橋本博之, 前揭注(77), 91頁.

통해 최후적 조치인 행정처분 기타 불이익한 행정작용이 효력을 발생하기 전에 미리 다툼이 있는 법률관계를 확인함으로써 사전에 불이익한 행정작용이 효력을 발생하는 것을 예방할 수 있게 되었다고 한다.[486]

2) 예방적 확인소송의 기능원리

일본에서는 예방적 권리구제가 작용하는 원리를 다음과 같이 설명하고 있다. 즉 공법상 확인소송은 다툼이 있는 법률관계의 확인을 목적으로 하기 때문에, 법률관계 혹은 행정의 어떠한 작용이 위법함을 확인하는 판결이 있더라도 이러한 위법상태를 제거할 것인가의 판단은 행정주체에게 맡겨져 있고, 만약 이를 제거할 경우 소급적으로 할 것인가, 새로운 결정을 통해 할 것인가 등 구체적인 실현방법에 대해서도 행정주체에게 일정한 재량이 인정된다.[487] 그런데 확인소송의 예방적 기능은 이처럼 행정주체의 분쟁해결에 관한 선택의 범위를 확장하는 기능을 가지는 것뿐만 아니라 다툼이 있는 법률관계가 확정되면, 행정법의 여러 원칙 및 개별법이 예정하는 바에 따라 그 후의 행정과정에서 행정주체가 선택할 수 있는 행위도 한정한다.[488] 행정청은 확인의 대상인 법률관계를 기초로 여러 가지 행정작용을 할 수 있으나, 확인판결의 취지에 반하는 조치는 할 수 없다. 이를 통해 행정과정과 관련된 많은 수의 분쟁에 있어서는 확인판결에 의해 분쟁의 근본적인 해결이 가능하다. 비록 확인판결에 강제력이 따르지 않는다고 하더라도, 행정주체가 확인판결에 반하여 행동하는 것이 허용되지 않고, 오히

---

486) 橋本博之, 前揭注(77), 91頁. 2004년 행정사건소송법 개정 전후 예방적 확인소송을 중심으로 한 예방적 권리구제의 도입에 관한 논의 상황은 이승훈, 앞의 논문(주 80), 416면 이하 참조.

487) 芝池義一, "抗告訴訟と法律關係訴訟", 行政法の新構想 III, 45頁(有斐閣, 2008). 위 문헌은 본문과 같이 탄력적으로 대응할 수 있는 여지가 인정되는 근거를 행정과 사법의 균형과 조정 원리에서 찾고 있다.

488) 山田健吾, 前揭注(204), 25頁.

러 법치국가원리의 관점에서 행정주체가 확인판결에 따르는 것을 충분히 기대할 수 있기 때문이다.[489] 나아가 공법상 확인소송은 확인판결을 통해 행정 내부에 일종의 행동준칙을 설정함으로써 향후 같은 법적 상태에 있는 전원의 권리가 함께 구제될 수 있다는 점에서 특정 개인의 이익에 관계되는 민사소송에서의 확인소송과 다르다.

Ⅲ. 현행 행정소송법 내에서 예방적 확인소송의 허용가능성

1. 논의의 방향

앞서 살펴본 바와 같이 사후적 권리구제체계가 가진 한계를 극복하고 권리구제의 시점을 앞당기기 위하여 예방적 권리구제는 반드시 필요하고, 현행 행정소송법 내에서도 공법상 당사자소송 중 확인소송을 통하여 그것을 실현할 수 있다. 또한 우리나라와 마찬가지로 예방적 권리구제에 관한 특별한 법률상 특별한 근거가 없는 독일에서도 예방적 확인소송을 허용하고 있으며, 일본에서는 2004년 행정사건소송법 개정을 통하여 확인소송의 적극적 활용을 도모한 이래 확인소송의 예방적 성격에 관한 논의가 활발하게 이루어지고 있다. 이와 같이 예방적 확인소송에 관한 논의가 한창임에도 불구하고 대법원은 일관되게 예방적 금지소송을 비롯한 예방적 권리구제를 부정하고 있다. 앞서 살펴본 바와 같이 대법원은 행정의 제1차적 판단권과 권력분립 원칙에 기초하여 예방적 권리구제를 전면 부정하고 있다. 대법원 판례가 위와 같은 이유로 예방적 권리구제를 부정하는 이유는 생각

---

489) 山田健吾, 前揭注(204), 25頁.

건대, 예방적 권리구제를 통하여 사법권이 행정권에 너무 깊숙이 개입함으로써 행정의 판단권, 특히 재량권을 침해할 우려가 있다는 점과 만일 예방적 권리구제로 판결을 통하여 특정한 행정작용을 할 수 없게 되면 행정이 해당 행정작용을 하는 것이 영영 불가능해진다는 우려가 반영된 것으로 보인다.

이하에서는 위에서 살펴본 국내외의 논의를 기초로 하여 대법원이 예방적 권리구제를 부정하는 근거로 보는 행정의 제1차적 판단권과 권력분립 원칙이 이미 극복되었으므로 이들을 근거로 예방적 권리구제를 부정할 수는 없다는 점을 살펴본 다음, 예방적 권리구제를 허용하더라도 대법원이 우려하는 문제는 발생하지 않는다는 점을 강조하고자 한다.

2. 예방적 권리구제 부정론에 대한 비판

1) 행정의 제1차적 판단권 관념의 내용과 극복

(1) 행정의 제1차적 판단권의 내용

과거 권력분립의 원칙을 강조하여 행정에 대한 사법적 통제는 사후적인 것에 그쳐야 한다는 관점이 지배적이었던 것은 사실이다.[490] 이러한 관점은 권력분립 원칙의 형식적인 측면을 강조하여 사법권은 행정권의 의사결정에 절대로 관여할 수 없다는 것을 내용으로 한다. 이는 사법권은 행정권의 판단권, 특히 특정 사안에 대한 행정의 최초 결정권한을 존중하여야 한

---

490) 이현수, 앞의 책(주 460), 3면에 의하면, 근대 시민혁명을 거친 이후에야 행정에 대한 사법적 통제의 전제요건인 권력분립 원칙, 법치행정 원리가 헌법원리로 자리잡게 되었고, 행정에 대한 사법적 통제가 가능하게 된 이후에도 권력분립 원칙의 관점에서 행정에 대한 사법적 통제는 주로 사후적인 통제에 국한되었으며, 이로 인하여 소송을 통하여 위법한 행정한 행정작용의 발급을 사전에 저지할 수 있는 길이 오랫동안 열려있지 못하였다고 설명하고 있다.

다는 것으로 이어지는바, 이러한 행정의 최초 결정권한이 바로 행정의 제1
차적 판단권이다.

　행정의 제1차적 판단권의 관념은 과거 일본에서 도입된 것이다. 일본에서
도 과거에 '권력분립의 원칙', '행정에 관한 행정기관의 제1차적 판단권의
소재' 등을 내세워 예방적 금지소송을 허용할 수 없다는 것이 일반적인 시
각이었다. 일본의 과거 유력설은 항고소송의 목적은 행정청의 제1차적 판단
을 매개로 하여 생성된 위법상태를 배제하는 것으로서 행정에 관한 제1차적
판단권은 행정청을 위하여 유보된 것이라는 입장을 가지고 있었다.[491] 또한
행정행위를 발령하는 것이 제도상 행정기관의 소관으로 된 것은 그 행정행
위를 하거나 하지 않거나를 결정할 권한이 행정권에 배분된 것을 의미하는
데, 그 실질적인 의미는 어떤 행정행위를 할지 여부의 결정을 우선 행정적
판단에 따르도록 한 것이라고 보았다. 그리고 사법권은 그 행정적 판단에
위법한 점이 있으면 그 효력을 부정하는 것에 그치는 것이 원칙으로서 행정
기관이 행정행위를 할지 여부가 법원에 의하여 강제되거나 반대로 금지되
는 것은 원칙적으로 제도의 취지에 반한다는 주장도 있었다.[492]

　일본의 과거 판례 역시 행정의 제1차적 판단권을 인정하고 있었다. '행
정의 제1차적 판단권'이라는 용어를 최초로 사용한 일본 판례는 "소위 공
법상의 의무확인소송에 대하여 재판소는 행정처분이 이루어지기 이전에도

---

491) 田中二郎, 新版行政法 上卷, 300頁(弘文堂, 1974).
492) 雄川一郎, 行政爭訟法, 95頁 以下(有斐閣, 1957). 그 밖에 "어떤 행정상의 법률관계에
　　관하여 행정청이 행정행위를 통하여 이를 규제할 권한을 가진다는 것은 일반적으로
　　는, 그와 같은 행정상의 법률관계가 전체적으로 법원의 판단에 의하여 형성되거나
　　확인되어서는 안되고, 행정청이 먼저 행정행위를 통하여 그 권한을 행사하고(이를
　　행정의 제1차적 권한의 원칙이라고 한다), 그 이후에 법원이 당해 행정행위가 적법
　　한 것인가 여부를 심사하는 것이 행정권과 사법권의 합리적 권한의 분배이다. (중략)
　　또한 행정청은 그와 같은 적극적 의욕적인 활동을 하기에 적합한 조직과 절차를 가
　　지고 있고, 법원은 소극적 판단작용을 하기에 적합한 조직과 절차를 가지고 있다."라
　　고 설명하기도 한다{雄川一郎, 行政爭訟の理論, 142頁 以下(有斐閣, 1986)}.

권리보호의 자격이 존재하고 다툼이 성숙(권리보호의 필요 내지 이익)된 이상 사법구제를 부여할 직무상 책임이 있다."고 하면서도, "일반적으로 행정권의 행사가 법에 구속되어 있는 경우에도 행정권은 스스로 그 적법성 및 법이 요구하는 바를 판단한 다음 이를 실현할 수 있다. 한편 재판은 일반적인 경우에는 법적용의 보장적 기능을 수행하면 족하기 때문에 사후심사가 원칙적으로 타당하다. 따라서 재판소에 그 사전 단계에서 제1차적 판단을 요구하는 소는 권리보호의 자격이 부정되는 것이 원칙이나, 재판소의 사후심사가 명백히 무의미하고 불합리하다고 인정되고, 나아가 사전심사만이 구제에 적합한 경우는 예외라고 할 수 있다. 다른 한편 재판소가 행정청의 의무의 확인에 그치지 않고 일정한 작위 또는 부작위를 명하는 것에 대해서는 행정행위를 하는 것이 제도상 행정기관의 소관으로 된 것은 그 행위를 하거나 또는 하지 않거나를 결정할 권한이 행정권에 배분되어 있는 것을 의미하기 때문에 재판소가 행정기관의 소관으로 되어 있는 행정권의 행사를 스스로 하는 것은 허용되지 아니한다."라고 판시하고 있다(大阪地判 昭和 33年 8月 20日 行集 9卷 8号 1662頁). 이후 "제도상 행정권에 제1차적으로 부여되어 있는 행정처분을 할 것인가 하지 않을 것인가의 판단권은 원칙적으로는 그 행사 전에 사법의 판단에 의한 제약을 받지 아니한다. 다만 예외적으로는 행정청이 당해 처분을 하여야 하는지 또는 하지 않아야 하는지가 법률에 기속되어 행정청에 자유재량의 여지가 전혀 남아 있지 않기 때문에 제1차적 판단권을 행정청에 유보하는 것이 반드시 중요한 것은 아니라고 인정되며, 나아가 사전심사를 인정하지 않음으로써 손해가 크고, 사전의 구제의 필요가 현저한 경우에는 행정청의 작위·부작위 의무의 확인 소송이 허용된다."고 하였다(東京地判 昭和 36年 8月 24日 行集 12卷 8号 1589頁).

이와 같이 일본에서 최초로 제시된 행정의 제1차적 판단권의 관념에 따르면 행정청이 공권력의 행사를 하기 전에 법원이 공권력의 행사 여부 및 그 내용에 관하여 판단하는 것은 법원이 행정청의 제1차적 판단권을 침범하는 것이 되기 때문에 의무이행소송이나 예방적 금지소송은 물론 예방적 확인소송도 일반적으로 허용되지 않는다.[493]

(2) 행정의 제1차적 판단권 관념의 극복

일본에서는 행정청의 제1차적 판단권론이 취하고 있는 예방적 권리구제에 관한 원칙적인 부정설에 많은 비판이 제기되었고 현재는 극복된 이론으로 이해되고 있다.[494] 일본에서 행정청의 제1차적 판단권 이론을 비판한 견해들의 입장은 대개 다음과 같다.[495]

① 행정의 제1차적 판단권의 근거는 권력분립의 원칙이다. 하지만 행정청이 법원의 법적통제를 받도록 하는 법치국가 원칙이 상정하는 진정한 의미의 권력분립의 원칙은 법원이 행정고유의 영역을 침해하는 것은 허용되지 아니하고, 법을 선언하는 것에 한정된다는 것을 핵심으로 한다. 취소판결, 의무이행판결은 물론 예방적 권리구제도 행정작용이 위법하다는 것을

---

493) 다만 행정의 제1차적 판단권을 인정하는 주장하는 견해에서도 예방적 권리구제를 언제나 부정하는 것은 아니다. 행정의 제1차적 판단권을 최초로 제시한 田中二郎은 행정청의 제1차적 판단을 거치지 아니하였음에도 명백하고 임박한 위험이 있을 법한 경우에 그 위험을 배제하기 위한 소송은 현실의 위법상태의 배제의 청구에 준하여 그것을 허용할 여지가 있다고 하였다. 田中二郎, 前揭注(491), 294頁.

494) 행정의 제1차적 판단권에 대한 비판적인 견해로 대표적으로 阿部泰隆, "義務づけ訴訟論", 田中二郎先生古稀記念: 公法の理論 下 II, 2103頁 以下(有斐閣, 1977); 原田尙彦, "行政上の豫防訴訟と義務づけ訴訟", 民商法雜誌 65卷 6号, 3頁 以下(1972).

495) 阿部泰隆, 前揭注(494), 2152頁 이하의 내용을 기초로 하여 小早川光郎, "行政廳の第一次的判斷權·覺え書き", 原田尙彦先生古稀記念: 法治國家と行政訴訟, 217頁(有斐閣, 2005) 이하의 내용을 함께 참고하였다. 다만 이하의 내용은 행정의 제1차적 판단권이 극복되었다는 점을 강조하기 위하여 일본의 기존 논의를 소개하는 것인데, 일본의 종래 논의는 예방적 확인소송 보다는 의무이행소송과 예방적 금지소송에 초점이 맞추어져 있었다. 따라서 아래 각 해당 부분의 논의가 반드시 예방적 확인소송에 그대로 적용된다고 볼 수는 없다.

이유로 하고 있기 때문에 법원이 법을 선언한다는 점에서는 동일하다. 따라서 어느 경우에도 권력분립 원칙에 위배되는 것은 아니다. 또한 취소소송의 구조를 행정법원이 행정작용의 위법성을 확인하는 데에 그치지 않고 행정에 그 취소를 명하는 것으로 볼 수 있는데, 이 경우에도 결국 법원이 행정에 취소의무를 부과하는 것이기 때문에 행정활동에 대한 침해가 이루어지는 것은 마찬가지다. 다시 말하면 행정재판 제도는 필연적으로 행정활동에 대한 법원의 침해를 내재하고 있다.

② 의무이행판결 또는 예방적 권리구제가 행정청이 어떠한 판단도 표명하지 아니하고, 게다가 판단할 기회도 부여받지 못한 상태에서 법원만의 판단으로 예상치 못하게 행정청에 대하여 특정한 행정행위를 할 것을 명하거나 하지 않도록 명하는 경우라면 이는 법원이 스스로 주도권을 가지고 직접 행정행위를 한 것으로 평가할 수 있고, 이러한 경우에는 행정의 제1차적 판단권을 침해한 것으로 볼 여지가 있다. 하지만 이러한 경우에 있어서는 행정청이 제1차적 판단권을 행사할 기회가 충분히 부여되어 있다. 예컨대 의무이행소송은 신청에 대하여 상당한 기간 내에 어떠한 답변도 하지 않는 경우나 거부처분을 한 경우, 또는 행정청이 원고의 신청과 다른 행정처분을 한 경우에 비로소 인정되는 것이므로 어느 경우에도 행정청에게 판단의 기회는 부여되어 있다.496) 또한 소송과정에서 법원은 임의로 행정행위의 요건사실의 존부를 직권으로 판단할 수는 없고, 변론주의 원칙에 따라 행정청은 주장·증명을 할 기회가 부여되어 있다. 그리고 이러한 과정에서 행정청은 제1차적 판단권을 충분히 보장받는다.

③ 행정의 제1차적 판단권을 강하게 주장하는 견해는 행정청의 제1차적 판단권은 위와 같이 소송 과정에서 공격방어방법으로 행사되는 것만으로

---

496) 阿部泰隆, 前揭注(494), 2155頁은 행정처분의 변경이 구하여지는 경우에도 행정청은 원고측이 만족할 수 없는 행정처분을 발령함으로써 원고가 구하는 행정처분을 하지 않겠다는 판단을 한 것이거나, 적어도 그러한 판단을 할 기회는 있었던 것이라고 한다.

는 충분하지 않고, 소송 외에서 행정행위의 형식으로 행사되어야 한다고
주장한다. 예컨대 일본의 하급심 판례(大阪高判 昭和 50年 11月 10日 判例
時報 795号 3頁) 중에는 위와 같은 취지에서 "거부처분 취소판결을 받은
행정청은 판결이 위법하다고 한 이유와는 다른 점에 대해서 스스로 제1차
적 판단권을 행사하여 그 결과, 판결과는 다른 이유로 다시 동일한 거부처
분을 하는 것이 허용된다."라고 판시하고 있다. 그러나 행정청이 행정처분
을 한 당시 판단하지 않았던 것이 소송 과정에서 심리의 대상이 되는 경우
는 빈번하게 찾아볼 수 있으나, 이를 행정청의 제1차적 판단권의 침해라고
하는 경우는 없다. 또한 처분이유의 소송단계에서의 추가의 허용성도 일정
한 요건 하에 인정되고 있다.[497]

결국 행정청은 여태까지 판단하지 아니하였던 처분요건의 존부에 대해서
소송계속 중에도 검토하여 견해를 표명할 의무가 있다고 볼 수 있고, 이러한
관점에서 제1차적 판단권은 제1차적 판단의무로 볼 수도 있다고 한다.[498]

---

497) 다만 阿部泰隆, 前揭注(494), 2158頁에 의하면, 행정청은 원래 법원에 의하여 당해
행정행위에 관한 취소판결을 받은 이후에도 다시 종전 처분의 심리의 대상이 되지
않았던 처분사유에 관하여 행정행위의 형식으로 판단할 수 있는 제1차적 판단권을
향유하는데, 분쟁의 종국적 해결을 도모한다는 이유로 당해 취소소송에서 의무적으
로 처분사유를 추가하도록 하는 것은 행정행위의 형식으로 제1차적 판단권을 행사
할 권한을 포기하도록 강요하는 것이라는 비판이 제기될 수 있다고 한다. 하지만 위
문헌은 이러한 비판을 사정하면서도 행정청이 아직 판단하지 아니하였던 처분요건
의 존부에 대해서 당해 소송에서는 견해를 표명하지 않다가 소송에서 패소한 경우에
새삼스럽게 행정행위의 형식으로 판단할 수 있는 권리를 가진다고 할 수는 없고, 만
약 이러한 권리가 인정된다면 이는 제1차적 판단권한이 아니라 제1차적 판단의 특
권이라고 다시 비판하고 있다.

498) 阿部泰隆, 前揭注(494), 2156頁은 여기에 더하여 위법판단의 기준시에 대해서는 처분
시설과 판결시설이 다투어지고 있고, 처분시설은 판결시설에 대하여 원처분 당시 처
분행정청의 심사의 대상이 되지 않았던 법령 및 사실을 법원이 심사하고, 더 나아가
원처분 당시 행정청이 판단하지 않았던 처분요건의 존부가 소송상 다투어지는 경우
에는 행정청의 제1차적 판단권을 침해할 우려가 있다고 비판하고 있는데, 의무이행
소송에 관하여 제1차적 판단권 침해를 이유로 도입에 반대하는 田中二郎이 이 문제

위와 같은 논거들에 의하여 행정의 제1차적 판단권의 관념이 가진 단점이 부각되었고, 결국은 극복되기에 이르렀다. 그리고 제1차적 판단권에 대한 위와 같은 비판이 결국 앞서 살펴본 행정사건소송법의 개정으로 이어졌다.

우리나라의 경우도 행정에 관한 제1차적 판단권의 소재가 행정권에게 있다는 주장 자체는 받아들일 만하지만 ① 행정청은 변론과정에서의 주장·증명을 통하여 행정처분에 대한 심사의 기회를 가지는 점, ② 행정청이 처분을 행할 당시에 판단하지 않은 사유가 소송의 단계에서 심리되는 일은 빈번하게 있는 점 등을 근거로 하여 행정의 제1차적 판단권의 관념을 비판하는 견해가 제시되었다.[499] 또한 행정의 제1차적 판단권 관념은 권력분립의 원칙을 잘못 이해한 데에서 출발한 것이라고 비판하면서 권력분립 원칙상 법원이 행정권력을 통제하는 방법으로 오로지 이미 행한 처분을 취소하는 방식만이 가능하다고 볼 수는 없다는 견해도 제시되었다.[500] 이러한 관점에서 보면, 현재는 우리나라의 경우도 극단적인 의미에서의 행정의 제1차적 판단권 이론은 극복되었다고 평가할 수 있다.

2) 권력분립의 원칙의 관점에서 본 예방적 권리구제

독일의 경우 권력분립 원칙의 관점에서 예방적 권리구제가 허용되지 않는다고 보는 견해가 존재하였음은 앞서 살펴본 바와 같다. 그리고 이러한 견해는 사법권과 행정권의 영역이 엄격하게 구분되어 있음을 전제로 사법권은 오로지 위법한 행정작용에 대한 사후적 통제기능만을 수행하여야 한다는 입장인 것도 앞서 살펴본 바와 같다.

그러나 권력분립의 원리가 국가기능을 입법·행정·사법으로 구분하고 이

에 관해서는 판결시설을 일관되게 주장하는 것은 일관성이 없다고 비판하면서, 판결시설을 따른다고 하더라도 반드시 제1차적 판단권이 침해된다고 볼 수는 없다는 취지로 주장하고 있다.

499) 김남진, "행정상의 이행소송", 행정법의 기본문제, 1996, 533면.
500) 김철용, 앞의 논문(주 471), 229면 이하.

들 기능을 수행하는 권력을 분리함으로써 상호간에 견제 및 통제기능을 하
도록 하는 데 의의가 있음은 물론이지만, 현대적 의미의 권력분립은 여기
에 더하여 적극적으로 개개의 권력을 구성하고 권한을 확정함과 동시에 한
정하며, 그들의 협력을 규율함으로써 국가권력의 통일을 저오는 데에도 목
적이 있다.501) 즉 과거 절대적 권력에 의한 개인의 자유와 권리의 침해를
방지하기 위하여 국가권력을 분산시켜 입법·행정·사법의 기능을 엄격하게
독립시켜 상호 견제하고 균형을 이루도록 할 필요가 있었으나, 현대적 의
미에서의 권력분립은 권력의 분할·분리뿐만 아니라 국가기능의 적절한 배
분과 확정을 통한 국가기능의 실현이 중요한 목적을 차지하기에 이르렀다.
결국 현대적 의미에서의 권력분립의 원리는 그 핵심내용, 즉 국가권력을
입법·행정·사법으로 구분하고(기능적 권력분립), 이와 같이 구분된 권력은
그 핵심적인 내용에 있어 각각 다른 기관에게 귀속되어야 하며(조직적 권
력분립), 국가권력을 담당하는 자는 원칙적으로 다른 권력을 동시에 수행
해서는 안 된다(인적권력분립)는 것이 보장되는 기초에서 국가기능의 실현
을 위하여 폭넓은 형성의 여지가 주어진다고 하겠다.

위와 같은 기초에서 행정재판을 수행하는 법원의 역할과 기능에 관하여
보면, 법원은 소송절차 이외에서 법적 근거 없이 행정기관에게 지시를 내
릴 수 없으나 일정한 범위 내에서 행정작용을 통제하는 것은 권력분립의
원리에 따라 필수적으로 요구된다. 헌법은 제27조 및 제107조 제2항 등에
서 행정결정에 대하여 소송을 통하여 통제할 수 있는 길을 열어 두었다. 다
만 법원은 전반적인 통제의 권한을 위임받은 것이 아니고 법이 정한 기준
및 방법에 따라 행정통제의 기능을 수행하여야 하는바, 법원이 포괄적인
행정통제를 담당하는 것은 권력분립원리를 벗어나는 것이다.502) 하지만 재
판은 행정과 대립되어 그를 사후에 시정하는 기능만을 수행하는 것이 아니

---

501) 김연태, "행정과 행정재판의 관계", 현대공법학의 과제, 2002, 785면.
502) 김연태, 앞의 논문(주 501), 786면.

라 행정의 안정화 및 부담경감에 기여한다. 이러한 핵심적인 요구들은 권력분립의 원칙에 따라 반드시 보장되어야 한다.

반면 행정과 행정재판의 관계 및 그 기능을 조정하고 형성하는 것은 의회가 제정한 법률인데, 특히 행정과 행정재판의 관계에 있어서 행정과 사법의 법률기속의 원칙(행정의 법률기속은 헌법 제107조 제2항, 사법의 법률기속은 헌법 제103조)에 의해 양자의 관계가 명확해진다. 우선 법률은 소송의 허용성을 결정하는데, 행정소송의 기능을 주관적 권리구제에 한정할 것인지 또는 객관적 적법성통제로 확장할 것인지도 법률에 따라 결정된다. 개별적인 사안에서 소송이 가능한지 여부도 권력분립의 이념에 따라 법률에 의하여 적정한 권한조정이 가능하다. 또한 법률은 행정에게는 행위기준이 되며, 법원에게는 행정작용에 대한 통제기준이 되어 재판의 대상이 된 행정작용은 법률에 따라 법적·사실적 관점에서 원칙적으로 전면적인 사법심사의 대상이 된다.503)

이러한 권력분립의 원칙의 핵심적인 보장내용과 형성의 영역을 구분하는 관점에서 보면, 일정한 기준에 따른 예방적 권리구제는 주관적 권리의 보장이라는 법원의 본래 기능에 당연히 포함될 수 있다. 과거 사법권이 행정이 이미 발령한 행정처분을 취소하는 방법으로만 행정권을 통제하여야 한다는 인식도 이제 더는 유지할 필요가 없다.504)

이와 관련하여 행정소송법이 사후적 권리구제인 항고소송을 중심으로 규정되어 있는 점에 비추어 볼 때 우리 입법자는 사후적 권리구제만을 허

---

503) 김연태, 앞의 논문(주 501), 788면에 의하면 전면적인 사법심사는 행정에게 규범적으로 인정된 형성·재량 및 판단의 여지에 의하여 제한을 받게 된다. 입법자는 행정에게 종국적인 구속력 있는 결정을 할 권한을 부여함으로써 법원에 의한 통제정도에 영향을 미칠 수 있다. 즉 재량·판단·형량의 수권에 의하여 법원의 통제를 제한한다.
504) 김철용, 앞의 논문(주 471), 229면 이하에 의하면 헌법상 권력분립원칙에서만 보더라도 사법부가 행정청이 이미 행한 처분을 취소하는 것만으로 다른 국가권력을 통제하여야 한다는 것이 헌법의 취지라는 근거는 없다고 설명하고 있다.

용하고, 예방적 권리구제는 허용하지 않고 있다는 비판이 있을 수 있다. 하지만 앞서 살펴본 바와 같이 헌법상 권력분립의 원칙과 법원을 통한 행정통제라는 행정소송의 본질적 기능에 비추어 보면 예방적 권리구제는 일반적으로 허용된다고 보아야할 것인데, 우리 입법자가 위와 같은 헌법상 원칙을 저버리고 예방적 권리구제를 배제한다고 선언한 규정은 헌법 및 법률 어디에서도 찾아볼 수 없다. 이와 같이 법원의 행정에 대한 통제가 사후적인 것에 그친다고 볼만한 아무런 근거가 없을 뿐만 아니라 행정소송법이 공법상 당사자소송을 규정하고 있는 취지에 비추어 보면, 우리 입법자는 항고소송을 사후적인 권리구제 및 행정통제수단으로 상정하되, 공법상 당사자소송을 통한 예방적 권리구제를 예정하고 있다고 볼 수 있다.

이와 같이 시대의 변화와 국가와 사회의 관계 변화에 따라 권력분립의 원칙의 의미도 변화하는 것이므로 사법권이 오로지 행정에 대한 사후적 통제만을 하여야 한다는 관념 역시 의미를 상실하였다. 따라서 예방적 권리구제는 권력분립의 원칙에 위반된다는 주장 역시 설득력이 없다.

3. 예방적 권리구제를 인정할 경우 우려되는 부작용에 대하여

1) 행정의 판단권한(재량권) 침해에 대한 우려

위에서 살펴본 바와 같이 행정의 제1차적 판단권 내지 권력분립의 원칙을 근거로 하여 예방적 권리구제가 허용되지 않는다는 주장은 더는 설득력이 없다. 다만 행정의 제1차적 판단권 또는 권력분립의 원칙을 주장하는 견해가 가지고 있는 문제의식, 즉 국가기관 상호간의 권한분배와 상호존중, 특히 행정이 어떠한 사안에 관하여 판단을 할 기회도 부여받지 못한 상태에서 법원이 행정에 대하여 특정한 행정작용의 이행을 명하거나 그것을 금지함으로써 행정의 판단을 완전히 대체하는 것은 부당하다는 주장은 충분히 경청할 필요가 있다. 행정은 특정 사안에 관하여 법원보다 전문적인 지식을 가지고 있고, 그 사안에 관하여 더 효율적이고 적절한 수단으로 대응할 수 있다는 점에서 행정의 판단을 존중할 필요가 있다. 하지만 이러한 관점에서 보더라도 예방적 권리구제는 행정의 판단권을 박탈하는 것은 아니라는 점이 강조되어야 한다. 예방적 권리구제는 행정이 특정 사안에 관하여 아무런 판단을 하고 있지 아니한 상황에서 해당 행정작용을 금지함으로써 불의의 타격을 가하는 제도가 아니다. 예방적 권리구제는 행정청이 특정한 사안에 관하여 불이익한 행정작용을 할 것이 임박한 경우에 그것에 위협을 느낀 국민이 청구하는 것이다. 뒤에서 보는 바와 같이 예방적 확인소송을 비롯한 예방적 권리구제가 적법하기 위해서는 특정한 불이익한 행정작용의 발령이 임박한 경우에 그로 인한 권리침해의 위험이 구체화되어야 하고, 이를 위하여 적어도 행정청에 의한 불이익 조치의 통보 내지 위협이 요구되는 단계에 이르러야 하는데, 이러한 관점에서 살펴보면 예방적 권리구제가 작동하기 위해서는 행정의 특정한 판단, 즉 불이익한 행정작용을 하겠다는 판단이 선행되어야 하는바, 이 과정에서 행정은 충분히 자신의 판단을 한 것이라고 할 수 있다. 나아가 예방적 권리구제가 가능한 단계에서는 이미 행정기관에 의한 행정작용의 발동 여부는 물론 어떠한 행위형식을 이용할 것인지도 이미 판단이 이루어진 상황이므로 이 단계에서 법원이 개입하더라도 행정의 판단기회를 침해하는 것이 아님은 물론 법률에 의하여 보장된 행정의 재량권한을 침해한다고 보기도 어렵다.

결국 행정기관에 아무런 판단의 기회가 주어지지 아니한 상태에서 이루어지는 예방적 권리구제는 행정의 판단권한을 일방적으로 박탈한 것으로서 허용되어서는 안되지만, 행정의 일정한 판단하에 국민에 대한 침해적 행정작용이 임박한 경우에는 권리구제의 필요가 있으므로 이러한 경우에 예방적 권리구제는 가능하다고 보아야 한다. 이 점은 예방적 권리구제, 특히 예방적 확인소송에서 권리구제의 필요의 범위를 설정할 때 반드시 고려되어야 한다.

2) 상황변화에 따른 적절한 대응가능성

예방적 권리구제로 인하여 특정한 행정작용을 할 수 없다는 취지의 판결
이 선고되면 행정은 장래 법률상·사실상 상태에 중대한 변경이 있는지 여
부와 관계없이 특정한 행정작용을 영영 할 수 없게 된다는 우려가 있을 수
있다.505) 그러나 소송절차의 일반원칙에 따르면 예방적 확인소송을 비롯한
예방적 권리구제에 있어 판결은 선고 당시(구체적으로는 사실심 변론종결
당시)의 법률상태 또는 사실상태가 변경되지 않는 한에서만 행정을 구속하
므로 판결 선고 이후 법률상태 또는 사실상태가 변경되면 새로운 소송물이
형성되기 때문에 종전 판결의 기판력이 미치지 않는다. 따라서 당초의 판
결에 의하여 금지되거나 법률관계 또는 권리의무의 부존재가 확인된 행정
작용을 할 것인지는 행정의 재량에 맡겨져 있으므로 행정은 종전 판결의
선고 이후의 사정변경에 따라 적정하게 대응할 수 있다.506)

---

505) 이 문제는 독일에서도 마찬가지로 제기되는 문제인데, 행정법원법(VwGO)에 민사소
송법(ZPO) 제323조와 같은 판결의 변경가능성이 규정되어 있지 않기 때문에 발생하
는 것으로 이해된다. 참고로 독일 민사소송법 제323조는 일정한 경우에 중대한 사정
변경에 따른 판결의 변경 가능성을 규정하고 있다. 우리나라 민사소송법 제252조 제
1항도 정기금의 지급을 명한 판결이 확정된 뒤에 그 액수산정의 기초가 된 사정이
현저하게 바뀜으로써 당사자 사이의 형평을 크게 침해할 특별한 사정이 생긴 때에는
그 판결의 당사자는 장차 지급할 정기금 액수를 바꾸어 달라는 소를 제기할 수 있다
고 규정하고 있다.

　독일 민사소송법 제323조(판결의 변경)

　① 판결이 장래에 이행기가 도래하는 정기적 급부 의무를 내용으로 하는 경우에 각
　　당사자는 변경을 청구할 수 있다. 제1문의 소는 원고가 재판의 기초가 되었던 사
　　실관계 또는 법률관계를 중요하게 변경하는 사실을 주장하는 경우에는 허용된다.

　② 소는 이전 절차에서 사실심 구술변론 종결 후에 발생하여야 하고 이의의 제기로
　　주장할 수 없거나 없었던 이유만을 이유로 할 수 있다.

　③ 변경은 소송계속 이후의 시점에 대하여만 허용된다.

　④ 사실관계 또는 법률관계의 중요한 변경이 있는 경우에 재판은 그 기초관계를 유
　　지하면서 조정되어야 한다.

506) Bachof, Die verwaltungsgerichtliche Klage auf Vornahme einer Amtshandlung, 1968,
S. 140. 여기에 더하여 Schenke, a.a.O.(Fn. 368), S. 229. 위 문헌에 의하면 행정법원

4. 소결론

이상에서 살펴본 바와 같이 예방적 권리구제 그 자체로 행정의 판단권한이 박탈된다고 볼 수 없다. 오히려 법원은 행정의 판단에 의하여 권리침해의 위협을 받는 국민의 권리구제를 위하여 자신의 고유의 기능을 수행하는 것으로 이해할 수 있다. 예방적 권리구제를 통하여 침해적 행정작용에 의하여 위협을 받는 국민을 보호하는 것은 법원의 고유 기능에 속한다. 결국 행정의 제1차적 판단권 내지 권력분립의 원칙을 근거로 예방적 권리구제의 허용성을 부정하는 것은 설득력이 없고, 효과적인 권리구제의 관점에서 볼 때, 예방적 권리구제를 인정할 현실적인 필요성도 있다.

이와 관련하여 대법원은 최근 "임용기간 만료 전에 행해진 직위해제 또는 면직 처분이 무효라고 하더라도 교원의 신분을 회복할 수 없는 것으로서 그 무효확인청구는 과거의 법률관계의 확인청구에 지나지 않는다고 할 것이며, 한편 과거의 법률관계라 할지라도 현재의 권리 또는 법률상 지위에 영향을 미치고 있고 현재의 권리 또는 법률상 지위에 대한 위험이나 불안을 제거하기 위하여 그 법률관계에 관한 확인판결을 받는 것이 유효적절한 수단이라고 인정될 때에는 그 법률관계의 확인소송은 즉시확정의 이익이 있다고 보아야 할 것이고, 또 이렇게 보는 것이 확인소송의 분쟁해결 기능과 분쟁예방 기능에도 합치하는 것이다."라고 판시한 바 있다(대법원 1991. 6. 25. 선고 91다1134 판결, 대법원 1993. 7. 27. 선고 92다40587 판결, 대법원 2000. 5. 18. 선고 95재다199 전원합의체 판결). 이는 대법원도

법 제173조에 따라 민사소송법(ZPO) 제323조를 준용함으로써 행정소송에서도 변경소송이 불가능한 것은 아니라고 한다.
행정법원법 제173조 [법원조직법 및 민사소송법의 준용]
이 법률에 소송절차에 관한 규정이 없는 경우에는 법원조직법과 민사소송법의 규정이 양 소송절차의 성질상의 근본적인 차이로 인하여 그 적용이 배제되는 않는 한 준용된다.

확인소송의 예방적 기능에 주목하고 있다는 반증으로서 향후 예방적 확인
소송의 가능성을 부정한 판례의 변경이 기대된다.

제3절 예방적 확인소송의 허용범위

I. 행정처분이 아닌 행정작용에 대한 예방적 확인소송

우선 행정처분이 아닌 행정작용에 대하여 예방적 확인소송을 인정하는 데에는 별다른 문제가 없다. 특히 사실행위에 의한 권리침해가 임박한 경우에는 예방적 확인소송은 대단히 유용한 권리구제 수단이 된다. 왜냐하면 예방적 확인소송은 공법상 당사자소송의 성질을 가지고 있어 행정처분이 아닌 행정작용에 대한 권리구제수단으로 기능할 수 있을 뿐만 아니라 행정처분과는 달리 사실행위에 대해서는 다른 구제방법이 없어 보충성의 문제도 발생하지 않기 때문이다.507)

II. 행정처분에 대한 예방적 확인소송의 허용가능성

1. 문제의 소재

행정처분에 대한 예방적 확인소송과 관련해서는 문제가 있다. 이 문제와 관련하여 독일에서는 우선 예방적 금지소송과 예방적 확인소송을 그 영역

---

507) 독일에서도 사실행위가 현실화된 이후 집행되기 전에 이의신청(행정심판) 또는 취소소송으로 방어하는 것이 원천적으로 불가능할 뿐만 아니라 다른 소송유형의 적법요건을 우회하는 문제도 발생하지 않기 때문에 사실행위에 대한 예방적 확인소송은 당연히 허용된다는 취지로 설명한다. 대표적으로 Dreier, a.a.O.(Fn. 432), S. 1073.

에 따라 행정행위가 아닌 행정작용과 행정행위에 대하여 각각 활용이 가능한지를 검토하고 있다. 예방적 확인소송과 관련해서는 행정행위가 아닌 행정작용에 대한 예방적 확인소송과 행정행위에 대한 예방적 확인소송을 구분하고, 각각의 영역에서 예방적 확인소송이 가능한지 여부를 중심으로 논의가 이루어지고 있다. 반면 일본과 우리나라에서는 예방적 금지소송과 예방적 확인소송이 모두 인정되는 것을 전제로 두 소송유형의 관계 내지 허용범위 등이 논의되고 있다. 이와 같이 논의의 양상이 다른 이유로는 다음과 같은 이유를 생각해볼 수 있다. 우선 독일의 경우 소송유형을 형성소송, 이행소송, 확인소송으로 구분하고 있을 뿐, 대상이 되는 행정작용을 기준으로 구분하고 있지 않아 행정행위에 대한 확인소송이 허용되는지는 오로지 확인소송의 활용영역의 문제이다(다만 행정행위에 대한 확인소송이 허용되는 것을 전제로 하여 이행소송인 예방적 금지소송과의 우열관계는 보충성의 문제이다). 반면 우리나라와 일본의 경우 소송유형을 그 대상을 기준으로 행정처분을 대상으로 하는 항고소송과 그 밖의 행정작용을 대상으로 하는 당사자소송으로 엄격히 구분한 다음, 예방적 금지소송을 (무명)항고소송으로 보고, 예방적 확인소송은 당사자소송으로 보기 때문에 각자의 대상영역이 한정되어 있다고 볼 여지가 있다. 따라서 한정된 작용영역 이외의 영역에서 활용할 수 있는가의 문제가 제기된다. 이러한 상황에서 항고소송과 당사자소송과의 관계에서 예방적 금지소송과 예방적 확인소송의 관계가 특별히 문제된다.

그런데 우리나라의 경우 여기에 더하여 현실적으로 예방적 금지소송을 이용하기 어려운 현재 상황에서 행정처분에 대한 예방적 확인소송이 가능한지의 문제도 생긴다. 종래 예방적 금지소송과 예방적 확인소송의 대상과 범위를 엄격하게 구분하는 관점을 유지하는 경우 행정처분에 대한 예방적 확인소송은 허용되지 않는다고 볼 여지가 있다. 반면 독일과 같이 확인소송의 활용영역의 차원에서 접근할 경우 행정처분에 대한 예방적 확인소송도 허용된다고 볼 여지도 있다. 이하에서는 이 문제와 관련하여 예방적 금지소송과 예방적 확인소송에 관한 기존의 논의를 독일의 논의와 우리나와 일본의 논의를 중심으로 살펴보고, 현재 우리나라의 상황에서 행정처분에 대한 예방적 확인소송이 허용되는지의 문제를 살펴본다.

2. 독일에서의 논의

독일에서는 앞서 살펴본 바와 같이 행정행위가 아닌 행정작용에 대한 예방적 확인소송은 폭넓게 허용된다는 시각이 일반적이었음에 반하여 침해가 임박한 행정행위에 대한 예방적 확인소송이 허용되는지에 관하여는 상당한 문제가 되었다. 행정행위를 대상으로 하는 예방적 확인소송에 대한 반대 견해는 취소소송만이 행정행위로 인한 권리침해에 대한 유일한 대처방안이라는 관점에서 사후적 권리구제만을 허용하더라도 권리구제에 충분하다는 입장이다. 즉 독일의 취소소송에는 행정법원법 제80조[508] 제1항에

---

508) 제80조 [집행정지효]
　　① 행정심판청구 및 취소소송은 집행정지효를 갖는다. 형성적·확인적 행정행위 및 복효적 행정행위(제80a조)의 경우에도 마찬가지이다.
　　② 집행정지효는 다음 각호의 1에 해당하는 경우에는 상실된다.
　　　1. 공과금 및 공적 비용의 청구
　　　2. 집행경찰관의 유예할 수 없는 명령 및 조치
　　　3. 연방법률에 규정되거나 주(州)법에 대하여는 주의 법률에 의하여 규정된 그 밖의 경우, 특히 투자나 일자리의 창출에 관련된 행정행위에 대한 제3자의 행정심판청구 및 소송의 경우
　　　4. 공익상 또는 관계인의 중대한 이익을 위하여 행정행위를 하였거나 또는 행정심판청구에 대하여 결정하여야 하는 관청이 즉시 집행을 명한 경우
　　각 주는 주가 연방법에 따라 행정집행을 함에 있어서 내린 조치에 대한 권리구제에 있어서는 집행정지효가 없다고 규정할 수 있다.
　　③ 제2항 제4호의 경우에 행정행위를 즉시 집행해야 할 특별한 이익에 대하여는 서면으로 이유를 부기하여야 한다. 위험이 목전에 다다른 경우, 특히 생명·건강 또는 재산에 대한 긴급한 손해가 예견되는 경우에 관청이 공익을 위하여 예방적으

의하여 집행정지 효력이 인정될 뿐만 아니라 취소판결에 의하여 행정행위
가 소급적으로 취소될 수 있는 등 사후적인 권리구제만으로 상당히 권리구
제에 친화적이므로 굳이 예방적 확인소송을 인정할 필요가 없다는 것이다.
특히 이러한 반대입장은 전심절차로서의 이의신청이나 취소소송에 인정되
는 집행정지효를 통하여 행정행위로 인한 피해가 현실화되기 전에 권리구
제를 받을 수 있을 뿐만 아니라, 설령 집행정지효가 인정되지 않는 예외적
인 경우에도 당사자는 행정법원법 제80조 제5항 제1문에 따라 집행정지를
신청할 수 있기 때문에 원고는 행정행위 이후 사실관계의 완결을 저지한

로 긴급조치를 발하였을 때에는 특별한 이유부기를 할 필요가 없다.
④ 행정행위를 하였거나 행정심판에 관하여 결정하여야 하는 관청은 제2항의 경우
에 연방법률에 달리 규정하고 있지 않는 한 집행을 정지할 수 있다. 공과금 및
공적 비용을 청구하는 경우에 관청은 담보를 받고 집행을 정지할 수 있다. 공과
금 및 공적 비용의 경우에 있어서 다툼이 있는 행정행위의 적법성에 대한 현저한
의심이 있거나, 집행이 공과금 또는 비용부담자에 대하여 수임할 수 없으며 중대
한 공익에 의하여 요구되지 않는 결과를 가져올 우려가 있을 때에는 원칙적으로
집행이 정지되어야 한다.
⑤ 본안법원은 신청에 의하여 제2항 제1호 내지 제3호의 경우에 집행정지효의 전부
또는 일부를 명할 수 있으며, 제2항 제4호의 경우에는 집행정지효의 전부 또는
일부를 회복시킬 수 있다. 신청은 취소소송을 제기하기 전에도 할 수 있다. 행정
행위가 결정의 시점에 이미 집행된 경우에는 법원은 집행의 취소를 명할 수 있
다. 집행정지효의 회복은 담보의 제공이나 그 밖의 부담을 조건으로 할 수 있다.
그것은 또한 기한부로 할 수 있다.
⑥ 제2항 제1호의 경우에는 관청이 집행정지신청을 전부 또는 일부 거부한 경우에
만 제5항에 의한 신청이 허용된다. 이는 다음 각호의 1의 경우에는 적용되지 아
니한다.
1. 관청이 신청에 대하여 충분한 이유를 통지하지 않고 상당한 기간 내에 본안결
정을 하지 않거나 또는
2. 집행이 임박한 경우
⑦ 본안법원은 제5항에 의한 신청에 대한 결정을 언제든지 변경 또는 취소할 수 있
다. 모든 소송관계인은 변경되거나 또는 본래의 소송절차에서 과실 없이 주장하
지 못한 사실을 이유로 변경 또는 취소를 신청할 수 있다.
⑧ 긴급한 경우에는 재판장이 결정할 수 있다.

상태에서 이의신청이나 취소소송으로 권리구제를 받을 수 있다는 것을 근거로 한다. 위와 같은 반대견해는 원칙적으로 사후적 권리구제를 이용하도록 하고, 그럼에도 발생하는 공백은 법률규정에 따른 것으로서 당사자가 참고 받아들일 수밖에 없다고 한다. 만약 그렇지 않으면 취소소송에 관한 법률규정, 특히 전심절차에 관한 규정들이 형해화될 수밖에 없다고 한다.[509]

하지만 위와 같이 예방적 확인소송 인정에 소극적인 관점에 대해서는 여러 비판이 제기되었다. 우선 특정한 경우에는 이의신청과 취소소송 등을 통한 사후적인 권리구제가 결함을 드러내고, 이 경우에는 기본법 제19조 제4항의 효과적인 권리구제의 관점에서 이른 단계에서의 권리구제가 필요하다는 것이다.[510] 또한 예방적 확인소송은 취소소송을 대체하는 것이 아니고, 상이한 시점에 제기되는 독립된 소라는 점에서 살펴보면 반드시 예방적 확인소송으로 인하여 전심절차 규정의 우회가 발생한다고 볼 수도 없다고 한다.[511] 이러한 견해들은 예방적 확인소송의 대상에서 행정행위를 제외할 특별한 이유가 없다는 관점으로서, 확인소송의 일반요건을 갖추는 경우 행정행위에 대한 예방적 확인소송도 적법하다고 한다. 현재는 위와 같은 부정적인 견해를 극복하고 일반적인 견해로 자리 잡았다.

한편 예방적 확인소송의 허용성에 관하여 이론적으로는 일반적인 견해와 다르면서도 그 결과에 있어서는 실질적으로 같은 관점을 제시하는 견해가 있다.[512] 이 견해는 행정행위에 대한 예방적 확인소송은 원칙적으로 허용되어서는 안된다고 한다. 왜냐하면 행정법원법 제42조 및 제68조 이하의 규정들에 따르면 행정행위가 임박한 경우 예방적 권리구제는 사후적 권리구제에 양보하는 것이 입법자의 결단으로서, 행정행위에 대한 예방적 권리

---

509) Bettermann, a.a.O.(Fn. 452), S. 195.
510) Dreier, a.a.O.(Fn. 432), S. 1073.
511) Selb, a.a.O.(Fn. 115), S. 111.
512) Schenke, a.a.O.(Fn. 178), Rn. 421, 355, 356.

구제를 일반적으로 허용할 경우 취소소송에 관한 적법요건, 특히 전심절차에 관한 규정이 형해화된다고 한다. 이러한 견해는 행정법원법에 명문화되어 있지는 않지만 소송체계에 내재된 절차간 경합 관계가 존재하는데, 그러한 경합에 따라 예방적 권리구제의 허용성은 제한된다는 것을 전제로 한다. 다만 기본법 제19조 제4항의 효과적인 권리구제의 원칙상 취소소송 등 사후적 권리구제가 행정행위에 대한 효과적인 권리구제를 보장하지 못하는 등의 특별한 경우에는 예외적으로 예방적 확인소송이 허용된다고 한다. 그런데 위와 같은 예외적인 상황은 일반적인 견해가 예방적 확인소송의 허용성을 승인하되 권리보호의 필요를 통하여 그 범위를 제한하는 것과 큰 차이가 없어 결과적으로는 같다고 한다.513)

반면 다툼이 있는 법률관계에 관하여 행정청의 구속력 있는 의사표시를 요구할 수 있기 때문에(예컨대 자신의 영업이 허가의 대상인지 여부에 관하여 행정청의 답변을 요구하는 방법) 확인소송을 제기할 필요가 없다는 관점도 있다. 이러한 관점은 구속력 있는 의사표시를 하여 달라는 국민의 요구에 대한 행정청의 의사표시를 확인적 행정행위로 보고 이에 대하여 취소소송을 제기할 수 있다고 설명한다.514) 그러나 이러한 관점에 대해서는 부정적으로 보는 견해가 일반적이다. 왜냐하면 행정에 대하여 법률관계의 존재 또는 부존재에 관한 구속적 의사표시를 해줄 것을 요구할 수 있는 청구권은 존재하지 않고, 행정청이 법률관계의 존재에 관하여 구속적인 입장을 표명하지 아니할 경우에는 이러한 방법이 원천적으로 활용이 불가능할

---

513) Selb, a.a.O.(Fn. 115), S. 112. 다만 Selb는 Schenke처럼 절차의 경합의 관점에서 예방적 확인소송의 허용성의 문제에 접근하는 것이 허용성은 원칙적으로 긍정하되, 권리보호의 이익으로 허용범위를 조절하는 일반적인 견해보다 우수하다고 한다. 이 견해는 권리보호의 이익이라는 표지는 포괄적이고 그 경계를 설정하는 것이 어려워 행정행위에 대한 예방적 소송이 범람하는 것을 막기 위해서는 권리구제의 이익에 대한 요구를 높게 설정할 수밖에 없다고 지적한다.

514) Hoffmann, BayVBl. 1962, 101.

뿐만 아니라 그러한 의사표시를 강제할 방법도 없기 때문이다. 그리고 설령 행정청이 의사표시를 한다고 하더라도, 그러한 의사표시는 행정행위가 아니라 단지 구속력 없는 의견표시에 불과한 경우가 대부분일 것이라는 점에서도 권리구제의 방법으로는 부적절하다.515)

이상에서 살펴본 바와 같이 현재 독일에서는 행정행위에 대한 예방적 확인소송 부정론은 극복되었고, 다수의 문헌과 판례516)에서 원칙적으로 허용되는 것으로 받아들여지고 있다.

3. 우리나라와 일본에서의 논의

우리나라와 일본에서의 논의는 주로 예방적 금지소송이 도입되는 것을 전제로 예방적 금지소송과 예방적 확인소송의 관계를 어떻게 설정할 것인지에 초점이 맞추어져 있다.

1) 우리나라에서의 논의

우리나라에서는 행정소송법이 행정소송을 항고소송·당사자소송·민중소송·기관소송의 네 가지로 구분하는 동시에 '처분등'과 '부작위'의 개념을 정의하는 규정을 두고 있는 취지에 비추어 처분의 성질을 가지는 행정작용(부작위)에 대하여는 항고소송인 예방적 금지소송으로 다투고, 처분 이외의 행정작용(사실행위로서의 부작위 등)에 대하여는 공법상의 당사자소송으로 다투면 된다는 견해가 있다.517) 그 밖에 행정처분을 포함한 모든 예방적

---

515) Schenke, a.a.O.(Fn. 368), S. 258.
516) BVerwG, Urteil vom 12. 1. 1967. - III C 58.65 = BVerwGE 26, 23 = NJW 1967, 996; BVerwG, Urteil vom 7. 5. 1987. - 3 C 53.85 = BVerwGE 77, 207 등.
517) 김남진, 앞의 논문(주 465), 16면; 같은 취지로 김현준·박웅광, "예방적 금지를 구하는 행정소송: 대법원·법무부 개정안 및 일본 행소법의 비교검토를 중심으로", 토지공법연구 제50집, 2010, 305면(다만 이 견해의 기본 입장은 현행법 해석론으로서도

구제를 일반 이행소송의 형태로 인정하고 있는 독일 행정사건소송법과 실무 운용 태도를 근거로 예방적 구제 전체를 당사자소송으로 보는 견해도 있다.[518]

2) 일본에서의 논의

2004년 행정사건소송법 개정으로 금지소송을 도입한 일본에서는 두 소송유형 사이의 관계에 대한 논의가 대단히 활발하게 이루어졌다. 일본에서는 위와 같은 행정사건소송법 개정으로 예방적 확인소송과 금지소송을 구분하고, 서로의 영역을 나누는 것이 현실적인 문제가 되었다. 이에 대하여 일반적으로는 일정한 불이익 처분이 당연히 예상되는 경우에는 금지소송이 어울리고, 어떠한 불이익 처분이 이루어질 것인지 예측하기 어려운 경우나 불이익 처분 이외에 불이익한 행정작용이 예측되는 경우 등에는 확인소송이 어울릴 것이라는 견해,[519] 장래 처분의 기초가 되는 법률관계 및 장래 처분의 발생을 저지하는 법률관계의 존부 확인소송은 모두 당사자소송이라고 하는 견해[520] 등이 제시된 바 있다.

한편 일본 최고재판소는 2012년 금지소송과 확인소송의 관계에 관한 중요한 판시를 하였다. 이 사건은 공립고등학교 등의 교직원이 졸업식 등의 행사에서 국기를 향하여 기립하여 국가를 제창하거나 피아노 반주를 할 것을 명하는 취지의 교장의 직무명령의 기초가 된 의무의 부존재 확인을 구하는 소가 제기된 사안이다. 일본 최고재판소는 위와 같은 직무명령의 위반을 이유로 하여 행하여진 개연성이 있는 징계처분에 대한 금지의 소를 제기하는 것이 가능하고, 그 본안에서 당해 의무의 존부가 판단의 대상이

무명항고소송을 적극적으로 활용하면서 공법상 확인소송의 활용도 도모하려는 데에 있는 것으로 보인다).

518) 정하중, 앞의 책(주 302), 715면.

519) 山田洋, 前揭注(352), 47頁.

520) 小早川光郎, 前揭注(95), 335頁.

346 공법상 당사자소송 중 확인소송에 관한 연구

되는 경우에는 징계처분의 예방을 목적으로 하는 소위 무명항고소송에 해
당하는 다른 적당한 소송방법이 있기 때문에 보충성의 요건을 흠결하여 부
적법하다고 하였다(最高裁判所 平成 24. 2. 9. 民集 66권 2호 183).521)

  하지만 일본의 학설은 일반적으로 위와 같은 일본 최고재판소의 판례에
대하여 회의적인 입장으로서 두 소송유형을 위 판례처럼 배타적인 것으로
파악하여 금지소송이 가능하다면 확인소송은 허용되지 않는 것으로 보는
것에 반대하고 있다.522) 이는 행정의 작용이 반드시 항고소송과 확인소송
중 어느 한쪽의 대상으로 배분되어야 한다는 선택적인 해석을 지양하고 헌
법이 보장하는 재판을 받을 권리를 보장하여 구제 가능성을 확대하는 형태
의 해석론을 전개하고자 하는 사고가 전제되어 있다. 이러한 사고의 저변
에는 행정작용의 위법성을 확인하고 그에 대한 구제방법을 제시하는 것은
법원의 역할로서 국민에게 분쟁의 근원이 되는 행정작용이 행정처분인지
를 엄격하게 따져 소의 방법선택에 대한 위험을 부담하게 할 수 없다는 인

---

521) 이 판결은 최고재판소가 일본에서 2004년 도입된 금지소송의 소송요건을 정면으로
    판시하면서 금지소송과 밀접하게 관계되는 사안에서 공법상 확인소송의 적법요건을
    판시한 한 최초의 판례이다. 이 판례는 금지소송과 당사자소송으로서의 확인소송을
    사법에 의한 행정통제의 강화와 권리보호의 실효성의 향상이라는 행정사건소송법
    개정의 취지에 따라 활용하여야 한다는 것을 보여주려는 최고재판소의 의욕이 표현
    된 것으로 평가되고 있다[山本隆司, "行政處分差止訴訟および義務不存在確認訴訟の適
    法性" 論究 ジュリスト 3号, 118頁(2012)]. 특히 이 판결은 원고에 대하여 불이익한
    처분이 이루어질 가능성이 있는 사안에서 처분 이외의 불이익이 있을 수 있는 경우
    그 예방을 목적으로 하는 당사자소송이 가능하다는 것을 판시한 점에서 주목된다.
    이 판결의 사실관계와 자세한 판시내용, 그리고 그 해석에 관하여는 이승훈, 앞의
    논문(주 80), 422면 이하 참조.
522) 양 소송을 상호배타적인 것으로 보아서는 안된다는 것을 주장하는 견해로서 橋本博
    之, 前揭注(77), 81頁; 山田洋, 前揭注(352), 47頁; 南博方·高橋滋 編, 條解 行政事件訴訟
    法 [高橋滋], 47頁(弘文堂, 2006); 南博方·高橋滋 編, 條解 行政事件訴訟法 [山田洋],
    128頁(弘文堂, 2006); 中川丈久, 前揭注(120), 980頁; 村上裕章, 前揭注(206), 750頁; 湊
    二郎, 前揭注(71), 34頁; 大貫裕之, "實質的當事者訴訟と抗告訴訟に關する論點 覺書",
    行政法學の未來に向けて, 647頁(有斐閣, 2012).

식이 깔려 있다.523)

이상과 같이 일본에서는 예방적 확인소송을 그 목적에 따라 구분하여 행정처분의 예방을 목적으로 하는 경우에는 허용하지 않고, 행정처분 이외의 행정작용의 예방을 목적으로 하는 경우에는 구제를 허용하는 것은 부당하다는 것이 문헌의 일반적인 태도로 보인다.524) 결국 일본에서는 분쟁의 근본적 해결에 어느 것이 적절한가의 관점에서 금지소송과 확인소송 각각의 소송요건을 갖추고 있으면 충분하고, 이 경우 원고의 선택에 따라 어느 방향이든 편한 방법에 따라 두 가지 소송 모두를 제기할 수 있다. 이러한 관점은 금지소송과 공법상 확인소송 양자의 소송 요건을 모두 만족한다면, 그 중 하나를 제기하는가 또는 모두를 제기하는가는 원고의 선택에 맡기고, 원고의 청구가 불분명하다면 석명권의 활용을 통해 이를 분명히 하면 된다는 입장으로 정리된다.525)

---

523) 橋本博之, 前揭注(77), 88頁.

524) 山本隆司, 前揭注(521), 126頁은 공법상 확인소송의 소송물은 행정처분과 그 이외의 불이익한 행정작용에 공통되는 요건으로서의 공적의무이지 이를 행정처분 이외의 불이익한 행정작용의 요건의 하나로서 공적의무라고 한정할 것은 아니라고 한다. 이렇게 보지 않으면 공법상 확인소송이 제기되는 경우 공적의무의 존부에 관한 확정판결의 기판력은 행정처분이 있은 후에 제기되는 처분의 취소소송에 미치지 않고, 취소소송에서는 선결문제로서 공적의무의 존부에 대해 다른 판단이 이루어질 수 있게 되는데, 이러한 결과는 기교적일 뿐만 아니라 부당하다고 한다. 위 견해는 공법상 확인소송의 소송물을 이와 같이 정리하면서도 행정처분에 대한 예방적 금지에 있어 금지소송과 확인소송의 선후관계에 대해서는 "처분의 예방을 목적으로 하는 경우에는 항고소송(금지소송 등)을 우선적으로 이용하여야 하기 때문에, 당사자소송으로서의 공법상 확인소송에 있어서 확인의 이익의 근거가 되는 사실로서는 처분 이외의 불이익조치에 의한 권리이익침해(의 위험) 만을 원용할 수 있다."라고 한다. 즉 소송물이 아닌 소의 이익의 단계에서 당사자소송을 항고소송으로부터 구별하고 있다.

525) 橋本博之, 前揭注(77), 94頁; 南博方・高橋滋 編, 條解 行政事件訴訟法 [山田洋], 128頁 (弘文堂, 2006).

4. 행정처분에 대한 예방적 확인소송의 허용가능성

이상과 같이 예방적 권리구제체계 내에서 예방적 금지소송과 예방적 확인소송의 관계에 관한 논의를 살펴보았다. 이 문제는 현행 행정소송법 내에서 예방적 금지소송의 허용가능성에 의문이 있는 현 상황에서 예방적 확인소송이 행정처분에 대한 예방적 권리구제의 역할까지 할 수 있는가의 문제로 요약된다. 이에 관하여 앞서 살펴본 바와 같이 예방적 확인소송의 활용영역의 문제로 접근하는 독일과 (무명)항고소송인 예방적 금지소송과 당사자소송인 확인소송 사이의 관계 문제로 접근하는 우리나라와 일본의 접근방식에 차이가 있으나, 독일과 일본에서는 이를 긍정하는 입장이 일반적이라는 점을 확인한 바 있다. 이러한 관점에서 볼 때 우리나라의 경우도 행정처분에 대한 예방적 확인소송이 허용된다고 보아야 한다. 구체적인 이유는 다음과 같다.

① 예방적 권리구제를 그 대상에 따라 행정처분에 대해서는 예방적 금지소송으로, 그 밖의 행정작용에 대해서는 예방적 확인소송으로 구분하는 관점은 항고소송과 공법상 당사자소송의 대상이 엄격하게 구분된다는 관점에 기초하고 있다. 하지만 행정처분은 공법상 법률관계의 기초 위에 놓여 있는 행정의 행위형식의 하나에 불과하다는 점에서 보면,526) 행정처분

---

526) Otto Bachof는 행정행위 중심의 권리구제체계 운용을 비판하면서 법률관계를 중심으로 행정법관계를 새롭게 구성하여야 한다고 역설한다. 그에 의하면 행정행위는 법률관계의 일면을 포착하는 스냅사진(Momentaufnahme)에 불과하고, 법률관계 개념이 실체법적 측면에서 행정행위 개념보다 더 중요하고 행정법관계 구성에 더욱 유익하다고 한다. 즉 행정행위는 법률관계를 형성, 변동, 소멸시키는 행위형식 중 하나에 불과하고, 법률관계를 형성, 변동, 소멸시키는 행정작용은 행정행위 외에도 여러 가지가 있으므로 행정법을 구성하는 중심개념은 행정행위를 포괄하는 법률관계 개념이 되어야 한다는 것이다. 이상 Bachof, Die Dogmatik des Verwaltungsrechts vor den Gegenwartsaufgaben der Verwaltung, in: Veröffentlichungen der Vereinigung der Deutschen Staatsrechtslehrer, Bd. 30, S. 231 f.

과 공법상 법률관계의 경계를 엄격하게 구분하여 각각에 대한 독립된 소송 유형을 별도로 설정하는 것은 불가능하고, 필요하지도 않다. 특히 행정처분 역시 기저에는 국가와 국민 사이의 법률관계가 놓여 있고 국가와 국민 사이의 법관계가 행정처분이라는 특별한 행위형식을 통하여 구체화된다는 관점에서 본다면 행정처분의 기초가 되는 법률관계도 공법상 확인소송의 대상이 될 수 있다.

② 예방적 금지소송을 운용하고 있는 독일과 일본의 경우에도 예방적 금지소송과 예방적 확인소송의 대상을 엄격하게 구분하고 있지 않다. 다만 행정행위에 대하여는 예방적 금지소송이 우선이라는 일응의 기준이 제시되어 있기는 하지만,527) 이는 소송 대상의 측면에서 예방적 금지소송과 예방적 확인소송을 엄격하게 구분하는 관점에서 제시된 기준이 아니고, 단지 보충성의 원칙상 예방적 금지소송은 집행력이 있어 예방적 확인소송에 비하여 일반적으로 더 강한 권리구제를 제공할 수 있다는 시각이 반영된 것에 불과하다.528) 그리고 독일 연방행정법원은 그나마의 기준도 완화하여

---

527) 독일에서는 원칙적으로 예방적 금지소송은 행정행위에 대하여 허용된다는 것이 일반적이고, 여기에 더하여 법규범이나 사실행위 등에 대해서도 예방적 금지소송이 허용되는지에 대해서는, 사실행위는 허용될 수 있지만, 법규범에 대해서는 원칙적으로 허용되지 않는다는 견해, 발급이 임박한 사실행위는 물론 법률을 제외한 법률하위규범도 예방적 금지소송의 대상이 된다는 견해, 사실행위에 대해서는 특별한 언급을 하지 않으면서 행정행위 이외의 일반적·추상적 행정작용(집행작용)으로 법규범에 대한 예방적 금지소송이 허용된다고 보는 견해 등이 있다고 한다(자세한 내용은 정남철, "행정소송법 개정안의 내용 및 문제점", 법제연구 통권 제44호, 2013. 6, 307면 참조).

528) Dreier, a.a.O.(Fn. 432), S. 1077. 위 문헌은 공격의 대상이 현실화되어 있지 않은 예방적 권리구제에 있어 예방적 금지소송과 예방적 확인소송 모두가 가능하나, 단지 확인소송의 보충성으로 인하여 예방적 금지소송의 활용범위가 좀 더 넓다는 취지로 설명되어 있다. 그리고 그나마도 보충성을 단지 취소소송과 의무이행소송의 적법요건을 우회하는 것을 방지하기 위한 것으로 이해하는 연방행정법원으로 인하여 적법요건의 우회가 문제되지 않는 이행소송(예방적 금지소송)과 확인소송 사이에는 보충성이 적용되지 않는다고 한다. 특히 행정행위에 대한 예방적 금지소송은 전심절차의

예방적 금지소송을 제기할 수 있는 경우에도 예방적 확인소송을 제기할 수 있다고 한다. 이처럼 예방적 금지소송과 예방적 확인소송을 대상의 측면에서 구분할 논리필연적인 이유는 전혀 없다.

③ 위와 같이 행정처분에 대하여 예방적 금지소송이 우선하여야 한다는 관점이 보충성의 원칙에 근거하는 이상, 예방적 금지소송이 현실적으로 가능하지 않은 현행 행정소송법 내에서는 예방적 확인소송을 활용할 수 있다고 보는 것이 예방적 권리구제를 허용하는 취지에 들어맞고 효과적인 권리구제를 실현하는 데에도 도움이 된다.

④ 나아가 행정행위에 대해서는 예방적 금지소송을, 그 밖의 행정작용에 대해서는 예방적 확인소송을 제기하여야 한다는 관점은 결국 소를 제기하는 원고가 자신의 책임 하에 행정작용의 성질을 구분하여 소송형식을 선택하여야 한다는 의미가 되는데, 해당 행정작용이 행정처분인지 아닌지 명확하게 구분되지 않는 상황에서 일반 국민이 양자를 구분하여 올바른 소송유형을 선택하는 것은 쉬운일이 아니다. 이는 소송형식 선택의 위험을 국민에게 전가하는 것으로서 적절하지 않다.529)

제한이 없기 때문에 많은 사례에서 원고는 확인소송과 예방적 금지소송 중에 하나를 선택할 수 있다고 한다.

529) 예방적 금지소송와 예방적 확인소송 모두의 활용가능성을 높이면서 탄력적으로 운용하여 국민에게 소송유형 선택의 부담을 지우게 해서는 안 된다는 입법론 및 해석론이 필요하다는 관점에서 두 소송유형을 양자택일·상호배타적인 관계로 보지 않고 확인소송을 제기했다고 하여 예방적 금지소송을 제기할 수 없는 것은 아니라는 설명으로 김현준, 박웅광, 앞의 논문(주 517), 304면 이하 참조.

제4절 예방적 확인소송의 유형과 요건

I. 예방적 확인소송의 유형

예방적 확인소송은 공법상 확인소송의 일반적인 구분방법에 따를 경우 다음과 같은 두 가지 유형을 상정할 수 있다. ① 우선 원고가 행정에 대하여 특정한 조치의 금지를 주장할 수 있는 권리가 있음의 확인을 구하는 경우(적극적 확인소송), ② 행정이 그러한 조치를 할 권한이 없다는 것의 확인을 구하는 경우(소극적 확인소송)가 있다. 독일의 실무상으로는 소극적 확인소송이 원고가 소를 통하여 구하는 요구사항에 부합할 뿐만 아니라 금지청구권의 존재를 직접 증명할 필요가 없기 때문에 적극적 확인소송에 비하여 압도적으로 많다고 한다.530)

II. 예방적 확인소송의 요건

1. 구체적인 법률관계의 존재

1) 구체화와 분쟁성의 요구

앞서 공법상 확인소송의 일반론에서 살펴본 바와 같이 확인소송은 국가와 국민 사이의 법적 관계가 응축되어 법률관계로 구체화될 것을 전제로

---

530) Schenke, a.a.O.(Fn. 368), S. 253.

한다. 이러한 구체화는 확인소송의 대상이 될 수 없는 추상적인 법상태와 확인소송의 대상이 되는 법률관계의 경계를 설정하는 기준이 된다. 이는 예방적 확인소송에 있어서도 마찬가지이다. 따라서 예방적 확인소송에 있어서도 법상태가 법률관계로 응축되었는가, 즉 구체화되었는가를 심사하여야 한다. 특히 예방적 확인소송에 있어서는 당사자가 위법성의 확인을 구하는 침해적인 조치가 현실화되지 않은 상황에서, 과연 어느 경우에, 그리고 어느 시점에 이르러야 확인의 대상이 되는 법률관계가 성립하는지가 문제되고, 이 점이 집중적으로 심리되어야 한다.

행정행위만이 법률관계 성립의 근거가 될 수 있다는 과거의 견해에 의하면, 행정행위 발령 전에는 확인소송의 대상이 될 수 없는 추상적인 법상태만이 존재한다고 보아 법상태는 오로지 행정행위의 발령에 의해서만 확인소송의 대상이 되는 법률관계로 발전할 수 있는 것으로 보았다. 그런데 점차 위와 같은 해석은 법률관계의 개념을 너무 협소하게 본다는 시각이 자리 잡았고,531) 그에 따라 행정행위 발령 전에도 국민과 국가 사이에 법률관계가 성립할 수 있다는 것이 인정되기에 이르렀다. 오로지 행정행위에 의해서만 법상태가 법률관계가 된다는 시각에서 벗어나 일정한 상황에서 요건이 갖추어지면 단순한 법상태가 예방적 확인소송의 대상이 되는 법률관계로 구체화될 수 있다고 보게 된 것이다. 하지만 동시에 행정행위가 법상태와 법률관계의 경계를 구분 짓는 유일한 수단이라는 관점이 배제됨으로써, 행정행위 발령 전 어느 단계에서 확인소송의 대상이 되는 법률관계가 성립할 수 있는지를 판단하여야 하는 어려운 문제가 발생하게 되었다.

2) 구체화의 내용

예방적 확인소송에 있어 어떤 경우에 당사자의 법적 관계가 법률관계로

---

531) W. Jellinek, Der Schutz des öffentlichen Rechts, in: Veröffentlichungen der Vereinigung der Deutschen Staatsrechtslehrer, Bd. 2, S. 62 ff.

구체화되는가에 대해서 다양한 관점이 존재한다. 이에 관하여 일부 견해는
국가와 개인 사이에 오로지 행정청의 의사만으로 개인에 대한 개입이 허용
되는 관계가 성립한 때 확인소송의 대상이 되는 법률관계가 존재한다고 한
다.532) 반면 다른 견해는 법규범이 국민 또는 국가의 권리와 의무의 발생
을 법률효과로 하는 특정한 구성요건을 규정하고 있는 경우에 그러한 구성
요건이 실현되는 즉시 법상태가 구체적인 법률관계로 구체화된다고 한
다.533) 한편 또 다른 견해는 침해규범이 정한 구성요건의 충족 외에 행정
청이 개별 사안에 대하여 '관심을 갖기 시작한때'에 법률관계가 성립한다
고 한다.534)

　오늘날의 일반적인 견해는 이러한 견해들을 종합하여 행정기관이 특정
한 행위를 할 것을 이미 분명하게 확정하였을 것이 요구되고, 이로 인하여
원고의 권리에 대한 구체적인 위험이 존재할 것이 요구된다.535) 여기에 해
당하는지 여부를 판단하기 위해서는 외부에서 객관적으로 평가할 수 있는
행정청의 어떠한 언동이 중요하다. 즉 제4장에서 살펴본 바와 같이 공법상
확인소송에서 법상태가 확인소송의 대상인 법률관계로 구체화되었는지의
판단기준으로 결정적인 것은 '행정청이 어떠한 행위를 하였는가.'인데, 예
방적 확인소송에 있어 구체화는 특정한 형식은 없지만 당사자에게 불이익
한 조치가 예고된 경우에도 가능하다.536) 이와 같이 행정기관이 원고에게
장래 어떠한 불이익한 조치를 하겠다는 취지로 고지하는 등과 같이 당사자
에게 불이익한 조치가 예고된 경우에도 구체화가 가능하다. 다만 적어도

---

532) W. Jellinek, a.a.O.(Fn. 531), S. 62.

533) Menger, a.a.O.(Fn. 92), S. 234 ff. 이 견해에 따르면 구체화는 단순히 규범이 정한
　　구성요건의 충족에 불과하다.

534) Fenge, Die verwaltungsgerichtliche Feststellungsklage bei drohenden Verwaltungsakten,
　　DÖV. 1956, 392.

535) Dreier, a.a.O.(Fn. 432), S. 1073; Selb, a.a.O.(Fn. 115), S. 115.

536) 특히 Schenke, a.a.O.(Fn. 368), S. 254.

당사자가 행정기관이 자신에 대하여 특정한 조치를 할 것이라고 믿을 만한 구체적인 계기가 있을 것이 요구되는데, 이러한 계기가 없는 경우(예컨대 특정한 행정조치의 발령 여부가 장래 발생이 불확실한 사실에 좌우되는 경우) 확인소송은 구체화되지 않은 추상적인 위험을 대상으로 하는 것으로서 부적법하다. 또한 원고의 행동이나 영업활동에 대하여 관할 행정청에 의한 구체적인 문제제기가 존재하지도 않고 원고에 대하여 행정조치나 형사처벌 또는 과태료부과 절차가 개시될 위험도 없는 경우에는 구체화된 법률관계는 존재하지 않는다.537)

한편 앞서 소개한 주관적 권리를 곧 법률관계로 이해하는 관점에서는 다음과 같이 설명한다. 즉 행정에 의한 침해적 조치가 임박한 경우 어떤 전제에서, 그리고 어떤 시점에 당사자의 주관적 권리로서의 금지청구권이 성립하는지가 문제된다고 본다. 그리고 이에 대하여는 앞서 살펴본 바와 같이

---

537) BVerwG, Urteil vom 7. 5. 1987. - 3 C 53.85 = LMRR 1987, 31.
　　 원고는 냉동가금류 수입업자이다. 원고의 구매담당자에 대하여 제기된 과태료부과 절차에서 코블렌츠 고등법원은 닭의 몸통에서 사람의 손으로 분리된 냉동 닭다리에 대해서는 배송된 상자의 5% 정도에 대해서 조사할 것이 요구된다고 판시하였는데, 원고는 위와 같은 판시가 부당하다고 보아 행정법원에 식료품법상 조사의무를 어느 정도로 이행하여야 하는지에 관한 확인의 소를 제기하였다.
　　 이에 대하여 독일 연방행정법원은 이 사건 확인소송은 행정법원법 제43조의 요건을 갖추지 못하여 부적법하다고 판단하였다. 독일 연방행정법원은 확인소송의 법률관계와 관련하여 "행정법원법 제43조 제1항의 확인소송은 법률관계의 존재 또는 부존재만을 대상으로 할 수 있고, 이 법률관계는 특별한 상황을 통하여 충분히 구체화되어야 한다. 다툼이 있는 관계는 엄격한 형태로 구체화되어야 한다. 원고의 주장에 따라 당사자들이 구체화된 사실관계에 기초하여 다투고 있는지 여부 또는 오히려 원고가 행정법원에 도매업자이자 수입업자로서 제품조사의무의 내용에 관한 추상적인 법률문제를 제기하고 있는 것은 아닌지 여부가 문제된다. 현재에는 제품조사의 요건이 갖추어지지 아니하였다는 사실이 고려되어야 한다. 또한 현재로서는 식료품 위생 관할 행정청에 의한 구체적인 문제제기가 존재하지도 않고 원고에 대하여 식료품법상 행정조치나 형사처벌 또는 과태료부과 절차가 개시될 위험도 없다."는 이유로 법률관계가 구체화되지 않았다고 판단하였다.

자유권적 기본권에 대한 구체적인 위험이 있는 경우나 그것이 침해 위협이
있는 경우에 성립한다고 본다.538) 다만 독일에서는 금지청구권은 예방적
금지소송으로 주장될 수도 있으므로, 예방적 확인소송과 마찬가지로 예방
적 금지소송의 허용성이 모두 인정되고, 그들 상호간의 관계나 우선순위와
관련해서는 확인소송의 보충성을 통해 해결하고 있다.

3) 법률관계의 구체화 사례

(1) 상정가능한 사례들

이상과 같이 행정청이 법률상 행정목적을 달성하기 위하여 특정한 행정
적 조치를 할 수 있다면 그러한 조치가 발동되어 불이익을 받을 위험이 현
단계에서 구체화될 수 있는지가 문제된다. 일반적으로 상정가능한 다음과
같은 예들이 있다.

① 먼저 행정청이 행정처분을 하기 전에 행정절차법에 따라 처분의 사
전통지(제21조)를 하거나 의견제출을 요구(제22조 제3항)한 경우에는 이미
행정청이 원고의 특정한 행위에 대하여 원고에게 불이익한 처분을 하겠다
는 의사를 분명하게 한 경우이므로 위와 같은 사전통지 내지 의견제출 요
구로 인하여 원고와 행정청 사이에 행정청이 발령 예정인 행정처분을 둘러
싼 구체적인 법률관계가 성립한다. 다만 이 경우에는 사전통지 또는 의견
제출 요구 후에 곧 행정처분을 발령하는 경우가 대부분이므로 항고소송으
로 다툴 수 있게 된다. 따라서 이 경우 일반적으로는 예방적 확인소송을 이
용할 필요는 없을 것으로 보인다.

② 반면 행정청이 행정절차법이 정한 공식적인 통보절차를 거치지는 않
지만 원고의 특정한 행위에 대하여 불이익한 조치를 하겠다고 통보하는 경

---

538) Schenke, a.a.O.(Fn. 368), S. 231.

우가 있다. 예컨대 행정기관이 원고의 특정한 행위는 위법한 행위이므로 수사기관에 고발하겠다고 통보하거나 과태료나 제재조치를 예고하는 경우 등이다. 이러한 경우에도 행정청은 원고의 행위가 위법하고, 그에 대하여 불이익한 조치를 하겠다는 의사를 명확하게 한 것이므로 원고와 행정기관 사이에 구체적인 법률관계가 형성되었다고 할 수 있다(행정기관의 특정한 의사가 이미 확립되었으므로 분쟁의 성숙성이 갖추어진 것으로 볼 수 있다).

③ 반면 행정기관이 단순히 사실관계를 확인하거나, 특정한 행위를 한 사실이 있는지 여부를 확인하는 데에 그친 경우에는 행정기관이 특정한 행정조치를 하기 위한 정보수집 내지 사실조사를 한 것에 불과한 경우가 대부분이다. 이 경우 특정한 행정조치를 하겠다는 의사가 정해진 것은 아니므로 법률관계가 구체화되었다고 할 수 없다. 마찬가지로 행정기관이 언론기관에 특정한 행위가 확인될 경우 제재적 조치 여부를 검토할 수 있다는 정도의 의견을 표출한 경우도 법률관계가 구체화되었다고 볼 수 없는 경우가 대부분일 것이다.

④ 하지만 예외적으로는 행정기관의 단순한 의사표현 만으로도 법률관계가 구체화되었다고 볼 수 있는 사례도 있다. 예컨대 행정기관이 특정한 성분은 인체에 유해하다는 연구결과를 기초로 해당 성분이 들어간 제품을 사용하고 있는 제품 또는 업체의 명단을 공표하려는 경우, 행정기관이 해당 업체에 그 사실을 미리 통보하기 보다는 언론기관에 보도자료를 배포하는 방법으로 조치계획을 알리는 경우가 일반적인데, 이 경우에는 행정기관이 그러한 의사를 간접적으로 표시하였다는 것만으로도 이미 구체적인 법률관계가 성립하였다고 볼 수 있을 것이다.

⑤ 특수한 경우로서 행정작용의 대상이 될 수 있는 국민의 신청에 따라 이루어지는 특정한 행위의 적법성에 관한 사전심사 내지 적합성심사가 있다. 예컨대 공정거래위원회 고시인 '독점규제 및 공정거래에 관한 법률 등의 위반여부 사전심사청구에 관한 운영지침'에 의하면 사업자 또는 사업자단

체가 어떤 행위를 하기 전에 그 행위가 독점규제 및 공정거래에 관한 법률, 가맹사업거래의 공정화에 관한 법률, 표시·광고의 공정화에 관한 법률, 하도급 거래 공정화에 관한 법률, 전자상거래 등에서의 소비자보호에 관한 법률, 방문판매 등에 관한 법률, 할부거래에 관한 법률, 대규모 유통업에서의 거래 공정화에 관한 법률에 위반되는지 여부에 대해 공정거래위원회에 심사를 청구할 수 있다. 뿐만 아니라 민원 처리에 관한 법률 제30조 제1항에 의하면 민원인은 법정민원 중 신청에 경제적으로 많은 비용이 수반되는 민원 등 대통령령으로 정하는 민원에 대하여는 행정기관의 장에게 정식으로 민원을 신청하기 전에 미리 약식의 사전심사를 청구할 수 있다. 이와 같은 사전심사는 종래의 법위반사업자 등에 대한 사후제재 중심의 통제체계를 사전예방 중심으로 전환함으로써 사후제재로 인하여 사업자가 입을 수 있는 경영·평판·금전상의 손실을 예방하여 거래의 불안정성을 해소하고 사업상의 시행착오를 방지하며, 자율적인 법 준수문화 확산에 기여함과 동시에 잠재적인 소비자 등에 대한 피해를 미연에 방지하기 위하여 도입된 것이다.539)

그런데 행정기관이 사전심사를 청구한 사업자나 민원인에게 특정한 영업 내지 행위가 위법하다고 회답한 경우 그 회답에 대한 구제수단이 있는지가 문제된다. 사전심사에 대한 행정기관의 회답은 완전히 구체화되지 않은 사실관계에 대하여 제한된 자료를 바탕으로 내린 잠정적인 결론에 불과하므로 그것을 행정처분으로 보기는 어려울 것으로 생각된다.540) 따라서

---

539) 신영수, "공정거래위원회에 의한 사전심사청구제도의 현황 및 개선방안", 경영법률 제22집 제1호, 2011, 448면.

540) 대법원은 구 민원사무 처리에 관한 법률 제19조 제1항, 제3항, 구 민원사무 처리에 관한 법률 시행령(2012. 12. 20. 대통령령 제24235호로 개정되기 전의 것) 제31조 제3항의 내용과 체계에다가 사전심사청구제도는 민원인이 대규모의 경제적 비용이 수반되는 민원사항에 대하여 간편한 절차로써 미리 행정청의 공적 견해를 받아볼 수 있도록 하여 민원행정의 예측 가능성을 확보하게 하는 데에 취지가 있다고 보이

행정기관의 사전심사에 대한 회답 그 자체를 항고소송으로 다툴 수는 없을 것이다. 다만 이러한 사전심사에 대한 회답이 그 이후 행정기관의 본 조사 절차로 이어지거나 그 절차에 반영되어 불이익한 처분으로 이어질 가능성 이 높다는 점에서 사전심사에 대한 회답이 있는 경우 불이익한 본 처분의 발령을 저지하기 위한 예방적 확인소송을 제기하는 것은 허용될 수 있다. 즉 사전심사에 대한 회답은 비록 잠정적인 의견이기는 하나 행정기관이 관 계 법령에 따른 절차를 거쳐 제시한 일응의 의견으로서 불이익한 조치에 대한 예고로 볼 수 있으므로 위와 같은 회답을 통해 국민과 행정기관 사이 에 구체적인 법률관계가 형성된다고 할 수 있다.

(2) 구체적인 법률관계의 두 가지 유형

이상에서 제시한 사례들을 기초로 살펴보면, 예방적 확인소송에서 법률관

고, 민원인이 희망하는 특정한 견해의 표명까지 요구할 수 있는 권리를 부여한 것으 로 보기는 어려운 점, 행정청은 사전심사결과 가능하다는 통보를 한 때에도 구 민원 사무처리법 제19조 제3항에 의한 제약이 따르기는 하나 반드시 민원사항을 인용하 는 처분을 해야 하는 것은 아닌 점, 행정청은 사전심사결과 불가능하다고 통보하였 더라도 사전심사결과에 구애되지 않고 민원사항을 처리할 수 있으므로 불가능하다 는 통보가 민원인의 권리의무에 직접적 영향을 미친다고 볼 수 없고, 통보로 인하여 민원인에게 어떠한 법적 불이익이 발생할 가능성도 없는 점 등 여러 사정을 종합해 보면, 구 민원사무처리법이 규정하는 사전심사결과 통보는 항고소송의 대상이 되는 행정처분에 해당하지 아니한다고 판시한 바 있다(대법원 2014. 4. 24. 선고 2013두 7834 판결 참조).
위 대법원 판례에 관한 자세한 해석 및 구 민원사무 처리에 관한 법률의 사전심사결 과 통보가 행정처분에 해당하지 않는 이유에 관한 자세한 논증은 노종찬, "구 민원 사무처리에 관한 법률상 사전심사 결과 통보가 항고소송의 대상이 되는 행정처분인 지 여부", 대법원판례해설 제99호, 2014, 549면 이하. 반면 신영수, 앞의 논문(주 525), 468면 이하에 의하면, 사업자의 사전심사청구에 대한 공정거래위원회의 회답 은 처분성이 인정된다고 하면서도 그 회답은 아직 실현되지 않은 사안에 대한 잠정 적인 의견을 표명한 것으로서 소송을 제기할 만한 법익침해성이 존재한다고 볼 수 없다고 한다.

계로 구체화될 수 있는 상황으로 다음과 같은 두 가지 경우가 제시된다.[541]

① 우선 행정이 특정한 사실상태에 개입하여 침해적 행정작용을 할 수 있는 근거가 되는 법규범이 상위 법령에 반하는 등의 이유로 무효인 경우가 있다. 이 경우는 규범제정권자의 잘못에 기인한 것으로서 규범의 유효성을 부정하는 확립된 판례가 존재하는 경우가 아닌 한, 행정청으로서는 일반적으로 그 규범이 유효한 것을 전제로 해당 규범의 구성요건을 충족하는 사실관계가 존재하는 경우 규범의 강행적인 성격으로 인하여 해당 행정작용을 하여야 한다(경우에 따라서는 그 작용을 해야만 하는 의무가 주어지기도 한다). 이 경우에는 개인의 자유권에 대한 구체적인 위험이 존재하는 것으로 이해된다.[542] 따라서 쟁점이 되는 사실관계가 해당 법규범의 구성요건을 충족하였다면 행정기관의 특정한 조치가 없더라도 구체적인 법률관계가 존재한다고 보아 예방적 확인소송이 허용된다.

② 보다 일반적인 경우로서 침해규범은 유효하나, 행정이 어떤 사실관계가 침해적인 행정작용을 허용하는 규범의 구성요건에 포섭될 수 있다고 잘못 파악한 경우이다. 이는 행정이 잘못된 판단에 기초하였거나, 또는 규범을 잘못 해석하여 당사자에 대하여 특정한 행정작용을 할 권한이 있다고 판단한 경우로서 이 경우에도 금지청구권이 성립할 수 있다. 그러나 위와 같은 사정만으로는 아직 원고의 권리에 대한 침해 여부가 불확실하기 때문에 확인소송의 대상이 되는 법률관계의 성립을 긍정하기에는 부족하다. 만약 이러한 경우에도 예방적 확인소송을 허용한다면 그 적용영역을 너무 심하게 넓히는 것이 되어 부당하다. 따라서 이러한 사정에 더하여 다음과 같은 추가적인 요소들이 요구된다. 우선 구체화에 관한 가장 일반적이고 중요한 사례는 행정청이 국민에 대하여 영업행위의 금지와 같은 불이익한 행정행위를 발령하겠다는 등으로 위협이 되는 내용을 경고 내지 고지하는 경

---

541) Selb, a.a.O.(Fn. 115), S. 114.
542) Schenke, a.a.O.(Fn. 368), S. 235.

우이다. 이러한 위협이 있다고 인정하기 위해서는 행정청이 침해적 조치를 목적으로 조사에 착수하는 경우, 당사자에게 질문지를 보내는 경우, 특정한 법률규정 위반을 인정하는지에 관하여 질문하는 경우 등이면 충분하다. 그 밖에 행정청이 원고가 특정한 행위나 영업을 계속할 경우 형사고소하거나 과태료를 부과할 수 있음을 분명히 밝히는 경우에도 법률관계는 구체화된다. 한편 행정명령 또는 내부훈령으로부터 침해적 행정작용의 발령이 임박한 상황임을 추론할 수 있는 경우에도 구체적인 법률관계가 성립할 수 있다.543)

  반면 행정청의 입장에서 어떤 객관적인 법상태를 단순히 알리는 것에 불과한 경우로는 충분하지 않다. 즉 행정청이 원고와 관련된 사안에 개입할지 여부를 아직 심사 중이거나 또는 국민에 대하여 장래에 일어날지 아직 불명확한 사안에 대하여 만약 그러한 사안이 발생하면 어떤 조치를 할 것이라고 고지하는 것에 불과한 경우에는 법률관계로 구체화되기 위하여 요구되는 위험은 아직 존재하지 않는다. 또한 법률관계의 존재 여부가 오로지 행정청의 의사에 의존하도록 할 수는 없고, 객관적인 근거가 있어야 한다는 관점에서 보면, 행정청이 특정한 사안에 대하여 단순히 '관심'을 가지고 있는 것에 불과한 경우에도 원고에 대한 진지한 침해의 위협이 있는지를 전혀 확정할 수 없어 법률관계로 보기에는 충분하지 않다.544)

  이상과 같은 점을 종합하면, 결국 예방적 확인소송의 대상이 되는 구체

---

543) 과거의 일반적인 견해는 행정명령이나 훈령 등과 관련된 내부적 행위들은 법률에서 자유로운 영역으로서 아무런 규제를 받지 않는다고 보았으나(이른바 불침투성 이론), 이러한 내부적 행위들이 행정행위에 해당하는지 여부와는 무관하게 국민과의 외부적인 관계에서는 중요한 의미를 가질 수 있기 때문에 금지청구권 성립 및 구체적인 법률관계 성립에 장애가 되지 않는다. 만약 내부적 행위만으로는 금지청구권이 성립하지 않는다고 본다면, 행정청이 내부훈령 등에 구속되어 특정한 침해적 작용을 하기로 결정하였음에도 불구하고 아직 그 행위가 행정청의 암시나 언동 등을 통하여 외부적으로 표시되지 아니하였다는 이유만으로 국민의 권리구제를 부정하게 되어 부당한 결과가 초래되기 때문이다. 이상 Schenke, a.a.O.(Fn. 368), S. 235.
544) Selb, a.a.O.(Fn. 115), S. 114.

적인 법률관계가 성립하였다고 하기 위해서는 행정기관의 특정한 행위로 인하여 개인의 자유권에 대한 구체화된 위험이 존재하여야 한다고 볼 수 있다. 그런데 이러한 관점은 특히 재량행위에 있어 행정에게 인정되는 판단권한 내지 결정권한을 침해한다는 비판이 있을 수 있다. 그러나 행정의 특정한 언동, 예컨대 특정한 행정조치를 하겠다는 등의 통보나 형사고소의 고지 등 외부에서 객관적으로 확인되는 위협적 조치에 의하여 예방적 확인 소송의 구체적인 법률관계가 성립한다는 점에서 보면, 위와 같은 고지 내지 통보 당시 행정기관은 원고에 대한 특정한 조치를 아직 현실화하지 아니하였을 뿐 이미 충분한 판단권을 행사한 상황으로 보인다. 뿐만 아니라 예방적 확인소송은 다툼이 있는 법률관계 또는 권리·의무의 해명을 통한 예방적 기능을 수행하는데, 법원의 해명은 특정 행정작용의 적법성에 관한 공권적 선언에 초점이 맞추어져 있을 뿐 이로 인하여 행정기관의 재량적 판단권한이 침해된다고 볼 수도 없다(예컨대 특정한 영업이나 행위가 허가·승인의 대상인지 여부에 관한 법원의 확인이 허가·승인에 관한 행정기관의 재량권을 침해한다고 볼 수는 없다).

4) 분쟁성의 요구

예방적 확인소송에 있어서도 일반적인 확인소송의 내용에서 살펴본 법률관계의 분쟁성은 필요하다. 예방적 권리구제의 경우에는 사후적 권리구제보다 분쟁이 현실화한 정도는 덜할 수 있더라도, 법률관계의 기초가 되는 사실관계에 관한 다툼은 여전히 필요하다. 행정청이 국민에게 특정한 행위를 금지하는 내용의 행정행위의 발령을 예고하고, 이에 대하여 국민이 다투는 경우나 행정청이 국민에게 특정한 행위를 하면 형벌이나 벌과금을 받을 수 있음을 경고하는 경우 등에도 분쟁은 존재하는 것으로 파악된다.

2. 권리보호의 필요

1) 예방적 확인소송에 있어 권리보호의 필요의 의미와 범위

예방적 확인소송이 적법하기 위해서는 일반적인 확인소송과 마찬가지로 권리구제의 필요가 요구된다. 그리고 예방적 확인소송에 있어서도 행정법원법 제43조가 법률관계의 확인을 위해서는 민사소송법 제256조의 법률상 이익보다 완화된 즉시확정에 관한 정당한 이익을 가지는 것으로 충분하다. 그리고 정당한 이익에는 경제적 이익은 물론 관념적 이익까지도 포함되는 등 제4장에서 살펴본 공법상 확인소송의 요건에 관한 설명이 그대로 적용된다. 다만 예방적 확인소송의 범위가 극도로 넓어지는 것을 방지하기 위하여 확인소송을 인정하는 핵심적인 근거가 되는 "위협이 되는 조치의 발령을 기다릴 것을 기대할 수 없다."는 점을 반영하여 비교적 강한 정도의 권리구제의 필요가 요구되는 것으로 보고 있다. 이러한 관점에서 예방적 확인소송의 권리구제의 필요성에 관한 판단기준을 알아볼 필요가 있다.

우선 법률관계의 존재에 관한 다툼으로 인하여 법원의 판결 없이는 원고의 권리에 위험이 닥칠 것이 우려되는 경우에 권리구제의 필요가 있다.[545] 다만 원고의 권리에 대한 위험은 일반적인 확인소송에서의 권리구제의 필요보다는 더 강하게 구체화되어야 한다. 예컨대 원고의 영업이 허가의 대상인지에 관하여 다툼이 있는 경우에 일반적인 확인소송의 경우와는 달리 예방적 확인소송에서는 행정청이 원고에게 후속 영업을 금지하겠다는 통지나 언동 등을 함으로써 현실적인 위협이 존재할 것이 요구된다.

앞서 살펴본 독일 연방행정법원 판례에서도 "행정법원법 제43조 제1항에 의하면 원고는 즉시확정에 관한 정당한 이익이 있어야 한다. 원고가 추구하는 예방적 권리구제는 권리구제의 요건이 현존할 것이 요구된다. 예방

---

545) Schenke, a.a.O.(Fn. 368), S. 259.

적 권리구제 주장에 초점이 맞추어진 특별한 권리보호의 이익이 존재하여
야 한다. 이러한 이익은 원고의 법적지위에 대한 근거 있는 우려가 존재하
지 않는 경우 부정된다. 당사자가 우려하는 행정의 어떤 조치가 이루어질
것이 예상되고, 그러한 조치에 대하여 사후적인 권리구제가 충분히 가능한
것으로 보이는 경우에는 예방적 권리구제는 허용되지 않는다."고 하여 즉
시확정에 관한 정당한 이익을 엄격하게 요구하고 있다.546)

위와 같은 독일 연방행정법원 판례의 태도에 비추어 보면, 예방적 확인
소송에 있어 권리구제의 필요는 다음과 같이 정리할 수 있다. 우선 사후적
인 권리구제를 원칙으로 하고, 일반적으로는 그 자체만으로 효과적이기 때
문에, 당사자가 사후적인 권리구제를 이용할 것이 정당하게 기대되는 경우
에는 예방적 권리구제는 허용되지 않는다. 이러한 관점에서 보면 예방적
권리구제의 적법성은 원고가 사후적 권리구제로는 충분하지 않은, 오로지

---

546) 주 537의 판례 사안이다. 위 판례에서 독일 연방행정법원은 권리구제의 필요가 인정
되지 않는 이유에 관하여 다음과 같이 판시한 바 있다.
　① 원고에게는 현재 식료품 위생 관할 행정청에 의한 행정행위, 즉 이 사건 확인청
구를 통해 원고가 보호받고자 하는 대상인 행정행위의 위협을 받고 있지 않다.
원고는 제품 거래를 할 경우 그것의 품질이나 포장이 식료품법의 규정에 위반되
어 식료품법에 의한 거래금지 처분이 이루어질 수 있다거나 거래를 할 수 없게
된다고 다투고 있지도 않다. 이러한 영역은 원고의 확인청구에 포함되어 있지도
않다. 원고는 어느 범위에서 원고가 식료품법상 조사의무를 이행하여야 하는지
가 확인되어야 한다고 주장한다. 그러나 행정청이 원고에 대하여 일반적인 형태
로 제품조사의무의 정도를 규정 또는 확인하거나 원고가 일반적인 조사의무의
범위를 경시한 데에 대하여 이의를 하거나 제재를 가하는 내용의 행정행위를 발
령할 의사가 있다고 볼만한 아무런 근거가 없다. 위 행정청이 그러한 의사를 밝
힌 적도 없고 그 밖에 그러한 행위가 이루어지거나 예방적 권리구제를 정당화할
아무런 근거도 없다.
　② 원고에게는 행정법원에서 추후에 발생할 수 있는 과태료 부과절차에 대한 예방
적 권리구제를 얻어내는 것이 분명히 중요하다. 그러나 원고에게는 현재 아무런
위험도 존재하지 않는다. 현재는 과태료 부과절차가 계속 중이지도 않고 구체적
인 식료품법상 사실관계에 근거한 위협이 존재하지도 않는다.

예방적 권리구제로만 가능한 권리구제의 필요를 증명할 수 있는가에 달려 있다고 볼 수 있다. 이때 권리구제의 필요는 원고가 우려하는 불이익한 조치가 현실화될 때까지 기다리지 못하는 것을 정당화할 수 있는 특별한 이유가 있는 경우에만 인정된다.547) 이 점은 특히 행정처분에 대한 예방적 확인소송에서 강하게 요구되는데, 법률이 행정처분에 대하여 특별한 소송유형(항고소송)과 이를 위한 잠정적 권리구제절차를 마련해두고 있고, 사후적 권리구제절차를 이용하는 것이 원칙이라는 점을 고려하면, 위와 같은 사후적 권리구제 절차에 의한 권리구제를 이용할 것을 기대할 수 없는 예외적인 경우에만 예방적 확인소송을 통한 권리구제의 필요가 인정된다.548) 반면 원고에게 우려되는 법적 불이익이 사후적인 권리구제의 방법으로는 제거될 수 없거나, 사후적인 권리구제를 이용할 수 있더라도 일단 그러한 조치가 현실화되면 회복될 수 없는 손해를 입게 될 우려가 있는 경우에는 예방적 권리구제의 필요가 인정된다.

이상을 종합하면, 예방적 권리구제에 있어 권리구제의 필요의 결정적인 기준은 '사후적인 권리구제를 이용할 것을 기대할 수 있는가'라고 할 수 있다. 하지만 이러한 기준 역시 불확정 법개념으로서 개별사건에서의 구체적인 판단에 맡겨져 있다.549)

---

547) BVerwG, Urteil vom 12. 1. 1967. - III C 58.65 = BVerwGE 26, 23.
548) Möstl, a.a.O.(Fn. 286), Rn. 27. 위 문헌에 의하면, 예방적 확인소송의 권리구제의 필요가 인정되는 경우로 동일한 종류의 다수의 행정행위가 이루어질 것이 예상되는 등 취소소송 만으로는 권리구제에 한계가 있거나 취소소송만으로는 회복할 수 없는 손해의 위험이 있는 경우 등이 제시된다.
549) Dreier, a.a.O.(Fn. 432), S. 1076. 위 문헌은 개별사건과의 관련성을 강조하면서 다음과 같은 사례들을 제시하고 있다. 그런데 이러한 사례들은 개별사건의 구체적인 법률관계의 성립 여부와도 관련이 되는 사례들이다.
  ○ VGH Hessen, Urteil vom 6. 3. 1968. - II OE 59.67 = DVBl 1968, 811.
    지역 경영자단체연합이 헤센주 총리에 대하여 자신들이 직장폐쇄의 자유에 대한 방해를 중단할 것과 방어적 직장폐쇄에 대하여 경찰조치로 위협하지 말 것을 요구하였다. 이에 대하여 총리는 오직 주 정부성명 및 신문인터뷰에서 주 정부는

2) 침해적 행정작용의 성질에 따른 분류

예방적 확인소송에 있어 권리구제의 필요는 해당 침해적 작용이 행정행위인지 여부에 따라 다음과 같이 구분될 수 있다.

(1) 침해가 임박한 사실행위

우선 침해가 임박한 사실행위에 대한 예방적 확인소송에 있어서는 원고가 사후적인 권리구제를 이용할 것을 기대할 수 없다고 보는 것이 일반적이다. 비록 그 행정작용에 대하여 추후에 결과제거청구를 할 수 있는 경우에도 마찬가지이다. 왜냐하면 사실행위는 그 성질상 발령 즉시 그로 인한 사실관계가 기정사실화될 것이고, 설령 사후적 권리구제를 통하여 그러한 작용으로 인한 사실상태 및 법률상태를 과거로 되돌릴 수 있더라도 완전한

헤센주 헌법 제29조에 구속되고, 필요한 경우 이 규정에 따를 것이라고 하였을 뿐 구체적인 조치에 대해서는 언급하지 않았다. 법원은 권리구제의 필요가 없다는 이유로 이 소를 배척하였다.

○ BVerwG, Urteil vom 22. 1. 1985. - 9 C 52.83 = NVwZ 1986, 35.
피고 행정청이 원고가 생산한 치과 보충제에 대하여 의약품법에 따른 허가가 필요하다는 입장을 가진 데 대하여 원고는 자신이 생산한 소재는 허가가 필요하지 않은 의약품 목록에 속한다고 주장하였다. 행정청이 자신의 법적 관점을 고수하였으나, 원고에 대하여 불이익한 조치를 하기 위한 결론을 내리지는 않았다. 원고가 행정청에 대하여 원고가 의약품법상 허가대상인 치과용 보충제를 생산·판매하였다는 이유로 불이익한 조치를 할 권한이 없음의 확인을 구하는 소를 제기한 사안이다. 이 사건에서 독일 연방행정법원은 의약품법상 감독행정청은 행정법원에 소가 제기되기 전의 절차에서 원고에게 의약품법에 근거한 불이익한 명령이나 제재조치를 할 의도가 없다고 분명하게 밝혔다는 이유로 원고의 권리구제의 필요가 없어 소가 부적법하다고 판단하였다. Dreier는 이 사건은 같은 날 같은 재판부에서 선고한 판결(주 271 판례임)과 거의 유사한 사실관계임에도 전혀 다른 결론을 내고 있다는 이유로 비판하고 있다. 뿐만 아니라 행정청이 이후 태도를 바꿀 수 있다는 점을 고려하였으면서도 너무나 쉽게 그 태도 변경의 가능성을 부정하였고, 이를 근거로 원고가 사후적 권리구제를 이용하는 것을 기대할 수 있다고 섣불리 단정하였다는 취지로도 비판하고 있다.

범위에서 원고의 권익이 회복될 수는 없기 때문이다.550) 따라서 행정행위가 아닌 행정작용에 대한 예방적 확인소송은 비교적 너그러이 인정된다.

(2) 침해가 임박한 행정행위

한편 침해가 임박한 행정행위에 대한 예방적 확인소송의 경우에는 일반으로 효과적인 권리구제의 관점에서 취소소송을 통한 사후적인 권리구제가 충분하지 않은 경우에 예방적 소송이 허용된다.551) 이러한 관점에서 행정행위에 대한 예방적 권리구제가 예외적으로 허용되는 다음과 같은 사례군이 제시된다.

① 우선 불이행시 형사처벌 또는 벌과금 부과가 가능한 행정행위가 예정된 경우가 있다. 이 경우 국민에게 행정행위 발령을 기다리도록 할 것을 기대할 수 없다. 왜냐하면 행정행위의 발령을 기다려 취소소송으로 다투는 사이에 제재조치를 받을 위험이 있기 때문이다. 예컨대 관계 법령에 허가를 받지 않고 영업을 하는 경우 형사처벌을 하도록 규정되어 있는 경우, 원고는 자신이 영위하고자 하는 특정한 영업은 행정기관의 허가가 필요 없다고 주장하는 반면, 행정기관은 해당 영업은 허가 대상이므로 허가를 받지 않으면 고발하겠다고 고지하는 경우가 여기에 해당한다. 이 경우 원고에게 자신의 주장을 관철할 특정한 행정절차가 존재하지도 않고, 있다고 하더라도 권리구제에 지연이 예상되므로 곧바로 예방적 확인소송을 제기할 수 있다고 보아야 한다.

이 점은 취소소송에 집행정지효가 인정되는 독일에 비하여 집행정지효가 인정되지 않고, 별도로 집행정지결정을 받아야 비로소 처분의 집행이 정지되는 우리의 경우에 더 의미가 있다.

② 또한 행정행위가 일단 발령되면 그로 인하여 관련된 사실관계가 즉

---

550) Schenke, a.a.O.(Fn. 368), S. 241.
551) Selb, a.a.O.(Fn. 115), S. 155.

시 완결되는 경우에는 사후적 권리구제를 통해 이러한 상황을 돌이킬 수 없으므로 권리구제에 충분하지 않다. 예컨대 특정한 일자에 계획된 집회·시위를 금지하는 경우와 같이 행정행위가 단기간에 완결되는 경우나 단기간의 유효기간을 가진 경우와 같이 이미 종결되어 버린 행정행위의 위법 여부는 사후적으로 취소판결을 받아도 권리구제에 별다른 도움이 되지 못한다. 이 경우 국민으로서는 위법한 행정행위를 사실상 수용하여야 하고 더는 그 결과를 제거할 방법이 없으므로 사후적인 권리구제는 충분한 권리구제 방법이 될 수 없고, 따라서 예방적 확인소송을 허용할 필요가 있다.

③ 나아가 행정청이 이미 행정행위를 발령하겠다는 의사를 고지하였으나 실제 그 발령은 지연하고 있는 경우에도 당사자로서는 불안정한 지위에 놓이기 때문에 예방적 소송이 필요하다. 또한 효과적인 권리구제의 관점에서 신속한 법률관계의 해명에 관한 이익이 있는 경우, 예컨대 원고의 경제적인 처분행위가 법률관계의 신속한 해명에 좌우되는 경우나 행정청이 어떤 행정행위를 발령할지 여부나 언제 그 행정행위를 발령할지 여부가 불확실하여 이를 참고 기다릴 수 없는 경우에도 예방적 확인소송이 허용되어야 한다.

3) 관련 문제 - 행정법 규범에 제재규정이 있는 경우

문제는 행정법 규범 자체가 특정 행위에 대하여 형사처벌이나 벌금을 부과하도록 되어 있는 경우이다. 독일 실무상 생활필수품법(Lebensmittel- und Bedarfsgegenständegesetz, LMBG)과 관련하여 이러한 경우가 자주 발견된다. 즉 위 법률에 의한 거래상의 주의의무, 특히 조사 및 통제의무 위반에 대해서는 행정행위 없이도 법령에 의하여 형사처벌 또는 벌금을 부과할 수 있도록 규정되어 있는데, 이에 대하여는 사전에 행정절차를 통하여 위 법률규정 위반 여부를 확인할 수 있는 수단도 존재하지 않는다. 따라서 행정행위를 비롯한 행정결정을 다툴 방법이 없기 때문에 당사자의 행동은 상당히 위축될 수밖에 없고, 이 경우 당사자인 국민은 생활필수품법의 관점에서 행정청에 의한 고소나 벌과금 부과절차가 이루어지는 것을 막기 위하여 가급적 조속히 특정한 권리와 의무가 존재하는지 또는 존재하지 않는지에 관한 법원의 확인을 받을 필요가 있다. 따라서 이 경우 예방적 확인소송을 제기할 수 있는지가 문제된다.

독일 연방행정법원의 판례는 이러한 경우에도 행정청이 고소나 고발을 하거나 형사처벌 내지 벌금 부과 절차 개시를 하겠다고 고지함으로써 침해적 행정작용에 의한 권리침해가 임박한 경우에만 확인의 이익이 있다고 한다.552) 이에 대하여 문헌에서는 행정청이 형사처벌이나 벌금 부과 등을 언급하지 않고, 단지 원고의 현재의 법적지위와 대립되는 의사를 구체적으로 표시한 경우에도 확인의 이익이 인정된다고 한다.553)

생각건대 형사처벌이나 벌금부과가 가능한 행정법 규범이 있는 경우 당사자인 국민으로 하여금 위와 같은 제재를 감수하고 형사법정의 피고인석에서 쟁점을 해명할 것을 요구할 수는 없다. 이는 예방적 권리구제의 취지에 어긋날 뿐만 아니라 국민의 법적 지위를 위태한 상황에 방치하는 것으로서 적절하지도 않다. 또한 형사재판을 담당하는 법관이 정식재판절차에서 행정법상 선결문제 관하여 판단하는 것이 쉬운 일도 아니다.554) 뿐만 아니라 형사재판에서의 판결의 효력이 행정법상 선결문제에 미치지도 않기 때문에 설령 정식재판절차에서 무죄가 선고되거나 벌금부과(약식명령)가 취소되더라도 장래의 같지만 새로운 행위에 대하여 다시 벌금이 부과되

---

552) BVerwG, Urteil vom 7. 5. 1987. - 3 C 53.85 = BVerwGE 77, 207.
553) Selb, a.a.O.(Fn. 115), S. 158의 설명이다.
554) Lässig, Zulässigkeit der vorbeugenden Feststellungsklage bei drohendem Bußgeldbescheid, NVwZ, 1988, 410에 의하면 독일에서는 형사재판을 담당하는 법관은 정식재판절차에서 쟁점이 어려운 행정법상 선결문제 관하여 판단하는 것을 극도로 싫어하기 때문에 그에 관한 본격적인 해명을 하는 대신, 대신 주관적인 구성요건에 포섭하는 등의 방법으로 행정법상 문제에 대한 판단을 회피할 것이라고 진단하고 있다.

는 것을 막지도 못한다. 이러한 관점에서 본다면 행정청이 형사처벌 내지 벌금 부과를 위한 절차, 예컨대 고소·고발을 할 것을 기다릴 필요 없이 예방적 권리구제를 요청할 수 있다고 보는 것이 옳다.

3. 예방적 확인소송에 있어 보충성

1) 예방적 확인소송에 있어 보충성의 요구

예방적 확인소송에 있어서도 보충성의 요구는 그대로 존재한다. 즉 다른 소송유형으로 권리구제를 받을 수 있거나 받을 수 있었다면 예방적 확인소송을 제기할 수 없다. 이 점은 특히 이행소송에 대한 보충성과 관련하여 논의가 이루어지고 있다.

2) 예방적 확인소송의 이행소송에 대한 보충성

독일에서는 위협이 되는 해당 행정작용이 실행되어 국민이 실제 위험에 처하게 될 경우라고 해도 동시에 이행소송을 제기할 수 있다면 확인소송의 보충성 때문에 예방적 확인소송을 제기할 수 없는 것인지에 관한 논의가 있다. 이 논의는 이행소송의 하나로 분류되는 예방적 금지소송에 대한 관계에서 예방적 확인소송이 보충적인지에 관한 논의로 요약된다.

우선 확인소송은 이행소송의 일종인 금지소송과 달리 집행이 불가능하기 때문에 권리구제의 강도가 더 센 예방적 금지소송에 대하여 예방적 확인소송은 보충적인 관계에 있다는 견해가 있다.555) 이 견해에 의하면 예방적 금지소송을 제기할 수 있거나 제기할 수 있었다면 예방적 확인소송은 제기할 수 없다. 반면 일반적인 견해는 민사소송법(ZPO)상 확인소송의 논

---

555) Schenke, a.a.O.(Fn. 368), S. 255. 위 문헌에 의하면 이러한 이유로 예방적 확인소송
    에 요구되는 권리구제의 필요는 예방적 금지소송에 요구되는 그것보다 더 강한 정도
    여야 한다고 한다.

의에 기초하여 행정법원법 제43조 제2항의 명문 규정과 달리 이 경우에도 확인소송을 제기할 수 있다고 본다. 이 견해는 앞서 살펴본 바와 같이 피고가 기판력 있는 확인판결을 따르는 것이 당연히 예상되는 경우에는 확인소송의 보충성이 배제된다는 민사판례의 확고한 태도를 받아들인 것인데, 피고가 행정기관인 경우 비록 관념적인 효력이 있을 뿐이기는 하지만, 일반적으로 법원이 한 확인판결을 존중하고 따르는 것이 당연히 예상되기 때문에 예방적 금지소송을 제기할 수 있는 경우에도 예방적 확인소송을 제기하는 것이 허용된다는 것이다. 특히 법치행정 원칙에 기속되는 피고 행정기관은 법원이 어떠한 행정작용을 위법하다고 선언하는 것만으로도 장래에 그 작용을 하지 않을 것이 기대되므로 굳이 확인소송을 제기하는 것을 막을 이유가 없다는 점이 반영되어 있다. 또한 확인소송의 보충성이 요구되는 중요한 이유는 행정행위에 대한 소송의 경우 확인소송을 통해 취소소송과 의무이행소송에 요구되는 적법요건을 우회함으로써 그 적법요건들이 형해화될 수 있다는 것인데, 일반이행소송으로 분류되는 예방적 금지소송의 경우 위와 같은 적법요건이 요구되지 않기 때문에 적법요건의 우회 문제도 발생하지 않는다.

제5절 행정소송법상 예방적 확인소송의 필요성과 한계

Ⅰ. 예방적 확인소송의 적극적 활용의 필요성

1. 현행 행정소송법상 사후적 권리구제의 한계

현행 행정소송법은 사후적 권리구제 중심으로 구성되어 있다. 그 때문에 행정소송법상 권리구제체계는 사후적 권리구제가 가지는 문제점을 그대로 노출하고 있다. 즉 사후적 권리구제는 일단 일정한 행정작용이 효력을 발생한 이후 해당 행정작용에 대한 취소 또는 무효확인을 통한 권리의 회복을 목적으로 하지만 법원의 심리·판단은 필연적으로 오랜 기간이 걸릴 수밖에 없기 때문에 그 기간 중에 분쟁의 대상이 되고 있는 법률관계의 내용이 실현되고 나면 승소판결을 받더라도 구제목적을 달성하기 어려운 경우가 많다. 또한 행정청이 행정작용을 발령한 후 스스로 그것을 집행할 수 있기 때문에 행정청이 일방적으로 형성한 법률관계가 법원의 권리구제가 있기 전에 기정사실화가 될 위험도 높다. 그렇기 때문에 이미 침해적 행정작용으로 인하여 권리나 이익에 대한 침해가 발생한 다음에 그에 대한 취소나 무효확인 판결을 받더라도 원상회복이 불가능한 경우가 생길 우려가 크다. 이러한 경우 권리구제를 원하는 당사자에게 사후적인 권리구제 방법은 의미가 없게 될 것이다.

2. 예방적 확인소송을 통한 사후적 권리구제 보완가능성

예방적 확인소송은 국민의 권리가 침해될 위협이 있는 경우 본안소송을 통하여 침해행위의 중지 또는 침해행위의 근거가 되는 법률관계를 확인함으로써 행정작용의 발동 자체를 저지하는 것으로서 가급적 조기에, 그리고 신속하게 권리구제가 가능하다. 이러한 점에서 예방적 확인소송은 효과적인 권리구제를 실현하기 위하여 반드시 필요한 소송유형이다.

앞서 살펴본 바와 같이 예방적 확인소송이 상당히 폭넓게 활용되고 있는 독일에서는 사후적 권리구제의 원칙을 전제로 오로지 사후적인 권리구제를 이용할 것을 기대할 수 없는 경우에만 예외적으로 예방적 확인소송을 활용할 수 있는 것으로 보고 있고, 이를 확인소송의 대상인 법률관계와 권리보호의 필요를 해석하는 기준으로 삼고 있다. 독일의 이러한 태도에는 독일 행정법원법의 취소소송에는 원칙적인 집행정지의 효력이 인정될 뿐만 아니라 사후적인 권리구제 그 자체만으로도 상당히 권리구제에 친화적이라는 점도 반영되어 있다. 즉 개인의 권리측면에 대한 국가적인 침해의 다수를 차지하는 행정행위와 관련하여 독일에서는 취소소송이나 전심절차인 이의신청에 집행정지효가 인정되고, 즉시집행이 인정되는 예외적인 경우에는 신청에 의하여 법원이 집행정지효를 부여함으로서 행정행위가 실제 집행되기 전에 행정행위의 합법성에 관한 해명을 할 수 있는 기회가 보장된다. 뿐만 아니라 독일의 경우 행정법원법 제123조에 가명령 제도가 마련되어 있어 사실적 침해행위로부터 권리침해를 방어하고 시효 등 시간적 제약이 있는 이행청구권의 보장에 기여하고 있다. 하지만 가명령은 물론 집행정지효 조차 인정되지 않은 현행 행정소송법 하에서는 사후적인 권리구제의 폭이 독일의 경우에 비하여 대단히 제한적이다. 비록 집행정지 제도가 있기는 하나, 이는 본안재판의 실질적인 효력을 보장하는 가구제 제도로서 이미 효력을 발생한 행정작용을 그 대상으로 하므로 결국 사후적인 권리구제수단에 지나지 않고, 별도의 신청이 있어야 하며, 대법원이 그 요건을 매우 엄격하게 해석함으로써 이용이 쉽지도 않은 형편이다. 또한 우리의 경우 행정소송상 가처분 제도가 마련되어 있지도 않다.

결국 현행 행정소송법 하에서 예방적 권리구제, 그 중에서도 현실적으로 이용 가능한 예방적 확인소송의 필요성은 독일보다 더 간절하다고 하겠다.556) 사후적인 권리구제와 가구제가 만족스럽게 제공되어 있지 아니한 상황에서 예방적 확인소송은 현행 행정소송 체계 내에서 사후적 권리구제의 단점을 보완하고, 효과적인 권리구제의 측면에서 국민의 권리구제의 범위를 한층 강화할 수 있다는 관점에서 적극적인 활용이 필요하다.

II. 사후적인 권리구제체계 내에서
예방적 확인소송의 요건과 한계

효과적인 권리구제와 사후적인 권리구제의 조화로운 해석의 필요성

예방적 확인소송을 적극적으로 활용하기 위해서는 그 요건을 완화할 필요가 있다. 법률관계의 개념은 물론 권리구제의 필요와 보충성을 해석함에 있어서도 한층 너그러운 해석이 요구된다. 하지만 예방적 확인소송이 사후적 권리구제를 보완하기 위해 상당히 활용가치가 있는 제도이기는 하지만, 어디까지나 사후적인 권리구제를 보완하기 위한 제도라는 점도 지적되어야 한다. 즉 효과적인 권리구제를 보장하는 헌법상 재판청구권은 적정한 시점에서의 권리구제를 보장하고, 예방적 확인소송은 적정한 시점에서의 권리구제를 실현하기 위한 제도이지만 이로 인하여 행정소송법이 갖추고

---

556) 예방적 금지소송의 필요성과 관련하여 같은 취지의 설명으로 김현준, 앞의 논문(주 474), 15면 참조.

있는 사후적인 권리구제 우선 원칙을 깨뜨려서는 안될 것이다. 따라서 이러한 관점에서 예방적 확인소송의 적극적인 해석을 위한 요건의 완화는 사후적 권리구제의 보완이라는 한계 내에서만 이루어져야 하고, 구체적인 판단에서는 양자의 조화로운 이해가 반드시 필요하다.

2. 법률관계의 구체화

우선 법률관계의 구체화의 요구와 관련하여 행정청이 진지하게 외부를 향하여 특정한 행위를 하고, 객관적인 관점에서 볼 때, 그로 인하여 원고가 가까운 장래에 자신의 권리영역에서 중대한 침해를 당하게 될 것이 분명한 경우에 확인소송의 대상이 되는 법률관계가 성립할 수 있다는 점은 앞서 살펴본 바와 같다. 이는 행정기관이 국민에 대하여 침해적 행정작용을 하겠다고 경고 내지 고지하는 경우와 같이 행정청의 계획 내지 의도를 외부에서 확인할 수 있는 정도면 충분하다. 반면 행정청이 특정한 사실관계의 존재 여부를 확인하는 데에 그치거나(예컨대 단순히 어떠한 행동을 한 적이 있는지를 확인하거나 특정한 행동이나 영업을 할 계획이 있는지를 확인하는 데에 그치는 경우) 법위반 사실을 통보하면서도 장래에 특정한 조치를 하겠다는 등의 계획을 밝히지 아니하는 경우에는 확인소송의 대상이 되는 법률관계라고 보기는 어렵다.

3. 권리구제의 필요

권리구제의 필요와 관련해서는 폭넓은 해석·운용이 필요해 보인다. 앞서 살펴본 바와 같이 민사소송에서는 확인소송의 권리구제의 필요를 법률상 이익에 한정하고 있으나, 공법상 확인소송에 있어서는 법률상 이익에 한정되지 않고 정당한 이익인 한 사실적·경제적 이익은 물론 관념적 이익까지도 포함한다고 해석하는 것이 옳다. 특히 아직 침해적 행정작용이 현실화되지 아니한 상황에서는 침해가 구체화되지 아니한 상태이므로 법률상 이익을 요구할 경우 예방적 확인소송 제기 자체가 불가능한 경우가 대부분일 것이다. 행정작용의 효력 발생 즉시 행정이 일방적으로 형성하는 사실관계가 기정사실화되는 경우(예컨대 행정청이 법위반 사실을 이유로 원고의 신상정보가 포함된 명단을 공표하려는 경우 그러한 법위반 사실이 없다고 주장하면서 피고가 위와 같은 명단을 공표할 권리가 존재하지 아니함의 확인을 구하려는 경우)에는 경제적인 이익이나 명예와 같은 관념적인 이익이 대단히 중요할 것이므로 그러한 이익도 권리구제의 필요에 반드시 포함되어야 할 것이다.

　나아가 예방적 확인소송에 요구되는 권리구제의 필요는 구체적인 위험이 존재하는 상황에서 국민에게 사후적인 권리구제를 기다릴 것을 요구할 수 없다는 관념에 기초하고 있다. 따라서 예방적 확인소송의 권리구제의 필요의 존재 여부를 판단함에 있어서도 사후적 권리구제를 기다릴 수 있는가의 관점이 결정적인 기준이 되어야 한다. 이러한 관점에서 본다면 행정청이 원고에 대하여 제재적 행정행위를 부과하겠다고 통지하거나 수사기관에 고발하겠다고 통지한 경우는 물론 과태료나 이행강제금 부과 등을 예고한 경우에도 권리구제의 필요가 있다고 보아야 한다. 왜냐하면 침해적 행정행위나 형사고발, 과태료나 이행강제금 부과 등이 실행된 이후에 해당 조치들을 다투도록 하는 것은 이미 침해가 이루어진 후에 해당 작용의 위법성을 다투도록 하는 것으로서 당사자에게 가혹할 뿐만 아니라 반복적인 침해행위를 저지할 수도 없기 때문이다. 예컨대 특정한 영업행위에 허가가 필요하지 않다고 주장하는 원고에 대하여 행정청이 그 영업을 할 경우 영업정지 처분을 하거나 수사기관에 고발하겠다고 통지한 경우에 당사자로 하여금 일단 영업행위를 하여 영업정지 처분을 받거나 수사기관에 고발당한 후에 항고소송이나 형사소송에서 해당 영업에 허가가 필요하지 않다고 주장하도록 하는 것은 가혹하다. 또한 형사재판의 경우 무죄판결을 받더라도 허가가 필요하지 않다는 판단은 선결문제에 불과하여 기판력이 없기 때문에 향후 영업을 계속할 경우 반복적인 고발 등을 저지할 수도 없어 효과적인 구제수단이 될 수 없다(이는 형사재판에서 형벌법규 위반의 고의가 없다는 이유로 무죄판결을 받은 경우에 특히 문제된다). 오히려 이러한 경우에는 해당 침해적 작용이 이루어지기 전에 해당 영업에 허가가 필요하지 않다는 내용에 관한 법원의 확인을 받음으로써 사전에, 그리고 근본적인 해결이 가능하다.

4. 예방적 확인소송의 보충성

앞서 살펴본 바와 같이 예방적 확인소송에 있어서도 다른 소송유형으로 권리구제를 받을 수 있거나 받을 수 있었다면 예방적 확인소송을 제기할 수 없는 보충성의 제한이 따른다. 하지만 예방적 확인소송이 문제되는 상황, 즉 침해적 행정작용이 임박한 경우는 일단 그러한 행정작용이 현실화된 경우가 아니기 때문에 사후적 권리구제를 원칙으로 하는 행정소송법상 다른 소송유형을 활용할 수 없어 예방적 확인소송이 사실상 유일한 예방적 권리구제 수단이라는 점을 고려하여 보면, 예방적 확인소송의 보충성은 특별히 문제되지 않을 것으로 보인다. 설령 이행소송(특히 예방적 금지소송)을 제기할 수 있는 상황이라고 하더라도, 피고가 되는 국가, 지방자치단체 등은 법원이 한 확인판결을 존중하고 따를 것이 강하게 예상되기 때문에 예방적 확인소송의 권리구제 강도가 절대로 약하지 않고, 결국 이러한 경우에도 확인소송을 제기하는 것을 허용할 필요가 있다.

제6장
결론

마치며

이상과 같이 공법상 확인소송의 행정소송법상 의미와 그 요건, 예방적 권리구제로서의 성격 및 실무상 활용가능성을 검토하였다. 위와 같은 논의를 통하여 공법상 확인소송은 행정처분 등의 공권력작용에 대한 사후적 권리구제에 극도로 치우친 현행 행정소송법의 단점을 보완함과 동시에 헌법상 재판청구권이 보장하는 효과적인 권리구제를 실현할 수 있는 대단히 유용한 소송유형임을 알 수 있었다. 이하에서는 공법상 확인소송의 유용성을 다시 한번 강조하면서 논의를 마치고자 한다.

I. 행정소송의 대상 확대를 통한 공백 없는 권리구제의 실현

현행 행정소송법은 행정처분을 중심으로 한 공권력작용에 대한 권리구제 중심으로 구성되어 있다. 그로 인하여 공권력작용 이외의 행정작용으로 권리침해를 받은 국민의 경우 행정소송을 통한 권리구제가 사실상 불가능하다. 이러한 협소한 행정소송의 대상적격은 공백 없는 권리구제를 실현할 것을 요구하는 헌법상 재판청구권의 취지에 반한다. 뿐만 아니라 종래와 같이 행정소송의 대상이 되는 행정작용을 극도로 제한하여 고립적으로 관찰하고 그 파급효과와 연관관계를 등한시하는 행정처분 중심의 전통적인 권리구제체계 만으로는 모든 행정작용이 상호의존적으로 작용하는 현대산업사회의 복잡한 문제들에 대응할 수가 없다.557) 그럼에도 행정소송법을

개정하려는 시도는 모두 무위로 돌아갔을 뿐만 아니라 실무에서도 해석을
통하여 행정소송의 대상을 확대하려는 노력을 등한시하였다. 이러한 상황
에서 공법상 확인소송이 유력한 대안이 될 수 있음은 앞서의 논의를 통해
분명히 확인할 수 있다. 확인소송은 행정처분 등 공권력작용은 물론 그 밖
의 모든 행정작용을 대상으로 하여 그 위법 여부를 법원에 의하여 공권적
으로 확정하는 것을 내용으로 한다. 오늘날 행정주체와 국민사이에 발생하
는 법적 분쟁은 그 기저에 놓인 국가와 국민 사이의 법률관계의 문제로 파
악할 수 있기 때문에, 법률관계를 대상으로 하는 확인소송의 대상은 무한
하다. 국가가 국민에 대하여 한 행정작용의 기초가 된 법률관계의 존재 또
는 부존재를 확인함으로써 국민은 종전에 항고소송으로는 불가능하였던
행정작용에 대한 권리구제를 받을 수 있게 된다.

공법상 확인소송은 직접적으로 행정작용의 위법확인을 구하는 확인소송
의 형태로 더욱 유용하게 활용될 수 있다. 특히 그동안 행정소송의 대상이
될 수 없었던 행정처분이 아닌 행정작용에 대한 위법의 확인을 구하는 소
가 허용된다는 점에서 더욱 활용가치가 크다. 또한 종전에 행정작용에 의
한 권리침해의 효과는 극심하였으나 행정소송에 의한 구제를 받는 것은 사
실상 불가능한 영역이었던 사실행위에 대한 권리구제가 가능하다는 점은
크나큰 장점이다. 앞의 독일의 사례를 통하여 살펴본 경찰이 압수한 필름
을 임의로 인화한 행위의 위법확인, 피고 행정기관이 다른 행정기관 등에
원고와 관련된 정보를 제공한 행위의 위법확인, 피고가 자신의 사무실 전
화내용을 수집·저장한 행위의 위법확인, 집회나 시위 과정에서 시위대를
감시 및 유도한 행위의 위법확인 등과 같이 항고소송의 대상으로 포섭할
수 없는 비권력적인 사실상의 행정작용에 대해서도 현행 행정소송법 내에
서 권리구제를 받을 수 있는 길이 열린다. 뿐만 아니라 외부를 향한 직접적

---

557) 정하중, 앞의 논문(주 117), 15면.

인 개입 행위가 없어 행정처분의 성질을 가지지 아니함에도 권리침해의 효과는 큰 내부적 행위(조직고권상의 행위로서 조직내부적인 행위)에 대해서도 확인소송이 활용될 수 있는 여지가 있다. 나아가 행정계약의 해석과 관련된 분쟁, 예컨대 행정계약의 이행의무나 효력의 소멸 여부 등에 관한 분쟁도 확인소송의 대상으로 포섭할 수 있다. 이와 같이 종전의 항고소송 중심의 권리구제체계 내에서 행정소송의 대상이 될 수 없었던 행정작용들이 행정소송의 대상이 됨으로써 국민의 권리구제의 범위는 한층 두터워진다.

뿐만 아니라 권리구제의 범위를 인위적으로 확대하기 위하여 행정작용의 성격을 면밀하게 고려하지도 아니한 채 이를 행정처분으로 포섭할 필요가 없어져 행정작용의 성격에 따른 내용 파악이 한층 용이해질 것으로 기대된다. 동시에 공법상 확인소송은 구체적인 권리 또는 법률관계에 관한 것이라면 확인의 대상이나 내용이 정해져 있지 않아 이행소송이나 형성소송과 같은 정형화된 소로 해결하기 어려운 분쟁에 대해서 최후의 구제수단으로 기능할 수 있기 때문에[558] 더는 권리구제를 희망하는 국민이 소송형식 선택의 문제로 권리구제를 받지 못하게 될 위험은 없을 것으로 보인다.

II. 권리구제 시점의 조기화

앞서의 논의를 통하여 공법상 확인소송은 사후적 권리구제 중심의 행정소송체계가 가진 단점을 보완할 수 있음을 확인하였다.

공법상 확인소송은 굳이 예방적 확인소송이 아니더라도 그 자체로 예방

---

[558] 이 점은 일본에서도 마찬가지로 평가된 바 있다. 中川丈久, 前揭注(203), 969頁. 위 논문에서는 이러한 확인소송의 성격을 "최후의 안식처(last resort)" 또는 "포괄조항(이른바 바구니조항 - バスケットクロ-ズ)적인 부정형의 최후 구제수단"이라고 표현하고 있다

적인 측면이 있다. 행정청의 특정한 침해적 조치로 원고와 피고 사이에 확인의 대상이 되는 법률관계가 형성된 경우, 원고가 제기한 확인소송이 피고가 당해 조치를 실행할 권한의 존재 여부 또는 해당 행정작용의 위법 여부의 확인을 청구한 것이라고 하더라도, 이 확인소송의 효력은 현재 존재하는 원고와 피고 사이의 법률관계의 확인에 그치지 않는다. 오히려 해당 법률관계의 장래에 놓여 있는 법률관계, 즉 행정이 현재 어떤 작용을 실행할 수 있는 권한이 있는가 또는 해당 행정작용이 위법한가의 문제를 넘어서는 법적인 중요성을 가진 장래의 법률관계에 중대한 영향을 미친다. 이를 통해 당사자는 장래의 불이익한 행정조치로부터 보호받을 수 있다.

뿐만 아니라 예방적 확인소송은 사후적 권리구제가 가지고 있던 치명적인 한계, 즉 행정청에 의하여 침해적 행정작용의 발령이 예고된 상황에서도 침해적 행정작용의 발령을 기다려야 했던 문제점을 극복할 수 있는 계기가 될 것이다. 또한 행정작용은 그 발령 전에 행정청의 예고나 통지만으로도 당사자에게는 크게 불이익할 수도 있는 점, 해당 행정작용이 일단 효력을 발생한 후에는 사후적으로 해당 행정작용을 취소하더라도 완벽한 권리구제로서는 한계가 있는 점 등에 비추어 보아도 매우 유용하게 활용될 수 있을 것이다. 예방적 확인소송을 통하여 국민은 현단계에서 적극적으로 행정작용의 위법을 다툴 수 있고, 이를 통하여 권리구제의 시점이 조기화될 수 있을 것이다.

결국 이상과 같은 측면에서 보면 공법상 확인소송은 국민에게 부담이 되는 행정작용에 대하여 매우 이른 단계에서 권리구제를 제공하여 줄 수 있고, 이를 통하여 효과적인 권리구제 원칙의 내용인 적정한 시점에서의 권리구제가 실현된다.

III. 권리구제의 충실화
- 일회적이고 근본적인 분쟁해결 가능성

취소소송을 비롯한 항고소송은 행정처분의 취소 내지 무효확인이라는 특정한 현상의 해결에 초점이 맞추어져 있는 반면, 확인소송은 그 기저에 놓인 법률관계 내지 권리관계의 존부확인을 통하여 근본적인 문제의 해결을 지향한다. 이를 통하여 확인판결의 효력은 장래를 향해 다수의 대상자들에 영향을 미친다. 취소소송이 특정한 행정작용의 위법성을 점적으로 심리하여 해당 행정작용의 효력을 소멸시키는 데에 한정된다면, 확인소송은 특정한 행정작용에 대하여 전반적이고 근본적인 해명을 함으로써 장래 유사한 사례에, 비슷한 지위에 놓인 모든 사람들에게 영향을 미칠 가능성이 대단히 높다. 나아가 확인소송은 그 자체로 미래지향적인 요소를 가지고 있다. 즉 문제된 법률관계에 관하여 법원의 확인판결은 미래의 특정한 행동이나 거래의 지침이 될 수 있다.559) 뿐만 아니라 향후 행정실무의 변경을 도모하기 위한 확인소송도 적법하다는 점에서, 확인소송은 장래의 유사한 사안, 특히 비슷한 지위에 있는 여러 당사자가 있는 사안에서 선례가 될 수 있다.

이상과 같이 현재와 미래의 분쟁의 일의적이고 근본적인 해결이 공법상 확인소송으로 얻을 수 있는 권리구제의 가장 큰 장점이라고 할 수 있다.

IV. 국가와 국민의 관계 재구성

공법상 확인소송의 활성화를 통하여 얻을 수 있는 또 하나의 실익은 종

---

559) 이현수, 앞의 책(주 460), 119면.

전의 공권력작용에 의한 수직적 구조의 법률관계를 수평적 구조로 재구성할 수 있다는 점이다. 즉 종전의 국가와 국민 사이의 법률관계는 국가가 우월한 지위에서 국민에 대하여 공권력작용을 통하여 일방적으로 명령·강제하는 것이었다면 공법상 당사자소송은 국가와 국민 사이의 수평적 관계를 전제로 상호작용을 통한 법률관계의 형성·변동·소멸을 상정하고 있다. 공권력작용에 있어 국민은 국가작용의 객체로서 항고소송을 통하여 국가의 보호를 받아야 할 존재였다면, 새롭게 구성되는 국가와 국민 사이의 관계에서 국민은 국가와 대등한 지위에서 능동적으로 행사하는 권리주체로 격상된다. 이와 같은 국가와 국민의 관계에 대한 재평가는 결국 소송절차에 있어 국민의 지위에 대한 근본적인 변화로 이어질 수 있다. 공법상 확인소송은 이와 같이 변화된 국민의 지위를 그대로 반영하는 소송유형으로서 국가와 국민 사이의 관계를 대등한 지위로 재구성하는데 큰 도움이 될 것으로 보인다.

참 고 문 헌

1. 국내문헌

(1) 단행본 및 주석서

계희열, 헌법학(중), 신정제2판, 박영사, 2007.

곽윤직·김재형, 민법총칙, 제9판, 박영사, 2013.

김남진·김연태, 행정법 Ⅰ, 제24판, 법문사, 2020.

김도창, 일반행정법론(상), 제4전정판, 청운사, 1992.

김동희, 행정법1, 제22판, 박영사, 2016.

김중권, 행정법 기본연구Ⅰ, 법문사, 2008.

김철용·최광률 집필대표, 주석 행정소송법, 박영사, 2004.

류지태, 행정법신론 제7판, 신영사, 2003.

류지태·박종수, 행정법신론 제17판, 박영사, 2019.

박균성, 행정법론(상) 제18판, 박영사, 2019.

서정범·김연태·이기춘, 경찰법연구 제3판, 세창출판사, 2018.

서정범·박상희, 행정법총론, 세창출판사, 2011.

이상규, 신행정법론(상) 제5전정판, 법문사, 1993.

이시윤, 신민사소송법, 제12판, 박영사, 2018.

이현수, 행정소송상 예방적 구제, 경인문화사, 2006.

정동윤·유병현·김경욱, 민사소송법, 제7판, 법문사, 2019.

정하중, 행정법개론 제14판, 법문사, 2020.

하명호, 한국과 일본에서 행정소송법제의 형성과 발전, 경인문화사, 2018.

_____, 행정쟁송법 제4판, 박영사, 2019.

한국행정법학회, 행정소송에 있어서의 임시구제제도의 개선방안에 관한 연구, 법원행정처, 2012.

_____, 행정소송법 개정에 따른 당사자소송제도의 정비방안에 관한 연구, 법원행정처, 2014.

한수웅, 헌법학 제5판, 법문사, 2015.

홍정선, 행정법원론(상) 제28판, 박영사, 2020.
홍준형, 행정구제법 제4판, 한울아카데미, 2001.
_____, 행정구제법, 오래, 2012.
주석 민사소송법 제4권, 제8판, 2018(한국사법행정학회 편).

   (2) 논문
강수미, "채무부존재확인의 소의 확인의 이익에 관한 고찰 : 판례를 중심으로", 민
       사소송 제18권 제2호, 2015.
계희열, "한국헌법의 기본원리로서의 법치주의", 법학논집 제30집, 1994.
김남진, "행정소송법시안상의 문제점", 고시연구 제11권 제1호, 1984. 1.
_____, "행정청의 부작위청구소송", 법률신문 제1695호, 1987.
_____, "공특법상 이주자의 법적지위", 판례월보 제291호, 1994.
_____, "행정상 사실행위와 행정쟁송", 고시연구 제21권 제10호, 1994.
_____, "행정소송제도의 유형", 행정법의 기본문제, 제4판, 법문사, 1996.
_____, "행정상의 이행소송", 행정법의 기본문제, 제4판, 법문사, 1996.
_____, "행정소송법상 사법권의 한계", 행정법의 기본문제, 제4판, 법문사, 1996.
_____, "처분성확대론과 당사자소송활용론", 고시연구 제32권 제3호, 2005. 3.
_____, "예방적 금지소송의 허용성과 요건 등", 고시연구 제32권 제4호, 2005. 4.
_____, "행정상 확인소송의 가능성과 활용범위", 고시연구 제32권 제5호, 2005. 5.
김대인, "지방계약과 공법소송", 공법연구 제41집 제1호, 2012.
김도창, "행정소송의 기능에 관하여", 대한변호사협회지 제21호, 1976.
김동현, "동일한 청구권에 관한 이행의 소와 소극적 확인의 소", 민사소송 제19권
       제2호, 2015.
김상겸, "법치국가의 요소로서 절차적 기본권 : 재판청구권과 관련하여", 아·태공
       법연구 제7집, 2000.
김상수, "민사소송에서 본 행정소송 - 행정소송법개정시안을 중심으로 -", 법조 제
       56권 제10호, 2017. 10.
김선택, "사법적 권리구제의 헌법적 보장", 법실천의 제문제: 동천김인섭변호사화
       갑기념논문집, 1996(동천 김인섭 변호사 화갑기념논문집 간행위원회 편).
김상원, "권리보호요건론", 민사소송법의 제문제: 경허김홍규박사 화갑기념, 1992.
김성수, "행정소송법상 가구제 및 예방적 권리구제", 현대행정법학이론; 우재이오

구박사화갑기념논문집, 1996.

김세진, "확인의 소의 보충성과 확인의 이익 판단의 기준시기", 법조 제662호, 2011. 11.

김연태, "환경행정에 있어서 비공식적 행정작용으로서의 협상", 공법연구 제23집 제3호, 1995.

_____, "행정소송의 기능 : 취소소송을 중심으로", 고려법학 제38호, 2002. 4.

_____, "행정과 행정재판의 관계", 현대공법학의 과제 : 청담 최송화교수 화갑기념논문집, 박영사, 2002.

_____, "처분의 발급을 구하는 소송유형", 고려법학 제39호, 2002. 10.

_____, "의무이행소송과 예방적 금지소송의 쟁점 검토 : 법무부 행정소송법 개정 시안을 중심으로", 고려법학 제49호, 2007. 10.

_____, "환경행정소송상 소송요건의 문제점과 한계", 안암법학 제35호, 2011.

김용섭, "행정상 사실행위의 법적 문제", 인권과 정의 제283호, 2000.

김유환, "취소소송에 있어서의 권리보호의 필요", 고시연구 제22권 제11호, 1995.

김중권, "이른바 처분적 행정입법의 문제점에 관한 소고", 공법연구 제42집 제4호, 2014.

김철용, "예방적부작위소송의 허용성여부", 행정판례연구 제2집, 1996.

김찬돈, "납세의무부존재확인의 소의 성격(=당사자소송) 및 피고적격(=국가·공공 단체 등 권리주체)", 대법원판례해설, 제35호, 2001.

김현준, "행정소송법상 예방적 금지소송을 위한 변론", 토지공법연구 제62집, 2013. 8.

_____, "독일 행정소송상 가구제", 공법연구 제45집 제4호, 2017. 6.

_____, "실효적이고 공백 없는 권리보호의 행정소송", 법조 제739호, 2020. 2.

김현준·박웅광, "예방적 금지를 구하는 행정소송", 토지공법연구 제50집, 2010.

김홍규, "확인의 소의 소의 이익", 사법행정 제15권 제6호, 1974.

노종찬, "구 민원사무처리에 관한 법률상 사전심사 결과 통보가 항고소송의 대상 이 되는 행정처분인지 여부", 대법원판례해설 제99호, 2014.

류지태, "사실행위와 권리보호", 사법행정 제33권 제11호, 1992.

_____, "사실행위와 가구제", 고시계 제39권 제4호, 1994. 4.

박성덕, "항고소송의 당사자적격", 재판자료 제67집, 법원도서관, 1995.

박우동, "확인의 이익이 인정되는 한계", 민사법의 제문제, 1984.

박정훈, "행정소송법 개정의 기본방향-행정소송의 구조·종류·대상을 중심으로", 현대공법학의 과제 : 청담 최송화교수 화갑기념논문집, 박영사, 2002.

_____, "행정소송법 개정의 주요쟁점", 공법연구 제31집 제3호, 2003.

388 공법상 당사자소송 중 확인소송에 관한 연구

_____, "취소소송에서의 협의의 소익: 판단요소와 판단 기준 시 및 헌법소원심판
　　　과의 관계를 중심으로", 행정법연구 제13호, 2005.

_____, "세계 속의 우리나라 행정소송·행정심판·행정절차", 저스티스 제92호,
　　　2006. 7.

_____, "항고소송과 당사자소송의 관계", 특별법연구 제9권, 2011. 7.

박종수, "과세정보의 수집, 관리·공개의 조세법적 문제", 법제연구 제30호, 2006.

_____, "행정소송법개정(안)이 조세법에 미치는 영향", 조세법연구 제19-1호,
　　　2013. 4.

박찬석, "처분적 조례에 대한 항고소송의 적법 요건", 대법원판례해설 제107호,
　　　2016.

박 철, "채권의 귀속에 관한 확인의 이익", 국민과 사법: 윤관대법원장 퇴임기념,
　　　1999.

백윤기, "당사자소송의 대상", 행정판례연구 Ⅳ, 1999.

사봉관, "확인의 이익에 대한 소고", 민사재판의 제문제 제22권, 2013.

서원우, "사실행위와 행위형식론", 고시계, 제39권 제4호, 1994.

_____, "제재적 행정처분의 제재기간 경과 후의 소의 이익", 행정판례연구 Ⅳ,
　　　1999.

서정범, "비책임자에 대한 경찰권발동에 관한 법적 고찰", 안암법학 제25권, 2007.

_____, "집회에서의 채증활동(採證活動)에 관한 법리에 대한 연구 : 그의 필요성
　　　과 집시법에의 도입가능성을 중심으로", 경찰과 사회, 제4집, 2009.

성중탁, "사실행위에 대한 사법적 통제 경향 및 그 개선방안", 행정판례연구 제
　　　19-1집, 2014.

신영수, "공정거래위원회에 의한 사전심사청구제도의 현황 및 개선방안", 경영법
　　　률 제22집 제1호, 2011.

안철상, "당사자소송", 행정소송 I, 한국사법행정학회, 2008.

_____, "공법관계와 사법관계의 구별", 행정판례평선, 2011.

여미숙, "확인의 소의 이익", 민사판례의 경향과 흐름, 박영사, 2012.

오준근, "행정청의 경고와 권고", 성균관법학, 제3호, 1990.

우성만, "무명항고소송, 당사자소송", 재판자료 제68집, 법원도서관, 1995.

유진식, "학교법인 임원취임승인 취소처분에 대한 소의 이익", 행정판례평선, 박영
　　　사, 2011.

윤인성, "행정소송법 제35조에 규정된 '무효확인을 구할 법률상 이익'이 있는지를
　　　판단할 때 행정처분의 무효를 전제로 한 이행소송 등과 같은 직접적인 구

제수단이 있는지를 따져 보아야 하는지 여부", 대법원판례해설 제75호, 2008년 상반기.

_____, "무효확인소송의 보충성", 정의로운 사법: 이용훈대법원장재임기념, 사법발전재단, 2011.

이민걸, "사립대학교 교수가 임용기간 만료후 직위해제·면직처분의 무효확인을 구할 이익이 있는지 여부", 민사판례연구 제23권, 박영사, 2001.

이상덕, "항고소송과 헌법소원의 관계 재정립 : 실무의 상황과 나아갈 방향", 공법연구 제44집 제1호, 2015. 10.

_____, "행정대집행과 민사소송의 관계", 행정판례평선, 박영사, 2011.

이승영, "직위해제·면직처분을 받은 후 그 임용기간이 만료된 사립학교 교원이 무효확인을 구할 소의 이익이 있는지", 21세기 사법의 전개, 2005.

이승훈(拙稿), "공법상 확인소송의 활용 가능성에 관한 연구", 사법논집 제59집, 2015.

_____, "독일의 의무이행소송", 외국사법제도연구(23) - 각국의 의무이행소송, 법원행정처, 2018.

_____, "충실한 재판의 실현에 관한 연구 - 독일 기본법상 법률상 청문권과 관련된 논의를 중심으로", 고려법학 제91호, 2018.

이현수, "독일 영업법상 영업금지", 법제 제658호, 2013. 2.

_____, "당사자소송의 발전방향", 국제규범의 현황과 전망, 국민권익위원회, 2014.

_____, "공법상 당사자소송의 연원과 발전방향", 일감법학 제32호, 2015. 10.

이희정, "행정소송법 개정안 중 원고적격에 관하여 - 법무부 개정안에 대한 이해", 고시계 제52권 제12호, 2007. 12.

_____, "위법한 행정조사에 근거한 처분의 흠", 행정판례평선, 박영사, 2011.

_____, "사실조사행위의 적법성과 행정처분의 효력", 공법연구 제45집 제2호, 2016. 12.

임기환, "시효중단을 위한 재소(再訴)의 허용 여부 및 재소 허용시 이행소송 외에 이른바 '새로운 방식의 확인소송'의 인정 여부", 사법 제48호, 2019.

임영호, "공법상 소송유형과 소송형식", 행정법연구 제25호, 2010. 12.

정규상, "확인소송의 소송물", 고시계 제43권 제12호, 1998. 12.

정남철, "행정소송법 제12조 후문의 해석과 보호범위", 행정판례연구 제14집, 2009.

_____, "행정소송법 개정안의 내용 및 문제점", 법제연구 통권 제44호, 2013. 6.

_____, "공법상 당사자소송의 발전과 과제", 행정판례연구 제19-1호, 2014.

_____, "행정법학의 구조변화와 행정판례의 과제", 저스티스 통권 제154호, 2016.

정영철, "재판청구권과 효율적 권리보호의 문제", 공법연구 제40집 제4호, 2012. 4.
정하중, "행정소송법의 개정방향", 공법연구 제31집 제3호, 2003. 3.
_____, "행정소송법개정안의 문제점", 고시연구 제31권 제12호, 2004. 12.
_____, "행정소송에 있어서 확인소송", 서강법학연구 제12권 제1호, 2010. 6.
_____, "행정소송법 개정에 있어서 예방적 권리구제의 도입", 행정법의 이론과 실
       제, 2012.
_____, "행정소송법 제12조 후단의 의미와 독일 행정소송법상의 계속적확인소송",
       행정법의 이론과 실제, 2012.
정호경, "독일 행정소송의 체계와 유형", 법학논총 제23집 제2호, 한양대학교,
       2006. 10.
_____, "행정소송의 협의의 소의 이익과 헌법소원의 보충성", 행정법연구 제12호,
       2004. 10.
조용호, "채무부존재확인소송", 사법논집 제20권, 1989.
_____, "공공용지의취득및손실보상에관한특례법상 이주자의 지위", 국민과 사법
       (윤관대법원장 퇴임기념), 1999.
조해현, "항고소송에서의 소의 이익", 특별법연구 제8권, 사법발전재단, 2006.
최계영, "헌법소원에 의한 행정작용의 통제", 공법연구 제37집 제2호, 2008.
최세영, "당사자소송", 사법논집 제8집, 법원도서관, 1977.
_____, "행정상 강제집행론", 사법연구자료 제12집, 법원도서관, 1985.
최송화, "무효등확인소송에서의 소의 이익", 고시계, 제38권 제5호, 1993. 5.
_____, "반사적 이익과 법적 이익", 법치행정과 공익: 청담 최송화교수 화갑기념
       논문집, 박영사, 2002.
_____, "법률상 이익과 반사적 이익", 법치행정과 공익: 청담 최송화교수 화갑기
       념논문집, 박영사, 2002.
_____, "현행 행정소송법의 입법경위", 공법연구 제31집 제3호, 2003. 3.
하명호, "공법상 당사자소송과 민사소송의 구별과 소송상 취급", 인권과 정의 제
       380호, 2008. 4.
_____, "사회보장행정에서 권리의 체계와 그 구제", 고려법학 제64호, 2012. 3.
_____, "행정소송에서 가처분 규정의 준용", 행정판례연구 제22-2집, 2017.
한건우, "우리나라 현행 행정소송법상 당사자소송의 문제점과 개선방향(상)", 법조
       제41권 제1호, 1992.
호문혁, "확인소송의 소송물과 재소 여부", 민사소송법연구 I, 1998.
_____, "확인판결의 기판력의 범위", 민사소송법연구 I, 1998.

_____, "19세기 독일에 있어서의 확인소송의 생성", 민사소송법연구Ⅰ, 1998.

_____, "민사소송법상 소송법률관계에 관한 고찰", 서울대학교 법학 제54권 제2호, 2013.

홍정선, "권리보호의 필요(협의의 소의 이익)", 행정법판례특강 제2판, 박영사, 2013.

홍준형, "행정상 사실행위와 당사자소송", 고시계 제39권 제4호, 1994. 4.

_____, "효력기간이 경과된 제재적 처분에 대한 취소소송과 소의 이익", 행정법연구, 1997. 6.

_____, "공용용지의 취득 및 손실보상에 관한 특별법상 이주자의 법적 지위", 판례행정법, 1999.

※ 이상 가나다순

2. 독일문헌

(1) 단행본 및 주석서

Bachof, Otto. Die verwaltungsgerichtliche Klage auf Vornahme einer Amtshandlung, 2. Auflage, Mohr, 1968.

Bähr, Otto. Der Rechtsstaat, 2. Auflage, Darmstadt, 1963(Nachdruck der 1. Auflage, 1864).

Becker-Eberhard. Ekkehard, §256, Feststellungsklage, in: Münchener Kommentar zur ZPO, 5. Auflage, C. H. Beck, 2016.

Clausing, Berthold. §121 Rechtskraft, in: Schoch/Schneider/Bier, Verwaltungsgerichtsordnung-Kommentar, 32 EL, C. H. Beck, 2016.

Decker, Andreas. §113 Urteilstenor, in: Posser/Wolff, BeckOK VwGO, C. H. Beck, 2020.

Dütz, Wilhelm. Rechtsstaatlicher Gerichtsschutz im Privatrecht, Gehlen, 1970.

Ehlers, Dirk/Schneider, Jens-Peter. §40 Zulässigkeit des Verwaltungsrechtswegs, in: Schoch/Schneider/Bier, Verwaltungsgerichtsordnung-Kommentar, 32 EL, C. H. Beck, 2016.

Erichsen, Hans-Uwe. Verfassungs- und verwaltungsrechtsgeschichtliche Grundlagen der

Lehre vom fehlerhaften belastenden Verwaltungsakt und seiner Aufhebung im Prozess, Athenäum, 1971.

Eyermann, Erich/Fröhler, Ludwig. Verwaltungsgerichtsgesetz für Bayern, Hessen und Württemberg-Baden Kommentar, C. H. Beck, 1950.

Fleiner, Fritz. Institutionen des Deutschen Verwaltungsrechts, 8 Auflage, 1928.

Jellinek, Georg. System der subjektiven öffentlichen Rechte, Mohr, 1905.

Jeserich/Pohl/von Unruh. Deutsche Verwaltungsgeschichte, Bd. III: Das Deutsche Reich bis zum Ende der Monarchie, DVA, 1984.

Kohl, Wolfgang. Reichsverwaltungsgericht, Mohr Siebeck, 1991.

Larenz, Karl. Allgemeiner Teil des Deutschen Bürgerlichen Rechts, 8. Auflage, C. H. Beck, 1997.

Mayer, Otto. Deutsches Verwaltungsrecht Bd. I, 1924.

Menger, Christian-Friedrich. System des verwaltungsgerichtlichen Rechtsschutzes, Mohr, 1954.

Möstl, Markus. §43 Feststellungsklage, in: Posser/Wolff, BeckOK VwGO, C. H. Beck, 2020.

Papier, Hans-Jürgen. §176 Justizgewähranspruch, in: Isensee/Kirchhof, Handbuch des Staatsrechts, Bd. VIII, C. F. Müller, 2010.

_____. §177 Rechtsschutzgarantie gegen die öffentliche Gewalt, in: Isensee/Kirchhof, Handbuch des Staatsrechts, Bd. VIII, C. F. Müller, 2010.

Pietzcker, Jost. §43 Feststellungsklage, in: Schoch/Schneider/Bier, Verwaltungsgerichtsordnung-Kommentar, 32 EL, C. H. Beck, 2016.

Rademacher, Timo. Realakte im Rechtsschutzsystem der Europäischen Union, Mohr Siebeck, Tübingen 2014.

Redeker, Konrad/von Oertzen, Hans-Joachim. §43, Feststellungsklage, Verwaltungsgerichtsordnung, 16. Auflage, Kohlhammer, 2014.

Riese, Kai-Uwe. §113 Urteilstenor, in: Schoch/Schneider/Bier, Verwaltungsgerichtsordnung-Kommentar, 32 EL, C. H. Beck, 2016.

Schenke, Wolf-Rüdiger. Rechtsschutz bei normativem Unrecht, Schriften zum Öffentlichen Recht Bd. 357, Duncker&Humblot, 1979.

_____. Verwaltungsprozessrecht, 16. Aufllage, C. F. Müller, 2019.

Schmidt-Aßmann, Eberhard. §26 Rechtsstaat, in: Isensee/Kirchhof, Handbuch des Staatsrechts, Bd. II, C. F. Müller, 2004.

_____. Art. 19 Abs. 4. in: Maunz/Dürig, Grundgesetz-

Kommentar, C. H. Beck, 79EL, 2016.

Schmidt-Aßmann, Eberhard/Schenk Wolfgang. Einleitung, in: Schoch/Schneider/Bier, Verwaltungsgerichtsordnung-Kommentar, 32 EL, C. H. Beck, 2016.

Selb, Wolf. Die verwaltungsgerichtliche Feststellungsklage, Schriften zum Öffentlichen Recht Bd. 759, Duncker&Humblot, 1998.

Stolleis, Michael. Geschichte des öffentlichen Rechts, Bd. 1: Reichspublizistik und Policeywissenschaft 1600-1800, C. H. Beck, 1988.

_____. Geschichte des öffentlichen Rechts, Bd. 2: Staatsrechtslehre und Verwaltungswissenschaft 1800-1914, C. H. Beck, 1992.

Voßkuhle, Andreas. Rechtsschutz gegen den Richter, C. H. Beck, 1996.

Wahl, Rainer/Schütz. §42 Abs. 2 Klagebefugnis bei Anfechtungs- und Verpflichtungsklage, in: Schoch/Schneider/Bier, Verwaltungsgerichtsordnung-Kommentar, 32 EL, C. H. Beck, 2016.

Wolff Hans J./Bachof, Otto/Stober, Rolf/Kluth, Winfried. Verwaltungsrecht I, 12. Auflage, C. H. Beck, 2007.

(2) 논문

Bachof, Otto. Die Dogmatik des Verwaltungsrechts vor den Gegenwartsaufgaben der Verwaltung, in: Veröffentlichungen der Vereinigung der Deutschen Staatsrechtslehrer, Bd. 30, De Gruyter, 1972.

Barbey, Günther. Bemerkungen zum Streitgegenstand im Verwaltungsprozeß, in: FS Christian-Friedrich Menger, Heymann, 1985.

Bettermann, Karl August. Die Unabhängigkeit der Gerichte und der gesetzliche Richter, in: Bettermann/Neumann/Bachof, Die Grundrechte Bd III/2(Rechtspflege und Grundrechtsschutz), Duncker&Humblot, 1959.

_____. Vorbeugender Rechtsschutz in der Verwaltungsgerichtsbarkeit, in: 10 Jahre VwGO, Duncker&Humblot, 1970.

Dreier, Horst. Vorbeugender Verwaltungsrechtsschutz, JA 1987, 415.

_____. Präventive Klagen gegen hoheitliches Handeln im Gewerberecht, NVwZ 1988, 1073.

Grawert, Rolf. Verwaltungsrechtsschutz in der Weimarer Republik, in: FS Christian-Friedrich Menger, Heymann, 1985.

Jellinek, Walter. Der Schutz des öffentlichen Rechts, in: Veröffentlichungen der

Vereinigung der Deutschen Staatsrechtslehrer, Bd. 2, De Gruyter, 1925.

_____. Die Verwaltungsgerichtsbarkeit in der amerikanischen Zone, Deutsche Rechts-Zeitschrift, 1948.

_____. Die Verwaltungsgerichtsbarkeit in der britischen Zone, Deutsche Rechts-Zeitschrift, 1948.

Naumann, Richard. Zur verwaltungsgerichtlichen Feststellungsklage, DVBl, 1966, Heft 5.

_____. Vom vorbeugenden Rechtsschutz im Verwaltungsprozeß, in: Gedächtnissschrift für Walter Jellinek, 1955

Rapp, Maximilian. 100 Jahre Badischer Verwaltungsgerichtshof, in: Külz/Naumann, Staatsbürger und Staatsgewalt, Bd. 1, C. F. Müller, 1963.

Rupp, Hans Heinrich. Die Beseitigungs- und Unterlassungsklage gegen Träger hoheitlicher Gewalt, Deutsches VerwaltungsBlatt. 1958, Heft 4.

Rüfner, Wolfgang. Verwaltungsrechtsschutz in Preussen im 18. und in der ersten Hälfte des 19. Jahrhunderts, in: FS Christian-Friedrich Menger, Heymann, 1985.

Stolleis, Michael. Die Verwaltungsgerichtsbarkeit im Nationalsozialismus, in: FS Christian-Friedrich Menger, Heymann, 1985.

Schenke, Wolf-Rüdiger. Vorbeugende Unterlassungs - und Feststellungsklage im Verwaltungsprozeß, Archiv des öffentlichen Recht, Vol 95. No. 2, Mohr Siebeck, 1970.

Schmidt-Aßmann, Eberhard. Funktion der Verwaltungsgerichtsbarkeit, in: FS Christian-Friedrich Menger, Heymann, 1985.

Schneider, Jens-Peter. Effektiver Rechtsschutz Privater gegen EG-Richtlinien nach dem Maastricht-Urteil des Bundesverfassungsgerichts, Archiv des öffentlichen Recht, Vol 119, No. 2, Mohr Siebeck, 1994.

_____. Verwaltungskontrollen und Kontrollmaßstäbe in komplexen Verwaltungsstrukturen, in: Eberhard Schmidt-Aßmann/Wolfgang Hoffmann-Riem, Verwaltungskontrollen, Nomos Verlag Baden-Baden, 2001.

_____. Verwaltungsrechtliche Instrumente des Sozialstaats, in: Der Sozialstaat in Deutschland und Europa, in Veröffentlichungen der Vereinigung der Deutschen Staatsrechtslehrer Bd. 64, De Gruyter, 2005.

_____. Rechtsschutz, in: Fehling/Ruffert, Regulierungsrecht, Mohr Siebeck, 2010.

Sellmann, Martin. Der Weg zur neuzeitlichen Verwaltungsgerichtsbarkeit, in: Külz/Naumann, Staatsbürger und Staatsgewalt, Bd. 1, C. F. Müller, 1963.

Siemer, Hermann. Rechtsschutz im Spannungsfeld zwischen Normenkontrolle und Feststellungsklage, in: FS Christian-Friedrich Menger, Heymann, 1985.

Peine, Franz-Joseph. Vorbeugender Rechtsschutz im Verwaltungsrecht, Jura, 1983.

Ule, Carl Hermann. Die geschichtliche Entwicklung des verwaltungsgerichtlichen Rechtsschutzes in der Nachkriegszeit, in: FS Christian-Friedrich Menger, Heymann, 1985.

※ 이상 ABC순

3. 일본문헌

(1) 단행본 및 주석서

雄川一郎, 行政爭訟法 (有斐閣, 1957).

田中二郎, 新版行政法 上卷 (弘文堂, 1974).

雄川一郎, 行政爭訟の理論 (有斐閣, 1986).

橋本博之, 解說 改正行政事件訴訟法, 84頁 (弘文堂, 2004).

南博方·高橋滋 編, 條解 行政事件訴訟法 [山田洋] (弘文堂, 2006).

小早川光郎, 行政法講義 下Ⅲ (弘文堂, 2007).

西上 治, 機關爭訟の「法律上の爭訟」性 (有斐閣, 2017).

塩野廣, 行政法 Ⅱ (有斐閣, 第6版, 2019).

(2) 논문

原田尙彥, "行政上の豫防訴訟と義務づけ訴訟", 民商法雜誌 65卷 6号 (1972).

阿部泰隆, "義務づけ訴訟論", 田中二郎先生古稀記念: 公法の理論 下 Ⅱ (有斐閣, 1977).

鈴木庸夫, "當事者訴訟", 雄川一郎ほか, 現代行政法大系 5: 行政訴訟Ⅱ (有斐閣, 1985).

阿部泰隆, "公法上の當事者訴訟論爭のあり方", ジュリスト, 925号 (1988).

橋本博之, "當事者訴訟", 法學敎室 263号 (2002. 8).

中川丈久, "行政訴訟關する外國法制調査 - アメリカ 下一", ジュリスト

1242号 (2003).

_____, "行政訴訟としての確認訴訟の可能性", 民商法雜誌, 130卷 6号 (2004. 9).

小早川光郎, "行政廳の第一次的判斷權·覺え書き", 原田尙彦先生古稀記念: 法治國家と行政訴訟 (有斐閣, 2005).

浜川淸, "在外國民選擧權最高裁判決と公法上の確認訴訟", 法律時報 78卷 2号 (2005).

山田洋, "確認訴訟の行方", 法律時報 77卷 3号 (2005. 3).

芝池義一, "抗告訴訟と法律關係訴訟", 行政法の新構想 Ⅲ (有斐閣, 2008).

山下義昭, "「行爲の違法」確認の訴えについて", 公法研究 71号 (2009).

碓井光明, "公法上の當事者訴訟の動向(1)─最近の裁判例を中心として", 自治研究 85卷 3号 (2009. 3).

山本隆司, "行政處分差止訴訟および義務不存在確認訴訟の適法性" 論究 ジュリスト 3号 (2012).

村上裕章, "公法上の確認訴訟の適法要件 - 裁判例を手がかりとして", 阿部泰隆先生古稀記念: 行政法學の未來に向けて (有斐閣, 2012. 4).

大貫裕之 "實質的當事者訴訟と抗告訴訟に關する論点 覺書", 行政法學の未來に向けて(有斐閣, 2012).

湊二郎, "予防訴訟としての確認訴訟と差止訴訟", 法律時報 85卷 10号 (2013. 9).

山田健吾, "行政關係紛爭と確認訴訟", 法律時報 85卷 10号 (2013. 9).

Mitsuru Noro, "Der Einfluss des deutschen Rechts auf das japanische Verwaltungsprozesssystem", in: Jörg-Martin Jehle/Volker Lipp/Keiichi Yamanaka, Rezeption und Reform im japanischen und deutschen Recht, Universitätsverlag Göttingen, 2008.

※ 이상 발간연도순